高职高专公共基础课系列教材

演讲与口才实训教程

（第2版）

王家莲　主　编

清华大学出版社
北京

内 容 简 介

本书是反映高职教育教学改革最新理念的新型实训教材,是项目课程开发的一次有益尝试。其内容包括认识演讲与口才、命题演讲、即兴演讲、演讲技巧、社交口才、面试口才、行业口才7个任务。每个任务由导入案例、课前问题、基本知识、实训项目、课后练习构成,便于学生在练中学,在学中练,学练有机结合,不断提升演讲与口才能力和水平。

本书可作为职业本科院校、高职高专院校及各类成人院校各专业学生演讲与口才训练课程的教材,也可作为提高大学生基本素质的教材,同时也是各界人士进行演讲与口才训练的实用手册。

图书在版编目(CIP)数据

演讲与口才实训教程/王家莲主编. —2版. —北京:清华大学出版社,2022.9(2023.9重印)
高职高专公共基础课系列教材
ISBN 978-7-302-61613-9

Ⅰ.①演… Ⅱ.①王… Ⅲ.①演讲—高等职业教育—教材 ②口才学—高等职业教育—教材
Ⅳ.①H019

中国版本图书馆 CIP 数据核字(2022)第 140703 号

责任编辑:张龙卿
封面设计:范春燕
责任校对:刘　静
责任印制:刘海龙

出版发行:清华大学出版社
　　　　网　　　址:http://www.tup.com.cn,http://www.wqbook.com
　　　　地　　　址:北京清华大学学研大厦 A 座　　　　　邮　　编:100084
　　　　社 总 机:010-83470000　　　　　　　　　　　　邮　　购:010-62786544
　　　　投稿与读者服务:010-62776969,c-service@tup.tsinghua.edu.cn
　　　　质量反馈:010-62772015,zhiliang@tup.tsinghua.edu.cn
　　　　课件下载:http://www.tup.com.cn,010-83470410
印 装 者:三河市龙大印装有限公司
经　　销:全国新华书店
开　　本:185mm×260mm　　　　印　　张:15　　　　字　　数:341 千字
版　　次:2014 年 7 月第 1 版　　2022 年 9 月第 2 版　　印　　次:2023 年 9 月第 2 次印刷
定　　价:49.00 元

产品编号:095582-01

第2版前言

习近平总书记在党的二十大报告中指出：教育、科技、人才是全面建设社会主义现代化国家的基础性、战略性支撑；必须坚持科技是第一生产力、人才是第一资源、创新是第一动力；深入实施科教兴国战略、人才强国战略、创新驱动发展战略，这三大战略共同服务于创新型国家的建设。

在竞争日益激烈的当今社会，演讲与口才已成为一个人成功的必备能力之一。"是人才未必有口才，有口才的人必定是人才。"没有演讲与口才能力，不善于表达，不善于人际沟通与交流，是青年学生求职失利和职场能力提升缓慢的一个重要因素。令人欣慰的是，近年来不少职业教育本科院校、高职院校及各类成人院校开始注重加强学生演讲与口才能力的提升，积极推进相关教学改革，演讲与口才类课程甚至成为必修课程。

为适应新的教学方式，帮助青年学生了解演讲与口才的基本理论，提高演讲与口才实用技能，为青年学生的全面可持续发展夯实基础编写了本书。本书自出版以来受到众多高职院校的欢迎。此次，本书在第1版的基础上进行了全面修订，补充了新内容，使教材特色更加鲜明，更加符合演讲与口才课程教学的需要。

本书以提高学生整体素质为目的，以增强学生实践能力为本位，兼顾知识教育、素质教育和能力培养。在编写上以理论为指导，以训练为主线，融时代性、实用性、趣味性和可操作性于一体，深入浅出，翔实具体，力图为高职院校教师提供一本科学实用的演讲与口才训练教材，为学生提供一份切实有效的训练手册。

使用本书授课的广大教师一定要树立课程思政的自觉意识，不断提升自身实施课程思政的积极性、主动性和创造性，在教学的全过程中落实课程思政要求，帮助学生塑造正确的"三观"，获得为人、为事、为学的道理，促进学生的全面发展，培养不负时代、不负人民的新时代青年，将立德树人根本任务落到实处。

本书由王家莲担任主编，穆秀英、刘桂华担任副主编。具体分工如下：王家莲编写任务1～任务5并制作PPT课件、习题答案等教学素材；刘桂华、张岩松编写任务6；穆秀英编写任务7。全书由王家莲统稿。

本书在编写过程中，参考了大量文献和演讲稿，有些材料是参考互联网发布或转发的信息，在此向各位作者表示衷心的感谢。

因编者时间、条件所限，书中不足之处在所难免，敬请广大读者批评、指正。

编　者
2023年1月

第1版前言

　　演讲与口才能力是当代大学生处世立职的基石。为了帮助大学生们提高口语表达能力，增强就业竞争力和可持续发展能力，我们不揣浅薄，编写了这本书。

　　本书是以大连职业技术学院为重点研究对象，反映高等教育教学改革最新理念的新型实训教材，融时代性、实用性、趣味性和操作性于一体，深入浅出，翔实具体。

　　本书是深化教育教学改革，开发任务驱动型高校教材的成功范例。它可作为应用型本科院校、高职高专院校以及各类成人院校各专业学生演讲与口才训练课程的教材，也可作为提高大学生基本素质的参考读物，同时也是各界人士进行演讲与口才训练的实用手册。

　　本书由穆秀英、刘桂华担任主编，刘志敏、张岩松担任副主编。具体分工如下：穆秀英编写任务1、任务2和任务7；刘桂华编写任务3和任务4；刘志敏编写任务5；张岩松编写任务6。孟顺英、何子谦、郑瑞新、李新宇、樊桂林、高琳、王新、蔡颖颖、孙新宇、李健、王允、潘丽、张铭参与了部分"拓展阅读"内容的编写、有关资料的检索与收集以及文字校对工作。最后，全书由穆秀英统稿。

　　本书在编写过程中参考了大量文献和演讲稿，有些材料是参考互联网发布或转发的信息，在此向各位作者表示衷心的感谢。

　　因编者水平有限，不足之处在所难免，敬请读者批评、指正。

编　者

2014 年 1 月

目录

任务1　认识演讲与口才

一言之辩,重于九鼎之宝;三寸之舌,强于百万之师。

——[南朝梁代]刘勰

 导入案例

口才是把"双刃剑"

《伊索寓言》里有这样一个故事:有一天,主人在家设宴,来参加宴会的宾客很多都是哲学家,主人令奴隶伊索准备最好的菜肴待客。伊索认真思考了主人的要求,去收集了很多种动物的舌头,精心准备了一场动物舌头宴。就餐时,酒菜端上桌,主人一看非常吃惊,问道:"这就是最好的菜?"伊索从容地答道:"主人让我为各位尊敬的客人准备最好的菜肴,舌头是传授道理、学问的关键,一切最动听、最美妙的声音不都是从舌头发出来的吗?对于这些哲学家来说,舌头难道不是最好的菜吗?"客人听后觉得很有道理,都露出赞许的笑容。主人不甘心地吩咐伊索说:"明天我还要再办一次酒席,你去准备吧,这次的菜要最坏的。"

第二天,伊索把菜端上来,主人一看,依然是满桌子用动物舌头做成的菜。主人马上大发雷霆,斥问伊索为什么要这样做。伊索还是从容地回答:"舌头能编造一切谎言,世界上一切的坏事都是通过舌头去教唆他人做的,所以,舌头不仅是世界上最好的东西,同时也是世界上最坏的东西啊!"主人听后,虽然依旧很生气,但也无话可驳。

思考题:

(1) 这个故事说明了什么道理?

(2) 你认为口才对你来说重要吗? 为什么?

(3) 如何谙熟口才这门艺术?

 课前问题

- 什么是演讲? 演讲的传达手段有哪些?
- 演讲有哪些特征?
- 演讲有什么作用?
- 演讲者应怎样设计自身形象?
- 口才的含义、要素、标准和类型是什么?
- 口才能力的构成是怎样的?
- 口才的特征和作用是什么?

1.1 认 识 演 讲

演讲又称演说、讲演，是人类社会一项非常重要的活动。演讲一词源于英文 oration，日本学者福泽谕吉后来把它译成"演讲"，逐渐沿用至今。在现代，随着人们交往范围的扩大、娱乐生活的丰富，人们把当众演讲看成是一种扩大的交流沟通形式。本任务中着重探讨一下有关演讲的基本问题。

正确认识演讲，必须首先确立正确的演讲观，唯有正确的演讲观，才能透过演讲现象认清演讲区别于其他口语形式的本质属性，才能恰当而准确地掌握其内部的规律和特点，以便驾驭它，并发挥其最大的社会效益和作用。

1. 演讲的含义及传统手段

演讲是人类的一种社会实践活动，具有综合性、直观性、现实性和艺术性，这是它的主要特征。作为整个的演讲活动，它必须具备以下四个条件：演讲者（主体），听众（客体），沟通主体、客体的信息，以及主、客体同处一起的时境（时间环境）。这四者缺一不可，也就是说，离开任何一个条件，都不足以揭示出演讲的本质属性。因为任何一种带有艺术性的活动，都有自己独特的物质传达手段和自身特殊的规律，并揭示着自身活动的本质特点。演讲活动自然也不例外。演讲者要想发表自己的意见，陈述自己的观点和主张，从而达到影响、说服、感染他人的目的，就必须运用与其内容相一致的传达手段。演讲的传达手段主要包括有声语言、态势语言和主体形象三个方面。

1) 有声语言

有声语言即演讲之"讲"，是演讲活动最主要的一种表达手段，是信息传递的主要载体，它是由语言和声音两种要素构成的。它以流动的声音运载思想情感，直接诉诸听众的听觉器官，从而产生效应。

我们对有声语言的要求则是：吐字清楚、准确；声音清亮、圆润、甜美；语气、语调、声音、节奏富有变化；要注意形式美和内容美。演讲的有声语言还具有时间艺术的某些特点，是听众听觉的接受对象和欣赏对象。

2) 态势语言

态势语言即演讲之"演"，就是演讲者的姿态动作、手势、表情等。它是流动着的形体动作，辅助有声语言运载着思想和感情，诉诸听众视觉器官可产生效应。由于态势语言是流动的，因此，它存在于一瞬间，转眼即逝，这就要求它准确、鲜明、自然、协调和优美，要有表现力和说服力，这样才能使听众感受形式美的"演"，从而在心里引起美感，并得到启示。它具有空间艺术的某些特点，是听众理想的接受对象和欣赏对象。然而，态势语言虽然加强着有声语言的感染力和表现力，弥补着有声语言的不足，但如果离开了有声语言，也就没有直接、独立地表达思想情感的意义了。

这里值得我们注意的是，有声语言也好，态势语言也好，它们既不同于其他现实中的有声语言和态势语言，因为它们都带有一定的艺术性；也不同于舞台艺术中的有声语言和态势语言，因为它们不是纯艺术。

3）主体形象

演讲者是以其自身出现在听众面前进行演讲的,他必须以整体形象,包括体形、容貌、衣冠、发型、举止神态等,直接诉诸听众的视觉器官。而整个主体形象的美与丑、好与差,在一般情况下,不仅直接影响着演讲者思想感情的传达,而且也直接影响着听众的心理情绪和美感享受,这就要求演讲者在自然美的基础上,要有一定的装饰美。这种装饰美是以演讲者本人为依托的现实的装饰美,它不同于舞台艺术的性格化和艺术化的装饰美,这就要求在符合演讲思想情感的前提下,注意装饰的朴素、自然、轻便、得体,注意举止、神态、风度的潇洒、大方、优雅,只有这样才有利于思想感情的传达,也才有利于取得演讲的良好效果。

演讲就是靠着这些手段,组成了一个综合、统一而完整的传达系统,从而达到演讲的目的。在这综合的传达系统中,缺少任何一个因素也不能构成演讲活动。如果只有"讲"而没有"演"(包括主体形象),只作用于听众的听觉器官而不作用于听众的视觉器官,就会缺少动人的主体形象及表演活动——即缺少实体感;如果只有"演"而没有"讲",则犹如在聋哑学校看听障人员的手势一样,对大多数人而言,总是令人难以理解。所以,"讲"与"演"这两个演讲的要素是缺一不可的,两者只有和谐地、有机地统一在一起,才能构成完整的演讲传达手段,并圆满地完成演讲的任务。

然而,"演"与"讲"在演讲实践活动中传递信息时,并不是平分秋色、各占一半。二者要和谐统一,但不是一加一等于二的统一,而是以"讲"为主,以"演"为辅,既体现在听觉方面,又体现在视觉方面,是兼有时间性和空间性艺术特点的综合性现实活动,这才是演讲的本质属性,也是演讲区别于其他现实口语表达形式和艺术口语表达形式的关键所在。

可是,在我们现实的演讲活动中,由于有人忽视了演讲的本质属性,经常出现两种错误的倾向。一是不讲艺术倾向。长期以来,由于不注重演讲艺术的研究,见到的多是严肃、呆板、没有说服力的报告。一些演讲者只重视其实用性,而忽视了它的艺术性,由于缺乏艺术性,实用性效果也就减弱了。二是追求表演化的倾向。有的演讲者在讲台上往往追求相声、评书以及朗诵等演员的表演艺术,认识不到演讲是一种现实活动,忘记了它的实用性,没有区分出演讲艺术与表演艺术的本质不同,结果破坏了演讲应有的真实效果及其严肃性。

综上所述,演讲的定义可以做如下表述:演讲是在特定的时境中,借助有声语言(为主)和态势语言(为辅)的艺术手段,针对社会的现实和未来,面对广大听众发表意见,抒发情感,从而达到感召听众并促使其行动的一种现实信息交流活动。

2. 演讲的特征

作为应用性很强的演讲活动,它到底有哪些特征呢?这是每一位从事演讲的人都必须要了解和掌握的。只有了解和掌握了演讲的特征,才能有效地提高演讲水平,达到演讲的真正目的。具体说来,演讲的特征有如下几点。

1）现实性

演讲活动属于现实活动的范畴,而不属于艺术活动范畴。它是演讲者通过对社会现实的判断和评价,直接面向广大听众公开陈述自己的主张和看法的一种现实活动。

首先,从反映的对象看,一个人当众演讲,关键就在于其内容思想性、原则性、准确性和鲜明性,帮助听众弄清复杂的社会现象,解决某一问题,或者提出一个问题并进行分析。就其反映的对象来看,是现实的真实而不是艺术的真实;就其表现的手段来说,是通过判断、论证、推理和一些逻辑手段,而不是通过形象来表现的。

其次,从演讲者的活动来看,演讲者要面向广大听众公开发表自己的主张和观点。另外,演讲者经常身兼数职,既可能是演讲词的作者,又可能是演讲的指导者(导演),还要自己完成演讲,自始至终都要表现出演讲者的独创精神和演讲风格。

最后,从表现形式看,演讲是以讲为主、以演为辅的形式,要直接抒发情感,公开陈述自己的主张。

2）艺术性

演讲是现实活动,是应用性很强的现实活动。演讲也是一门艺术,是通过有声语言和态势语言的手段所显示出来的艺术,或者称为言(有声语言)态(态势语言)表达艺术。

另外,演讲会使演讲者产生较大魅力,这是因为它不仅是由多系统(如声音系统、表演系统、主体形象系统、时境系统等)要素构成的综合性实践活动,还在于它使这些系统的要素有机结合并形成了自己的特点。

首先,具有统一的整体感。在演讲中,不仅缺少任何一个系统都构不成演讲,而且任何一个系统如果脱离了演讲的整体,就失去了它作为演讲的一部分的意义和作用。在整个演讲活动中,由于各系统互相联系、互相配合、互相渗透,会给人一种统一的整体感。

其次,具有协调感。演讲活动各系统的每一个要素不仅为了演讲的总目标积极地发挥着自己的功能和作用,而且这种功能和作用总是靠着它们之间的默契配合、协调一致来完成总的目标。

最后,各系统要素富于变化。演讲的各个要素总是能根据主题和情感的需要而发生变化,始终给听众一种新颖感,并扣动听众的心弦。比如声音的抑扬顿挫、速度的快慢变化、态势语言的多种姿态与变化等。当然,这种变化是在一定目的的支配下完成的,是有组织及有设计的,否则就会产生混乱。

3）鼓动性

鼓动性是演讲的又一个特征。作为一次成功的演讲,是离不开鼓动性的;或者说,没有鼓动性,也就无法称为演讲了。

古希腊的德摩斯梯尼作为一位民主政治家和爱国主义者,当他认识到雅典公民们的麻木时,发表了多次的演讲。他以满腔的爱国情和对敌人的无比愤怒,奔走呼号,唤醒同胞,抗击侵略者,拯救祖国。不仅使所有听众为之惊醒、为之激愤,而且使大家团结起来并投身到反侵略的斗争中去了。这就是他演讲的威力,是演讲的鼓动性所致。政治演讲也好,学术演讲也好,不管什么样的演讲,都具有一种鼓动性。演讲之所以具有鼓动性,其原因有以下几个方面。

首先,一切正直的人,都有追求真、善、美的强烈愿望,都有渴求知识的愿望。而演讲的目的就是要传播真、善、美;就是要传播知识,开启人们的智慧、陶冶人们的情操。在这一点上,演讲者与听众之间很容易沟通,并能建立起共识。听众自然愿意听,并愿意为追求真理而献身。

其次,演讲在传播真、善、美和知识的时候,总是包含着炽烈的情感。"感人心者莫先乎情",演讲者总是以自己的情感之火去点燃听众的情感之火,以自己炽烈的情感之手去拨动听众的心弦,从而使其动情,引起共鸣,达到影响、征服听众的目的。

再次,演讲有较强的艺术性,诸如动听的声音、语调,丰富的表情和多变的手势,都容易感染听众,增强演讲的说服力;另外,严谨的结构、严密的逻辑,也能深刻打动每一位听众。

最后,就是演讲的直观性加强了它的鼓动性。任何一次演讲都是在特定的时空下进行的,演讲者不仅能看到所有的听众,而且听众也能看到演讲者。演讲的自始至终,双方总是在进行着直接的思想感情的交流,演讲者不仅随时观察着听众的情绪、反应,而且演讲者也必须及时地根据听众的反应,随时调节自己的演讲,使其更能说服听众,以期达到演讲的最理想效果。

正是基于上述几点,才使演讲更具有强烈的鼓动性。德摩斯梯尼曾经对他的朋友说过:"你所讲的,只令人说个'好'字,但我却能使听的人受到极大鼓舞,并愿意为国家而牺牲个人的一切。"著名的军事统帅拿破仑也是鼓动的能手,有一次他在对一支需要整顿的部队演讲时说:"兄弟们,你们没有衣服穿,吃得也不好,我想带你们到世界最富庶的国家去。"几句话说得士兵们顿时振奋起来,战斗力大增,后来一举征服了意大利。由此可见鼓动性也是演讲取得成功的关键。

4)工具性

语言是人们交流思想的工具。演讲从某种意义上说是语言的艺术,自然它也是人们交流思想的工具。也可以这样说,任何思想、任何学识、任何发明和创造,都是借助于演讲这个工具在各种各样的讲台上得以传播之后,才被听众所了解,因此,演讲是最基本的传播手段和工具之一。例如,黑格尔的《美学演讲录》是由他为大学开课的讲稿发展而成的,马克思的《资本论》中的某些基本思想和观点,是他先在工人中演讲过的,物理学家杨振宁、李政道的学术思想也是经常借助演讲进行传播的。总之,各行各业、各种身份的人,都可以利用演讲这个工具来进行信息的交流,而且这个工具是最经济、最实用、最方便的。正如秋瑾女士在《演说的好处》一文中所说的那样:一是随便什么地方都可以随时演说;二是不要钱,听的人必然多;三是人人都能听得懂,包括不识字的妇女、小孩子等;四是只需三寸不烂之舌,既不要兴师动众,又不用捐什么钱;五是天下的事情都可以晓得。可见演讲的好处很多,每一位渴望成功的人士都应利用好这个工具。

3. 演讲的作用

演讲之所以备受人们重视,是由于它有着强烈而广泛的社会作用,无论演讲者还是听众,在演讲活动中都能得到教益,受到启发。演讲的作用归纳起来主要体现在两方面。

1)对演讲者的作用

(1)全面提高。演讲家都不是天生的,而是后天实践造就的,是经过多方面艰苦努力才成功的。只有通过不断的演讲学习和艰苦的磨炼,只有具备站在时代前沿的精深思想、渊博学识和丰富阅历,才能拥有敏锐的观察力、敏捷的思维能力、准确的判断力、迅速的应变力和较强的记忆力。在长期不懈的演讲学习与磨炼中,一个人即使没有成为演讲家,自己的思想、学识和智能也会得到极大的锻炼和提高。

(2)融洽关系。演讲家经过长期训练和实践所得到的本领,不仅在演讲台上可以表现为文雅的举止和出众的口才,而且在日常交际生活中,其丰富的学识、敏捷的应对、良好的修养都很容易冲破人际关系的种种障碍,比一般人更能迅速有效地与人交往和沟通。演讲本身也是一种比较高级的社交形式,通过演讲,演讲家可以广泛地接触社会各阶层、各地区人士,扩大自己的交际面。

（3）展示自我。现代人为了更好地生存与发展,需要适时地展示和推销自我。对于演讲者而言,演讲活动正是这样一个舞台,它可以让演讲者充分展示自己的语言、思想、情感、愿望、意志、能力、人品、仪表、服饰、风度及气质等,使自身的才华得到他人的认可和赞赏,为自己的全面发展奠定良好的社会基础。

2）对听众和社会的作用

（1）教育激励。一次成功的演讲可以传递大量的知识文化信息,听众在接受这些知识信息的同时,思想受到熏陶,情感受到激发,对工作、学习和事业的责任感被唤起,内在的主动性、积极性和创造性迅速得到提升,因此,演讲是一种很好的教育手段。例如,知名的演讲家李燕杰演讲的《塑造美的心灵》,曲啸演讲的《心底无私天地宽》,对于陶冶广大青年的思想情操,树立远大理想,激励刻苦学习和努力工作,都起到了积极的教育作用。

（2）合理调适。演讲的调适作用表现在两个方面,即心理调适和社会调适。心理调适就是通过演讲解答人们的思想问题,消除人们的心理障碍,克服人们的心理疾病,从而使人们达到心理平衡,保持良好心态;社会调适就是通过演讲分析社会问题,克服社会弊端,确立社会价值取向,实现社会协调发展。调适主要通过演讲的信息反馈来实现,通过反馈,我们就能把握发展趋势和潜在问题,从而采取有效措施,保障社会机制正常运行和个人心理健康。

（3）传播信息。随着知识经济时代的到来,人们对知识的渴望越来越迫切。演讲作为一种比较高级的语言表达形式,能最大限度地发挥语言在传播知识,探讨学问,宣传成果,交流经验等方面的作用。在特定时境作用下,演讲能对人体感官做多重的综合刺激,充分调动人们的注意力,促进人们的思维活动,并且使听众在情绪、情感、意志等方面同时受到影响,从而加深对演讲者所传播的科学知识的理解,增强学习效果。

4.演讲者的形象设计

演讲者的形象是由演讲者形体动作和思想意志等构成的总体,是演讲者通过演讲活动所表现出来的形体动作和思想意志的综合特征并给听众留下的突出、集中、深刻的总体印象。演讲者的形象一方面是他的身材、容貌、表情、姿态、手势和动作等给听众的直观印象,另一方面是他的思想、意志、观念、智慧、精神和气质等给听众的思辨能力,这两个方面的有机结合构成了演讲者的形象。

下面从三个方面进行探讨。

1）演讲者的仪表

仪表通常是指人的外表。演讲者的仪表通常指经过点缀、修饰和打扮的外表。演讲者的仪表一般是需要进行特定设计的。演讲者的仪表是演讲者形象给听众直观印象的重要因素之一,讲究仪表及寻求外在的美是理所当然的。

讲究仪表,首先是由演讲的目的所决定的。仪表作为演讲者形象给听众直观的第一印象的重要因素,对于获得听众的好感是至关重要的,所以演讲者对仪表不能不讲究。

另外,人都是按照美的规律打扮自己。爱美之心人皆有之,每个人都希望在社会活动中展现自己的美,在演讲中这种欲望将更加强烈。演讲者绝对不能给听众留下一个蓬头垢面、不修边幅的印象;同样,听众也绝不愿意在眼前晃动着一个邋遢、衣衫不整的演讲者。演讲者只有给人一种仪表堂堂的感觉,才能满足听众对美好形象的追求。

再次,演讲者讲究仪表是对听众的尊敬。体现一个人仪表的主要方面是容颜和服装。讲究仪表是提高自信心及增强自尊心的重要途径和手段。女性可以通过化妆突出面部优点,掩饰其瑕疵,美化肌肤和五官,使演讲者显得更加朝气蓬勃、容光焕发,并充满成功的信心。值得注意的是:无论是服装、饰品还是化妆,最关键的是和谐、自然、文雅、大方。演讲者着装打扮要注意做到以下几个方面:一是要和演讲者的思想感情及演讲内容的基调一致。如表示喜悦、欢庆内容的演讲最好穿浅色服装,会让人心情愉快;而在发表严肃、庄重、哀痛等内容的演讲时,应穿深色或黑色的衣服,这样能更好地表达演讲者的情感及烘托气氛;以"青春、理想"为主题的演讲,则可穿着较简洁、时尚的服装,以传递青春气息和奔放情怀。二是要和肤色、体形、年龄相一致。一般来说,服装不能和自己的肤色反差太大(不过肤色较黑的最好不穿黑色的服装)。稍胖者宜穿深色和竖条的服装,较瘦者宜穿暖色和明度较高的服装;青年宜穿款式活泼(不是奇装异服)和色彩鲜艳些的,中老年人可穿淡雅些的等。三是要和自己的气质、性格及职业相一致。好动的人可借助蓝色服装,增加文静的感觉;沉稳的人可借助浅色增加活力。在特定的情况下,有时可以穿职业装(如民警、税务人员、军人、护士等),以显示自己的身份和对自己工作的热爱。四是要和演讲环境相一致。在建筑工地或抗洪第一线进行即兴演讲,带着泥水的工作服要比笔挺的西装更有感染力。五是要穿出"和谐统一"的美感来,应注意服装和鞋子要配套(如不要西服配旅游鞋之类),上装和下装从款式到颜色要和谐,装饰物要和服饰及人物身份相统一等。

最后,演讲者还要注意恰当选择装饰物。常见的装饰物有围巾、帽子、头饰、耳环、首饰、胸针等,不同体形和肤色、不同的年龄和性别对装饰物要求不一样。各种装饰的佩戴必须符合一定的礼仪规范与佩戴原则,才能达到理想的效果。戴眼镜也是一门艺术。对于女性来说,圆形脸应选择窄型眼镜,椭圆形脸选择一般眼镜即可。对于男性来说,圆形脸宜选用长方形镜架,下巴尖形脸适宜戴有锐角的镜架,方形脸应选用大的镜架。只要人们切实根据自身特点与实际情况作出恰当、正确的选择,一定会使服饰表现出不同风格的魅力。

2) 演讲者举止礼仪

演讲者的举止通常指演讲者身体的姿势,而礼仪是指演讲者在演讲前后和演讲过程中对听众的礼节。

举止与礼仪是演讲者的思想、品格、修养的外在表现,是演讲者风度和形象构成的重要因素,所以历来被演讲者所重视。

演讲者在演讲过程中,举手投足及细枝末节都要落落大方、得体自然。有人在台上常常不自觉地做出一些"小动作",比如,背手,低头,不敢正视听众,用手不住地抻衣角或扭动衣扣,男士用手挠脖子或女士用手往耳后拨弄头发。尤其是忘词时,一些人的举止更是不文雅,比如,向旁边的"词托"或主持人翻眼求援,耸肩或不知所措,摆着手连连说对不起等。

作为一名演讲者,不论遇到什么情况都要保持自己高雅、得体的形象。具体策略是以"静"制"动",即不管情况多糟糕,也要沉着冷静。比如,紧张时做深呼吸,调整好心态之后再演讲;中间忘词时可以大大方方地拿起稿子念上一段;当会场纷乱时,可以调整自己的语气、语调,或微笑着行注目礼,等稍安静后再接着讲。

演讲者应注意以下举止礼仪。

（1）进入会场。若几个人同时进入会场且听众已经坐好，演讲者不可在门口推托谦让，而应以一定的顺序进入会场。听众如果起立并鼓掌欢迎，演讲者应边走边表示谢意，不可东张西望，更不要止步并与熟人打招呼、握手；如果听众没有全部入场，演讲者要寻找靠近讲台的一侧坐好，不要在门口观望或等听众坐好后再进场。

（2）入座前后。有人陪同，要等陪同人指示座位，并应等待与其他演讲者同时落座，否则会有失礼节。如果进入了会场，主持人给调换座位，应马上服从，并按指定座位坐好，再表示谢意。坐好后不要回头或左顾右盼找熟人。

（3）主持人介绍。演讲前主持人常常要向听众介绍演讲者，主持人提到自己名字时，演讲者应主动站起来，面向听众并微笑致意，片刻后再转身坐下。如果主持人介绍到演讲者的成绩或事迹时，听众反响强烈，演讲者应再次起身向听众致谢，并向主持人说"不敢当""谢谢"。如果听众反响一般，就不必再次致意，否则显得多此一举。

（4）走上讲台。当主持人邀请自己上台，演讲者应站起身来，首先向主持人点头致意，然后走向讲台。走路时上身要平稳直立，不弓腰，不腆肚，步伐不疾不徐，目视前方。走到讲台前面向听众站好，正面扫视全场，仿佛与听众进行一次目光交流，然后以诚恳的态度向听众致敬，稍稍稳定一下后，再开始演讲。

（5）站位和目光。演讲者选择站位不但要考虑演讲时活动是否方便，更要让听众不论在什么地方都能听清演讲者的演讲，方便情感的双向交流。要讲究站立的姿势，站姿得当，会显得自信干练、生机勃勃，给人一种美感；站姿不当，不但形象不美，而且不利于表现演讲动作，甚至因失去身体平衡而造成失态。著名演讲家曲啸曾在介绍演讲经验时说："演讲者的体态、风貌、举止、表情都应给听众以协调的、平衡的、至美的感受，要想从语言、气质、神态、感情、意志、气魄等方面充分地表现出演讲者的特点，也只有在站立的情况下才有可能。"

演讲者站姿规范包括：①脊椎、后背挺直，胸略向前上方挺起；②两肩放松，重心主要由脚掌脚弓支撑；③挺胸，收腹，精神饱满，气息下沉；④脚应绷直，稳定重心位置。

演讲者的目光要环视全场，落到每位听众的脸上，仿佛与每位听众都进行目光的交流。但是演讲者的目光集中于一隅，盯住一个人不放，则会失礼。

（6）微笑。在演讲中，有微笑与平和的脸部表情很重要。微笑是自信的标志、礼貌的象征、情感的体现。面带笑容，会使听众感到有亲切感，也增强了融洽的气氛。但由于场合不同，微笑也需要掌握分寸，演讲中的表情要随演讲的内容及情感的变化而变化，比如，有时表现为兴奋喜悦，有时表现为充满期盼。微笑有自身的价值，该笑则笑，不该笑则止。在演讲中，运用微笑表达美好情感的方法如下。

①自然。微笑发自内心，是心灵美好的外现。演讲者上台与下台时面带微笑，可拉近与听众的距离，在听众的心中留下美好的印象。

②真诚。微笑是内心情感的自然流露，切不可为笑而笑，假笑或皮笑肉不笑会给人一种虚假滑稽之感。有时演讲者从头到尾都在微笑，没有感情变化，也就显得不够真诚，使听众觉得是戴了一个假面具在台上演讲。

③得体。微笑要受到具体环境和条件的制约。表达赞美、歌颂等情感色彩时应微笑；

面对听众提问时，可以送上一份鼓励的微笑；面对喧闹的听众，视线对视的同时面带微笑，是一种含蓄的批评与指责；肯定或否定听众的一些言行时，可配以点头或摇头。另外，演讲中有时不能使用微笑语，如表达愤怒、失望等负面情绪时不能微笑；没有必要运用微笑来表达情绪时可不用微笑；演讲的话题较严肃或通告不幸的消息时，及时收起笑容是明智的。

（7）手势。有人说手是人的第二张脸，手的动作是态势语言的核心。在整个态势语言中，手势使用频率最高，作用也最明显，它可以用来表情达意。有的人上台演讲时，不能用、不会用或乱用手势，是因为缺乏手势语运用的严格训练。

① 手势语的活动范围。手势语的活动范围分为上区、中区、下区。

上区（肩部以上）：手势在这一区域活动，大多表示积极、宏大、激昂的内容和感情，如表示坚定的信念、殷切的希望、胜利的欢呼、幸福的祝愿、愤怒的抗议等。比如，"让我们扬起风帆，向着光明的未来奋勇前进！"说这句话时右臂向斜上方伸出，表示奋斗的决心。

中区（肩部至腹部）：手势在这一区域活动，大多表示叙述事物和说明事理，或表示比较平静的心情。比如，"请相信我，我一定会做好这项工作的。我虽没有名牌大学的文凭，但我有勇于进取、敢于负责的品质。"说这句话时应抬起右臂，手抚心区，表示忠诚。

下区（腹部以下）：手势在这一区域活动，多表示否定、不悦、鄙视、憎恶和厌弃的内容和情感。比如，"吸毒、嫖娼，这些害民害国的肮脏的东西，必须彻底清除！"说这句话时右臂伸向胸前，然后迅速向斜下方伸出，表示厌恶、憎恨。

② 手势语的分类。手势语具体分为情意手势、指示手势、象征手势和象形手势四种。情意手势是随着语言内容的起伏发展而用来表达自身思想感情的手势动作，如指心表示忠诚，抚胸表示悲哀等。指示手势是在交流过程中显示听众视觉范围内事物的动作，如在说到你、我、他和这边、那边时，轻轻用手指示一下，会使听众产生一种形象化的感觉。象征手势是伴随内容高潮的到来而引发听众心理联想的一种行为动作。比如，"同学们，前程似锦，努力奋斗吧！"讲这句话时，可以把手果断地向前方伸出，以表示未来，体现着一往无前的精神。象形手势可以通过模拟事物形状而引起听众联想，给听众一个具体明确的印象。比如，"什么是爱？爱不是索取，而是奉献！"说这句话时双臂在胸前平伸，臂微弯，手心朝上，模拟心状物。

另外，手势中手指的作用也是不可以忽视的，它可以表示数目，可以指点他人和自己。如要对某人表示崇敬、赞扬之意，可伸出大拇指。拳头的动作相对来说用得少一些，一般用来表示愤怒、决心、力量或警告等。但不到感情激烈时不要用拳头的动作。

在演讲中，手势运用需注意以下问题。

第一，手势运用要得当。演讲前，要反复熟悉演讲主题，根据演讲的感情基调来确定在某个地方该不该做手势。手势是用来表达心理活动、思想感情和传递信息的，如果演讲的内容和所做的手势不匹配，不但不能加强演讲的色彩和力量，还会使听众不知演讲者在讲什么。

第二，手势运用要自然。只有演讲者的举手投足、神情容貌自然、适度、和谐地伴随有声语言，共同作用于人们的视觉、听觉，才能取得完美的演讲效果。因此，演讲的手势贵在自然。手势是感情的真实流露，应给人以美感。当我们平静地说明问题时，应运用安稳自然的手势；感情升华时，应运用急剧而有力的手势；展示心理活动时，应运用含蓄象征的手势。

第三，手势运用要简练。手势不是某种频繁的习惯性动作，在演讲中，手势的运用不要太多。在能准确地表达出演讲的思想内容且思想感情高涨时，一定要用手势，而不需要用的地方尽量不用。每做一个手势都力求简洁、清楚，给人以强有力的表现力和美感。

第四，手势运用要协调。手势是口语表达的辅助手段，它应在说话人说出的话需要增强表现力的一瞬间做出来。手势要做到话到手势到，与声音、姿态、表情等密切配合。切不可在一句话讲完后再加一个手势，给人一种以夸张、造作之感。

总之，演讲手势贵在自然，切忌造作；贵在精简，切忌泛滥；贵在协调，切忌脱节；贵在变化，切忌死板。

（8）走下讲台。演讲完毕，要面向听众致敬，向主持人致意。如果听到掌声，应再次向听众表示谢意，然后下台回到原座位。走路要和上台一样，不要因为"这下可讲完了"或者为了抓紧时间就匆匆忙忙、慌慌张张，这样会给听众留下不好的印象，甚至影响后续的演讲。

（9）走出会场。演讲全部结束，演讲者可能由主持人陪同先行退场。听众出于礼貌，或站起身来，或热情鼓掌，这时演讲者要同样热情回报，或鼓掌或招手以致意，直至走出会场。如果听众先退出会场，演讲者应起立，面向听众并目送他们退场。

3）演讲者的副语言

副语言包括发声系统的各个要素：音质、音幅、音调、音色、沉默、节奏等。主题的多样性，要求用不同的副语言来体现。音质是指人声线的韧度弹性。例如，有些人天生音质深沉、有些人天生清脆，在演讲风格上要与之匹配。情感错位是一个常见的问题，如对"生命的敬畏"就不能习惯性地激越高昂；对"美好生活的憧憬"就不能过分凝重、严肃。看准碟再下菜，才能做到精确表达。歌手孙耀威在《我是演说家第五季》演讲台上含泪倾诉自己25年被雪藏的经历，娓娓道来，数次沉默，饱含对过去生活的怅惘，节奏处理非常到位。当时许多人被感动得热泪盈眶，这就是节奏的魅力。而激昂型演讲结尾处常常有数个排比，如长江之水滔滔而至，气象澎湃而别有一番神采。比如，《我是演说家》冠军刘媛媛就是一位热情洋溢的演说者，常常在演说时有着高昂的声调、自信的语气和一泻千里的节奏，体现了年轻人活跃的思想和蓬勃的活力。在《寒门贵子》演讲中，她注意了声音中音节、音色的调配，使之整齐而不呆板，匀称而不雷同，变化而不散乱，音调参差有致，体现出艺术美。

声情并茂、声随情走是演讲的艺术，副语言的准确表达就是为了"情"。有绘声绘色、笑声朗朗的暖色调，也有痛苦悲伤、惆怅满怀的冷色调。如诸葛亮舌战群儒是《三国演义》中的经典片段。周瑜为夺荆州而殒命。诸葛亮为了孙、刘两家联合，毅然入虎穴之地为周瑜吊孝。诸葛亮哭诉衷肠，以睿智和真情的演绎感动了东吴。诸葛亮充分运用了副语言，最终虎口脱险。因此，演讲中的情只有发自肺腑，把"情"用"调"演绎出来，才能打动人心。

1.2 认识口才

我们天天都在说话,但是未必人人都能把话说好。一些人才也许口才一般,但是有口才的人一定是人才。一个会说话的人与他人交流,说的话可能会准确得体,巧妙有趣,有条不紊,对答如流,一针见血,正所谓:"慧于心而秀于口"。掌握口才这门艺术,才能让你在竞争中抓住机遇,挑战人生。

1. 何为口才

(1) 口才的含义。口才在《辞源》中的定义为:"口才是善于说话的才能。"《现代汉语词典》中的定义为:"口才是说话的才能。"它由"口"和"才"两部分组成。"口"是指口语表达能力;"才"则是指可供"口"表达的知识、才学。因此,口才是指人们运用口语表达思想情感及进行沟通交流的才能。在说话、交谈、朗读、论辩、讲课、演讲等现代语言交际活动中,它表现为以个人综合素养(思想品德、知识学问、文学艺术)为基础的规范化的口语表达形式。它是一个人的道德修养、文化积累、知识结构、思维方式、价值判断、心理素质、语言艺术和仪态仪表等综合素质的集中反映。

(2) 口才的要素。口才是人们在交际过程中,因时因地、因人因事地凭借自己的知识和阅历,力求准确地表达自己的态度、见解和感情,以期充分发挥交际功能的口头表达能力,其内涵是很广泛的,它可由胆、情、智、识、知、辩、力、度、思、仪十大要素组成。

所谓"胆"即无私无畏、临场不慌,言其所必言;"情"即真情流露;"智"即驾驭交际场面的能力;"识"即见解、主见;"知"即丰富的知识和阅历;"辩"即不同的场合运用不同的言语表达形式,句式、语气、语速、语势、语体风格要运用得当;"力"即感染力、说服力;"度"即言语交际过程中,或赞或贬,或喜或悲,或坦陈或婉言,或精确或模糊,都有程度轻重的问题;"思"即贯穿于言语交际活动全过程的思维活动;"仪"即仪态、神情、举止,即指交际者的仪态神情只有与交际者的性格气质及特定语境中的言语和谐时,才能相得益彰。

(3) 口才的标准。当一个人的口语表达能力达到相当有艺术水平的时候,我们就说这个人有口才。具体标准是怎样的呢?演讲与口才专家邵守义教授认为可以用以下五个标准来衡量。

一是言之有理。要说一个人有口才,那么他讲的话必须是真理,而不是歪理邪说,也不能是胡说八道。二是言之有物。讲话的时候不是过于空洞,要真的有内容。三是言之有序。说话时应有一、二、三等层次,让人觉得条理清楚。四是言之有文。讲的话要让听众愿意听,要有文采。为什么有人讲话容易引起大家的笑声?因为他(她)很幽默,也很有文采。五是言之有情。做一个有口才的人,讲起话来总是要有感情的,不像是一阵风在耳边一吹而过,在讲的过程中,喜怒哀乐全部都可以在口语表达里传达出来,别人一听就为之震动、为之惊诧、为之欢乐、为之悲伤,则可以达到感动听众的目的。

归纳起来,就是具备了言之有理、言之有物、言之有序、言之有文、言之有情这五点,我们就说这个人有口才。什么样的人没有口才呢?很少说话,或一说话就脸红,说话卡卡顿顿。还有一种人没有口才,就是一讲起来喋喋不休、东拉西扯、言之无物,虽然能讲,但是我们不要被这种假象迷惑，这不是真有口才。

（4）口才的类型。口才的类型是多种多样的。按照作用来分，可以分为交际口才、演讲口才、说服口才、辩论口才、谈判口才等；按照表述方式来分，可以分为叙述口才、讲解口才、抒情口才、质询口才等；按照行业来分，可以分为教师口才、导游口才、司法口才、主持口才、军事口才、外交口才、政务口才、商务口才等。

2. 口才能力构成

从语言交际实践来看，口才能力主要由六个方面的能力构成，具体如下。

（1）说明能力。说明能力指把话说得准确明白的能力。把自己心里的想法说出来的能力是口才最基本的要求。要求说话者用词准确，语意明白，语句简洁，合乎语法规范，把客观概念表述得清晰、准确、连贯、得体。实际上能把意思讲准确，讲明白，使听者一听就明白，也是不容易的。例如，有的人懂技术，但不见得就能说出来；有的学者知识渊博，写过不少专著，但一讲起课来，就让人昏昏欲睡。这些都是语言表达能力不佳及说明能力差的表现。

（2）吸引能力。吸引能力是指通过说话，吸引住别人的注意力的能力。如何才能使自己的语言具有这种能力呢？

首先，说话要有内容，才能够吸引别人倾听。要使别人在听的过程中有一些收益或产生共鸣，这样的说话才是成功的；而别人也才会喜欢听你说话，并愿意与你交流。同理，一位好的说话者一定是一位特别擅长沟通的人，在自己说话的时候也要学会倾听他人的说话，俗话说："出门看天色，进门看脸色。"因此，在说话时更要学会看他人听你说话时的表情，以便适时地改变自己说话的内容、语气等。说话时千万不要自说自话，这是最不成功的说话方式。

其次，说话时要注意自己的节奏感，这一点很重要。有些人在说话的时候语速很快，就像在爆豆子一样，往往他（她）自己说完以后，别人都没有反应过来到底说了什么。说话要慢一些，声音应响亮一些，这样他人会更加注意倾听，而且听者会感觉你所说的每一句话都是发自内心的，是经过慎重考虑后才说出来的。其实，说话并不见得比写文章容易，文章写得不好还可以修改，而一句话说出来了，要想修改是比较困难的。有时同一个意思，会说话的人能让人听后兴高采烈，不会说话的人则让人感到头昏脑涨。

（3）说服能力。说服能力是指通过言语的表达，使人心悦诚服的能力。口才好的人并不一定讲得很多，关键在于善于察言观色，了解别人心中的想法，会对症下药，三言两语就能使人折服。说服能力要求言语行为具有明确的目的性。讲话如果没有目的或漫无边际，是没有任何实际意义的。

对于那些善于运用说服技巧的人来说，能更清楚地了解对方的思想轨迹及"要点"，则说服对方时就会有的放矢，会使你的说服力大大提高。

（4）感染能力。感染能力是指用语言感动人的能力，也就是要求讲话的人以自己的激情感动听者，获得以情动人的效果。如果说话人情感平淡，言语贫乏，就很难让听众感动。具有感染能力的讲话或是字字珠玑，文采飞扬；或是情真意切，动人心扉。总之，就是要与听众产生心与心的碰撞和情感上的共鸣。

（5）创造能力。创造能力是指讲话中根据思想表达的需要创造语言的能力，或者创造性地运用语言来表达自己思想的能力。语言创造能力是形式和内容的有机统一。词汇贫乏,话到用时方恨少;用词没有仔细斟酌,粗陋肤浅,词不达意,错漏和歧义百出。这些现象,统称为缺乏语言营养。要发展语言创造力,就必须攻克缺乏语言营养的堡垒。生活、阅读、情感、思维都是提高语言营养及丰富语言创造力的源泉。

例如,小刘南下深圳,到一家广告公司参加应聘面试,他到达该公司时,已有30个求职者排在他前面,他是第31位。怎么能引起面试官的特别注意而赢得职位呢?小刘很快拿出一张纸,在上面写了一些东西,然后折得整整齐齐,走向秘书小姐,恭敬地对她说:"小姐,请你马上把这张纸交给老板,这非常重要!"秘书小姐把那张纸很快送到老板的桌上,老板看后笑了起来,纸条上写着:"先生,我排在队伍的第31位,在您看到我之前,请不要急于做决定。"小刘最终得到了工作,这是他善于创造的结果。一个会动脑筋的人,一定是一个富有创意的人。广告业务所需要的人才,不仅要求想象力丰富,还要有出人意料的创意。

(6)控制能力。控制能力是指控制自己的语言以避免引起不良后果的能力。如果只会把话说出来,却不顾及自己所说的话所能引起的后果,有时就等同于信口开河,这算不上有口才。一般来说,语言的控制能力主要表现在以下几个方面。

第一,准确把握说话分寸的能力。既要把意思说到,又不会说得过头,而是说得恰如其分。

第二,针对不同的听话人和不同的情况,能准确预料和有效控制听话人对自己语言可能出现的反应。如当向人提问时,能不能问,从哪个角度问,用何种语气问,对方可能做出的回答,这些都需要在说话前加以预料和控制。

第三,在谈话过程中已经出现问题的情况下,能改用恰当的语言予以补救。例如,清代的纪晓岚学识渊博,能言善辩,机智敏捷。一次乾隆皇帝开玩笑地问他:"何为忠孝?"纪晓岚说:"君叫臣死,臣不得不死,为忠;父叫子亡,子不得不亡,为孝。合起来,就叫忠孝。"纪晓岚刚答完,乾隆皇帝说:"好!朕赐你一死。"纪晓岚当时就愣了:"这是什么情况?怎么突然赐我一死?"但是皇帝金口玉言,说一不二。纪晓岚只好谢主隆恩,然后走了。纪晓岚出去以后,乾隆皇帝想:"都说纪晓岚有能耐,能言善辩,我看你今天怎么办?"大概过了半炷香的工夫,纪晓岚又气喘吁吁地跑了进来,扑通一声给乾隆皇帝跪下了。乾隆说:"大胆纪晓岚!朕不是赐你一死吗?你为什么又回来了?"纪晓岚说:"皇上,臣去死了,我准备跳河自杀。我正要跳河,屈原突然从河里出来了,他怒气冲冲地说,你小子不犯浑吗?想当年我投汨罗江自杀的时候,是因为楚怀王昏庸无道;而当今皇帝皇恩浩荡,贤明豁达,你怎么能死啊!我一听,就回来了。"这样的回答,让乾隆有口难言:"让他死吧,就是昏庸无道;要是让他活着呢,又赐他一死了。"最后,乾隆不得不自我解嘲地说:"好一个纪晓岚,你真是能言善辩啊!"

纪晓岚后面的这番话,不仅改变了自己前面语言的意向,也改变了乾隆皇帝的反应,控制了后果。

总之,好口才在个人成长的道路上发挥着重要的作用,不论是现在与他人交往,还是将来准备成就事业,良好的口才一定会在你成长的道路上助你一臂之力。

3. 口才的特征

(1)综合性。口才是善于运用口语准确、贴切、生动地表达自己思想感情的一种能力。

语言是沟通人与人之间思想感情的重要工具。准确、贴切、生动的语言才能将自己的思想感情精准地表达出来，为对方所了解而不至于产生歧义。但仅限于此是远远不够的，因为口才是一门综合表达艺术，还有诸多的因素需要考虑。语言环境就是一个重要的方面。每个人在不同的环境和心情下，对别人发出的信息所产生的反应可能会不同。所以，要想让自己说的话在对方思想上产生共鸣，必须考虑当时的语言环境，如场所、时机、对方的心情等。善于选择和营造恰当的语言环境，是口才艺术的一项重要内容。

影响语言表达效果的，除了语言环境和语言本身之外，语调也是一项不可忽视的内容。所谓语调，是指语言的轻重缓急、抑扬顿挫。可以将语调视为一种辅助语言，因为它能间接地影响表达效果。例如，说气话时，一般是高声大嗓，语调冲动急促，让人一听就能感觉到自己的愤怒。否则，如果生气时仍用轻松随便的语调说话，就无法表明自己的态度或达到想要的结果。除语调之外，仪表、体态和神情动作也是一种辅助语言，能对表达效果产生较大的影响。

口才还受心理因素影响。口才活动离不开知觉、观察、记忆、思维、想象等心理活动的基本形式。气质、性格、能力等个性心理特征又决定着认识能力和表达能力的高低以及口语表达的风格。个性的倾向性，如兴趣、需要、动机、理想、信念、价值观等制约着口才活动的方向和社会价值；而情感、意志、自我意识等，则对口才活动起着重要的支配、调节和控制作用。尽管口才看不见摸不着，但是口才好的人无不具备敏捷的思维、明晰的思路、丰富的想象、渊博的学识和良好的心理素质等。可以说，口才是一个人综合能力的真实体现。想要拥有好口才，就必须使自己具备相应的素质、修养和能力。

（2）技巧性。一个人是否拥有出众的口才，关键在于其是否掌握了一定的技巧。好口才需要有好技巧。口才好坏的关键是看说话能不能感染他人，或者能不能达到一定的目的。一句话可以化敌为友，冰释前嫌，带来非凡的荣誉和成功；一句话也可以变友为敌，引发一场争论甚至导致一场战争。俗话说"一句话说得人笑，一句话说得人跳"，讲的也是这个道理。

技巧就是艺术，而艺术的最高境界是"无技巧"。要想"无技巧"，就应下苦功学技巧。掌握了技巧，在不考虑技巧的情况下就可以做到无处不体现技巧。例如，某地举行的修辞学会年会上，会长在开场白中这样说："先让我这个老猴来耍一耍，然后你们中猴、小猴耍。我老猴肯定耍不过你们，不过总要带个头吧。"代表们听后觉得很有意思，都笑着鼓掌。

以上会长的话就具有很高的技巧。首先，会长既是与会者中威望较高的，又年近古稀，把自己比作老猴，把其他与会者比作中猴、小猴，不仅描绘出老、中、青三代共聚一堂及切磋交流的学术气氛，还显得妙趣横生；其次，在修辞学会的年会上，会长故意用这种修辞手法表示自谦，与主体身份、客观对象和具体场合都十分协调，因而可以取得好的效果。但如果上述情景换一个中年人说出这样的话，如"我是个中猴，先让我来耍一耍，耍后请老猴和小猴耍"，就很不得体了。听的人必定会产生反感，因为把德高望重的老者称作老猴很不得体。这就是口才的艺术魅力。

（3）训练性。好口才不是一种天赋的才能，不是与生俱来的，它是靠刻苦训练而得来的。我们必须要坚定信念：口才一定是可以练好的。古今中外历史上所有口若悬河、能言善辩的演讲家、雄辩家,他们无一不是靠刻苦训练而获得成功的。几乎每个口才好的成功人士都曾经有意识地训练过自己的口才。

4. 口才的作用

(1)促进事业成功。口才是事业成功的重要因素。据一份对深圳市人才市场的求职者展开的一次随机抽样的调查资料显示:当求职者被问到"根据你自己的求职经历,你认为求职的成败与交际和口才能力有没有关系"的问题时,认为"很有关系"的占 60.7%,回答"有一点关系"的占 37.1%,而认为"关系不大"的仅占 2.2%。就是说如果按"有关系"和"没有关系"进行类聚,认为求职成败与交际和口才能力"有关系"的占到了 97.8%,这意味着与学历和工作经验相比,交际和口才因素在人的事业成败中发挥着重要的作用。

现代社会,口才已经成为决定一个人生活是否愉快、事业是否成功的重要因素之一。口才好、善于说话的人受人欢迎,他们可以通过语言充分地展露自身的才干,赢得领导、同事、下属的了解、赞赏和信任,帮助其在事业上获得成功。这正如美国前总统富兰克林在自传中所说:"说话和事业有很大的关系。如果出言不慎,或无理地跟别人争吵,那么,你将不可能获得别人的同情、合作和帮助。"具备一定的口语表达能力,不仅是对创造型、开拓型人才的要求,也是对各行各业从业者的要求。单位领导、职员、教师、律师、推销员、采购员等都要运用语言进行工作,口才的重要性显而易见。服务员、售货员等也应该能说会道。有些服务员、售货员会与顾客发生争吵,除工作方法的原因以外,不善于说话常常是引起争吵的导火线之一。例如,有一家空调厂生产了一种新型空调,要两个推销员同时去推销。其中一个人一天卖了 30 台,而另一个人一天只卖了 2 台。原因是前者在推销空调时是这样说的:"先生,您忙吗?如果您不忙,我向您介绍我们厂最新生产的空调。这个空调不仅能杀菌,还能过滤空气,能定时自动关闭,自动调温。在现有的空调中,它的质量最好,功能最全,价格比其他同类产品都低,而且保修五年。先生,您不妨试试?"面对这么精彩的介绍,谁能不为之心动?而后者却是这样推销的:"先生,您买空调吗?我们这有新生产的空调,质量很好,您买吧!"听到这样的介绍,顾客的回答通常是"我不买"。两种截然不同的语言表达,产生的效果迥然不同。

(2)优化人际交往。社会交往效果的好坏,关键在于个人交际能力的高低。而一个人交际能力的高低常会体现在说话艺术上。

一家电子公司的颇有建树的总经理对口才就很重视。他普通话准确流利,才思敏捷,反应很快。他不仅对自己从严要求,还要求公司的员工都要会说话,有口才,并把这一条作为招聘的条件和培训的内容。有人问他为何要如此重视口才,他说:"我们公司经营电子产品,总要同天南地北各种各样的人打交道。如果我们公司的人一张嘴说话就是满口土话或是词不达意、语无伦次,那么就会被人家瞧不起,也会有损我们公司的形象,能做成的生意可能也做不成了……"这种见解很形象地说明了一个道理:口才是优化人际交往的利器!

(3)提高综合素质。美国俄亥俄州的马瑞塔学院曾对刚毕业不久和毕业后工作 10 年以上的新老毕业生进行了一次调查,让他们根据各自的亲身体会回答一个问题——"在学校里学的哪一两门课程对走上社会非常有用?"新老毕业生的答案很一致:首先非常有用的课程是演讲和口才,它教会我们怎样说话,怎样与人打交道;其次是英语课,它教会我们怎样阅读和写作。现实确实如此，当今欧美各国的口才教育非常普及并得到人们的高度重视。这源于人们的一个共识，即口才不仅是人在一生追求奋斗中必备的一项基本能力，而且在获得这种能力的同时，其他几种重要的能力，如观察能力、记忆能力、思维能力、创造能力、应变能力和表达能力等都相应得到训练和提高。人们的这一认识，与口才本身就是一个非常复杂的思维过程有关。

我们知道，思维和语言之间的联系密不可分，思维是语言的具体内容，语言是思维的表现形式。首先，口语交际最大的特点便是现想、现说，"想"是"说"的基础，"说得好"的前提是先要"想得好"，而无论是想还是说，都必须综合地运用交际者的各种素养和知识。具体来说，在"想"的阶段，说话者一方面要考虑说话场合、说话对象的身份和情绪，做到察言观色；另一方面要对相关事物进行细致的观察，以求深入了解，从而迅速把握对事物的认识。这就需要调动说话者的观察能力和对事物的感受能力。其次，口语交际随机性强，而且语音稍纵即逝，不能重复。这就要求说话者快速地启动头脑中的知识储备，并针对情况即时做出准确、得体和巧妙的应答，这就需要很好的记忆力和很强的随机应变能力。最后，口语交际要做到表达清楚、主旨明确、条理分明、逻辑严密，这就需要说话者具有一定的分析综合能力、联想与想象力、创造性思维能力。而在"说"的阶段，还需要交际者掌握一定的表达技巧和语言艺术。

例如，在林肯当选为总统之初，参议院大部分出身名门望族的议员都感到很尴尬，因为他们从来没有料到要面对的总统是一个鞋匠的儿子。于是，他们就想利用林肯首次到参议院演讲的机会，当众羞辱他。林肯刚刚站到演讲台上，一个态度傲慢的参议员站起来说："林肯先生，在你开始演讲之前我希望你记住，你是一个鞋匠的儿子。"当时在场的所有议员听到这句话，都为自己不能打败林肯却能羞辱他而开怀大笑。笑声停止后，林肯不慌不忙地说："我非常感谢你使我想起我的父亲。他已经过世了，我一定永远记住你的忠告，我永远是鞋匠的儿子，我知道我做总统永远无法像我父亲做鞋匠那样做得那么好。"

参议员们听后马上安静下来。林肯又转过头对那个傲慢的参议员说："就我所知，我父亲以前也为你的家人做鞋子。如果你的鞋子不合脚，我可以帮你改正它。虽然我不是伟大的鞋匠，但我从小就跟父亲学到了做鞋子的手艺。"之后，他又把目光投向所有参议员，说道："对参议院里的任何人都一样，如果你们穿的那双鞋是我父亲做的，而它们需要修理和改善，我一定尽可能地帮忙，但是有一事可以肯定，我无法像他那样伟大，他的手艺是无人能比的。"说到这里，林肯流下了热泪。

面对傲慢的议员，林肯没有反唇相讥，而是自然而然地接过对方的话，承认自己"永远是鞋匠的儿子"并以此为自豪，这不仅使那些想羞辱林肯的议员们没有达到目的，还表现了林肯的平民意识。另外，林肯在这里用了两个假设，如果"不合脚"，如果"需要修理和改善"，从而把议员们拉入回忆之中，让他们去品味林肯父亲高超的做鞋技艺，并为刚才无情的嘲讽而反省自责。

由此可见，口才是说话者综合素质的集中体现。口才提高的过程，也是各种思维能力、语言能力不断得到培养和锻炼的过程。

实训项目

1. 演讲测试

(1) 你的演讲能力如何？请回答下列问题测试一下自己的演讲能力。

① 你喜欢当众发表自己的见解吗？

A. 喜欢(2分)　　　　　B. 不太喜欢(1分)　　　　　C. 不喜欢(0分)

② 你习惯在当众讲话或演讲之前做充分准备吗？

A. 是(2分)　　　　　B. 有时是(1分)　　　　　C. 从不(0分)

③ 你能在演讲之前精心设计仪表仪容、手势动作、表情眼神等态势语吗？

A. 能(2分)　　　　　B. 有时能(1分)　　　　　C. 不能(0分)

④ 你能在演讲一开始就迅速抓住听众的注意力吗？

A. 能(2分)　　　　　B. 有时能(1分)　　　　　C. 不能(0分)

⑤ 你能紧紧围绕演讲主题，寓理于事且情理交融地表达自己的观点，使听众一目了然并心悦诚服吗？

A. 能(2分)　　　　　B. 有时能(1分)　　　　　C. 不能(0分)

⑥ 你能在演讲过程中密切注意听众的反应并及时调整自己演讲的内容与方式吗？

A. 能(2分)　　　　　B. 有时能(1分)　　　　　C. 不能(0分)

⑦ 你能在演讲出现忘词、停电等意外情形时从容应对吗？

A. 能(2分)　　　　　B. 有时能(1分)　　　　　C. 不能(0分)

⑧ 你能否在必要时与听众进行有效互动？

A. 能(2分)　　　　　B. 有时能(1分)　　　　　C. 不能(0分)

⑨ 你的普通话标准、声音清晰悦耳吗？

A. 是(2分)　　　　　B. 一般(1分)　　　　　C. 不(0分)

⑩ 当众讲话或演讲时，你有紧张得语无伦次的现象吗？

A. 从无(2分)　　　　　B. 有时(1分)　　　　　C. 经常(0分)

测试结果分析：

以上 10 题满分为 20 分。如果你的得分在 17 分以上，则说明你的演讲能力很好；12～16 分为一般，11 分以下则说明你演讲能力有待提高，必须加强学习和训练。

(2) 你的演讲智力素质如何？

演讲者必须具备一定的智力素质，这种素质有先天的因素，但主要还在于后天的锻炼与培养，主要包括记忆力、想象力、分析力、概括力和应变力等。下面 6 组题中，每组第 1 题是根据自己的感觉填"上""中"或"下"；每组第 2 题、第 3 题，肯定的打"√"，否定的打"×"；每组第 4 题、第 5 题，请回答"能"或"不能"。

第一组：

① 良好的记忆力与理解力是演讲者的必备素质，你的记忆力怎么样？　　　　　(　　)

② 你能否记起小学五年级的同桌？　　　　　(　　)

③ 你记得你成为少先队员或团员的确切时间和介绍人吗？ （　　）

④ CGQJNM 这几个字母，你能否看一遍后默写出来？ （　　）

⑤ 你能否在两分钟之内背诵下面这首诗？ （　　）

城上斜阳画角衰，沈园非复旧池台；伤心桥下春波绿，曾是惊鸿照影来。

第二组：

① 分析是思维的重要组成部分，你的分析能力如何？ （　　）

② 你觉得自己很有主见吗？ （　　）

③ 你喜欢自己思考问题吗？ （　　）

④ 遇见一件你从未经历过的怪事，你能迅速做出判断吗？ （　　）

⑤ 一杯牛奶酸了，你能想一想是什么原因吗？ （　　）

第三组：

① 概括力是提纲挈领表达问题的关键，你的概括力如何？ （　　）

② 你常会说一些深刻的话引起别人注意吗？ （　　）

③ 别人说过你言语表达不清吗？ （　　）

④ 你能用几句话就把刚看完的一部电影的大意讲出来吗？ （　　）

⑤ 你能使自己喜欢以前不愿意学的一门课程吗？ （　　）

第四组：

① 演讲中需要推理和演绎能力，你认为自己的演绎能力如何？ （　　）

② 出现矛盾时，你说话会给对方留下把柄吗？ （　　）

③ 你阅读推理小说时，能读到中间部分就猜出故事的真相吗？ （　　）

④ 你能在 5 秒之内回答下面的问题吗？ 姑姑的哥哥的儿子的妈妈是自己的什么人？

（　　）

⑤ 你认为喝冷水可能导致腹泻吗？ （　　）

第五组：

① 丰富的想象是能使你演讲更精彩的重要条件，你的想象力如何？ （　　）

② 你平时爱做梦吗？ （　　）

③ 你喜欢耍贫嘴吗？ （　　）

④ 你阅读小说时，能找出作者构思失败的地方吗？ （　　）

⑤ 你会编故事并讲给别人听吗？ （　　）

第六组：

① 演讲者必须具备良好的应付突发事件的能力，你的应变能力如何？ （　　）

② 别人用言语讥笑你，你能在瞬间找到言词反击吗？ （　　）

③ 一个球向你飞来，你会抱脑袋吗？ （　　）

④ 朋友来了，你正生气，你能笑着去开门吗？ （　　）

⑤ 在混乱的场合，你能让大家安静下来吗？ （　　）

测试结果分析：

如果累计有 1 个"中"、5 个"上"、10 个以上的"√"、10 个以上的"能"，说明你的演讲能力比较出色。

如果累计有 2 个"上"、4 个"中"或更少、6～9 个"√"、6～9 个"能",说明你的演讲能力一般。

如果累计有 1 个"中"、5 个以上的"下"、5 个以下的"√"、5 个以下的"能",说明你的演讲能力还有待提高。

（3）你的演讲修养怎样?

演讲修养是演讲素质最重要的组成部分,主要包括以下几方面的内容:演讲者的仪表气质是否大方得体、演讲者的知识结构是否全面、表情是否自然亲切等。下面是 6 组测试题,分别有上、中、下三种情况,得分依次为 2 分、1 分和 0 分。请回答问题,并计算得分,最后累计为总分。

第一组:

① 你平时看书的时间多吗? （　　）
② 你关心自己专业以外的问题吗? （　　）
③ 同事们常向你请教问题吗? （　　）
④ 你常与同事讨论新闻吗? （　　）
⑤ 你认为学习是一种乐趣吗? （　　）

第二组:

① 你说话有幽默感吗? （　　）
② 你讲话时同事们爱听吗? （　　）
③ 你对理论问题感兴趣吗? （　　）
④ 你能在别人找不到确切的语言表达时代替他说吗? （　　）
⑤ 你善于讲故事吗? （　　）

第三组:

① 你漂亮且有气质吗? （　　）
② 你认为世上好人多吗? （　　）
③ 别人说你比较和气吗? （　　）
④ 你经常一个人生闷气吗? （　　）
⑤ 你经常会原谅别人吗? （　　）

第四组:

① 你爱观察演讲主持人的形象吗? （　　）
② 你喜欢模仿别人说话的语气吗? （　　）
③ 你对自己的声音满意吗? （　　）
④ 你总是爱照镜子吗? （　　）
⑤ 别人很少发现你的不良习惯吗? （　　）

第五组:

① 你会老觉得别人不如你吗? （　　）
② 家里来了客人,你会主动跟他攀谈吗? （　　）
③ 有人说你爱出风头吗? （　　）

④ 你经常发现别人与你说话时紧张吗？　　　　　　　　　　　　　（　　）

⑤ 你不在乎别人的评价吗？　　　　　　　　　　　　　　　　　　（　　）

第六组：

① 不高兴的时候，你能不让别人发现吗？　　　　　　　　　　　　（　　）

② 看电影时，你比别人更投入吗？　　　　　　　　　　　　　　　（　　）

③ 你是一个讨人喜欢的人吗？　　　　　　　　　　　　　　　　　（　　）

④ 你认为当今人情味太淡吗？　　　　　　　　　　　　　　　　　（　　）

⑤ 你有心事，愿意向别人倾诉吗？　　　　　　　　　　　　　　　（　　）

测试结果分析：

满分为60分。如果积分在45分以上，说明你的演讲修养很好；30～45分为一般；而30分以下则尚需努力提高。

（资料来源：屈海英.新编演讲与口才[M].杭州：浙江大学出版社，2011.）

2. 演讲认知训练

1）任务名称

演讲认知。

2）任务目标

（1）正确理解演讲内涵。

（2）深入体会演讲的特征。

（3）把握演讲要素在演讲活动中的重要作用。

3）建议学时

2学时。

4）涉及知识点

演讲认知。

5）任务实施过程

（1）任务导入。举办演讲接力活动，活动要求如下。

① 演讲话题分为英雄、网络、沟通、诚信。

② 本次活动以小组为单位，各组以抽签形式决定自己的演讲话题。话题确定后，各组在同一话题下准备3份不同表达风格的演讲稿。自拟题目，并完成演讲稿，最终进行脱稿演讲。

③ 每组选派四名代表。第一名同学汇报本次活动的经过、组内成员的具体安排以及在此活动中的独特感受和体验。然后，演讲代表登台。每个同学台上时间控制在3～5分钟。

④ 各组同学依次交替演讲。每组演讲代表间隔不超过30秒。如果超时，即算作自动放弃一次演讲机会，转由下组同学继续演讲。

⑤ 评判人员对演讲做出评判。

（2）演讲认知训练。

① 热身准备。集体讨论：结合自身的理解谈谈什么是演讲，并说明演讲有何作用。

② 实地大演练。教师播放演讲视频 2～3 个,各组结合演讲的特征进行分析。要求:第一,请学生以组为单位进行讨论、学习,限时 10 分钟。第二,每组派出 3 名代表到台上进行表述,每组台上时间限定在 8～10 分钟。

(资料来源:赵京立.演讲与沟通实训[M].2 版.北京:高等教育出版社,2014.)

3. 演讲模拟训练

1) 训练要领

细心揣摩演讲者处理有声语言(如语调、语气、停顿、重音等)和态势语(如身姿、手势、目光、表情等)的技巧。

2) 训练方法

(1) 录像模仿。

先观看一小段精彩的演讲录像,要求当场默记,然后进行模仿。注意模仿的目的不是为了背出这段内容,而是为了学习口语与态势语处理的技巧。模仿前要注意演讲的类型、演讲的基调等。

(2) 利用下面的材料,做仿说练习。

① 19 世纪法国杰出的浪漫主义作家维克多·雨果在伏尔泰百年祭日上发表著名演说《微笑本身就含有曙光》。结尾用诗一般的语言,连用十几个"让我们……"的句式,充分表达了对伏尔泰的崇敬和颂扬之情,以及对战争、专制、独裁的讨伐,呼唤人们为争取生命权、自由权而奋斗,推翻王权,让光明从那些死者的坟墓中放射出来。部分演讲内容如下:

让我们转向伏尔泰吧!让我们在他的墓前鞠躬吧!让我们记取他的忠告吧!虽然他在 100 年前已死,但他的成就是不朽的,也让我们记取其他伟大的思想家的忠告吧,让我们停止流血事件吧!够了!够了!专制政治!野蛮主义早该消灭,让文明兴起吧!让 18 世纪来拯救 19 世纪!那些哲学家们都是真理的门徒,在独裁者欲发动战争之前,让他们宣布人类生命权及良知的自由权,还有理性的崇高、劳力的神圣、和平的祝福。既然王权表示黑暗,就让光明从那些死者的坟墓中射出来吧!

② 1904 年秋瑾紧扣当时的现实,有理有据、言简意赅地宣传了演讲的好处。内容如下:

演说有种种好处。第一样好处:随便什么地方,都可随时演说。第二样好处:不要钱,听的人必多。第三样好处:人人都能听得懂,虽是不识字的妇女、小孩子,都可听懂。第四样好处:只需三寸不烂之舌,又不要兴师动众,捐什么钱。第五样好处:天下的事情,都可以晓得。

(资料来源:朱彩虹.大学生实用口才训练教程[M].北京:清华大学出版社,2010.)

4. 口才水平测试

请回答下列问题测试一下自己的口才水平。

(1) 您觉得会说话对人一生的影响(　　　)。

　　　A. 重要　　　　　　　　B. 一般　　　　　　　　C. 不重要

（2）您和很多人在一起交谈时，会（　　　）。

    A. 有时插上几句

    B. 让别人说，自己只是旁听者

    C. 善于用言谈来增强别人对你的好感

（3）在公共场合，您的表现是（　　　）。

    A. 很善于言谈　　　　　　B. 不善言谈　　　　　　C. 害怕言谈

（4）假如一个依赖性很强的朋友打电话与您聊天，而你没有时间陪他的时候，你会（　　　）。

    A. 问他是否有重要的事，如没有，回头再打给他

    B. 告诉他你很忙，不能和他聊天

    C. 不接电话

（5）因为一次语言失误，在同事间产生了不好的影响，你会（　　　）。

    A. 一样多说话

    B. 以良好言行尽力寻找机会挽回影响

    C. 害怕说话

（6）有人告诉你某某说过你的坏话，您会（　　　）。

    A. 处处提防他　　　　　　B. 也说他的坏话　　　　　　C. 主动与他交谈

（7）在朋友的生日宴会上，结识了朋友的同学，当你再次看见他时（　　　）。

    A. 匆匆打个招呼就过去了

    B. 一张口就叫出他的名字，并热情地与之交谈

    C. 聊了几句，并留下新的联系方式

（8）说话被别人误解后，你会（　　　）。

    A. 多给予谅解　　　　　　B. 忽略这个问题　　　　　　C. 不再搭理人

计分标准：

第 1 题　选 A，2 分；选 B，1 分；选 C，0 分。

第 2 题　选 A，1 分；选 B，0 分；选 C，2 分。

第 3 题　选 A，2 分；选 B，1 分；选 C，0 分。

第 4 题　选 A，2 分；选 B，1 分；选 C，0 分。

第 5 题　选 A，0 分；选 B，2 分；选 C，1 分。

第 6 题　选 A，1 分；选 B，0 分；选 C，2 分。

第 7 题　选 A，0 分；选 B，2 分；选 C，1 分。

第 8 题　选 A，2 分；选 B，1 分；选 C，0 分。

测试结果分析：

得分在 0～5 分，表明口才能力较差，语言表达能力和语言沟通能力还很欠缺。如果性格内向，这会阻碍语言能力的提高。你应该尽量改变这种状况，跳出自己的小圈子，多与外界接触，寻找一些与别人言语交流的机会，努力培养自己的说话能力。只有这样，你才有希望成为一个受欢迎的人。

得分在 6～11 分，表明口才能力良好，语言表达能力和语言沟通能力一般，如果再加把

劲,你就可以很自如地与人交流了。提高你的语言能力的途径是主动出击,这样可以使你在语言交流中赢得主动权,语言表达能力自然会迈上一个新台阶。

得分在12~16分,表明口才能力很好,你清楚怎样表达自己的情感和思想,能够很好地理解和支持别人。

(资料来源:刘志敏.演讲与口才实用教程[M].北京:清华大学出版社,2017.)

5.实施每日自我口才训练计划

目标:锻炼最大胆的发言,锻炼最大声的说话,锻炼较流畅的演讲。

自我激励誓言:一定要大胆地发言,一定要大声地说话,一定要流畅地演讲。

1)积极心态训练

自我暗示:每天清晨默念10遍"我一定要大胆地发言,我一定要大声地说话,我一定要流畅地演讲。我一定行!今天我一定拥有幸福快乐的一天!"

2)想象训练

至少花5分钟想象自己在公众场合成功地演讲,想象自己成功。至少花5分钟在镜前练习微笑,展示自己的手势及形态。

3)口才训练

(1)每天至少与5个人有意识地交流思想。

(2)每天大声朗诵或大声说话至少5分钟。

(3)每天训练自己"三分钟演讲"1次或"三分钟默讲"1次。

(4)每天给亲人、同学至少讲1个故事或完整地叙述1件事情。

4)口才技巧训练

(1)讲话前,深吸一口气,平静心情,面带微笑,眼神交流后,开始讲话。

(2)勇敢地讲出第一句话,声音大一点,速度慢一点,句子短一点。

(3)当发现紧张卡壳时,停下来有意识地深吸一口气,然后随着吐气讲出来。

(4)如果表现不好,自我安慰:"刚才怎么又紧张了?没关系,继续平稳地讲。"同时,用感觉和行动上的自信战胜恐惧。

(5)紧张时,可以做放松练习,深呼吸,或尽力握紧拳头,又迅速放松,连续10次。

5)辅助训练

(1)每天至少花20分钟阅读励志书籍或口才书籍,培养自己的积极心态,学习语言表达技巧。

(2)每天放声大笑10次,乐观面对生活,放松情绪。

(3)每天躺在床上朗读,坚持将一篇文章读3遍,练习腹式呼吸,提高声音音质。

(4)训练接受他人的视线、目光,培养自信和观察能力。

(5)培养微笑的习惯,要笑得灿烂、体现真诚,锻炼亲和力。

(6)学会检讨,每天总结得与失,写心得体会。每周要全面总结成效及不足,并确定下周的目标。

(资料来源:史钟锋,张传洲.演讲与口才实训[M].南京:东南大学出版社,2015.)

课后练习

1. 自选题目,就大学生普遍关心的社会热点问题写一篇1000字左右的演讲稿,经过演练后,在班上正式演讲。

2. 请分别以环境保护、就业创业、勤工俭学等为题进行即兴演讲练习。

3. 分别将下面的话扩句成篇。

(1) 我的大学我做主。

(2) 现代社会男女竞争是平等的。

4. 假定你在学校组织的一次演讲比赛中荣获了一等奖,在颁奖仪式上,主持人请你代表全体获奖同学发言,你该讲些什么?

5. 你和几位同学一起到一家公司实习,在公司的一次全体职工大会上,该公司经理把你们这些实习生介绍给大家,并致了欢迎词后,同学们推你代表实习生发言,你该怎么办?

6. 根据下面的话题,进行口头评说,每题讲3分钟左右。

(1) 苏格拉底的学生对他说:"老师,您的知识这么多,您一定没有烦恼……"苏格拉底说:"不,错了,知识是一个圆,烦恼是它的半径,知识越多,圆越大,半径也越长……"你是否有同感? 你现在有烦恼吗? 常烦恼些什么呢? 如何摆脱烦恼? 谈谈你的体会。

(2) 作家刘心武说过:"亲情如溪流,友情如江河,爱情如大海。人活一世,亲情、友情、爱情,三者缺一,有些遗憾;三者缺二,实为可怜;三者皆缺,活而如亡!"请你谈谈感想。

(3) "在才能和智慧不相上下的人群中,你拥有更高的热情,成功便在最大程度上属于你。"你认为这句话对吗? 谈谈个人的品德修养和人际关系等方面的重要性。

(4) 有人说"逆境容易出人才";有人说"顺境容易出人才";也有人说"不管是逆境还是顺境,成才关键靠人本身"。你是如何看的?

(5) 请围绕"付出与收获"联系现实,谈谈你的看法。

(6) 你热爱自己所学的专业吗? 如果不喜欢,现在你该怎么办? 再谈谈你对未来工作的设想。

(7) 现在有一些大学生边读书边找一些兼职工作做,有人反对,有人赞同。请你对大学生兼职问题发表意见,是利大于弊,还是弊大于利? 怎么对待这个问题才好?

7. 根据下面的"变",设计"应变"演说。

(1) 上台演讲,由于太紧张,头脑里一片空白。

(2) 在一次推广普通话的演讲会上,上台一开口,就没能讲好普通话。

(3) 听众向你提问:你说"大学生求学期间谈恋爱,结果往往是苦涩的",但你为什么正在谈恋爱?

8. 第一次参加演讲时你感到紧张吗? 你是怎样克服紧张情绪的?

9. 请设想一下在下列情况下应该怎么说。

(1) 某俱乐部举行的一次招待会上,服务员倒酒时,不慎将啤酒洒到一位宾客光亮的头上,服务员吓得手足无措。这位宾客却微笑着说:"……"

(2) 一位主持人在报幕的时候不慎将《猎人舞曲》报成了《腊八舞曲》。如果当时你是这位主持人的搭档,你会说:"……"

10. 结合下面的事例回答问题。

(1) 某君赴宴迟到,匆忙入座后,见一烤乳猪就在面前,于是十分高兴地说:"还算好,我坐在乳猪的旁边。"

话刚出口,发现身旁一位胖女士怒目相视。他急忙赔着笑脸说:"对不起,我是说那头烧好了的乳猪。"

问题1:某君这次交流的失误在哪里?

(2) 有位脾气很不好的旅客,因为不满意柜台小姐安排的机位,在机场对小姐大吼大叫。

过了一会儿,这位小姐见他还没有意思住嘴,后面又有许多旅客排着队等候验票,于是就对他说:"先生,你再吵,我只好请警卫来处理了。"

没想到这位先生更变本加厉,他大吼:"你少吓唬我!我不是傻瓜!"

小姐听了这话,笑了笑,仍然用温和的口气说:"很对不起,我刚才没注意到这一点。"

后面排队的旅客都哈哈大笑,笑声中,这位不讲理的旅客尴尬地离开了柜台。

问题2:柜台小姐的潜台词是什么?这样的回答好不好?如果由你来处理,你会怎么说?

(3) 一家知名外贸公司举行一次别开生面的宴会招聘考试,有一位小伙子表现良好,深深吸引了面试官。宴席上,小伙子走到这家公司的人事经理面前,举杯说道:"刘经理,很荣幸认识您,我十分愿意为贵公司效力。但如果确实因为名额有限我不能梦想成真,我也不会气馁的,我将继续奋斗。我相信,如果我不能成为您的助手,那就一定会是您的对手。"

他的话提醒了这家外贸公司的人事经理,最后,公司录取了这位小伙子。

问题3:你觉得这位小伙子的话说得好吗?为什么?

(4) 有一对夫妻开了一家玩具店,聘请了一个店员。这个店员很勤快,服务态度也好,老板非常满意。有一天店员嘟囔了一句:"我的合同后天就到期了。"老板听了以后,内心十分焦虑,整天闷闷不乐。既怕合同到期店员不干了,临时找不到人,影响生意,又怕店员要求加薪,自己无法满足,影响感情。

问题4:假如你是店老板,该怎样解决这个问题?

(5) 一位农村老大娘去买布料,售货员迎上前去热情地打招呼:"大娘,您买布呀?您看这布多结实,颜色又好。"谁知这位老大娘听了很不高兴,嘴上冷冷地说:"要这么结实的布有啥用,穿不坏就该进火葬场了。"售货员一听,略一沉思,笑眯眯地说:"大娘,看您说到哪儿去了,您身子骨这么硬朗,再穿几件也没问题。"一句话说得大娘高兴起来,爽快地买了布,还直夸售货员心眼儿好。

问题5:为什么在听了售货员的几句话以后,农村大娘的态度会有这么大的变化?这个故事让我们在人际交往过程中得到什么样的启发?

任务 2　命 题 演 讲

只要遵循正确的方法,做周全的准备,任何人都能成为出色的演说家。反之,不论年纪多大或经验多么老到,若没有适当的准备,仍会在演讲中出窘。

——[美]戴尔·卡耐基

导入案例

林肯在葛底斯堡国家烈士公墓落成典礼上的演讲

87 年前,我们的先辈们在这个大陆上创立了一个新的国家,它孕育于自由之中,奉行一切人生来平等的原则。现在我们正从事一场伟大的内战,以考验这个国家,或者任何一个孕育于自由和奉行上述原则的国家是否能够长久存在下去。我们在这场战争中的一个伟大战场上集会。烈士们为使这个国家能够生存下去而献出了自己的生命,我们来到这里,是要把这个战场的一部分奉献给他们做最后安息之所。我们这样做是完全应该而且是非常恰当的。

但是从广泛的意义上来说,这块土地我们不能够奉献、不能够圣化、不能够神化。那些曾在这里战斗过的勇士们,活着的和去世的,已经把这块土地神圣化了,这远不是我们微薄的力量所能增减的。我们今天在这里所说的话,全世界不大会注意,也不会长久地记住,但勇士们所做的事,全世界却永远不会忘记,毋宁说,倒是我们这些还活着的人,应该在这里把自己奉献于勇士已经如此崇高地向前推进但尚未完成的事业;倒是我们应该在这里把自己奉献于仍然留在我们面前的伟大任务——我们要从这些光荣的死者身上汲取更多的献身精神,来完成他们已经完全彻底为之献身的事业;我们要在这里下定最后的决心,不让这些死者白白牺牲;我们要使国家在上帝福佑下得到自由的新生,要使这个民有、民治、民享的政府永世长存。

思考题:

(1) 葛底斯堡战役是南北战争的转折点,为了纪念这次战役中的阵亡将士,1863 年 11 月 19 日,举行了葛底斯堡公墓落成典礼,美国总统林肯发表了这段不到 3 分钟的著名演讲。这篇演讲体现了怎样的演讲风格?

(2) 林肯的这篇演讲十分精彩,被铸成金文保存在英国牛津大学,被誉为演讲中的典范。请谈谈这篇演讲好在何处。

课前问题

• 进行命题演讲应做哪些准备?

- 演讲稿有何特点？应该如何设计一篇演讲稿？
- 应如何进行演讲演练？
- 演讲中直观教具应如何使用？

2.1 命题演讲概述

命题演讲就是演讲者根据事先给定的题目或范围，经过全面充分准备，在规定的时间内，针对某一事件或者某一话题所做的内容系统、结构完整的演讲。

1. 命题演讲的特征

（1）题目的针对性。命题演讲的题目往往是活动组织方根据当前的需要，围绕某一事件或者某一个方向拟定具体的题目。根据确定的题目，演讲者再自行组织材料，进行各方面的准备。

（2）准备的充分性。一般情况下，命题演讲是先由活动组织方发布演讲题目。演讲者拿到题目后，可以依靠自己的力量找到合适的切入点，列出提纲，起草演讲稿，了解听众的特点，设计演讲出场的整体形象和动作表演；也可以主动求助外界力量，找经验丰富的人给予指导，帮助修改演讲稿，反复模拟演讲进行试听，修正演讲中出现的种种不足，培养出场信心，增强出色完成演讲的勇气。

（3）时间的相对性。命题演讲都有严格的时间限制。演讲者要在规定的时间内完成演讲任务，把演讲稿的主要观点和思想表达清楚，赢得听众对演讲者的认可。演讲时间过短达不到规定时间，或者演讲时间过长超出规定时间，都会影响演讲的水平和效果。

2. 命题演讲的分类

命题演讲分类的标准有很多，可以根据演讲内容、演讲者身份、演讲性质、演讲目的、演讲地点进行分类，也可以按照命题范围的大小和演讲的方式进行分类。具体如表 2-1 所示。

表 2-1　命题演讲的分类

分类标准	类　　型	说　　明
根据命题范围的大小进行分类	全命题演讲	全命题演讲的题目一般是由活动组织方来确定的。其特点是主题鲜明，针对性强。全命题演讲的不足是局限性大，有时题目要求与演讲者的实际生活差距较大，难以讲深讲透
	半命题演讲	半命题演讲是指演讲者根据活动组织方限定的范围，自己拟定题目进行演讲。半命题演讲方式的特点明显，演讲者可以根据自己的生活阅历选择适合的角度，确定主题，准备材料，设计相关辅助动作，以具有自己特点和个性的方式展现出来，灵活性强，自主性大，有益于演讲主题的深化

分类标准	类型	说明
根据演讲的方式进行分类	宣读式命题演讲	宣读式命题演讲就是照着演讲稿进行演讲,准确省时、一字不差,适用于领导讲话、报告会等场合,例如,开业典礼、新闻发布会、年终总结会等
	背诵式命题演讲	背诵式命题演讲是把事先准备好的演讲稿背熟并记于心中,演讲时完全凭借对演讲稿的记忆进行演讲。这种演讲方式适合于经验不足、应变能力不强或临场发挥水平不高的演讲初学者。演讲比赛往往采用这种形式
	提纲式命题演讲	该类演讲又称为脱稿演讲,指演讲者对演讲的观点和材料做了充分、详尽的准备,依据要点归纳了演讲提纲,但是没有形成演讲稿,演讲时根据提纲的提示进行演讲。提纲式命题演讲是日常生活中最为常用的演讲方式,如公司的工作会议、小组讨论、班级例会等,主持人一般都会采用此种演讲方式,列出提纲,简单明了而又不失重点
根据演讲的性质进行分类	会议命题演讲	这是指演讲者根据会议主办方的要求,针对特定的题目,在会议上进行的象征性或者主旨性的演讲。一般情况下,会议命题演讲包含开、闭幕式演讲,经验介绍,专题报告等
	比赛命题演讲	这也称为演讲比赛。根据演讲组织者的规定,演讲者针对某一特定题目或话题,在准备的基础上,通过演讲来全面展示演讲者对演讲题目的理解,并以此为依据作为获得成绩及赢得比赛的演讲
	竞选命题演讲	这也称为竞职、竞聘、竞岗演讲,所有为谋求工作岗位、职位或者资格而发表的演讲都是竞选演讲。从一定意义上讲,竞选演讲是演讲者在特定条件下为实现自己的人生理想,针对竞争的某一岗位发表见解、主张,用实绩向人们展示自我的演讲。演讲竞选的目的就是为了击败竞争对手,使自己脱颖而出,成为赢家

（资料来源：姚小玲,张凤,陈萌.演讲与口才[M].北京：电子工业出版社,2012.）

3. 命题演讲的准备

众所周知,1863年11月19日林肯在葛底斯堡国家烈士公墓落成典礼上的演讲被尊为英语演讲史上的典范。那么,林肯是怎样成功的呢？他是在举行典礼前两周才接到通知的。主办者请他在埃弗雷特先生演讲之后"说几句话"。埃弗雷特先生是当时美国久负盛名的演讲家,又是主讲人,而林肯不过是国家纪念委员会出于政治上的考虑才邀请他"说几句话"的。林肯深谙其中的缘由,所以在演讲前做了充分准备。他先要来了埃弗雷特的演讲稿,该演讲长达两个小时。富有经验的林肯从被邀请"说几句话"的背景及演讲心理学出发,准备做两分钟的演讲。在这两周内,不论是在路上还是在办公室,一有时间他就思考着他的演讲,在内容上、演讲艺术上都做了整体的考虑。写出演讲稿之后,他随身携带,有空就思索、推敲。演讲的前一天晚上,他还在葛底斯堡旅馆的小房间里润色讲稿并高声试讲,请秘书提意见；第二天,骑马去公墓的路上,面对夹道欢呼的人群,他旁若无人,嘴里仍念念有词,练习他的演讲。可见,巨大的成功与演讲前的精心准备是分不开的。

演讲前的准备工作是多方面的。苏联著名演讲家阿普列相在《演讲艺术》一书中指出："真正的演讲家总是一身而三任：既是作者（'剧作家'），又是导演，还是完成自己的演讲、谈话的表演者。"这段话形象地说明了演讲者肩负的职责，也道出了命题演讲的主要准备工作。命题演讲的准备一般包括研究听众、酝酿构思和试讲演练三个阶段。

（1）研究听众。听众是演讲活动的客体，不了解听众的演讲就是无的放矢乱讲一气，是无希望获得成功的。研究听众，就是通过不同渠道设法了解听众的职业、身份、性别、年龄、文化程度、生活阅历、兴趣爱好及现时的心理活动。其目的在于因人制宜，采取令听众喜闻乐见的形式传达自己的思想和主张，有效影响听众的思想和行动。比如，某市公共关系培训班的学员们以演讲的方式竞选班长。前面发表竞选演讲的十几位学员都是以冷静的风格说明"我当班长要做好哪几项工作"或"我具备了哪些当班长的条件"。台下学员对千篇一律的演讲开始厌烦，有的开始起哄，会场秩序呈现混乱状态。这时，一位男学员大踏步地走上讲台，说："我——竞选班长！如果我当班长，我将是各位忠实的代表！（掌声）请记住——选我，就是选你们自己！"（热烈掌声）这位学员针对听众心理，及时调整演讲角度和风格，运用极富号召力的语句和语调，再辅之以大幅度的态势语言，造成了强烈的现场情绪，取得了较好的效果。

在研究听众时还应特别注意了解听众的意愿要求，有针对性地做好确定主题及选择材料等准备工作。听众参加演讲会的意愿要求大致有：①慕名而来。当著名政治家、科学家、演讲家、学者、明星等发表演讲时，往往有大批听众慕名前往。此时听众的主要目的大多是为了一睹名人的风采，一般不太计较演讲水平的高低。同时，由于潜在的崇拜心理，名人的演讲往往能激起异乎寻常的热烈反响。②求知而来。为了获取新的知识和能力，听众会自觉地选择那些满足自己求知欲的演讲，如学术讲座、技术辅导、国外见闻等。如果演讲内容充实、条理清晰，听众一般不会过于挑剔演讲技巧。③解惑而来。听众对自己渴望的演讲话题总是抱着极大的兴趣。如果关系自己的切身利益，听众会十分主动地参与演讲的沟通过程。此时，所要做的是分析听众希望了解的话题和存疑之处。此类听众只要求把演讲内容交代清楚，对演讲者的身份、地位和演讲水平不会有太苛刻的要求。④欣赏而来。此类听众的目的在于欣赏演讲者的表达技巧，在其潜意识中隐藏着对高水平演讲者的崇拜和学习演讲的强烈愿望。面对这样的听众，演讲者要充分展示自己的口才魅力和表达技巧。⑤被动而来。工作报告、经验交流、各类庆典的会场上，有些听众是由于纪律约束或出于礼貌而不得不来的，这类听众对演讲内容不甚关心，演讲过程中心不在焉、反应冷漠。演讲者想征服这类听众，必须掌握高超的演讲技巧。

（2）酝酿构思。不管是自愿还是受命，一旦准备登台演讲，就必然有一个由酝酿到构思的过程，而这一过程的结果就是演讲稿。这一过程包括审定题目、确立题目、收集和选择资料，再进入构思，最后完成演讲稿。这是一个十分艰难的创作过程。这既是一系列的封闭式的个人劳动，同时又是以社会、听众为背景的艺术创作活动。

① 审定题目。这分两种情形：对规定了题目的演讲，要研究审定题目中的关键词，譬如《党在我心中》，关键词就有"党"和"我"，既要歌颂中国共产党，又要与我的经历和见闻联系起来；对只限定了大致范围或主题的演讲，要研究审定其切入点，譬如《传承文明，弘扬美德》，要求演讲者只作关于道德文明方面的演讲，演讲者可以自拟题目，也可从多个角度

切入和演讲。

审题要把握两个关键点：一是选择角度。角度要新、要适度。新，是相对于同台演讲者而言，尽可能避免与别人的演讲相同或相近，尽可能给人耳目一新的感觉。适度，是相对于自己而言的，太大，驾驭不了，讲不透；太小，容量不够，发挥不好。二是选择自身的优势。1994 年，在新加坡举行的第二届全国华语演讲大赛中，印度姑娘鲁巴·沙尔玛一举夺魁。她在复赛和决赛中的演讲分别是《汉学在印度》《我与汉学》。因为她出生在印度，父母都是高级知识分子，从小又跟父母到了中国，从小学到大学都是在中国上学，她既熟悉印度的文化，又了解中国的文化，因此做这方面的演讲，就特别从容，也特别能迎合新加坡听众的需求。

② 确立主题。主题是命题演讲的核心。确立主题应特别注重把握两方面：一是主题要适时。即适合社会的需求，具有时代感，并能适合听众的需求，考虑听众的年龄、职业、文化程度的共享性。二是主题要单一。演讲稍纵即逝，讲得太多、太杂，反而适得其反。正如德国著名演讲家海因兹·雷曼所说："在一次演讲中，宁可牢牢地敲进一个钉子，也不要松松地按上几十个一拨即出的图钉。"

③ 选择材料。演讲是进行信息的传播，信息的载体是材料。信息有疏有密，有强有弱。前者表现为量，即材料的多寡；后者表现为质，即材料的优劣。选择材料，就是在具有一定数量的基础上，对材料进行优化组合。做到既恰当地表现主题，又能满足听众的预期需要。如果说主题是演讲的灵魂，架构是演讲的骨架，那么材料就是演讲的血肉。演讲稿选材除了要求材料真实，还应坚持恰当、生动、典型、富有启发的原则。

- 恰当。生活千头万绪，书报浩如烟海，时间和精力不容我们有见必记，有闻必录，这不仅没有必要，也不可能。我们必须把准方向，有计划、有针对性地收集资料。首先，把符合主题的材料筛选出来，以支撑你的观点；其次，材料的位置安排要恰当，不能靠前，也不能太靠后，要恰到好处。

- 生动。演讲的材料要尽可能生动，要能够打动人。想使材料生动有两种方法：一种是使用他人尚未发现、使用的材料；另一种是在他人发现并已使用的材料中找出新意。例如，有一次俞敏洪在给大学生演讲的时候说，大学毕业进入社会后，一定要学会锻炼自己的心理承受能力。比如，一堆面粉放在案板上，用手一拍这堆面粉就散了，这就是部分大学现在的心理承受能力；如果加点水揉一下再拍，就不一定会散了，但还是很松软；如果不断地加水，不断地揉，就变成了一个面团，再怎么拍都不会散。继续揉，它就不仅仅是一个面团了，即使用手拉也不会断，这就变成拉面了。大学生的心理承受能力达到了这种状态之后，才能去参加社会活动，才能到社会中奋斗。找工作被拒绝一次就灰心了，这种心理承受能力难堪大用。

  俞敏洪这里显然使用了后一种方法，他用和面来做比拟，比较有新意。从旧材料中挖掘新意，也是每个演讲者必备的专业技能。

- 典型。从众多的材料中筛选出那些最典型、最有代表性的材料，而非一般的材料。这些材料能准确反映你的主题，并与自己的思想、观点吻合，具有较强的说服力。例如，河南做服装连锁店的李总，在年底员工大会上讲话，准备讲一些鼓舞大家士气的话，让大家第二年更好地给公司创造业绩。他放弃了秘书写的稿子，讲了一个自己在一个店面里看到的情景："一位拄着拐杖的老太太来给她老伴买了件呢子大衣，店员刘冰主动上去搀扶，并详细询问她要买的样式、颜色、型号等，之后还把老太太送到了公交车上。没想到，这个老太太回去之后，到处跟大家宣扬这家服装店服务特别好，衣服也非常好，大家去买衣服一定不会吃亏上当。结果，这个店的生意变得十分红火。"这个典型事例让大家听了心服口服，决心效仿。

- 富有启发。成功的演讲离不开成功的事例，成功的事例都是演讲家精挑细选出来的。演讲家的选例最为关注的是启发性，富有启发性的材料含蓄蕴藉，意味深长，能让听众在品味中受到启迪，得到领悟，从而激发出自觉的行动。例如，有一篇《先干起来再说》的演讲，演讲者在奉劝那些做事只停留在嘴上，而迟迟不见行动的口头革命派时，举了这样一个例子。有一个小和尚要出去云游参学，师父问他，你什么时候动身？小和尚说，下个星期，路途远，我找人打了几双草鞋，等拿到了就动身。师父说，不如这样吧，我来请信众捐赠。就这样，当天竟然有几十名信众送来了草鞋，堆满了禅房的角落。隔天一早，又有人不断地送来雨伞。小和尚就问师父，他们为何要送雨伞来？师父说，你既然要远行，路上肯定会遇上风雨，给你多准备点草鞋和雨伞，明天再请信众捐几只船吧，你一路上肯定会遇上不少溪流。小和尚听懂了师父的话，他跪下说："弟子现在就出游，什么也不带。"师父的这番话，寓意在于做每件事情，重要的不是身外之物是否完备，而是有没有决心！有决心了，对目标要有坚定的信心，一切都不是问题！

这样的例子真是发人深省，做事讲条件，理想大，行动小，一事无成；只有做起来，在做事过程中搭桥铺路，才能不断取得胜利。

④ 构思框架。命题演讲的构思包括两个方面：一是构思演讲稿；二是精心设计演讲的现场实施。演讲稿的构思，包括开场白、主体、高潮、结尾，这实际上就是材料的安排与处理。同时也包括思维框架与基本语言形态的选定。精心设计并现场实施，实际上在构思演讲稿的过程，就基本上包含了现场实施的设计。但两者比较，后者更具体、更细化、更具有操作性。这种设计是在演讲稿构思的基础上，进一步琢磨实施过程中的处理与表现，其中包括各种演讲技巧的运用，譬如手势、眼神、声音、应变等。构思在命题演讲过程中是较为重要的一个环节。

⑤ 撰写讲稿。执笔成文是上述各个环节总的归宿。命题演讲的成败，取决于演讲稿的优劣。演讲稿必须精心写作，最好是自己动手写稿，保持个人的风格。怎样写稿，隶属于应用写作课程教学，不在此赘述。

（3）试讲演练。试讲演练是命题演讲必经的一个阶段，主要目的是背诵和处理演讲稿以及斟酌演讲的技巧应用。有的演讲者以为只要把讲稿记牢背熟就万事大吉了。其实不然，演讲稿中记载的只是演讲的内容和架构，至于演讲的技巧与方法，包括语调、节奏、停顿，以及体姿、手势、表情、眼神等的设计与应用，演讲稿中都无法体现，这些都需要在试讲演练中细心揣摩、精心处理。

在试讲和演练中特别要处理好以下三个问题。

① 情感基调的把握。或平实，或激昂，或欢快，或悲壮，都要根据稿件内容做出相应的处理。自己写的讲稿相对好处理，别人代写或者经过别人加工的稿子，就要仔细琢磨。如

果情感基调把握不准，感情处理不到位甚至错位，再好的稿子也难有好的演讲效果。

② 语音的处理。由文字转化为语音一定要经过处理，否则便会在演讲中出现念稿或背稿的现象。演讲既要自然，又要做恰当的艺术处理，否则便会造成整篇演讲的不协调。

③ 态势的处理。服饰、化妆是事先可以设计好的，而手势、姿势、表情是随着演讲内容与情感的变化而不断改变的，原则上很难做出精确设计，所以要积极演练并进行态势处理。

2.2 演讲稿的设计

有人做过这样的实验：把用于阅读的一篇优秀文章不加改写地讲给一部分人听；把另一篇引起过轰动效应的演讲，根据录音一字不差地记录下来，把文稿交给另一组人去读，然后收集两组人的评论意见。实验结果是：对于优秀的阅读文章，听者觉得修饰词汇太多，有矫揉造作、卖弄文采之感；有些字眼听起来还不顺耳，易引起误解。而那篇让人阅读的演讲稿，读者感觉体会不到精妙动人之处，甚至有许多废话。这个实验表明：长期以来，适用于听的语言和适用于阅读的语言，在习惯上已出现明显的差异，人们对听的语言和读的语言早就默认了两种不同的要求。可见，书面演讲词和书面文章有一定的区别。同样都是文字表达，那么二者的区别是什么？演讲家李燕杰对此有独到见解，他讲："文章是让文字躺在纸上，让读者体会文章作者的思想、感情及其所讲述的道理。若把文章比作无声的影片，那么演讲则可以比作立体声的电影。因此，在制作时，就应充分考虑视听综合效果，让文字鲜活地出现在听众面前。"

1. 演讲稿的特点

演讲稿是为适应演讲活动的需要而写作的一种实用文体，与其他文体相比，有以下几个特点。

（1）以情感人。演讲必须以情感人，情感是演讲的生命线。没有人愿意坐上几个小时，就为听演讲者说一些大话。连演讲者自己都不能感动的大话，又怎么能感动别人呢？所以，精彩讲稿的第一个特点是以情感人，说出自己的心里话，而不是"为赋新词强说愁"。那些虚假的事、夸大的情，只会让人感到做作、别扭。社会交往中待人真诚非常重要，说话也要真诚。

现在最受欢迎的演讲，就是那种情真意切、以情取胜的演讲。

白居易说："动人心者莫先乎情。"唯有炽热真实的感情，才能使"快者撅髯，愤者扼腕，悲者掩泣，羡者色飞"。美国第一任总统华盛顿的就职演讲是这样开篇的。

参议院和众议院的同仁们：

本月4日收到根据两院指示送达给我的通知。阅悉之余，深感惶恐。我一生饱经忧患，但过去所经历的任何焦虑均不如今日之甚。一方面，因国家的召唤，要我再度出山，对国家的号令，我不能不欣然谨从。然而，退居林下，是我一生向往并已选定的归宿。我曾满怀奢望，也曾下定决心，在退隐之余度过晚年。对此退隐的居所，除喜爱之外已经习惯；看到自己的健康，因长期操劳，随着时光流逝而日益衰退，这时，对此更感需要和亲切。另一方面,国家委我以重托,其艰巨与繁难,即使国内最有才智和最有阅历的人士,亦将自感难以胜任,何况我资质鲁钝,又从未担任过政府行政职务,更感德薄能鲜,难当重任。处于此种思想矛盾中,使我一直认真致力于正确估量可能影响我执行任务的每一种情况,以确定我的职责,这是我所断言的……

在场面热烈盛大的就职典礼上,华盛顿说了这样一番并不激昂甚至有些低调的话,似乎与当时的盛况有些不和谐,但是看得出来,这确实是他的心里话。据当时一家报纸报道,华盛顿在宣誓和演讲时非常"虔诚热情",很多听众都流下了眼泪,其动人之处正是在于他的虔诚。他讲的确实是一个年近60的老人受命承担国家命运时自然的思想斗争,恰恰是因为这斗争的激烈,更让人们看到这位总统的真诚。这篇演讲稿的名字叫《我的热情驱使我这样做》。上面这个低调的开篇比那些慷慨激昂的宣告感人得多,正是因为他讲的是自己的真心话。

(2) 切合场景。演讲者要注意自己的演讲切合具体的场景,并能因势利导,使自己的演讲有力,这正是创造环境,借东风烧曹船。它往往能取得意想不到的效果。丘吉尔在第二次世界大战阴影笼罩全球时,在一次新年集会上是这样演讲的:

战争的狂潮居然在各地奔腾,使我们心惊肉跳。但在今天,每一个家庭都在宁静的、肃穆的气氛里过节。今天晚上,我们可以暂时把恐惧和忧虑抛开、忘记,而为那些可爱的孩子布置一个快乐的晚会。全世界说英语的家庭,今晚都应该变成光明的、和平的使者,使孩子们尽量享受这个良宵,使他们因为得到父母的恩赐而高兴,同时使我们自己也能享受这种无牵无挂的乐趣。然后我们担起明年艰苦的任务,以各种代价,使我们的孩子所应继承的产业不致被敌人破坏。因此,在上帝庇佑之下,我谨祝各位新年快乐。

丘吉尔说得多好啊!"使我们的孩子所应继承的产业,不致被敌人破坏。"在一个本是处处洒满圣洁月光的盛大节日,一个本该是和平宁静的节日里,让孩子们快乐,在战争席卷全世界的背景映衬下,这样一种安静、肃穆来得何等艰难!不忘新年前的宁静安详,不忘在这样的日子致以希望与祝福,不忘让疲于战争的人们暂时放松,不忘让这么一个盛大的节日不失节日的气氛。但丘吉尔同时不讳言战争的可怕,让恐怖与安详形成鲜明的对比,让人们更憎恨战争的残酷。多么入情入理!多么扣人心弦!在战争的阴影下,在欢乐的新年节日中仍忐忑不安的人们,听了这话能不振奋激动吗?如果在这样的情境中,丘吉尔大呼战争,大呼反抗,大呼"我所能奉献的没有其他,只有热血、辛劳、汗水与眼泪",这将多么败人兴致、大煞风景呀!但一味地平安祝福,忘了眼前黑暗,又不像一个首相的演讲。他如此巧妙地发表新年祝词,尽显一个演讲大师的风度,的确是非常切合时间与场合的。这才是精彩的讲稿。

(3) 使用短句。说话与写文章不同,不需要太详细地论证,只要能表情达意即可。

著名的演讲,如闻一多的《最后一次演讲》、林肯的《葛底斯堡的演讲》、尼克松的《人类历史上最珍贵的一刻》等,都是简洁有力的典型。

我们来看看1941年12月8日罗斯福在《一个遗臭万年的日子》中是如何运用短句,达到自己的演讲目的的。

(日本军队)昨天对夏威夷群岛的进攻,给美国海陆军部队造成了严重的损害。我遗憾地告诉各位,很多美国人丧失了生命。此外,据报,美国船只在旧金山和火奴鲁鲁岛之间的公海上,也遭到了鱼雷的袭击。

昨天,日本政府已发动了对马来西亚的进攻。

昨天,日本政府进攻了中国香港。

昨天,日本政府进攻了菲律宾群岛。

昨天,日本政府进攻了威克岛。

今晨,日本人进攻了中途岛。

这篇著名的演讲中,罗斯福列举了大量的事实,充分说明日本的侵略是蓄谋已久的。演讲用的是短句,但其说服力度绝非长句能比。这一小段演讲词尤其铿锵有力,语感和听觉效果都很不错,排比造成的气势也非同一般。用这样的句式表达愤懑,其愤懑之情溢于言表,能充分调动听众的情绪。这就是短句得天独厚的优势。

(4)通俗易懂。演讲语言不同书面语言,演讲是讲给别人听的,讲稿也只是口语的书面文字形式。在写讲稿的时候,必须考虑到听众在现场中不可能有余暇去理解某些生僻的词语和隐晦的意思,更不可能像阅读文章那样进行多次的反复领会。因此必须尽量避免"文绉绉""掉书袋",少用复杂的结构句式,少用生僻字,要让人一听就懂。

比如,"体面"与"堂皇"、"驼背"与"佝偻"、"寒冷"与"凛冽"等几组近义词或同义词,每组的后一个词语更书面化,更能体现使用者的文化素养。但在演讲中,用后者不如用前者,这样的演讲是在给自己帮倒忙。

(5)文体交融。演讲稿是一种特殊的文体,写作时要轮换使用各种语体。文章中的记叙文、议论文、说明文,就其主要表达方式来看,有着单一的对应关系。而演讲稿的写作需要运用各种文体的写作规律,综合各种文体的特点于一体,准确地说是具有论文的结构,如新闻的真实、散文的选材、小说的语言、诗歌的激情、相声的幽默、戏剧的安排。所谓论文的结构,是指观点与材料的统一,条理清晰井然;所谓新闻的真实,是指所用事实材料必须取之于生活中的真情实况,不许虚构;所谓散文的选材,是指发散式选材在演讲中体现得最充分,不受时空局限,皆可为我所用;所谓小说的语言,是指经过加工处理的文学化口语,大量使用修辞手法;所谓诗歌的激情,就是演讲稿或热情奔放,或感情充沛,或深沉悲壮,或严肃冷峻;所谓相声的幽默,就是要活泼有趣、雅俗共赏;所谓戏剧的安排,指内容、结构的编排上有张有弛,跌宕起伏,切忌平铺直叙,应体现出起承转合的悬念前后一致。

演讲不是纯粹的艺术,而是一种讲究艺术性的现实活动。演讲稿的写作则应尽量采用各种可用的艺术形式,各种文体的写作技巧在这里都有用武之地,体现出演讲在艺术上的追求。

(6)选例典型。这个要求可归纳为一种模式:"画面+我"。这画面就是通过选讲真实感人的事例,在听众心中所构筑的那一幕幕动人场景和形象。一方面选例具有典型性,是指选何种事例,选多少事例,这要针对演讲主题和现场需求而定,既不能多选,多选有堆砌、讲故事之嫌;也不能少选或不选,否则难以充分说明事理。另一方面选例还必须具有代表性、时代性。一般来讲,历史的不如现实的,陈旧的不如新近的,陌生的不如熟悉的,书上的不如生活的,而群体的、个体的、伟大的、平凡的、他人的、自己的,凡此种种,则可兼而备之。

2.演讲稿题目的设计

演讲稿由题目、主题、开篇、主体和结尾几个部分构成，把握好演讲稿的题目设计是演讲先声夺人的基础。

演讲的题目是一篇演讲稿的有机组成部分，它与演讲的内容、风格、语调有直接关系。内容决定题目，题目则又鲜明地体现了内容的特点。

（1）演讲题目的作用。一个新颖、生动、恰当而富有吸引力的题目有以下三个作用：一是具有概括性。它能将演讲的主题、内容、目的全面地反映出来。如毛泽东的《反对党八股》《为人民服务》等演讲题目，一讲出来就让听众明白内容和主题。二是具有指向性。题目一讲出来，听众就知道你要讲的是哪方面问题，是政治性的、学术性的、党政军的或是伦理道德的。三是具有选择性。题目能在未讲之前就告诉听众演讲者要讲什么。听众可以据此进行选择听或不听。

（2）确定演讲题目的原则。

① 积极性。题目要给听众一种希望。一方面，要选择那些光明的、美好的、富有建设性的题目，如听到《自学可以成才》这个题目，就会给听众一种鼓励，去掉失望心理，充满信心走自学之路；另一方面，要选择乐观的题目，如听了《癌症终可治》这个题目，就使听众感到有希望。

② 针对性。这可从三个方面考虑：其一，要针对听众的实际。即选题要考虑听众的思想修养、文化水平、职业特点、阅历等，这样才能有的放矢。其二，要注意自己的身份。即选择与自己所从事的工作性质、专业、知识面接近的题目，因为自己熟悉的东西容易讲深讲透，容易收到预期的效果。其三，要估算好演讲的时间。即按规定的时间选择题目，如果规定的时间长，题目就可大些；时间短，题目就可小些。

③ 新奇性。只有"新"和"奇"，才能吸引听众，干瘪瘪的题目是不受听众关注的。在此，我们不妨看看鲁迅的演讲题目：《老而不死论》《伟大的化石》《老调子已经唱完》《象牙塔与蜗牛庐》。这样新奇的题目怎能不吸引人呢？

④ 情感性。把强烈的爱憎情感注入题目里去，从而打动听众并引起共鸣，使题目对听众有一种情感的导向作用和激发作用。如鲁迅的《流氓与文学》、马克·吐温的《我也是义和团》等，其爱憎情感都是很鲜明的。

⑤ 生动性。演讲题目生动活泼，就能给人一种亲切感和愉悦感，像前面举例的《老而不死论》《象牙塔与蜗牛庐》等。

当然，题目是否生动活泼要由主题和内容而定。严肃的主题和内容就不宜用活泼的题目，否则，会冲淡和破坏演讲的质量和严肃性。为了确保题目臻于完美，还要注意以下三点：一是不要太冗长，冗长的题目不仅不醒目，而且也不易记，应该尽量简洁明快。二是不要太深奥，题目如果令人费解，就引不起听众的兴趣。三是不要太空泛，空泛就使人抓不住中心，提不起纲来。如《我自信》《理想篇》等，这样的题目听众根本捕捉不到演讲的范围和内容，也不会愿意听讲。

3.演讲稿主题的设计

掌握好演讲的主题，犹如掌握好军队的统率权，有了它，就可以将原来散乱的素材组织成井然有序的演讲稿。

（1）演讲主题的选择。演讲主题要从以下方面进行选择。

① 选择现实中急需回答的问题。马克思认为：一篇生动的演讲词，究竟能在多大程度上帮助听众弄清社会现实中的复杂现象，并在多大程度上有助于迫在眉睫的社会问题的解决，这是演讲艺术的本质特征。目前在招聘中普遍使用的竞职演讲，就是选择现实中急需回答的问题，其核心的内容就是现在的事、身边的事。

② 选择自己有真知灼见的主题。纵观古今中外诸多优秀的演讲词，都是演讲者以熟悉而有见地的题材为线索构筑起来的。如古希腊苏格拉底的《泛希腊集会辞》、德摩斯梯尼的《反对腓力》的八篇演讲词、李燕杰的《国家、民族与正气》等。演讲者在确定演讲主题时，要把握的一个重要原则就是"讲自己能讲的，讲自己能讲透的"。

③ 选择"旗帜鲜明"的主题。在这里，"旗帜鲜明"四字有两层意思：一是听众听后，就知道你谈的主题是什么，而不是让听众感到虚无缥缈。二是演讲的主题要鲜明地表现出演讲者的爱憎情感。只要有益于进步的事物，就宣扬、就支持；只要有碍于进步的事物，就抵制、就批评。切不可似是而非，模棱两可，欲说又止，吞吞吐吐。

④ 选择与听众生活密切相关的主题。只有选择与听众生活密切相关的主题，才能更好地抓住听众的心，空泛的理论往往只能让人不知所云。如果发表的演讲只是对事件一知半解的阐述，发表一些无意义的议论，那么即使求助于资料、书刊，甚至课本、名人名言，东拼西凑成一篇冗长的演讲词，同样也是不受欢迎的。只有对听众有意义的主题，对听众有价值的主题，才是受听众欢迎的主题。

（2）演讲主题的提炼。如何提炼一个格调高，内涵深，角度新，并且有一定美学价值的演讲主题呢？这需要把握以下原则。

① 突出重点原则。一篇演讲稿主题太分散，就没有重点，听众自然也就不知道你到底在讲什么。主题太多，企图面面俱到，结果蜻蜓点水，不深不透，达不到演讲的目的。所以演讲者选择主题，一定要集中。调动演讲的一切手段，紧紧地围绕一个主题，把问题讲清楚，讲透彻，从而使演讲重点突出，才能使听众留下深刻的印象，收到良好的效益。

② 抓住动机原则。什么是演讲的"动机"呢？即演讲者在接触生活、素材、题材时，接收到它们许许多多信息（即意蕴）。通过演讲者形象的、逻辑的、灵感的三大思维组成的网络，敏锐地发现和捕捉到一个或几个与主题有联系，或者可以发展、提炼和形成主题的"主题意蕴"，这就是演讲的"动机"。

③ 提炼意境原则。演讲的意境，是指演讲者主观的"意"与现实生活中的"境"的辩证统一。有了深邃优美的意境，才会使演讲的主题诗意化，产生巨大的艺术魅力。因此，演讲者应善于在现实生活中"捕捉"那些具有诗情画意的情节、细节、场景，通过自己的感受和理解，达到客观与主观的统一，熔铸成深而美的意境，使整个演讲的主题得到升华。

④ 揭示哲理原则。演讲主题要具有一种深刻的内涵，就必须揭示和凝练生活的哲理，使之贯穿于整个演讲之中，使演讲的主题闪烁着理性的光芒，从而给人以深刻的启迪。

⑤ 贵在创新原则。演讲艺术的优劣在于一个"新"字。我们提炼演讲主题要独辟蹊径、别具匠心，把对生活的独特感受、独立思考、独到评价贯穿在整个演讲中，给人以耳目一新之感。

⑥ 画龙点睛原则。画龙点睛既是演讲艺术的表现手法，更是一种提炼演讲主题的方法。它是在演讲的关键之处采用片言只语，揭示和突出演讲的主题，使演讲具有一种警策作用，更加耐人寻味、发人深省。1775 年 3 月 23 日，美国演讲家帕特里克·亨利在弗吉尼亚州议会上发表演讲，他把演讲的主题提炼为"不自由，毋宁死！"的警句，高度浓缩和概括了反对殖民统治和争取自由独立的重大主题，激励了美国人民的爱国热情，振奋了美国人民的斗志，鼓舞了千百万美国人民拿起武器投入争取自由独立的战争中。

⑦ 科学分析原则。主题是演讲的灵魂，没有明确的主题，即使演讲者讲得天花乱坠，也不会打动人。从科学分析中提炼主题，会取得令人满意的演讲效果。例如，冯仑在其《越专注，时间越久，回报越高》的演讲中说了这样一段话：

我发现，能够穿越时代设置的各种考验和挑战，活得久并且活得好的企业，往往具备三个特点：简单、专注、持久。所谓"简单"，大体而言，就是要做到：公司治理结构简单；公司的产品、商业模式简单；政商关系简单；企业家的身份、角色简单。一个企业要想长远发展，不用想太复杂的事情，就检讨自己的事够不够简单？越简单越好。做事只有"简单"当然还不够，还要有"专注"精神。专注就是要把你的时间、精力、资源都集中在你的核心竞争点和最重要的业务，以及最有生命力的业务上。这样，你越专注，资源就越多，能力就越强。如果做到了简单、专注，只要长期坚持下去，做到持久，那么所谓"时间的复利"就出现了，你的企业，你做的事，时间越长越值钱。

这里冯仑在演讲中运用了因果分析的方法提炼演讲主题，就是在列举事例的基础上，分析产生这一事实的直接或间接原因，这原因就是所要证明的观点。冯仑从大量效益好的企业中，归纳总结出它们成功的原因是具有"简单、专注、持久"这三个共性，很好地为创业者指明了前进的方向。演讲中，用因果分析法提炼主题，能深入事物的内部，揭示事物发生的主客观原因，主题会更加鲜明突出。

此外还可以运用对比分析、辩证分析等方法提炼演讲的主题。

总之，主题提炼是演讲者形象思维、逻辑思维、灵感思维的结晶，是使演讲形成一个活生生的、统一而完整的整体的好方法。

4. 演讲稿开篇的设计

开场道白，如同乐器定调，这个调定得如何，将决定全部演奏的成败。演讲的开场白是演讲者与听众之间的第一座桥梁，是演讲者给听众留下的第一印象。演讲成功与否，开场白往往起关键作用。如果演讲者的开场白能像凤凰之冠那样引人入胜、扣人心弦，就会取得旗开得胜的效果。所以，开头要精心设计，造成一种气氛，务求三言两语即能抓住听众，先声夺人。

（1）开篇的作用。俗话说："万事开头难。"演讲稿也是如此，而且不论任何形式的演讲，开头总是关键的。在演讲开始后的几分钟或者几秒钟内，听众通常会决定是否接受演讲，是否听下去。有趣的是，准备演讲从来不是从开头入手，而是应当先确立演讲的目的，然后围绕题目收集材料，并将材料加以组织整理，最后要做的才是着手准备开头。只有这样才能更好地选择正确而恰当的开头方式。那么，应当怎样做好演讲的开头呢？在写演讲稿的开头时，需注意以下要点。

① 吸引听众注意力。演讲开头成败的关键,在于能否吸引并集中听众的注意力。演讲时获取听众注意力的方式随题材、听众和场景的不同而改变。一般可以运用事例、逸闻、经历、反诘、引言、幽默等手段达到目的。

② 解释关键术语。如果演讲的成功与否取决于听众能否理解演讲中的某些术语或概念,那么在演讲开头时,对关键术语加以解释,就显得格外重要了。

一位公司副总裁在就记者执行会的用途发表演讲时,就很好地运用了这一技巧。

公共关系,简单地说,就是指"与公众的关系",即任何涉及公司或个人的关系。它的主要目的就是有效利用媒体——最常见的是书面形式——为公司谋取最佳印象或形象。

③ 提供背景知识。演讲时,演讲者应当使自己被认为是专家或权威。因此,如果听众对演讲的主题不熟悉或是知之甚少,那么很有必要在开头部分对听众讲述与主题有关的背景知识,它们不仅是听众理解演讲所必需的,而且也可以体现出主题的重要性。

④ 阐述演讲结构。演讲时,应当利用开头部分对演讲内容加以概述,让听众了解演讲的中心思想和结构。特别是当演讲的主题很复杂,或是专业性较强,或是需要论证几个观点时,这样做就能使演讲显得清楚而易于理解。

汉诺威信托制造公司的主席及总裁约翰·F. 麦克基里卡迪在一次演讲的开头,就很明了地陈述了他演讲的结构及范围。

女士们、先生们,晚上好!

我很荣幸应科里主任的邀请,来参加这个在我国很有权威的商业论坛,在见解上,它可以与底特律和纽约的经济俱乐部相提并论。

首先,我们对最近的国内经济形势加以展望。我认为,它并非人们有时所想象的那样严峻。

其次,谈谈近期欧佩克的经济增长对国家的经济增长的影响——对包括我们自己在内的许多国家来说是件痛苦的事,但又是完全有办法应付的。

再次,对总统的能源建议做几点评论,我认为它既令人鼓舞,又令人失望。

最后,我将就演讲逐渐成为一种时尚和必要的现象,以及美国的现状谈一点个人看法。

⑤ 说明演讲目的。在大多数情况下,演讲的开头应揭示出演讲的目的。如果做不到这一点,那么听众要么会对演讲失去兴趣,要么会误解演讲的目的,或者甚至会怀疑演讲者的动机。

⑥ 激发听众的兴趣。从本质上说,听众是很自私的,他们只是在感到能从演讲中有所收获时,才专心去听演讲。演讲的开头,应当回答听众心中的"我为什么要听?"这一问题。

⑦ 获得听众的信任。有时候,听众可能会对演讲者的动机发出疑问,或是与演讲者持相反的观点。在诸如此类的场合——特别是想改变听众的观点或行为时,要使演讲成功,就需要建立或是提高听众对演讲者的信任感。对于这个问题,应注意下面几条建议:一是承认分歧的存在,但是着重强调共同的观点和目标;二是对那些连演讲还没有听,就对演讲者的名声和所作所为进行攻击的行为给以驳斥;三是否认演讲的动机是自私和个人的;四是唤起听众的公道意识,让他们仔细地去听演讲。

（2）开篇的方式。演讲的开头是不拘一格、活灵活现的,因时、因地、因人而有所不同。

正如一个乐队的演奏,既可以用嘹亮激昂的号角开端,又可以用轻柔舒缓的提琴声作为开端。只要能打动听众的心,使他们产生"继续听下去"的强烈愿望,使其感到不是"要我听"而是"我要听",那么这个开头就应该认为是成功的。这里介绍几种演讲常见的较受欢迎的开头方式。

① 开门见山式。这是一种最常见的成功的方式。演讲一开始就直截了当地进入演讲正题,简明爽快地讲清所要演讲的论题是什么。这个问题在当前情况下有什么重要性和迫切性,使听众直接明了演讲的重要内容。例如,李斯的《谏逐客书》一开场就直截了当地指出:"臣闻吏议逐客,窃以为过矣。"然后用事实作论据,进行分析、推理,这无疑是一个成功的开场白。它可以使听众一目了然地把握演讲的要领,从而把握住听众的注意力,使其聚精会神地围绕演讲者的思路展开联想。

② 故事导入式。用形象性的语言讲述一个故事作为开场白会引起公众的莫大兴趣,把大家的注意力给"抓"来。选择故事应遵循这样几个原则:要短小,不然成了故事会;要有意味,促人深思;要与演讲内容有关。

例如,演讲者一上讲台就说道:"有一段相声说,在李莲英大总管大红大紫的年月,中国曾派过体育代表团参加奥运会。这位只喊'喳'的小李子不懂什么是国歌,于是以《贵妃醉酒》来代替。而且选了飞檐走壁的大侠去跳高,选了皇宫里传旨的小太监参加短跑,找了北京天桥几个变戏法的每人怀里揣一个篮球去和洋人比赛,结果把篮球变来变去,不见传球,只见入网。从那以后,打篮球都只穿背心和短裤,就是因为受到小李莲英的启发才做出这一国际性规定。这段相声曾使我捧腹不已,然而也让人有些解嘲的味儿,跟阿 Q 说的'先前阔'有点相似。实际上,中国人首次参加奥运会是多年前,运动员仅一名,也不可能拿到奖牌。然而,50 多年后,地点还是在被称为天使之城的洛杉矶,中国运动健儿却夺得了15 枚金牌、8 枚银牌、9 枚铜牌,奖牌数名列前茅。这可不是相声,是事实……"奥运取得佳绩家喻户晓,泛泛而谈势必不能引起听众的兴趣。而在《看了金牌之后》这篇演讲中,演讲者借这么一段富有情趣的相声小故事为"引子",立刻"抓"住了听众的兴趣,取得了很好的效果。

③ 设问祈使式。在演讲开场抛出恰当的问题,引起听众的好奇心,并让听众进入思考,将演讲的主题更加紧密地与听众互动起来。可以通过提出与中心思想相关的问题来使听众投入你的开场白。如演讲者可以根据演讲内容设定问题:"我问的问题是 2 加 2 等于几?"当问出此问题时,大部分人不会直接回答 4,多数人会认为其中有诈,关注度就会提升。因为在现实中,有时 2 加 2 不等于 4,甚至小于 4。比如,有的公司 4 个部门的力量放在一起,可能只剩下 2 个部门甚至更少。

又比如,《演讲与口才》2001 年第 8 期刊登过一篇题为《与党一起同行》的演讲词,它的开场白如下。

朋友们,当我们泛舟西湖引吭高歌,一览祖国的壮丽河山和美丽风光时,您是否还记得80 年前嘉兴南湖上的那条诞生了我们党的小船?当我们在觥筹交错、莺歌燕舞中躺在祖国温暖有力的怀抱里时,您是否还记得那群唱着"红米饭啊南瓜汤"的可爱战士?

一连两个提问,吸引了听众的注意力,从而让大家带着思考全神贯注地倾听接下来的演讲。

设问祈使式开场要注意问题不能过于简单，过于简单地进行提问是有风险的，听众很可能并没有做好思考的准备，从而达不到预期效果。

④ 即景生情式。一上台就开始一本正经地演讲，会给人生硬突兀的感觉，让听众难以接受。不妨以眼前人、事、景为话题，引申开去，把听众不知不觉地引入演讲之中。可以谈会场的布置，谈当时的天气，谈此时心情，谈某个与会者形象……例如，你可以说："我刚才发现在座的一位同志非常面熟，好像我的一位朋友。走近一看，又不是。但是我想这没关系，我们在此已经相识，今后不就可以成为朋友了吗？我今天要讲的，就是作为大家的一个朋友的一点儿个人的想法。"在教师节庆祝大会上，如果天气阴沉沉的，你可以这样开头："今天天气不太好，阴沉昏暗，但是我却在这里看到了一片光明。"接着转入正题，讴歌教师的伟大灵魂和奉献精神，他们燃烧了自己，照亮了别人和人类的未来。

即景生情不是故意绕圈子，不能离题万里、漫无边际地东拉西扯，否则会冲淡主题，也使听众感到倦怠和不耐烦。演讲者必须心中有数，还应注意渲染的内容必须与主题相互辉映、浑然一体。

⑤ 反弹琵琶。听众对于平庸普通的论调都不屑一顾、置若罔闻，倘若用别人意想不到的方法间接引出话题，造成"此言一出，举座皆惊"的艺术效果，会立即震撼听众，使他们急不可耐地听下去，这样就能达到吸引听众的目的。

例如，在一次毕业欢送会上，班主任给毕业生致辞。他一开口就让学生们疑窦丛生——"我原来想祝福大家一帆风顺，但仔细想一想，这样说不恰当。"这句话把学生们弄得丈二和尚摸不着头脑，大家屏声静气地听下去——"说人生一帆风顺就如同祝福某人万寿无疆一样，是一个美丽而又空洞的谎言。人生漫漫，必然会遇到许多艰难困苦，比如……"最后得出结论："历经曲折的人生才是真实的人生，在逆风险浪中拼搏的人生才是最辉煌的人生。祝大家奋力拼搏，在坎坷的征程中，用坚实有力的步伐走向美好的未来！"十多年过去了，班主任的话语犹在耳边，给学生们留下了永难磨灭的印象。"一帆风顺"是常见的吉祥用语，而老师偏偏反弹琵琶，从另一个角度悟出了人生哲理。第一句话无异于平地惊雷，又宛若异峰突起，怎么能不震撼人心？

需要注意的是，运用这种方式应掌握分寸，弄不好会变为哗众取宠，故作骇人之语。应该结合听众的心理和理解层次，出奇制胜。另外，不能为了追求怪异而大发谬论、怪论，也不能生硬牵扯、胡乱升华，否则极易引起听众的反感和厌倦。要知道，无论多么新鲜的认识，始终是建立在正确的主旨之上的。

⑥ 诙谐幽默式。演讲时用幽默法导入，不仅能够较好地表现演讲者的智慧和才华，而且使听众能在轻松愉快的气氛中不知不觉地进入角色，接受演讲的内容。同时，在幽默趣味的开场中，不时发出一种与导入语的语感、语义十分和谐的笑声，这轻松的一笑，不仅给人以美的感受，而且能沟通双方的感情。比如，约翰·罗克作为一个黑人先生，面对白人听众，其开场白是："女士们、先生们：我来到这里，与其说是发表讲话，还不如说是给这一场合增添了一点'颜色'。"这诙谐幽默的开场白令听众大笑，牢牢地吸引了听众的注意力，一下子使听众变得兴趣盎然。

大家都知道李敖文笔不凡，但却不知道他的口才也十分出众。他思维敏捷，词锋犀利，却又不乏幽默狡黠，诙谐之处常常令人捧腹。2005年9月21日，李敖到北大演讲，他的整场演讲都非常精彩。他的开场白是这样的：

你们终于看到我了。我今天准备了一些"金刚怒目"的话，也有一些"菩萨低眉"的话，但你们这么热情，我应该说菩萨话多一些（掌声，笑声）。演讲最害怕四种人：一种是根本不来听演讲的；一种是听了一半去厕所的；一种是去厕所不回来的；一种是听演讲不鼓掌的。（李敖话音未落，场内已是一片掌声）

当年克林顿、连战等来北大演讲时，是走红地毯进入的。我在进门前也问道："我是否有红地毯？"校方说："没有，因为北大把你的演讲当作学术演讲，就不铺红地毯了。"如果我讲得好，就是学术演讲；若讲得不好，讲一半再铺红地毯也来得及。（场内爆发出了雷鸣般的掌声）

很多演讲者都喜欢在开场时先恭维一下在场的听众，赚点人气。李敖却不落窠臼，不说客套话，首句便以"你们终于看到我了"来打趣听众，暗含潜台词"你们有机会见到我李敖应该很高兴"，充满谐趣且匠心独运。紧接着，他用"金刚怒目"与"菩萨低眉"来形容自己的话语，诙谐之处令人捧腹。然后，他趣谈演讲最害怕的四种人，实则在变相向听众"讨要"掌声，可谓妙到极致。李敖接着拿"红地毯"说事，"如果我讲得好，就是学术演讲；若讲得不好，讲一半再铺红地毯也来得及"，这句幽默话一语双关，既自矜于高超的演讲水平，又顺便戏谑了克林顿、连战的演讲水平不及自己，"中国台湾文坛第一狂人"的形象一览无遗。如此妙趣横生的开场白，自然能收获听众的满堂彩了。

再如，一位同学在竞选班干部时的演讲是这样开头的：

大家好！先自我介绍一下：我叫梁丽叶，与梁山伯同姓，和朱丽叶同名。大家可能会莞尔一笑："哟，好一个中外合资的名字！"爸爸对我说："叶子很平凡，但美丽的叶子却不多，起这个名字是寄希望我出不平凡于平凡之中，自己创家立业。这名字就代表我的志向、我的作风、我的追求。"

这个幽默的演讲开场白，能使听众在轻松愉快之中很快进入认真倾听演讲的状态。

⑦ 制造悬念式。人们都有好奇的天性，一旦有了疑虑，非要探明答案不可。为了激发起听众的强烈兴趣，可以使用悬念手法。在开场白中制造悬念，往往会收到奇效。

制造悬念不是故弄玄虚，既不能频频使用，也不能悬而不解。在适当的时候应解开悬念，使听众的好奇心得到满足，而且也使前后内容互相照应，结构浑然一体。比如：

有位教师举办讲座，这时会场秩序比较混乱，学生对讲座不感兴趣，老师转身在黑板上写了一首诗："月黑雁飞高，单于夜遁逃。欲将轻骑逐，大雪满弓刀。"写完后他说："这是一首有名的唐诗，广为流传，又选进了中学课本。大家都说写得好，我却认为它有点问题。问题在哪里呢？等会儿我们再谈。今天，我要讲的题目是《读书与质疑》……"这时全场鸦雀无声，学生的胃口被吊了起来。演讲即将结束，老师说："这首诗的问题出在哪里呢？不合常理。既是月黑之夜，怎么看得见雁飞？既是严寒季节，北方哪有大雁……"这样首尾呼应，能加深听众印象，强化演讲内容，令人回味无穷。

人们都有好奇心理，对于未知的东西有一个探索未知的冲动，这是人的一种本性。在演讲中利用悬念吸引听众一般有语言悬念和实物悬念两种类型。

一是语言悬念。就是一开口出语奇拔，引人入胜，激起听众的好奇心。比如：

有一个年轻美貌的女士在一次演讲中第一句就说道："昨天我险些脱掉裙子。"此言一出，在场的听众都大吃一惊，急于知道这是怎么一回事。她接着说道："当我昨天在厨房做事时，我那念小学三年级和一年级的两个儿子在隔壁房间吵了起来，他们两兄弟似乎吵得很凶，口出恶言。首先小弟说：'你这个大笨蛋，妈妈的肚脐是凹进去的。'接着老大也不甘示弱地反驳说：'妈妈才不是凹肚脐呢，她的肚脐像一小截肠子似的凸出来。'小弟说：'你胡说，才不是呢！'大儿子说：'你才胡说！'我看情形不对了，赶快跑出来解释说：'你们两个给我下来，我让你们看看妈妈的肚脐是凹的还是凸的。'于是我做出要脱下裙子的样子。'啊！妈妈羞羞羞。'他们两个小鬼看后，马上扮鬼脸嘲笑我，我们三个人都笑了起来。"这是一个关于"亲子关系"的演讲。

二是实物悬念。就是在演讲的开头，用一件或几件实物的展示来"抓"住听众的兴趣，而这些实物既与演讲的主题相关又不同寻常，又能勾起听众的好奇心理。比如：

有一位外国教授给本国大学生演讲，一开始场面乱哄哄的。老教授并没生气，他从衣袋里摸出了一块黑乎乎的石头扬了扬，然后说道："请同学们注意看看，这是一块非常珍贵的石头，在我国，只有我才有这么一块。"同学们顿时静了下来，被这块并不起眼的石头吸引了，人人都在暗自发问：这是一块什么石头，竟然如此珍贵，全国才一块？老教授的悬念收到了效果。他面对静下来的同学和那一双双充满好奇的眼睛，才开始了他关于南极探险的演讲。最后大家才知道那块黑乎乎的石头是从南极探险时带回来的。

⑧ 开场互动式。演讲是在特定的时境中，演讲者和听众之间进行的一种信息交流活动。因此，在演讲过程中，尤其是在演讲的开头，可以采用互动的方式，体现这种现场交流感。经验表明，这样做更容易增强演讲的参与性和吸引力，一开场就能够抓住听众。比如，毕淑敏演讲《与青年学生谈生与死》是这样互动开场的：

各位同学下午好，今天来谈生与死，我觉得这是一个很沉重的话题，我想先做一个小小的准备。今天我和一些朋友讲了，希望来听演讲的同学准备一张纸和一支笔，我不知道你们听说了吗？没有纸和笔的同学举起手，我看有多少人？好，大约有一半，那你们现在说怎么办呢？因为这个纸和笔是非常重要的一件事情，为大家做一个心理测验。借是吧？你们是不是能相互借到，撕一张纸或到周围看看有没有笔？别着急，我们把这件事情做踏实了。是不是差不多了？（同学们齐声回答"是！"）

毕淑敏让听讲的同学们准备纸和笔，并告诉大家"做一个心理测验"，一下子就吸引了听众，并产生一个个疑问：用纸和笔如何做测验？测验的方式和内容是什么？测验与演讲的主题又有什么关系呢？带着这样的疑问听讲，实际上就进入了演讲者预设的悬念之中。在演讲开场时，用设置悬念的方式进行互动，很容易激发听众探究和参与的兴趣，从而强化听讲的心理期待，为下一步进入演讲的正题做好铺垫。

5. 演讲稿的主体设计

主体是演讲的主干部分，演讲者在撰写演讲稿时必须予以高度重视。

（1）演讲主体的构成。演讲的主体至少应该包括以下四个方面。

① 独到的见解。演讲者要有自己的真知灼见，要能讲出别人想讲而未讲或根本没有想到的却对做人做事很有启发意义的道理，这样才能启迪人心，使人感佩。演讲最忌讳人云亦云、老生常谈。

② 真挚的情感。"感人心者，莫先乎情。"演讲具有真诚而热烈的感情才能打动人心，引起听众心灵的交汇和共鸣。

③ 典型的事实。"事实胜于雄辩。"因为人的大脑对外界种种信息，总是易于接受具体的、感性的，而较难接受抽象的、理性的。事实具有直接现实性的品格，它能够以自己丰富多彩的活生生的形象直接打动听众的思想和感情，浅显易懂地体现和证明深奥的道理，无须听众多费脑筋去思考、消化、转换。因此，事实和道理是演讲主体部分相辅相成的两个方面，分担着说服和感染听众的共同任务。

④ 动人心弦的高潮造势。"文似看山不喜平"。演讲也要求节奏鲜明，张弛相间，跌宕起伏，要有引人入胜的内容和动人心魄的高潮，力避平铺直叙及泛泛而谈。一次成功的演讲总会高潮迭起，扣人心弦，使听众达到"快者掀髯，愤者扼腕，悲者掩泣，羡者色飞"的出神入化的佳境。动人心弦的高潮造势常用如下两种方式。

一种是以重复形成高潮。在演讲中有意识地进行重复，不仅是为了让听众记住一些重要词句，更重要的是在重复时通过有声语言的变化来加强语气、强调观点和升华感情，从而增强语言表达效果。1963年8月28日，马丁·路德·金站在林肯纪念碑的台阶上发表了《我有一个梦想》的演讲。在高潮阶段，他高举双臂，以充满电力的嗓音高声朗诵一位老黑人的精神赞歌，借此来呼唤黑人解放：

"当我们让自由之声轰响，当我们让自由之声响彻每一个大村小庄、每一个州府城镇，我们就能加速这一天的到来。那时，上帝的所有孩子，黑人和白人，犹太教徒和非犹太教徒，耶稣教徒和天主教徒，将能携手同唱那首古老的黑人灵歌：'终于自由了！终于自由了！感谢全能的上帝，我们终于自由了！'"

另一种是以排比形成高潮。根据演讲内容的需要，运用排比的修辞方法，可以把演讲者的思想感情表达得淋漓尽致，把演讲和听众的情绪推向高潮。例如，周恩来在延安一次会上演讲的两个片段就成功地运用了排比形成高潮：

"要胜利，不是拖而是打！要胜利，不是消极抗战而是积极抗战！要胜利，不是国内的分裂而是国内的团结！要胜利，不是政治的压迫而是政治的民主。""有办法！办法就出在陕甘宁边区！办法就出在八路军、新四军和敌后抗日根据地！办法就出在中国人民的身上！办法就出在真正抗日的党派和军队中间！办法就出在中国共产党尤其是在我们的毛主席的手中！"

（2）写作注意事项。无论是哪一种结构模式，在演讲稿主体的写作中，要特别注意以下几点。

① 中心：演讲要有一个中心论点贯穿全篇。结构紧扣主题是成功演讲的共同规律，任何一篇成功的演讲都不例外。

② 条理：前后材料的编排要有条理，满足表述中心论点的需要。

③ 统一：观点和材料要统一，论点和论据要统一。

④ 严谨：各点之间要有内在的联系，点点相连，整齐有序。

⑤ 变化：奇正相生。把趣味性材料和论证性材料予以巧妙的安排，要注意使其高潮与低谷相同，说理、叙事与升华议论相结合。

另外，演讲稿结构有其动态性。因为演讲稿的结构，是客观事物固有的逻辑、条理秩序与作者观察、认识和表现客观事物的独特思路，以及听众接受有声语言信息的不同思路三者辩证统一、密切配合，所以，在演讲稿结构的安排上，既要坚持有序性、整体性、相关性、多样性，也要注重有声性，使听众能够明确感到演讲层次的存在和脉络的清晰。

（3）常见结构安排。演讲稿的结构同其他形式的文体结构是有区别的，结构好的演讲稿必须遵循某个易于辨明的组织模式。常用的演讲稿的结构有如下4个基本顺序：话题顺序、时间顺序、空间顺序和逻辑推理顺序。这4个顺序之所以常用，是因为它们最容易被大多数听众理解。

① 话题顺序。话题顺序是依据学科的分类或科目来组织演讲的主要观点。这是一种极为常用的给要点排序的方法，因为几乎任何学科都可以用许多不同方法来分组或分类。话题的顺序可以从一般到特殊，从最不重要到最重要，或者用其他一些逻辑顺序排列。演讲者所选的话题的顺序常常对演讲的成功与否有很大影响。

如果话题对听众或演讲目标的分量或重要性不同，那么安排的顺序可能影响听众对它们的理解或接受。例如，听众经常会把最后一条观点视为最重要的。在相同的例子里，各话题的分量皆不相同，它们的顺序是把最重要的观点放在最后，一般认为这样的排序最适合听众及演讲目标。

例如，假如一位演讲者的具体目标是想要听众了解去除我们身体中毒素的3个被证实为有效的方法。

主题句：被证实有利于去除我们身体中毒素的3个方法是减少动物食品、保持水分以及多吃纯天然食品。

- 第1个方法需要减少对动物食品的摄入。
- 第2个方法需要吃更多的纯天然食品。
- 第3个方法需要保持充足水分。

② 时间顺序。时间顺序或年代顺序尊重事件的先后次序，强调开始什么，接着是什么，随后是什么等。当选择对要点按年代顺序进行排列时，听众将明白这些要点的顺序和内容都十分重要。当解释怎么做一件事，怎样制造一个东西，某个东西怎么运作或某件事怎么发生时，时间顺序是最合适的。例如，关于"将棉花纺成线的步骤"的演讲就是一个时间顺序的例子。

③ 空间顺序。空间顺序指遵循时空中的顺序或地理位置上的前后顺序。当演讲者希望听众能认识到某物所处的位置非常重要时，空间顺序是最有帮助的。虽然空间顺序远远比不上话题或时间顺序使用普遍，但它有可能用于描述性、知识性演讲中。在对情景、场所、人或物体的解释中，空间顺序有助于为听众创造有序的视觉画面。为了形成连续、有逻辑的描述，可以按从上到下、从左到右、从内到外或从任何听众能够想象出的方向进行演讲。

在下面的例子中，运用空间顺序将有助于听众想象大气层的 3 个气层。

具体目标：我想要听众想象出组成地球大气层的 3 个气层。

主题句：地球大气层由对流层、平流层和电离层组成。

- 对流层是大气层的内层。
- 平流层是大气层的中层。
- 电离层是构成大气层外部区域的系列气层。

④ 逻辑推理顺序。逻辑推理顺序强调听众为什么应该相信某事或为什么应该以某种方式行事。逻辑顺序不像其他 3 种对要点的安排顺序，它是最适合说服性演讲的，如下例所示。

2016 年北京卫视《我是演说家》(第三季)中董仲蠡的演讲《教育的意义》感动了无数观众，也给了无数观众深深的震撼。董仲蠡的演讲，紧紧围绕开头提出的问题"教育有什么意义"，反复论证，有破有立，层层深入分析，最终得出令人信服的结论。

其演讲的主体部分是这样设计的。

主体：循序渐进，分析问题——正反结合，层层深入，展开分析。

- 反面分析：仅仅传授实用知识的教育是失败的教育。
- 正面分析：教育不仅是传授知识，更可以提高个人修养，还能更好地认知并提升自己。
- 反面分析：如果没有教育对个人的提升和指引，个人就会失去自我并陷入迷茫。
- 正面分析：自古强大的民族都是重视教育的民族，因为只有这样，个人才能正确认识自己，国家和民族才会强大。
- 正面分析：古老的中国能越千年、历万厄而重生，就在于我们的先辈重视教育，尊师重道。
- 归纳总结：教育是什么——教育是社会良心的底线，是人类灵魂的净土，是立国之本，是强国之基。

教育的终极目的——为天地立心，为生民立命，为往圣继绝学，为万世开太平。

最后呼应开头，升华情感——自己将坚定不移地继续做教育。

这里不难看出，董仲蠡演讲的主体设计的思路非常清晰，观众完全可以随着演讲者的阐述和分析，由小到大、由浅入深地透彻理解教育对于个人乃至国家和民族的重要意义。同时，在演讲中，各部分环环相扣，逻辑严密，仿佛一气呵成，具有一种强大的、不可辩驳的说服力。

6. 演讲稿的结尾设计

演讲的结束语，是演讲走向成功的最后一步，也是极为重要的一步，是演讲中给听众留下的一个"最后印象"。各种研究表明，演讲的结束比起其正文来说，更能被听众注意。好的结尾应该既是收尾，又是高峰；既水到渠成，又戛然而止；既铿锵有力，又余音袅袅、耐人寻味；既别开生面、不落俗套，又显得自然精妙。因此，讲究演讲结束语艺术，是保证演讲获得成功的重要环节。演讲结尾的语言艺术大致有如下几种。

（1）总结全篇式。这是演讲结束语最常见的方式，就是用极其精练的语言，总结收拢全篇的主要内容，概括和强化主题思想。这样通过"近因效应"，使演讲的要点更深刻地留在听众的记忆之中。毛泽东的《实践论》这篇演讲就是这样结尾的：

通过实践而发现真理，又通过实践证实真理和发展真理。从感性认识而能动地发展到理性认识，又从理性认识而能动地指导革命实践，改造主观世界和客观世界。实践、认识、再实践、再认识，这种形式循环往复以至无穷，而实践和认识之间每一循环的内容，都逐渐地进到了高一级的程度。这就是辩证唯物论的全部认识论，这就是辩证唯物论的知行统一观。

（2）引用名言式。心理学家研究表明：在演讲的结束语中引用权威人物的名言警句激励后人，比一般性的结尾对人心理控制度可提高 21％～37％。恰当地结合演讲内容及要求，运用名人名言警句结尾，借助名人效应，使通篇演讲得以升华，给听众以深刻的启迪和印象。胡适的《毕业赠言》结尾，运用名言颇耐人寻味："诸位，11 万页书可以使你成为一个学者了。可是，每天看三种小报，也得浪费你一点钟的工夫，四圈麻将也得费你一点半钟打发光阴。看小报呢？还是努力做一个学者呢？全靠你自己的选择！易卜生说：'你的最大责任，是把你这块材料铸成器。'学问便是铸器的工具，抛弃了学问便是毁了你自己。再会了！你们母校眼睁睁地要看你们 10 年之后成什么器。"

这样的结尾，情真意切，令人心悦诚服地接受他的见解。

（3）重申重点式。成功的演讲者往往在演讲结尾重申此次演讲的重点，以加强听众的记忆。日本松下电器产业公司创始人松下幸之助在公司培训演讲的结束语中应用了这种方法："我已讲过的六条，其重要性是不一样的。唯有第一条和第三条是公司生存发展中最致命的，即松下永远以质量战胜一切竞争者，松下的凝聚力高于一切。这两条将成为我们的法宝和座右铭，也是我要求全体员工切记的。"

（4）对照比较式。所谓对照比较式，是指在演讲结束时，演讲者把两种相对或相互矛盾的事物并列在一起，进行前后或正反对照比较，以明辨是非、拨乱反正，目的是增强演讲的说服力，突出演讲的论点，使听众在鲜明的对比之后，心服口服地接受演讲者的观点和主张。比如，毛泽东主席在 1945 年 6 月 11 日中国共产党第七次代表大会上做的闭幕词《愚公移山》的结尾就是采用了如下方式。

现在中国正在开着两个大会，一个是国民党的第六次代表大会，一个是共产党的第七次代表大会。两个大会有完全不同的目的：一个要消灭共产党和中国民主势力，把中国引向黑暗；一个要打倒日本帝国主义和它的走狗中国封建势力，建设一个新民主主义的中国，把中国引向光明。这两条路线在互相斗争着。我们坚决相信，中国人民将要在中国共产党的领导之下，在中国共产党第七次代表大会的路线的领导之下，得到完全的胜利，而国民党的反革命路线必然要失败。

（5）幽默诙谐式。幽默诙谐式是指演讲者在演讲结束时以幽默诙谐的手法作结尾，它能使听众在轻松愉快的笑声中受到深刻的教育和启发。例如，1930 年 2 月 21 日，鲁迅先生的《在上海中华艺术大学的演讲》就是采用的这种结尾方法。

以上是我近年来对于美术界观察所得的几点意见。

今天我带来了一幅中国五千年文化的结晶，请大家欣赏欣赏。

这时只见鲁迅一手伸进长袍,把一卷纸徐徐从衣襟上方伸出,打开看时,原来是一幅病态十足的时髦女郎月份牌,引得大家哄堂大笑。在笑声和掌声中结束了他的演讲。

(6)首尾呼应式。在你的演讲结尾时,紧密联系开场白中的内容,可以让你的演讲听上去浑然一体。最适合采用这个方法的演讲是:你在开场白中提出了问题,或者你的开场白是一则小故事。

一个教育系统的官员在对新聘教师讲话时,以自己小时候在学校的一个经历作为开场白,他是这样说的:

我在当教育局局长前,也做过10多年的教师。在我做教师前,也曾是一个学生。在我读初三前,成绩一直不好,调皮而又捣蛋,经常是老师体罚与批评的对象。可以说,得到老师们的负面评价已经成为习惯,我觉得我就是一个无可救药的"坏学生"。

但在我上初三时,新的班主任很少批评我了,他总是努力挖掘我好的一面,表扬我,夸赞我。即使是偶尔批评,也是先表扬,再说"要是你能如何如何就更好了"。

在那一年里,我惊奇地发现自己原来有那么多的优点,我决定做得更好。在我努力的过程中,我赢得了班主任更多的正面评价与鼓励。在这种良性循环中,我的不良行为举止得到了纠正,并出人意料地考上了高中。三年之后,我又考上了大学。

在结尾时,他又提到了开头的故事,并把它与自己讲话的主题——"关爱与悦纳每一个学生"联系起来。

在座的每一位即将走上岗位的老师,都会碰上30年前的我这样的所谓差生,我希望你们不放弃、不抛弃他们,我希望你们能用发自内心的喜欢去接纳他们,用积极正面的夸赞去引导他们,而不是用无休止的批评去打击他们。我希望那些所谓的差生,都能像我当年遇到的那位班主任一样,在老师的帮助下重建自信,迈向人生的高峰!

这样首尾呼应的结束语,浑然天成,无可挑剔,让人不觉陷入沉思。

7.演讲稿的写作与修改

演讲稿的写作是指在演讲前把所思所想写出来,用文字符号将演讲内容、范围固定下来。写演讲稿可分三个阶段,即编列提纲、起草初稿和加工修改。

(1)编列提纲。编列演讲提纲,是演讲前的重要准备工作,它常常是临场发挥的重要依据。提纲编列是否合理,直接影响到演讲成功与否。所谓编列提纲,就是确定框架,以提要或图表方式列出观点、材料,以及观点和材料的组合方式。

① 演讲提纲的作用。演讲提纲在演讲中有着重要作用,这集中表现在以下几个方面。

第一,确定框架。编列提纲能把演讲的整体轮廓用文字固定、明确下来。事实上,编列提纲的过程,正是认识不断明朗化、条理化的过程。通过编列提纲,可以对论题的设想不断加以修改和补充,使构思更为周密、完善。确定了整体框架,演讲者便能心中有数,逐层展开,不会东一句西一句,显得词不达意。

第二,选材组材。编列提纲的过程,也是进一步选材和组材的过程,是演讲内容逐步具体化的过程。演讲题目、结构层次、典型事例、引文材料及其他有关资料,都要具体地在提纲中体现出来。在这个过程中,必须要对材料做进一步的筛选和补充。

第三，训练思维。编写提纲的过程，正是演讲者积极思维的紧张过程。在这个过程中，演讲者必然要认真思考，分析演讲的主题、材料、层次、结构和其内在的逻辑联系，促使思维的条理化和科学化。因此，这个过程事实上正是培养和锻炼思维的过程。

第四，避免遗忘。编写提纲也是不断熟悉材料的过程，特别是在不用讲稿而仅用提纲进行演讲时，提纲更是起着提示启发、避免遗忘的作用，成为临时发挥的重要依据。

根据演讲的具体目的和要求，以及演讲者对材料的掌握情况等，编列提纲的方法有概要提纲法和详细提纲法。内容简单且材料易掌握，可编得粗略些；内容复杂且材料丰富，就宜编得详细些。粗略的概要提纲要以极其简练的语言，扼要地列举出演讲的主旨、材料、层次和大意等；详细提纲则要求比较具体，基本上是讲稿的缩影。

② 演讲提纲的内容。演讲的论点、演讲的中心论点必须清晰地列出中心论点所包含的分论点以及分论点下属的小论点，也应以简洁的语言逐层列出，应根据整理的内在逻辑关系依次排列。

演讲的材料依据。阐明主旨材料的事实材料和整理材料，也应以简明的语言或恰当的符号在相应部位列出。事实材料主要指例证、数据等；整理材料包括科学原理、科学定律、文化精神、法律条文、名言警句等。这些事实依据和理论依据能使演讲持之有据、言之成理，具有说服力和感染力。因此，必须逐一列出，不可忽视，以免遗漏。

演讲的整体结构。演讲提纲的编列要依据演讲的内在逻辑体现出演讲内容的先后次序。例如，如何开头，如何结尾，重点内容如何突出，如何过渡，结构层次如何安排等。事实上，演讲提纲就像事先构筑的语流渠道，决定着演讲语流的走向。

下面是《在马克思墓前的讲话》的两种类型的提纲，供读者参考。

1. 概要提纲

1）开场白。

2）主体部分如下。

（1）马克思在理论上的重大贡献。

（2）马克思伟大的革命实践。

（3）马克思对无产阶级革命事业的卓越贡献。

3）结束语。

2. 详细提纲

1）开场白提出中心论点如下。

（1）马克思逝世的时间和经过。

（2）马克思逝世是无产阶级不可估量的损失。

2）主体部分如下。

（1）马克思作为"科学巨匠"在理论上的伟大贡献。

① 马克思发现了人类历史发展的规律。

② 马克思还发现了现代资本主义生产方式和它产生的资产阶级社会特殊的运动规律。

③ 马克思在他所研究的每一个领域（甚至在数学领域）都有独到的发现。

（2）马克思作为革命家在革命实践方面的贡献。

① 参加打碎旧的国家机器的斗争,参加无产阶级解放事业的斗争。

② 编辑报刊,拟定书籍和参加工人运动。

（3）马克思对无产阶级革命事业的卓越贡献。

① 敌人对马克思的嫉恨和诬蔑。

② 马克思对敌人的蔑视和斗争。

③ 无产阶级和劳动人民对马克思的尊敬、爱戴和悼念。

3）结束语为:"马克思的英名和事业永垂不朽!"

（2）起草初稿。起草初稿没有什么诀窍,应结合一般写作规律。演讲初稿的起草有其固有的原则和方法。第一,要构思好再动笔,最好一气呵成。动笔前要盘算好所有的写作步骤、条理,想清楚再动笔,写时不要考虑修改的问题。第二,要抱着正确的态度,饱含真挚的感情去写。第三,要注意不同类型演讲的特点,采取相应的写作方法。如写政治性演讲稿时,要强调逻辑的严密、材料的可靠;写学术性演讲稿时,要力求资料翔实及论据确凿等。

（3）加工修改。演讲稿的加工修改是一项复杂的工作,每个人有每个人的修改法,但主要从以下几方面入手。

① 深化主题。演讲者首先要看看确定的主题是否健康、正确,再看看文字是否把演讲的主题表达出来了,是不是很充分,有无片面性,是否新颖。从这方面找出问题来,就找出了修改的对象。更为重要的是,在起草时就让主题健康正确,并且充分表现出来了。如果认真修改,就会发现,在写作过程中由于全神贯注、精力集中,会在笔下出现一些作者预想之外闪耀的思想和语言,比原来预想的还深刻,还有分量,是一种新的发现和发展。但是由于原来预想的不充分,就没有得到扩展和发挥,而修改正是弥补的机会。修改的笔墨很多都在这方面。

② 调整结构。修改时主要审视的是正文。主题有了发展、变化,结构必然需要随之改动。即使主题没有什么变化,由于起草时只按提纲或一种构想写出来,一旦落实在纸面上,就会发现一些毛病,如逻辑性不强,前后位置不当,层次不清,上下文意思重复,段落衔接不紧密、不自然等,这就需要重新调整和修改。总之,对于草稿的结构进行认真的审视和推敲就会发现问题,并作为修改的对象,有时"大动手术"也是经常出现的。

③ 润色语言。修改演讲草稿语言的目的,一是减少语言方面的毛病;二是保持演讲语言的特点。写出的草稿,在语言上会有一些毛病。起草的当时意念完全集中在主题的表现、事件的陈述上,对语言的运用是无暇顾及的,全凭习惯,这样就不可避免地在草稿上出现句子残缺,如用词不准,或出现丢字及错别字等,就需要修改。另外,按平时的习惯写,在语言的运用上就不乏出现书面语言的倾向,如句子太长,诗歌化、散文化等,这也需要修改,只有经过修改才能保持演讲语言的特点。

总之,对演讲稿语言进行润色,关键就是要做到把话说得明白,把话说得有力,把话说得动听。修改演讲稿,说起来容易,做起来是颇费功力的。尤其需要演讲者在自身的思想、文化、语言等方面有更深层次的修养,才能得心应手、游刃有余。

2.3 命题演讲的演练

演练就是演讲者按照已设计好的程序进行预演的操练过程。它是演讲者完全按照正式登台演讲的形式在上场之前所进行的最初尝试。演练的好坏直接影响演讲的水平和效果。

1. 演练的重要性

演讲前的演练，就好像文艺演出之前所进行的"彩排"，是演讲准备的重要工序。优秀的演讲家都很重视演练。林肯学习演讲时，常对着树桩或成行的玉米秸反复演练。仅就他的《葛底斯堡演讲》而言，虽已经过十五天认真准备，但在演讲前夕，他还在国务卿面前演练了一次，直到安葬仪式开始时，他仍在默默地背诵演讲词。由于有了充分的准备和认真的练习，他才以真挚浑厚的情感、精美感人的技巧、端庄朴素的语言而博得很高的赞誉。

演练具有全面检验演讲效果的作用。要衡量其是否合理、科学、实用，只有用演练来做具体的验证，才能从中发现缺点和不足之处，便于及时纠正，使其设计更加缜密。

另外，演练具有调节情绪的作用。怯场心理常会导致自控能力的丧失，使演讲者尤其是初上讲台的人不能正常地发挥出应有的水平。演练就能使演讲者提前适应"角色"，调节好情绪和心境，增强胸有成竹的稳定感，有助于消除怯场心理，甚至会使演讲者出于一种急于登台的急切感，产生最佳的演讲心理状态。

2. 演练的原则

（1）精益求精。俗语说"拳不离手，曲不离口"。演讲的才能是靠勤学苦练、反复实践而获得的。闻一多在清华大学读书时，不畏天寒地冻，夜出练习演讲十二遍，在演说有进步时，还夜至凉亭练演说三遍，回宿舍又温习演说五遍，第二天继续练习演说。正是这种精益求精、刻苦训练的精神，使他成为独具魅力的演说家。罗斯福每次演讲前都要大声地朗诵演讲稿，体会语调是否合适，琢磨如何运用丰富多彩的语调来抓住听众。他自如得体地运用语调的本领，连一些戏剧表演大师都不得不为之惊叹佩服。因此，演练切忌应付及走过场。一丝不苟地勤讲多练，能使演讲的准备更成熟，产生熟能生巧的效果。

（2）循序渐进。演练不仅要按照诵读、背诵、演示这几个步骤逐渐进行，而且在演讲的类型、内容等方面也要从易到难，切忌一口吃个胖子。孙中山所总结的"一练姿势""二练语气"的演说经验，实质上就是遵循了单项练习、重点突破这一循序渐进的原则。

（3）综合协调。演讲是由复杂的多元化体系和系统组成的一个完善的整体，而每个分支系统又是由不同的要素构成的。因此，演练时，不仅要强调各支系统、各要素的职能，更要注意它们之间的相互配合，要使声、情、体、意自然协调并融为一体，才能创造出理想的演讲意境。

3. 演练的方法

（1）独自演练。独自演练是演讲者独自一人进行练习的方法，比较简便、灵活、有效，也是最基本的练习活动。它有以下两种具体形式。

① 虚练。虚练即虚拟的演练,就是把整个演讲过程在头脑里默想一遍。因为是默默无声地设想演讲经过,像在头脑里"过电影"似的,所以又叫"默练",可随时随地实施。

② 实练。实练即实在的练习、演练,就是有声有形地进行如实的演练。此方法便于纠错补漏,可就口、音、讲或手势等做单项练习,也可将各项技能综合起来操练。如丘吉尔常对着镜子练习手势动作。

(2)集体演练。集体演练是指演讲者面对特定的听众,按照正式演讲的要求进行试讲的练习活动。演讲者可选择一些同事、亲朋等作为特定的听众,组织一个小范围的演练场面,造成一种"实践"的逼真效果。演讲者可直接观察他们的反应,并征询意见,以便进一步完善加工。这样做有利于提高演讲水平。

(3)设备演练。现代科技的发展,为演练提供了许多有利的技术设备,如录音、录像等,有条件的演讲者可充分利用这些设备。利用录像等方法演练,演讲者不但能直接看到演练的全部过程,而且能直接地找出存在的问题。可以有针对性地做出客观分析。

总之,演练的方法很多,可以根据实际情况进行选择,或单用一种方法,或综合应用几种方法,还可以不断创新。

4.演练的基本环节

演练可以实现从书面语到口头演讲的转化。为了追求最佳的演讲效果,必须注意把握以下演讲演练的基本环节。

(1)设计语调节奏。在试讲阶段必须对演讲稿进行一些符合演讲要求,旨在追求最佳效果的非语言内容的设计,较重要的一点是对语调节奏的设计。

根据表达思想感情的需要,运用语音、语调技巧,对演讲内容进行语音、语调节奏的具体设计。设计的重点主要是对需要强调的内容给以重音处理,对需要表达的感情起伏变化进行语气语调的标示,对特殊的表达内容的停顿、语速予以确定。

设计的目的是把文字的优势转化为语音(声音)的优势,创造出声音的抑扬顿挫及节奏感,使演讲稿更加符合语音传播的特点和规律,使内容得到进一步强化,以产生更好的听觉效果。

语音、语调设计有三个依据:一是根据思想内容和情感表达的需要,在吃透演讲稿内容的基础上进行。二是要考虑个人声音上的特点,要扬长避短。也就是说,要确定语调因素的变化范围,要与演讲者自己的嗓音相协调,任何脱离自己情况的设计都不会出现好的效果。三是要符合听众的心理和对声音的审美要求。

对于演讲词语音调的设计,一般需要在演讲稿上做少量的符号标记,可根据自己的习惯设计符号,只要自己能看得懂就行。做这样的标记,有助于在试讲时更好地把握声音的变化和思想感情的表达。

(2)设计态势语言。在人们的各类表达中,态势语言较为丰富和夸张的当属演讲。演讲之"演",很重要的是表现在演讲者的动作上,演讲动作的设计在试讲阶段就应完成。通过设计,使体态语言能成为整个演讲的有机组成部分,把下意识的动作变成有意识的动作,以增强动作变化的目的性和心理依据,大大强化内容的感染力和征服力。

态势语言的设计也应遵循三条原则:一是态势语言要与思想内容相一致,要有助于强化思想内容;二是动作不宜太多太滥,要恰到好处;三是动作要有美感。在动作设计中,主要是眼神和手势的设计，比如手势的形式，动作的方向、部位、幅度和力度，要进行反复揣摩，从多种设计中找出最佳方案。

从内容上看，态势语言设计要特别注意两头：一是开头处。这包括上台时的走路、体态，开讲时的姿态、动作，要自然、大方、潇洒，才能给人留下良好的第一印象。眼神要正视听众，给人以正直、诚实之感。开头的手势不能太多，动作的幅度也不要太大，否则会给人一种不稳重的感觉。二是结尾处。手势的幅度、力度通常要大，要有号召力，才能给人留下深刻的印象。中间部分的态势语言应更多地包含情感和艺术的表现力，把表情、手势和艺术发音等手段调动起来，在多变的富有一定内涵的态势语言的配合下，使声、情、言、体协调一致，以便创造出理想的演讲意境。

（3）熟悉演讲稿。在精心设计的基础上，应熟悉演讲稿的内容，并根据声音动作的设计进行试讲。试讲大体按朗读—背诵—讲述的过程进行。

① 朗读。通过朗读体会声音与内容结合在一起的节奏、语调变化，这是最初的书面语言向口语的转化。

② 背诵。应把演讲内容熟练地背诵下来。当然，并不是一字不落地背诵，而是要有重点和一般之分。从演讲稿到现场演讲表达的情况看，内容有不变和变化两种情况。因此，在试讲时，对于"不变"的内容就要下功夫死记硬背，达到滚瓜烂熟的程度；而对"变化"的内容可作一般性背诵，要以理解为主，这样才能保证演讲的严肃性和创造性的统一。需要背诵并牢记的内容是：演讲的主要观点、总体的脉络、重点理论、层次转接的关键词句、基本数字、人名地名等。而对于具体事例、情景的描述等，可作一般性的记忆。

③ 讲述。完全脱稿，并模拟正式演讲，把言、声、情、态等有机地结合起来，把内容准确生动地表达出来，这时，应进入较为自如的状态。

必须指出，演讲不能照本宣科，也不能背稿，背稿就会大大地减弱演讲的魅力。试讲阶段的目标应是摆脱背诵的痕迹，进入自如讲述的状态。

法国总统戴高乐善于演讲，不管多长的演讲都不用讲稿。实际上是在演讲前，他提前写下了讲稿，把它记在脑子里，然后把纸扔了。这位世界名人的演讲经验"写—记—扔"是值得我们借鉴的。

（4）演练效果评估。除了要学会准备和表述演讲以外，还要学会批判地分析演讲，对自己的演练进行初步评估，不仅可以为演讲者提供演讲哪里好及哪里不理想的分析，而且能让演讲者充分认识到在自己的演讲中应采用或者避免使用的一些方法。

评估任何演讲的方法，都由与内容、组织结构和表述等相关的问题组成。对于初学演讲的人来说，不妨使用下面的"演讲评估清单"，它包括了一系列问题，覆盖了演讲准备工作和表达的各个方面。但是对于首次演讲，主要重点还是应放在目标的明确、要点的清晰及表达上。

演讲评估清单

1. 内容

（1）演讲目标是否明确？

（2）是否能提供高质量的信息？

（3）是否能使用多种类型的材料？

（4）是否能正确使用直观教具？

（5）是否将内容调整得适合相应的听众？

2. 组织结构

（1）引言是否能强化听众的注意力？

（2）主要观点是否清晰明了？

（3）过渡段落是否能从一个要点自然地过渡到另一个要点？

（4）结论是否能把演讲联系到一起？

（5）语言是否流畅？

（6）语言是否生动？

（7）语言重点是否突出？

（8）是否充满热情？

（9）声音表现力是否足够好？

（10）是否能恰当地移动？

（11）是否能泰然自若？

（12）是否能看着听众？

（13）发音与吐字是否清晰？

（14）姿势是否得当？

基于这些衡量标准，评价这篇演讲为（选择其一）：

□优秀　　　□良好　　　□满意　　　□尚可　　　□较差

2.4　直观教具的使用

直观教具是一种充实演讲的形式，允许听众不只听信息，而且还看信息。因为直观教具可以使信息表达清楚，容易引起听众注意。另外，使用直观教具在一定程度上能减轻演讲者的焦虑，从而给他们更多信心。

即使对于非常短的演讲，也可以选择直观教具。通过创造性地运用物体、模型、图表、图形演示、投影和计算机图片，演讲者能够使自己的演讲取得最佳效果。

1. 直观教具的类型

直观教具的种类很多，选择何种直观教具辅助演讲，主要取决于演讲内容。

（1）演讲者自身。有时，演讲者可以成为自己最好的直观教具。演讲者怎么做及怎么看，可能会很好地加强或补充所说的内容。通过描述性的手势，演讲者能描述出足球大小或球网的高度；通过演讲者的姿态和动作，能描述出游蝶泳或施行人工呼吸动作；通过演讲者自己的装束，能够描述出异国的民族服装、洞穴勘探者的必要装备或消防队员的制服。

（2）实物。演讲者可以选择相应的物品作为直观教具。如果演讲者所谈论的物体满足以下两个条件：一是能让人看清（考虑人们坐得有多远）要描述的细节；二是便于随身携带，那么它们可以成为不错的直观教具。比如，一个玩具、一个篮球或一块编织毯都是能够让听众看见并便于演示的物体。

一般地,实物在演讲后半部分出现,往往对演讲者情绪起推波助澜的作用。在北京卫视《我是演说家第5季》第2期中,迪亚拉医生在演讲即将结束时脱下帽子,深情讲述这是青海的一个村民送给他的,村民那殷切的目光使他时刻记住自己的使命和责任。这样一个普普通通的道具成为中非人民、乡村医生与病人间友谊的见证,无疑使观众和演讲者的情绪达到高潮。

（3）活动模型。当物体太大不能带到演讲场地或太小而无法看清细节时,活动模型就是较好的替代品。如果演讲者要谈论一座建筑、一款汽车,活动模型可能是较好的直观教具。活动模型有时还会给听众带来趣味。

（4）图表图形。图表是一种浓缩了许多信息并把信息用人们容易理解的格式展现给听众的直观信息的表现方式,最常用的是文字表和组织结构表。文字表通常用于预先展示演讲中要谈及的材料及提示内容。例如,关于一个组织机构的构成,在演讲中做一个组织结构表能够使听众一目了然。演讲者还可以利用柱状图、曲线图、饼状图等向听众进行信息展示。

图形也是常用的直观教具,易于准备。图形的主要优势在于演讲者可以勾画一些卡通人物,有助于自己形象地论述论点。演讲者还可以利用剪贴画地图、照片等辅助演讲。

（5）投影。投影被越来越多地用于演讲中。但是演讲时必须保证有运行良好的投影设备,并且演讲者在运用投影技术上应十分熟练,避免因技术问题而影响展示。

（6）黑板或白板。画一个非常简单的图形,或者写一个关键词以强调某一观点时,黑板或白板就可以派上用场。

使用黑板或白板时注意不能出现以下错误:在演讲时用了很多时间写了太多材料;总是对着板讲话而非对着听众讲话。

另外,如果演讲者计划边讲边画或边写,要先练习。对于大多数用右手写作的人,要注意站在所画内容的右侧,尽量在画图时至少面对一部分听众。

（7）散发的印刷品。演讲者常用的直观教具之一就是散发的印刷品,这样做既有利又有弊。有利的方面是能够迅速准备好散发的材料,并使所有听众都能拥有材料;弊端是如果现场分发印刷材料可能使听众分神,并且演讲者想要听众看自己时却吸引不了他们的注意力。所以演讲者散发印刷品应选好时机。

直观教具种类还有很多,有时演讲现场也有很多可以作为直观教具的物品。例如,当一位演讲者形容听众目前所处的令人焦灼的环境时,他可以点燃一根火柴夹在食指和拇指之间进行形象地展示。

2. 直观教具的选择

演讲者要选择直观教具,可参考以下几种方法。

（1）根据演讲目标选择直观教具。用直观教具的目的是让人易于记住演讲的内容,所以,应根据内容选择直观教具。

（2）根据听众数量选择直观教具。适用于二三十位听众的直观教具,可能不一定会适用于有100多位听众的场合。比如,对于课堂演讲中有30位左右听众的情况,演讲者用较小的模型就能使每个人都看清楚;而对于有100多位听众的情况,演讲者使用投影效果可能更好。

（3）根据演讲现场要求选择直观教具。比如当演讲者需要通过投影来辅助演讲时，就应该得到相应的设备支持和技术支持。

直观教具是演讲时额外的补充，目的是强调演讲者口头上说的内容。直观教具在准备上是要花一定的时间的，如果演讲者相信某个直观教具将有助于自身更好地实现演讲目的，那么所花的时间就是值得的。

（4）直观教具数量宜少而精。一般来说，演讲者希望听众把重点放在自己身上，一两个真正做得好的直观教具可以使演讲者的论述力度充分表现出来。而如果用多个做得较差或效果较差的直观教具，则会破坏演讲者语言的力量。

3. 直观教具的使用

许多演讲者认为，一旦他们准备好了直观教具，在演讲中使用时就不会遇到麻烦。但是，许多直观教具做得很好，但演讲时搞成一团糟的情况也很多，这是因为演讲者没有事先练习。下面是在演讲中有效使用直观教具的几个指导原则。

（1）计划使用时机。要认真计划何时使用直观教具。当演讲者练习演讲时，在演讲提纲中注明何时及怎样使用每个直观教具。

（2）考虑公众需要。如果发现直观教具有助于听众理解和记忆演讲的某一部分内容，那么就要考虑好在演讲的哪个部分用直观教具是最合适的。另外，不论一个直观教具做得多好，如果它不能直接有助于听众对话题信息的注意或记忆，那么就尽量不用。

（3）必要时才展示。只在谈论到直观教具时才展示它们。当直观教具不再是听众注意力的焦点时，就把它拿掉或遮盖住。

（4）边谈论边演示。因为演讲者知道要听众在直观教具里看到什么，所以应该告诉听众要展示什么。

当演讲者展示直观教具时，例如，将幻灯片投影到教室前面的屏幕上，应该使用"转一触一谈"技巧。当演示直观材料时，赶到屏幕前，用手或教鞭（小心使用）指向它。然后背对屏幕，身体以 45°面对听众，向听众展示并解说直观材料。当完成自己的评论之后，回到讲台的演讲位置，并关闭幻灯机或把直观材料移开。

4. 直观教具的使用原则

直观教具永远是作为演讲语言的补充或辅助物品而存在的，所以在直观教具的运用上要注意以下原则。

（1）显示直观教具。展示直观教具时应让每位听众都能看见。如果演讲者拿着直观教具，那么要把它放在合适的方位并指点给各个位置的听众看。如果把直观教具放在黑板或图表架上或者以某种方式架着，那么要站在一边并用离直观教具最近的手指着它。如果必须把直观教具卷起来或折起来，那么要带一些透明胶带，把直观教具贴在黑板上或墙上，以防止它打卷或起皱。

（2）面向听众谈话。用直观教具表达演讲观点时，演讲者可能需要有时看着直观教具，但是与听众尽量多保持眼神交流很重要，部分原因是这样演讲者能够判断听众对直观材料反应如何。否则，当演讲者全神贯注于自己的直观教具而不看听众时，就可能大大降低与听众的沟通效果。

（3）避免将物体传给听众。人们手里不管拿着什么东西,常会看、阅读、把玩和思考。当他们专注于手中物时,就不可能认真听演讲者讲话。

2.5　著名演讲词欣赏

人格是最高的学位

（1999 年 4 月 28 日）

白岩松

很多年前,有一位学大提琴的年轻人去向 20 世纪最伟大的大提琴家卡萨尔斯讨教:我怎样才能成为一名优秀的大提琴家?

卡萨尔斯面对雄心勃勃的年轻人,意味深长地回答:先成为优秀而大写的人,然后成为一名优秀和大写的音乐人,最后就会成为一名优秀的大提琴家。

听到这个故事的时候,我还年少,老人回答时所透露出的含义我还理解不多。然而随着采访中接触的人越来越多,这个回答就在我脑海中越印越深。

在采访北大教授季羡林的时候,我听到一个关于他的真实故事。有一个秋天,北大新学期开始了,一个外地来的学子背着大包小包走进了校园,实在太累了,就把包放在路边。这时正好一位老人走来,年轻学子就拜托老人替自己看一下包,而自己则轻装去办理入学手续。老人爽快地答应了。近一个小时过去了,学子归来,老人还在尽职尽责地看守着。谢过老人,两人分别。

几日后是北大的开学典礼,这位年轻的学子惊讶地发现,主席台上就座的北大副校长季羡林正是那一天替自己看行李的老人。

我不知道这位学子当时是一种怎样的心情,但在我听过这个故事之后却强烈地感觉到:人格才是最高的学位。

这之后我又在医院采访了世纪老人冰心。我问先生,您现在最关心的是什么?

老人的回答简单而感人:是年老病人的状况。

当时的冰心已接近自己人生的终点,而这位在"五四"爆发那一天开始走上文学创作之路的老人心中对芸芸众生的关爱之情历经近八十年的岁月而依然未老。这又该是怎样的一种传统!

冰心的身躯并不强壮,即使年轻时也少有飒爽英姿的模样,然而她这一生却用自己当笔,拿岁月当稿纸,写下了一篇关于爱是一种力量的文章,然后在离去之后给我留下了一个伟大的背影。

今天我们纪念"五四",八十年前那场运动中的呐喊、呼号、血泪都已变成一种文字留在典籍中,每当我们这些后人翻阅的时候,历史都是平静地看着我们,这个时候,我们觉得八十年前的事已经距今太久了。

然而,当你有机会和经过"五四"或受过"五四"影响的老人接触后,你就知道历史和传统其实一直离我们很近。

世纪老人在陆续地离去,他们留下的爱国心和高深的学问却一直在我们心中不老。但在今天,我还想加上一条,这些世纪老人所独具的人格魅力是不是也该作为一种传统被我们向后代延续?

前几天我在北大听到一个新故事,清新而感人。

一批刚刚走进校园的年轻人,相约去看季美林先生,走到门口,却开始犹豫,他们怕冒失地打扰了先生。最后决定,每人用竹子在季老家门口的土地上留下问候的话语,然后才满意地离去。

这该是怎样美丽的一幅画面!在季老家不远,是北大的博雅塔在未名湖中留下的投影,而在季老家门口的问候语中,是不是也有先生的人格魅力在学子心中留下的投影呢?只是在生活中,这样的人格投影在我们心中还是太少。

听多了这样的故事,便常常觉得自己是只气球,仿佛飞得很高,仔细一看却是被浮云托着;外表看上去也还饱满,肚子里却是空空。这样想着就有些担心啦,怎么能走更长的路呢?

于是,"渴望年老"四个字对于我就不再是幻想中的白发苍苍或身份证上改成六十岁,而是如何在自己还年轻的时候,便能汲取优秀老人身上所具有的种种优秀品质。

于是,我也更加知道了卡萨尔斯的回答中所具有的深意。怎样才能成为一个优秀的主持人呢?心中有个声音在回答:先成为一个优秀的人,然后成为一个优秀的新闻人,再然后是自然地成为一名优秀的节目主持人。

我知道,这条路很长,但我将执着地前行。

点评:《人格是最高的学位》是中央电视台著名节目主持人白岩松参加"演讲与口才杯"全国新闻界"做人与做文"演讲比赛时所做的演讲。这篇演讲稿没有空泛的说教,而是采用以事明理的方式,将"人格是最高的学位"这一独到而深刻的见解以小见大寓于三个名人的四件平凡小事中。它融事、情、理为一体,立意深远,构思巧妙,通篇闪耀着理性的光彩,在强手如林的比赛中独占鳌头,获得特等奖的殊荣,可以说是当之无愧的。结尾总结全文,发人深省;语言平实直白,富于感染力。

在中国申奥大会上的演讲

(2001 年 7 月 13 日)

杨　澜

主席先生,女士们、先生们:

下午好!

在向各位介绍我们的安排之前,我想先告诉大家,你 2008 年将在北京度过愉快的时光。

中国体育运动历史可以追溯到大约 11 世纪的宋朝,那时人们就开始玩一种叫蹴鞠的游戏,那被当成足球的起源。那项运动很受欢迎,妇女也参与其中,这时您知道我们的女子足球也很强的原因了吧?

北京是一座充满活力的现代都市,三千年的历史文化与都市繁荣相呼应,除了紫禁城、天坛和万里长城这几个标志性的建筑,北京拥有无数的戏院、博物馆,各种各样的餐厅和歌舞场所，这一切的一切都会令您感到惊奇和高兴。

我相信在座的多人都曾为李安的奥斯卡获奖影片《卧虎藏龙》所吸引，这仅仅是我们文化的一小部分，还有众多的文化宝藏等待着你们去挖掘。

除此之外，北京城里还有千千万万友善的人民，热爱与世界各地的人民相处，无论是过去还是现在，北京历来是各个民族和各种文化的汇集地，北京人民相信，在北京举办2008年奥运会，将推动我们文化和全世界文化的交流。

在我们的计划当中，教育和交流将是我们的希望，我们期待在全国尤其是数百万青少年中，留下一笔精神财富。

2005—2008年我们每年定期举办文化活动，我们将开展多元文化活动，举办世界青少年和表演家参加的音乐会，这些文化活动同时在奥运村和全市范围内展开，以方便运动员的参加。

我们的开闭幕式，将是展现中国作家、导演和作曲家的舞台，讴歌人类的共同理想，以及我们独特的奥林匹克运动。

基于丝绸之路带来的灵感，我们的火炬接力，将途经希腊、埃及、罗马、美索不达米亚、波斯、印度和中国，以共享和平、共享奥运为主题，"奥运"这一永恒不熄的火炬，将跨越世界的最高峰——珠穆朗玛峰，从而达到最高的高度。中国的奥运圣火将通过西藏，穿过长江和黄河，踏上长城，途经香港、澳门、台湾，在组成我们国家的56个民族中传递。通过这样的路线，我们保证目睹这次火炬接力的人们，会比任何一次都多。

700年前，马可·波罗曾对中国的美丽有过惊奇的描述。有人问马可·波罗，你的有关中国的描述是真的吗？他说，我只不过将我所见到的跟你们描述了一半而已。

女士们、先生们，我相信北京和中国将向运动员、观众和全世界的电视观众证明，这是一块神奇的土地。

谢谢主席先生，谢谢大家！

点评：2001年7月13日，是所有中国人永远铭记的日子，那天中国获得了第29届奥运会的主办权，那天夜晚全中国都沸腾了。在中国申奥的最关键时刻，赴莫斯科的中国申奥大使杨澜，代表中国在莫斯科做最后陈述。杨澜以亲和的微笑、宁静自信的眼神和流畅的英文，讲述北京的悠久历史文化和北京举办奥运会的文化意义。为了与评委和世界观众的沟通，杨澜的论述很有西方技巧：杨澜上场第一句话是"你们将会在北京度过愉快的时光！"拉近了与西方的心理距离，很平淡的一句话但有技巧。借用西方人马可·波罗这个元素，拉近与西方文化的距离。杨澜的演说还生动阐述了奥运火炬传递壮观景象设想，把东方的雄浑大气、厚重底蕴和西方的浪漫精神、挑战理想融为一体，富有想象力和浪漫感，感染和震撼了评委和观众。这次陈述成为一次精彩的经典演说，杨澜以她的东方魅力架起了沟通世界的桥梁。

在斯坦福大学毕业典礼上的演讲

（2005年6月12日）

乔布斯

我今天很荣幸能和你们一起参加毕业典礼。斯坦福大学是世界上最好的大学之一。

我从来没有从大学中毕业。说实话,今天也许是我生命中离大学毕业最近的一天了。我想向你们讲述我生活中的三个故事。

第一个故事是关于如何把生命中的点点滴滴串联起来。

我在里德学院读了6个月之后就退学了,但是在18个月以后——我真正做出退学决定之前,我还经常去学校。我为什么要退学呢?

故事从我出生的时候讲起。我的亲生母亲是一个年轻的、没有结婚的大学毕业生。她决定让别人收养我,她十分想让我被大学毕业生收养。在我出生的时候,她已经做好了一切的准备工作。所以我的养父母突然在半夜接到了一个电话:"我们这儿现在有一个不小心生出来的男婴,你们想要他吗?"我的养父母回答:"当然!"但是我亲生母亲随后发现,我的养母从来没有上过大学,我的养父甚至没有读过高中。她拒绝签这个收养合同。直到几个月以后,我的养父母答应她一定要让我上大学,她才勉强同意。

在17岁那年,我真的上了大学。但是我很愚蠢地选择了一个几乎和你们斯坦福大学一样贵的学校,我父母处于蓝领阶层,他们几乎把所有积蓄都花在了我的学费上面。在6个月后,我已经看不到其中的价值所在。我不知道我真正想要做什么,我也不知道大学能怎样帮助我找到答案。但是在这里,我几乎花光了我父母一辈子的全部积蓄,所以我决定退学,我觉得这是个正确的决定。不能否认,我当时确实非常害怕,但是现在回头看看,那的确是我一生中最棒的一个决定。在我做出退学决定的那一刻,我终于可以不必去读那些令我提不起丝毫兴趣的课程了。然后我开始去修那些看起来有点意思的课程。

但是这并不是那么浪漫。我失去了我的宿舍,所以我只能在朋友房间的地板上睡觉。我去捡可以换5美分的可乐罐,仅仅为了填饱肚子。在星期天的晚上,我需要走7英里的路程,穿过这个城市到布鲁克林下城,只是为了能吃上好饭——这个星期唯一一顿好一点的饭,我喜欢那里的饭菜。

我跟着我的直觉和好奇心走,遇到的很多东西,此后被证明是无价之宝。让我给你们举一个例子吧:里德学院在那时提供也许是全美最好的美术字课程。在这个大学里面的每个海报、每个抽屉的标签上全都是漂亮的美术字。因为我退学了,不必去上正规的课程,所以我决定去参加这个课程,去学学怎样写出漂亮的美术字。我学到了San Serif和Serif字体,我学会了怎样在不同的字母组合之中改变空白间距,还有怎样才能做出最棒的印刷式样。那种美好、历史感和艺术精妙,是科学永远不能捕捉到的,我发现那实在是太迷人了。

当时看起来,这些东西在我的生命中好像都没有什么实际应用的可能。但是10年之后,当我们在设计第一台Mac计算机的时候,就不是那样了。我把当时我学的那些东西全都设计进了Mac。那是第一台使用了漂亮的印刷字体的计算机。如果我当时没有退学,就没有机会去参加这个我感兴趣的美术字课程,Mac就不会有这么丰富的字体以及赏心悦目的字体间距。因为Windows只是照抄了Mac,所以现在个人计算机才能有这么美妙的字形。

当然我在大学的时候,还不可能把从前的点点滴滴串联起来,但是当我10年后回顾这一切的时候,真的豁然开朗了。

再次说明的是,你在向前展望的时候不可能将这些片断串联起来。你只能在回顾的时候将点点滴滴串联起来。所以你必须相信这些片断会在你未来的某一天串联起来。你必须要相信某些东西：你的勇气、目的、生命、姻缘……这个过程从来没有令我失望，只是让我的生命更加与众不同。

我的第二个故事是关于爱和失去。

我非常幸运，因为我在很早的时候就找到了我钟爱的东西。20岁的时候Woz和我就在父母的车库里开创了苹果公司。我们工作得很努力，10年之后，这个公司发展成了拥有超过4000名雇员、价值超过20亿美元的大公司。在公司成立的第9年，我们发布了最好的产品，那就是Macintosh。我也快要到30岁了，在那一年，我被炒了鱿鱼。你怎么可能被你自己创立的公司炒了鱿鱼呢？嗯，在苹果快速成长的时候，我们雇用了一个很有天分的家伙和我一起管理这个公司。在最初的几年，公司运转得很好。但是后来我们对未来的看法发生了分歧，董事会站在了他那一边。所以在30岁的时候，我被炒了。在而立之年，我生命的全部支柱离自己远去，这真是毁灭性的打击。

我觉得我令上一代的创业家们很失望，我把他们交给我的接力棒弄丢了。我和创办惠普公司的David Pack、创办Intel公司的Bob Noyce见面，并试图向他们道歉。但是我渐渐发现了曙光，我仍然喜爱我从事的这些东西。苹果公司发生的这些事情丝毫没有改变这些，一点也没有。我被驱逐了，但是我仍然钟爱我所做的事情。所以我决定从头再来。

我当时没有觉察，但是事后证明，从苹果公司被炒是我这辈子发生的最棒的事情。因为，作为一个成功者的负重感被作为一个创业者的轻松感所代替，没有比这更确定的事情了。这让我觉得如此自由，进入了我生命中最有创造力的一个阶段。

在接下来的5年里，我创立了一个名叫NeXT的公司，还有一个叫Pixar的公司，然后和一个后来成为我妻子的优雅女人相识。Pixar公司制作了世界上第一个用计算机制作的动画电影——《玩具总动员》。Pixar公司现在也是世界上最成功的计算机制作工作室。

在后来的一系列运转中，Apple公司收购了NeXT公司，然后我又回到了Apple公司。我们在NeXT公司发展的技术在Apple公司今天的复兴中发挥了关键的作用。而且，我还和Laurence一起建立了一个幸福完美的家庭。

我可以非常肯定，如果我不被Apple公司开除，以后这些事情一件也不会发生。这个良药的味道实在是太苦了，但是我想病人需要这个药。有些时候，生活会拿起一块砖头向你的脑袋上猛拍一下。不要失去信仰。我很清楚唯一使我一直走下去的，就是我做的事情令我无比钟爱。你需要去找到你所爱的东西。对于工作是如此，对于你的爱人也是如此。如果你现在还没有找到，那么继续找，不要停下来，只要全心全意地去找，在你找到的时候，你的心会告诉你的。就像任何真诚的关系，随着岁月的流逝只会越来越紧密。

我的第三个故事是关于死亡的。

当我17岁的时候，我读到了一句话："如果你把每一天都当作生命中最后一天去生活的话，那么有一天你会发现你是正确的。"这句话给我留下了一个印象。从那时开始，过了33年，我在每天早晨都会对着镜子问自己："如果今天是你生命中的最后一天，你会不会完成你今天想做的事情呢？"当答案连续多天是No的时候，我知道自己需要改变某些事情了。

"记住你即将死去"，是我一生中遇到的最重要的箴言，它帮我指明了生命中重要的选择。因为几乎所有的事情，包括所有的荣誉、所有的骄傲、所有对难堪和失败的恐惧，这些在死亡面前都会消失。我看到的是留下的真正重要的东西。

大概一年以前，我被诊断出癌症。我拿着那个诊断书过了一整天。那天晚上我做了一个活切片检查，医生将一个内窥镜从我的喉咙伸进去，通过我的胃，然后进入我的肠子，用一根针在我胰腺的肿瘤上取了几个细胞。我当时是被麻醉的，但是我的妻子在那里，后来她告诉我，当医生在显微镜下观察这些细胞的时候他们开始尖叫，因为这些细胞竟然是一种罕见的可以用手术治愈的胰腺癌症细胞。我做了这个手术，现在我痊愈了。

那是我最接近死亡的时候，我从死亡线上又活了过来。我希望这也是以后的几十年里最接近的一次。我可以更肯定地对你们说：没有人愿意死，即使人们想上天堂，也不会为了去那里而死。但是死亡是我们每个人共同的终点，从来没有人能够逃脱它，也应该如此。死亡是生命中最好的一个发明，它将旧的清除以便给新的让路。你们现在是新的，但是从现在开始不久以后，你们将会逐渐地变成旧的，然后被送离人生舞台。我很抱歉这很戏剧性，但是这十分的真实。

你们的时间很有限，所以不要将它浪费在重复他人的生活上。不要被教条束缚，那意味着你和其他人思考的结果一起生活。你真正的内心的声音不要被其他人喧嚣的观点掩盖。还有最重要的是，你要有勇气去听从你的直觉和心灵的指示——它们在某种程度上知道你想要成为什么样子，所有其他的事情都是次要的。

当我年轻的时候，有一本叫作《整个地球的目录》的杂志，它是我们那一代人的圣经之一。它是一个叫斯图瓦特·布兰特的家伙在离这里不远的门罗公园编辑的，他神奇地将这本书带到了这个世界。它是理想主义的，其中有许多灵巧的工具和伟大的想法。

斯图瓦特和他的伙伴出版了几期《整个地球的目录》，当它完成了自己使命的时候，他们做出了最后一期。封底是清晨的乡村公路。照片下有这样一段话："求知若渴，虚心若愚。"这是他们停刊的告别语。"求知若渴，虚心若愚（stay hungry，stay foolish）"，我总是希望自己能够那样。现在，在你们即将毕业，开始新的旅程的时候，我也希望你们能这样：求知若渴，虚心若愚。

非常感谢你们！

点评：史蒂夫·乔布斯是苹果公司创始人和声名显赫的"计算机狂人"。在这篇激情饱满的演讲稿中，读者可以明显地体会到乔布斯的演讲风格：简短轻快、感情真挚、发人深省。乔布斯——这位苹果公司的创始人围绕着生活、爱情和死亡为听众弹奏了一曲激情澎湃的华美乐章。

 实训项目

1. 命题演讲比赛训练

1）实训目标

培养学生了解命题演讲的准备过程，掌握演讲的基本技能；通过活动，锻炼学生团队的协作意识等其他综合能力。

2）实训学时

2学时。

3）实训地点

教室。

4）实训方法

教师提前一周布置演讲比赛题目，要求以小组为单位讨论拟定大纲，撰写演讲稿；小组成员在组内进行预选赛，各组推荐2名选手参加班级比赛。指导教师最后讲评。

参考题目如下。

（1）扬起青春的风帆

（2）奋斗，做生活的强者

（3）年轻，没有什么不可以

（4）是金子，总要闪光

（5）高职生自有风流在

（6）我有一个梦

（7）我的老师

（8）文明出游

（9）倡导诚信从我做起

（10）我爱我的专业

（11）我真想……

（资料来源：刘志敏.演讲与口才实用教程［M］.北京：人民邮电出版社，2017.）

2. 演讲综合训练

（1）克服口头禅。有些人在初次上台，甚至是多次上台之后，仍然会使用口头禅，从而影响到演讲的效果，可以采用如下三种方法进行克服演练。

① 记住演讲稿，一字不差，形成语言定式。

② 在语音停顿处用空白代替口头禅的出现。

③ 用录音机录下演讲内容，反复听，一出现口头禅就给自己一个刺激，让自己对口头禅充满厌恶感。

（2）"卡壳"的处理。人在紧张的时候脑子会空白，什么都想不起来。演讲过程中出现"卡壳"应该怎么办？可以从以下五个方面减少"卡壳"的负面影响，进而引导演讲的顺利进行。

① 假装倒水、喝水。

② 让听众休息。

③ 把刚才的内容再做重复。

④ 稍作停顿。

⑤ 提问并回答。

（3）辅助媒体的使用。在现代演讲中，要学会使用媒体，如何制作演讲媒体、幻灯片演示（PPT），如何正确使用辅助媒体，则是一门专门的技巧。紧扣以下方面进行使用演练。

① 要让所有的观众都能看到,特别是前边两侧和后边的观众。

② 站立时不要挡住屏幕和白板。

③ 进行演示,要先打出幻灯片再进行演讲。

④ 演讲内容和媒体展示内容要一致。

⑤ 写板书时人要站在一边。

 课后练习

1. 请阅读以下演讲稿,并指出这些演讲好在哪里。

南京信息工程大学的宿舍管理员吴阿姨演讲

2011 年 6 月 30 日,在南京信息工程大学的毕业典礼上,宿舍管理员吴光华作为教职工代表被邀请上台致辞,不到 800 字的演讲,却被学生热情的掌声打断了 11 次,还令不少在场师生感动落泪。她也因此引爆网络,被称为"最给力宿管阿姨"。以下是吴阿姨演讲原文。

各位老师、各位家长、各位同学:

大家上午好!

我是一个普通的宿舍管理员,能够有机会在毕业典礼上说几句心里话,真的感到很荣幸!

我在学校干宿管员已经十年了。十年来,我服务的学生对我都很好,我想这是因为我把学生都当成自己的孩子一样看待,我喜欢孩子们在我面前经过时,都喊一声"阿姨,您好!"

作为宿舍管理员,我除了做好本职工作外,还经常给学生做些收收被子,缝缝衣服,热热牛奶,熬熬姜汤这样的事情,我看到学生经常打游戏,上网,夜不归宿,甚至谈恋爱不注意影响,因睡懒觉而不上课,不遵守学校纪律的,我都忍不住唠叨一下。因为,我觉得,人的一生不容易,父母用血汗钱供养你们更不容易,大家应该要集中精力,认真学习,早日成为有用之才,回报父母,回报社会。

十年前,我刚到学校工作的时候,有一名学生用电饭锅煮排骨汤,被我发现了,于是我就教育她,说明了其中的利害关系。后来,我们反而成了好朋友。毕业的时候,她还送过我一张照片,我一直保留到现在。如今,她已经博士毕业了,在大物院做教师,她叫康娜。我觉得她真的了不起。这样的学生每年都有很多,经常有学生回到母校来看看自己以前住过的地方,顺便看看我这个阿姨。听到他们在社会中闯荡,干得都不错,这是我最开心的事。我也为他们感到自豪。人们常说,活到老、学到老,我今年 60 岁了。和你们相处,你们的淘气让我感到年轻;和你们沟通,我看懂了韩剧的悲欢离合。我也学会了《植物大战僵尸》,偶尔也在半夜时间偷偷菜。但是,无论游戏是多么给力,"神马都是浮云"。我认为世界上最宝贵的是时间,大家要趁年轻,好好珍惜光阴,多看看书,增加知识面;多运动运动,增强体质;多想想父母,常回家看看。别浪费时间,后悔药买不到的。

今天,29 栋又有 90 名学生要毕业了,虽然我有很多的不舍,但同时也很高兴看到你们走向一条更宽广的路。最后，阿姨把抄写在29栋宿舍门口的几句话送给全体毕业生：再苦也别忘记坚持；再难也别忘记微笑；再急也要注意语气；再累也要爱自己。低调做人，你会一次比一次稳健；高调做事，你会一次比一次优秀。祝你们身体健康，快乐成功！谢谢大家！

在北大，任何人都是独一无二
——北京大学教授白建军在2017年迎新典礼上的演讲稿

大家好！欢迎各位！今天，每个自动走进北大的新生，脸上都透着满满的兴奋、骄傲，还有一点儿小得意。其实，半个多世纪以前，我就是这所学校的一个新生了。不过，是硬生生被弄进北大五院幼儿园的，一点儿都不觉得得意。

既是未名湖边儿长大的，我该为大家说说这湖边儿的人物故事。对北大人物，有的你们耳熟能详，我就不逞能了。有的，你们没听说过，我也不认识，北大太大了。你我都不认识的，还是别乱说的好。剩下的，就是些你们不熟，而我略知一二的人物。

先说赵大爷。前些年在北大还能看见，办公楼里有个白胡子老头儿，穿着大襟儿的黑棉袄，扎着裤腿儿，脚上蹬一双回力篮球鞋。只要他想，随时可以在办公楼的石台阶上拍球，尽管旁边就是校长办公室。我小的时候，赵大爷是北大门卫，也是最不会好好说话的人。我每回从中关园进这园子里来玩儿，就怕赶上赵大爷当班。"我，附小的，咱一单位的。"他还是死活不让进。"你小学的不回小学玩去，跑大学来干吗？滚！"从那时候起，我就不喜欢赵大爷，并痛下决心，将来我非得正规地走进这座大门儿。现在，我做到了。听说，赵大爷小的时候，校长要踢球，他是球童。六七十岁的年纪，自学完了四本《许国璋英语》。

第二位，是我附中时代的同学。他有一次逃课跑去偷枣。没撞见枣树的主人，倒得罪了树上住着的一群马蜂，结果脸肿得像脸盆那么大，比枣儿还红，整个人像个大头傻子。那会儿我们也有英语课，于是他精力过剩，拿一本英汉字典，背一页，撕一页。书没撕完，被他爸打了一顿。现在，他定居北美，是全球华人圈里人工智能领域的顶级专家，前些年还回来给两院院士们授课。

第三位，二十多年前，那天我们师生一伙人进监狱，调研。在监区，忽然从犯人堆里冒出一位，直奔我来，大声喊"白老师好"！弄得我很尴尬，你谁呀，当着这么多人！他说，他在北大听过我的课。打那次以后，再没联系过。可说来也巧，就前几天一次经济法大型培训，我是学员，发现这位是授课老师。讲得还真不错，有理论，有实践的。他大概没注意到我，我也不知道该不该去喊他。天知道哪块云彩会下雨！

接下来的，就是著名的北大保安。那天我去农园吃饭，路边俩执勤的保安在聊天。一个说："你那论文怎么样了？"另一个说："嗯，资料收集得差不多了，正在构思。"天啊！这是一所什么样的大学啊！我立马掏出手机，给我的博士生拨了个电话："嘿！你论文构思得怎么样啦？"

最后，常听用人单位说，刚毕业的北大学生最让人抓狂：你不会打水、沏茶也就算了，连个表都不会填。不过，三五年后，倒是北大学生显出来后劲，有想法，有创造力。

我说的这些北大人，都是普通人。掉进人堆里，平常得没法儿再平常了。偶尔，还有些具体的可气。但是，他们的故事，我们未必能有；他们曾经的、未来的骄傲，我们未必可能；

他们的某些闪亮和伟大，我们甚至不敢企及。

各位，昨天，也许你真是 everything。今天，别说学霸，就跟这些平常的北大人一比，你可能会发现自己不过是 something。明天，没准儿有人会觉得自己简直就是 nothing。不过，千万别想不开。来和我分享一句话吧：不温不火，不作不做，敬天，敬地，敬小人——我们该向普通人致敬。

具体说吧，有几个建议。

首先，把人生目标调低一点儿。千万别用"大法官""大律师"这些大红大紫的东西搅和自己的人生规划，误了你在北大的美好时光。路走对了，走着走着，你就成为大法官、大律师了。重要的是发现你自己到底适合什么。其实，大学教育就是激活学生体内已有的东西，而不是简单地传承或灌输。要是你学业走了一半，还没遇上让你心动、让你一辈子可以乐此不疲的领域，以及跟这个世界说话的方式，那就不妙了。

其次，对自己的要求高一点儿。我敢说，下面这一条，多一半人做不到。最难做到的就是：早睡早起＋把微信朋友圈控制在十人以内＋拒绝以陪读为目的的表白。这个办法能不能把你弄成精英中的精英，我不知道，但试过的都说好。

最后，学业上不妨在意点儿旁门左道：多接触些本专业以外的学问，以及如何获得更多的知识。金字塔哪个更高？底盘越大的越高，你说是不是？其实，大学里，只有不到50％的课堂知识来自你的老师；只有不到25％的课内知识离开大学后仍然有用；只有更少的学生才明白，怎么学比学什么更要紧。好的学习方法，会让你受用终生。

好了，明年这会儿，你们可以端着点儿师兄、师姐的样子，迎来另一群高兴到糊涂的小师弟、小师妹啦。那时候，我可能正在楼上办退休手续呢。

就这些，谢谢！

拔穷根、种大树，民风是最大的软实力
——山东德州庆云县委书记王晓东在 2017 企业家致良知（北京）论坛上的演讲

2017 年 11 月 28—30 日，来自全国各地的 4000 余名企业界、教育界人士以及 90 余家国内外媒体齐聚北京雁栖湖国际会展中心，参加 2017 企业家致良知（北京）论坛。山东德州庆云县委书记王晓东率领庆云县 70 余名企业及教育界人士共同参加了这次盛会。会上，他发表了题为《拔穷根、种大树，民风是最大的软实力》的主题演讲，讲述了将一个贫困县变为先进县的案例，证明扶贫必须先扶心，民风是最大的软实力。从教育、扶贫、环境保护、县域经济发展等方面向大会全方位地介绍了庆云的人文、历史、现状和发展愿景。王晓东脱稿演讲 36 分钟，赢得了 23 次掌声，精彩的演讲征服了现场 4000 名企业家，并且赢得网友一片盛赞。以下是其精彩演讲的部分呈现。

今天在座的也有我们庆云的很多企业家，我希望庆云的企业家们能够向登台的优秀企业家学习，学习他们追求卓越、不断进取、负重争先、敢于担当的家国情怀。我也希望在不久的将来，庆云县的老百姓能在中国 500 强、世界 500 强的榜单上看到庆云企业家的名字。

今天来到这个会场的，几乎都是国内甚至国际优秀的企业家。在这些企业家成长的过程当中，很多人都上过 MBA，接受过管理学、西方经济学的熏陶。可以说一路走来，我们用的都是西方的管理哲学。但是今天通过大家的分享，我们都能感受到来自东方哲学、东方

智慧的力量。大家在学MBA过程中也交了不少学费。我想有一天，大家一定能够沿着"一带一路"把东方智慧、东方哲学传递出去，把我们缴的学费再赚回来！

习近平总书记说，文化是一个国家、一个民族的灵魂。文化兴，国运兴；文化强，民族强。没有文化的高度自信，没有文化的繁荣昌盛，就不会有我们伟大民族的复兴。山东是儒家文化的发源地，也是我们中华优秀传统文化的组成部分。庆云县的文化底蕴其实也非常深厚。南唐时，这里有个宰相发明了官方印刷术……《西游记》里的唐僧，少年时期就是在庆云海岛金山寺度过的……庆云还有一个北宋的词人叫李之仪，"君住长江头，我住长江尾，日日思君不见君，共饮长江水"，这首脍炙人口的诗成就了很多青年男女的美满姻缘。所以我们庆云自古就有诗和远方。

致良知走进庆云是一个机缘。庆云有个企业家在北京打工，他的税收原来不足百万元。去年年底，他走进我的办公室说：王书记，我今年年底交税要到2000万元，明年想到5000万元。我当时以为他在开玩笑……今年，他的税收现在已接近3000万元。

看到他身上发生的变化，我疑惑到底是什么改变了他？他说他在学习致良知——既然致良知能够改变一个企业，那肯定能改变一群企业，能够改变企业，肯定也能改变我们的干部……2017年3月18日，致良知团队走进了庆云，对庆云的企业家进行了一场培训……

从那时起，我就带着我们的团队立志"要做让庆云人民骄傲的儿女"。这8个月零10天的时间，庆云发生了翻天覆地的变化……

在学习致良知的过程中，有一句话我始终没有懂，就是《传习录》"岩中花树"那一段。阳明先生和他的朋友游玩时，看到岩中花树，阳明先生说："你未看此花时，此花与汝心同归于寂；你来看此花时，则此花颜色一时明白起来。便知此花不在你的心外。"这句话我请教了很多人，仁者见仁、智者见智，直到最近我走进了中央党校……

当我走进这个礼堂，看到在座企业家身上那种自信的力量、家国的情怀，那种从脸上散发出来的光芒，让我感觉到，这就是花的颜色。我想在座的企业家可能跟我们一样，都在学习党代会报告……这次党代会报告的主题是"不忘初心、牢记使命"，我们要为了人民的幸福、民族的复兴牢记这项使命。今天下午我在台下听企业家分享，内心真的非常激动，因为我看到了企业家的家国情怀和担当。

我和我的团队学习致良知以来，都有哪些心得可以与在座企业家分享？就是今晚的题目：《拔穷根，种大树——民风是最大的软实力》……

我们在扶贫的过程中深刻体会到，有些人非常留恋扶贫的补贴政策，这对孩子造成的危害是最大的。我想，一个家庭境遇的改变，必须从教育开始……带着这个问题我也到四合院与老师探讨……没想到四合院老师说，你给我一百个孩子，我们从幼儿园、小学、中学一直培养到大学。我当时真的非常非常激动，因为四合院及企业家的这份情怀和责任。我回去以后就做了全县统计，结果是全县有505名贫孤儿童。我跟团队商量，确定了一个"三帮一"——全县505个孩子，从幼儿园到大学，兜底保障，让社会（企业家）扶贫、教师来扶智、干部来扶志，让他们有脱贫的志向……

在干部的带领下，经过扶贫的行动，全县形成了扶贫助学的风尚。为了进一步打造这个民风，前段时间我们又成立了庆云县义工联合志愿者协会。原来我们想招募2000名，结果发出"扶贫倡议"后，报名人数突破了10000。这万人的义工队伍也形成了庆云民风的主体之一。

现在,庆云县也形成了自己的对外合作理念,就是亲、诚、惠、容、互利共融,打造"亲"与"清"的政商关系。经过一年多的实践,我们各项工作也走向正轨,庆云县的干部面貌、群众的面貌都发生了改变……学习致良知以来的半年时间里,总结可以说有这么4条:一是诚。一定要内心真诚。真诚可以连接到很多资源,激发很多奇思妙想,得到很多意想不到的帮助和收获。二是立志。要立真志,而不是假立志。三是致良知。致良知是一种伟大的力量,是一种能够激扬内心的力量。四是知行合一。正如习近平总书记说的,"一分部署,九分落实",至诚如神。今年取得的这些变化,有这些机遇,就是真诚的力量。

2. 准备个人经历演讲。

准备一个 2~3 分钟的个人经历(叙述性)演讲。想想你有过的幽默,有悬念或富有戏剧性的经历,选择一段你认为你的听众会喜欢听的经历。

首先,思考一下,你此次演讲的目标是什么?你将为此次演讲做哪些准备?并用文字说明你的演讲提纲。

其次,列举场景分析清单:听众人数将有多少?什么时候做演讲?演讲安排在整项活动的什么时刻?演讲的时间限制是什么?对演讲的期望是什么?演讲将在哪里举行?做演讲所必需的设备是什么?

最后,根据你此次演讲的具体目标,你能提供哪些相关信息?你准备如何运用?

3. 阅读材料讨论。

请阅读以下"演讲稿",然后谈谈你的想法。

(1)中国改革开放的总设计师邓小平于 1982 年 9 月 24 日就香港问题发表了一次著名的演讲。

我们对香港问题的基本立场是明确的,这里主要有三个问题。第一个是主权问题;第二个问题,是 1997 年后中国采取什么方式来管理香港,继续保持香港繁荣;第三个问题,是中国和英国两国政府要妥善商谈如何使香港从现在到 1997 年这 15 年内不出现大的波动。

关于主权问题,中国在这个问题上没有回旋的余地。坦率地讲,主权问题不是一个可以讨论的问题。现在时机已经成熟了,应该明确肯定:1997 年中国将收回香港。就是说,中国要收回的不仅是新界,还包括香港岛、九龙。中国和英国就是在这个前提下来进行谈判,商讨解决香港问题的方式和办法。如果中国在 1997 年,也就是中华人民共和国成立 48 年后还不把香港收回,任何一位中国领导人和政府都不能向中国人交代,甚至也不能向世界人民交代。如果不收回,就意味着中国政府是晚清政府,中国领导人是李鸿章!我们等了 33 年,再加上 15 年,就是 48 年,我们是在人民充分信赖的基础上才能如此长期等待的。如果 15 年后还不收回,人民就没有理由信任我们,任何中国政府都应该下野,自觉退出政治舞台,没有别的选择。所以,现在,当然不是今天,但也不迟于一两年的时间,中国就要正式宣布收回香港这个决策,我们可以再等一年宣布,但肯定不能拖延更长的时间了……

(2)下面是在一次产品推荐会上某营业代表的演讲。

各位来宾：

大家好！我今天给大家讲讲家里的"服饰怎样安度黄梅天"。

眼前天气进入黄梅多雨季节，空气中相对湿度高。羊绒、毛呢料及毛皮制品吸附潮湿能力很强，回潮率达16％，加上成分蛋白质、纤维较易招引虫蛀、霉变，导致好端端的衣物受损。从科学观点出发，防霉防蛀更有效的方法是保持环境干燥，在多雨的季节里，建议家庭主妇不开或少开衣橱、箱柜。

目前市场各大超市、商厦有一种新颖的吸潮、防虫、防蛀商品，名叫"吸潮大王"，它由塑料盒内的吸潮剂和封口的吸潮膜制成，能将空气中的水分子吸进盒内。规格有250mL、300mL、600mL，产品齐全，是由上海某公司采用国际全新技术制作的，其吸潮剂无害、无异味，具有强有力的吸潮功能。

为了服饰能安度黄梅天，请您迅速去商店购买此产品。

4. 命题演讲续写训练。

根据下列题目与开头，构思演讲的脉络，进行续写。

大学生的责任

同学们，我今天演讲的题目是《大学生的责任》。大家一定会说，这题目都听过很多遍了，还能有什么新鲜内容呢？以前在一个同学的笔记本上我发现了一首中英文结合的小诗，诗中写道："人生本来当 happy！何必苦苦 study，只求考试 pass，拿到文凭 go away。即使如此 busy，何必天天 study，娶个漂亮的 lady，抱个胖胖的 baby……"读到这里，我的心在颤抖，难道说，我们跨世纪的大学生，只为考试 pass 和漂亮的 lady 吗？不，绝不！为此，我今天要认真地讲一讲大学生的责任。

（资料来源：赵京立. 演讲与沟通实训[M]. 2版. 北京：高等教育出版社，2014.）

5. 请分析以下演讲者在材料选择上存在的问题。

（1）讴歌一位警察——SARS 时期，父亲突发脑溢血，见到儿子来探望便动员他回到岗位上去，儿子听着生命垂危的父亲坚定有力、命令般的斥责，"咚"的一声跪下，含泪磕了三个响头，大呼："爸，不孝儿回去了！"

（2）褒扬筑路工人——年幼的儿子问妈妈，为什么我们到省城比爷爷和爸爸那个年代快多了？妈妈微笑着说："那是因为修路的叔叔本领大，让大山都低头了。"儿子表态："长大后我也要成为能让大山低头的人！"

（3）关于"忠诚铸就卓越"的演讲——炎热的七月，正当扩建工程进行到割接的紧要关头，张秀平突然接到老家的电话：父亲病重，望她速速回家。一边是割舍不了的骨肉亲情，一边是挚爱工作的紧要关头，即便选择放弃工作也完全可以理解。但是，她还是强忍着自己的内疚，选择了留在工作岗位。当交换机的割接任务顺利完成后，她急匆匆地赶回老家，却再也没有机会见到父亲慈爱的面容！

（资料来源：卢海燕. 演讲与口才实训[M]. 大连：大连理工大学出版社，2009.）

6. 根据下面所提供的清单，分析一下你的听众与场景，并预测听众将会对你持怎样的态度。

听众分析清单

（1）听众的教育水平是_____中学_____大学_____研究生（百分比）。

（2）年龄范围从_____到_____，平均年龄大约为_____。

（3）听众大约百分之_____为男性，百分之_____为女性。

（4）我关于听众收入水平的估计是：低于一般水平、一般水平或是高于一般水平。

（5）听众基本上是：相同宗教或不同宗教。

（6）听众基本上来自：相同省份、相同城市或相同地区。

（资料来源：鲁道夫·F.维德伯.讲话的艺术[M].范晓煦,等译.北京：中信出版社,2003.）

听众预测清单

（1）听众对本话题的兴趣可能为：高、中、低。

（2）听众对话题的理解力将为：强、中、弱。

（3）听众对演讲者(我)的态度可能是：肯定、中间、否定。

（4）听众对我话题的态度将是：肯定、中立、否定。

（资料来源：鲁道夫·F.维德伯.讲话的艺术[M].范晓煦,等译.北京：中信出版社,2003.）

7.下面是演讲的组织工作表,你在组织演讲时请对照此表进行充分的准备工作。

演讲组织工作表

（1）日期是否已经确定？

（2）地点是否已经确定？

（3）环境是否与预测的听众群相适应？

（4）场地是否合适？ 关于：

①大小；②供电；③通风；④灯光；⑤座位；⑥座位顺序；⑦桌子；⑧技术设备；⑨位置；⑩可能受到的干扰。

（5）是否有现成的技术辅助工具？

（6）是否有现成的视觉辅助工具？

（7）听众是否知道了足够的细节和详情？

①演讲者；②主题；③日期；④活动持续时间；⑤程序。

（资料来源：鲁道夫·F.维德伯.讲话的艺术[M].范晓煦,等译.北京：中信出版社,2003.）

8.下面是"演讲的准备工作"表,在你准备一次演讲时请认真对照、精心准备,以取得演讲的成功。

演讲的准备工作

（1）我是否已经真正理解了这个主题？

（2）对这个主题听众是否能充分理解？

（3）听众是否对这个主题感兴趣？

（4）针对这个主题是否有足够的时间可供支配？

（5）我是否了解听众的构成情况？

（6）我的语言是否适合这个群体？

（7）在准备工作中我是否运用了所有的资料？

（8）我的底稿是否合适？

（9）针对演讲我是不是已经进行了充分的练习？

① 是自己一个人练习？

②　是在其他人面前练习？

③　是否利用了录音机？

（10）我的演讲是否振奋人心？

（11）我是否有一个令人印象深刻的结尾？

（12）我是否能恰当地运用语音语调？

（13）我该怎样克服怯场？

（14）当我卡壳儿、说不出话时我该如何帮助自己？

（15）我是否可以避免演讲中的坏习惯？

（16）我怎样同听众进行交流？

（17）我怎样度过演讲前的时间？

（18）演讲后我要做些什么？

（资料来源：鲁道夫·F.维德伯.讲话的艺术[M].范晓煦，等译.北京：中信出版社，2003.）

9.设计开场白。

你的母校——某大学（学院）校庆50周年，你作为校友代表被邀请在校庆典礼上演讲。请为你这次演讲分别设计3个开场白。

要求：切合现场气氛，每个开场白不超过100个字，分别讲出来并加以比较。

10.经典演讲词模仿。

根据本任务中"拓展阅读"部分提供的经典演讲词，组织学生分析当时演讲的背景和演讲者的心态，体会其语言特点，并让学生进行模仿、领会，较好地从经典演讲词中感受到演讲的魅力。

11.请选择以下题目撰写演讲稿。

生活告诉我、再议"眼见为实"、一句格言的启示、别让英雄流血再流泪、人生处处是考场、"沉默是金"之我见、勤俭与发展、顺境与逆境、成熟的标志、"喜欢……的若干个理由"、从"胯下之辱"看人生选择、"君子一言，驷马难追"、蚂蚁的力量、感恩的日子、书中自有黄金屋、自由与纪律、青春无悔、红花需要绿叶衬、毕业断想、拒绝平庸、感恩的心、"君子爱财，取之有道"、学会放弃。

12.谈谈你对以下开场白的看法。

"大家让我来讲几句，本来我不想讲，一定要讲就讲吧。"

"同学们，我没什么准备，实在说不出什么。既然让我来讲，那就随便讲点，说错了请大家原谅。"

"同学们，这几天实在太忙，始终抽不出时间，加上身体欠安，恐怕讲不好，请大家原谅。"

13.有人把记忆的要诀归纳为以下几点："理解是记忆的基础，争论是记忆的益友，背诵是记忆的根本，重复是记忆的窍门，趣味是记忆的媒介，联想是记忆的动力，化简是记忆的助手，卡片是记忆的仓库。"你能把你的记忆要诀跟大家分享一下吗？

14.试着积极参加一次演讲活动，看看你对这次演讲练习了多少次才感到你掌握了演讲的内容。

15.演讲中如何使用直观教具？在这方面你有什么经验？

16. 阅读下列材料,做一个三分钟的演讲。

拳　击

夫妻俩常常发生争论,而每次争论的结果,总是妻子赢。每当争论到最激烈的时候,丈夫就会退出争论,走到地下室去。在那里,保留着一个练习拳击用的吊袋。每次走到那里,他总要对准了吊袋猛击它十五分钟,把怒气发泄出去,然后就觉得心情舒畅了。

有一天,形势变了,争论的结果,丈夫赢了。这位丈夫感觉到他那位妻子快要大发脾气了,就建议她去试一试他的那个吊袋。妻子接受了他的那个意见,来到地下室,一连十几分钟的猛击猛捶之后,她回到了楼上,乐得嘴都合不拢了。

丈夫问她:"怎么这样高兴?"

她回答说:"我为什么不应该高兴?我在第三轮就把你打得昏倒在地上起不来了。"

(资料来源:佚名. 18个经典笑话小故事[EB/OL].[2020-04-07].https://wenku.baidu.com/view/d98969ff89d63186bceb19e8b8f67c1cfad6eed6.html.)

生　意　经

一对夫妇,在车站边开了一家酒店,每天总是开到深夜十二点,等客人喝完酒,乘上最后一班车,才关门打烊。

有一次,到了第二天深夜两点,一个男客人仍然没有离开。他伏在桌上睡着了,还打着鼾。

老板娘太困了,便要丈夫去叫醒他。她丈夫走到厅里又走回来,过了一会儿又走出去,又走回来,如此来来回回好多次。

老板娘不耐烦了:"你已经出去六次,为什么还不叫醒他?太晚了,快请他走!"

"不!不要让他走。"老板得意地笑着说:"你看,我每次去叫他,他总以为是找他结账,就掏出一张五元票子给我,然后又接着睡。现在我已经收了六张,离天亮还早着呢?"

(资料来源:佚名. 生意经[EB/OL].[2011-07-19].http://bbs.tianya.cn/post-201-535320-1.shtml.)

任务 3 即 兴 演 讲

所有伟大的演说家在开始的时候并不一定擅长演讲。

——[美]拉尔夫·沃尔多·爱默生

 导入案例

俞敏洪的一次即兴演讲

人的生活方式有两种。第一种是像草一样活着。你尽管活着,并且每年还在成长,但是你毕竟是一棵草;你吸收雨露阳光,但是长不大。人们可以踩过你,人们不会因为你的痛苦而产生痛苦。人们不会因为你被踩了,而来怜悯你,因为人们本身就没看到你。

第二种是我们每一个人都应该像树一样成长。即使我们现在什么都不是,但是只要你有树的种子,即使被人踩到泥土中间,你依然能够吸收泥土的养分,让自己成长起来。也许两年、三年你长不大,但是八年、十年、二十年,你一定能长成参天大树。当你长成参天大树以后,遥远的地方,人们就能看到你;走近你,你能给人一片绿色、一片阴凉,你能帮助别人。即使人们离开你以后,回头一看,你依然是地平线上一道美丽的风景线。树,活着是美丽的风景,死了依然是栋梁之材。活着死了都有用,这就是我们每一个同学做人的标准和成长的标准。

……

思考题:

(1) 这是新东方创始人及总裁俞敏洪在中央电视台《赢在中国》节目中做的即兴演讲,这篇演讲成为无数青年人的励志文章。请谈谈你的感受。

(2) 如何成功地进行打动听众的即兴演讲?

 课前问题

- 即兴演讲有何特点?
- 怎样才算一篇成功的即兴演讲?
- 即兴演讲如何开场?
- 即兴演讲出错时如何补救?

随着人们交际范围的日益扩大和人们演讲水平的提高,即兴演讲已经更广泛地应用于答记者问、观后感、来宾介绍、欢迎致辞、婚事贺词、丧事悼念、宴会祝酒、赛场辩论自由发言等场合。本章就与读者探讨一下即兴演讲的有关问题。

3.1 即兴演讲概述

即兴演讲是一种广义的演讲,是演讲者在无准备的情况下临场构思起来"讲几句话",故被人称为"脱口而出的艺术"。在纷繁复杂的日常交际活动中,凡集会、讨论、访问、会谈、参观甚至致贺、作吊等,都要用到它。考察各种即兴演讲,不外乎两种情况:一种是演讲者身临其境,有所见,有所感,有所想,产生强烈兴致而做的演讲,这是主动的即兴演讲;另一种是演讲者受邀请,遭"袭击"而被迫发表的演讲,这是被动的即兴演讲。

1. 即兴演讲的特点

较之一般的演讲,即兴演讲有其特殊性,这主要表现在以下四个方面。

(1)话题明确,针对性强。由于即兴讲话一般是对近期或眼前情况的"有感而发",这就要求话题的内容要在一定的范围内,显示出其鲜明的针对性。所以选题宜小,内容比较集中,议论求准、求精。

(2)态度明朗,直抒己见。即兴演讲是在有限的时间内对现实话题所做的迅速反应,所以一般是直截了当地表明自己的看法,褒贬分明,毫不含糊,很少绕弯子。

(3)有感染力,有说服力。即兴演讲注重临场发挥,但临场发挥并不是信口开河,要力求说在点子上,以其内容的深刻精辟及其无懈可击的逻辑力量令听众信服,同时力求贴近生活实际,以饱满的热情感染听众。

(4)短小精悍,生动活泼。即兴演讲常以简明扼要显示其力度,并以亲切生动的表述给听众留下深刻的印象。但短小并不是空洞无物,恰恰相反,它要言之有物,信息密度大,应当实现思想性、知识性和趣味性的统一,显示出一种"磁性"。

2. 即兴演讲的要求

即兴演讲要取得成功关键在于运用言语思考能力,在头脑中进行快速构思。其基本要求体现在以下方面。

(1)要有明确的目的。由于场合、气氛、主题各不相同,当站起来说话时,要紧扣主题,并尽可能与场上的气氛和谐一致。在喜庆的场合,不要说丧气话;在庄严的场合,少说玩笑话。最好围绕主题,有一说一,有二说二,切忌东拉西扯。

例如,鲁迅很善于有目的地随机应变进行即兴演讲。他在厦门大学研究院任教时,校长林文庆常克扣办学经费,刁难师生。一次,林文庆把研究院负责人和教授找来开会,提出要将经费再减掉一半。大家听后纷纷反对,可是又说服不了林文庆。林文庆怪声怪调地说:"关于这件事,不能听你们的,学校的经费是有钱人拿出来的,只有有钱人才有发言权!"说完后,林文庆洋洋得意地双手一摊。在场的人都怔住了,面面相觑,无话反驳。突然,鲁迅"唰"地站起来,从口袋里摸出两枚银币,"啪"的一声放在桌上,铿锵有力地说:"我有钱,我也有发言权!"鲁迅借林文庆的话随机应变,冷不防地反驳使林文庆措手不及。接着鲁迅慷慨陈词,大谈经费只能增而不能减的道理,一条条一项项,有理有据,林文庆被驳得哑口无言。

鲁迅先生"拍钱而起"，紧扣主题，做了一次有的放矢的即兴演讲。

（2）要有敏捷的思维。自己要讲的内容应迅速筛选，挑选与之有关的内容来讲，其他的要"忍痛割爱"。对在场听众的反应也不可等闲视之，即便在讲的过程中也要通过"察言观色"体察听众的反应和场上的气氛，并对要讲的内容、语气、节奏等做出相应的调整。

（3）要快速组合材料。在中心和材料确定以后，先讲什么，后讲什么，要做到心中有数。一边讲，一边也要用语言去充实，使之条理清楚、内容充实。一般来说，是先有思维，后有语言，二者之间有那么一点点间隙，反应迅速就能心到口到，使演讲一气呵成。

（4）要讲出有见地的内容。即兴演讲要求讲话人反应迅速，不论是主动演讲还是被动应付，都能就地随时产生出思想，找到话题、资料和语言，并有机地组合起来，在口头上迅速地表达出来，所以即兴发言者注意力高度集中，其睿智常在此时迸发，深邃敏捷的思考能给听众极大的启迪。即兴讲话虽然没有过多时间做充分准备，但不等于说可以草率处之。其实，就是一两分钟的讲话，也应有新的见解。因此，在别人说话时要留心听，对别人的意见或观点要认真思考。到自己发言时，或补充发挥人家的观点，或另辟蹊径，提出新的观点。千万不要重复别人的讲话内容，因为这样会使听者反应冷淡，自己也自讨没趣。

要做到以上几点，演讲者凡参加集会或活动之前，一是要有所准备，问问自己该讲些什么。事先打个腹稿，到时就能沉着镇定、侃侃而谈了。有时为避免发言的人把你准备好的内容"抢走"，你最好多准备几个话题。二是平时注意积累各方面的知识。即兴演讲是上什么山唱什么歌，入乡随俗。没有思想，缺少知识，要想有超常发挥的即兴演讲是不可能的。所以，要不断丰富自己的知识，博闻强记，这样无论什么场合都会有话可说。

3. 即兴演讲的语言特色

即兴演讲独特的时境状态和交际氛围，决定了它必然具有区别于备稿演讲的语言特色。这种语言特色主要表现在以下四个方面。

（1）符合情境。众所周知，即兴演讲是演讲者在特定场合有感而发的演讲，因此，激起兴致的情境，就成了产生即兴演讲的一个不可缺少的重要因素。这种客观情境，不仅能对演讲者的心理予以刺激，激发其说话的兴趣和思维的进展，而且会对演讲者的语言产生影响，使其口头表达呈现出鲜明的情境特色。例如有如下一段演讲词："同学们，我们每天看到的都是白墙黑板、灰泥地，我们应该去饱览一下那透着生命活力的绿色，去欣赏一下那蓝天下的红花绿柳、赭石褐土、青山白水，去领略一下大自然的风采，去谛听一下泠泠作响的激石泉水和嘤嘤成韵的百鸟争鸣！不然，高考的硝烟快要把我们烤焦了，单调的'作息时间表'快要把我们驯化成'机器人'了。明天，就是清明节，山明水秀、地清天蓝，让我们到水光潋滟的姥山去度过令人心醉的两天——出发！"这是一个教师在参加春游的学生整队待发时即兴演讲的一段话。演讲者置身校园这个让人感到枯燥单调的现实环境，面对充满期待的年轻人，心中禁不住涌出了一股激情。这激情拓开了广阔的精神世界，在想象的情境中，他生动地描述了春天的大自然美丽迷人的风采。应当说，正是这一段极富情境色彩的形象化语言，一下子激发了同学们对大自然的热切向往和美好憧憬，产生了强烈的心灵感召力。

（2）口语表达。演讲是一种口语表达活动。在备稿演讲中，演讲者就不能不注重它的口语色彩。同备稿演讲比，即兴演讲更具有鲜明的口语特色。实践经验表明，演讲者只有运用通俗明快、朴实自然的口语表情达意，才能在即兴演讲中创造一种观众喜闻乐见的现场气氛。例如以下一段演讲词："对一个人，不同的人有不同的感觉。我的下属看见我就觉得可怕。他们想到的就不是魅力，而可能是恐惧。古人有句话叫'空谈误国，实干兴邦'。我每天工作到午夜，不是我勤快，是事情逼到这份儿上了。我对干部说，我一天工作十几个小时，你们干8小时能干好吗？现在讲潇洒，讲休息，我就不信这话。我说不把干部们累死我不甘心，不过这两年先别累死，还得让他们干活呢。"这是一位市长听了记者称赞他给人"感觉非常好""很有魅力"之后的一段即兴讲话。由此可见，这位政府官员讲话既不带官腔，也不事雕琢。他善于运用浅显的词语、灵活的句式和变化的语气坦诚直言，给人以朴实亲切的感觉。正是这通俗易懂、切实感人的口语，体现了一个勤政为民的领导干部平易近人的作风和求真务实的精神。

（3）简洁鲜明。即兴演讲是在特定的场景中进行的。一个明智的演讲者，不会毫无顾忌地喋喋不休。因为这种饶舌，不仅会给人以啰唆之感，令人讨厌，而且由于准备不充分，说多了也难免出现口误，倒不如讲得少而精，多些见解，表达效果反倒会好些。例如，一名医学研究生的演讲如下：

你们好！此时，面对大家，我真的有些紧张。我在想，你们能接受我吗？

我是一名医学硕士研究生。传统观念里，人们常常把研究生和书呆子联系在一起。在这里，我要用自己的实际行动告诉大家：研究生同样有远大的理想、美好的追求，同样热爱美的生活。

作为一名未来的医生，我从未后悔过对救死扶伤这一崇高职业的选择；作为一名现代女性，我更珍视拥有充实多彩的人生。

在此，我要勇敢地参与其中，以实际行动来证明：春城的小姐都不是花瓶，而我们女研究生也不是书呆子。

这是一位女研究生在礼仪小姐决赛场上的即兴演讲。演讲者走上台来，并不奢谈本次竞赛活动的重要意义，也不畅叙本人求学成功的曲折经历。短短几句话，中心明确，层次清晰。不仅陈述了自己现场的真实心境、参赛的独特动机，而且表达了自己崇高的职业理想、远大的人生追求，给听众以强烈的感染和深刻的启发。如此精粹的即兴演讲，突出体现了语言简洁的鲜明特色。

（4）幽默风趣。幽默感，作为一种特定的审美态度，是演讲者人格魅力的生动体现。演讲心理学研究表明，在即兴演讲中，提高演讲者说话的"兴致"，不仅可以激发出幽默语言，而且能够增强语言幽默的现场效应。因此，演讲者应当根据现场实际需要，善于运用多种艺术手段，表现出语言的幽默特色，使即兴演讲充满情趣性和感染力。例如以下演讲词："唱爱情流行歌曲？这我倒是没有精神准备。不过，假如我唱上一段'这就是爱，稀里糊涂……'岂不是对我一辈子严肃认真执着专一爱情的亵渎吗？老伴听了，岂不要抗议吗？（掌声，笑声）假如我喊上一嗓子'悄悄蒙上我的眼睛，让我猜猜你是谁'，不得把在座的少男少女们吓趴下吗？（掌声，笑声）假如我唱上一段'让我一次爱个够，给你我所有……'诸君岂不要将我送进疯人院吗……（掌声，笑声）对于这些爱情流行歌曲，我既无相适应的年轻与潇洒，也缺少那软绵绵、甜丝丝的嗓音儿。为此，美好的爱情歌曲，还是留给风华正茂的年轻朋友们唱吧。"这是一位老同志在某市新闻界举办的新春联欢会上即兴演讲的一段话。面对观众"欢迎老汉唱段现代'爱情'流行歌曲"的热情呼喊，他不是用生硬粗俗的语调严词拒绝，而是以幽默风趣的话语婉言谢绝，既含蓄地表达了对某些"爱情"流行歌曲的批评意向，又巧妙地避免了自己顺应要求而勉为其难的尴尬。如此富有幽默的讲话，显然强化了联欢会的喜悦气氛，突出了即兴演讲语言幽默的特色。

4. 即兴演讲的成功要素

即兴演讲是事先无准备、临场现发挥的演讲，它要求演讲人既能快速构思，又能流利表达。怎样才能达到这样的境界，获得即兴演讲的成功呢？必须从以下三个方面入手。

（1）储备材料。作为即兴演讲，临时构思必须有素材，现场表达必须有内容。倘若脑袋空洞无物，即使平时口若悬河，也免不了犯"无米之炊"之难，受"思路枯竭"之苦。可见，储备材料十分关键。材料不是天上掉下来的，而是从平时的学习（也包括向生活学习、向社会学习）中积累起来的。一个人的知识面越宽，阅历越广，他的素材就越丰富，思路也就越开阔。当然，"积累"必须以"观察""多思"为基础。如果看书走马观花，听广播看电视过而不留，对生活现象熟视无睹，对社会新闻充耳不闻，讲话构思还是免不了"搜索枯肠"。积累，就是把所察、所思储存起来。积累的东西包括方方面面，但归结起来不外乎两大类：一是典型事例，二是理性思辨。前者使我们说话有"凭据"，后者使我们分析有"道理"。需要时，可信手拈来，使其为某一论题服务。当你用一根思想的红线把材料的珍珠穿起来时，一篇有理有据的"腹稿"就形成了。

（2）构筑框架。材料有了，怎样迅速构筑起演讲的框架呢？请熟练掌握以下一些构架方式。

① 开头部分。"好的开头往往是成功的一半。"即兴演讲一般时间都不会太长，精彩而有力的开头就显得更为重要。以下两种基本开头方式入题快且吸引人，可供使用。

一是直入。演讲开头直接进入论题，亮出观点。这样的开头干净利落，让人耳目一新，而且无须费时费心去找寻其他的"引子"。使用这种方法，切忌含含糊糊，而应观点明确、态度明朗。例如，列宁同志于1918年8月23日在《阿列克谢也夫民众文化馆群众大会上的讲话》是这样开头的："今天我们党召开群众大会，来谈谈这样一个题目：我们共产党人为什么而奋斗。对于这个问题，可以作一个最简短的回答，为了停止帝国主义战争，为了社会主义。"

二是借境。这是指演讲者利用当时当地的环境特点来沉浸会议气氛及激发听众热情的一种演讲方法。这种方法灵活生动，富于情感。但描绘的环境特点必须与主题思想相吻合，切不可牵强附会，卖弄风骚。

② 主体部分。主体部分是用来展开演讲内容，充分阐释自己观点及见解的部分，它的构架方式有多种多样，最基本的有以下几种。

一是并列式。把讲话的主体分为几个部分分别阐述，这几部分的关系是并列的。例如，指导教师在"儿童口才培训班"结业汇报会上的讲话就采用了这种方式。

领导的支持坚定了我们搞儿童口才培训事业的决心——向领导致意。

家长的信赖与配合给予我们无穷的精神力量——向家长致谢。

小朋友们在培训班这个集体中刻苦练习、切磋琢磨,充分展示了自己——向小朋友祝贺。

希望大家随时随地练口才,将来作一个口才棒棒的栋梁之材——喜候小朋友进步佳音。

二是连贯式。按事情发展经过和时空顺序来安排讲话的层次,各层次间的关系是连贯的。例如,以"家乡变奏曲"为题作即兴演讲就可采用这种构架方式:

昨天,这里是一片荒凉;

今天,一片新绿在眼前;

明天,从这里走向辉煌。

三是递进式。把讲话主体分为几个层次,层次与层次之间是层层深入的关系。例如,对"商业贿赂"问题发表意见就可以这样构架:

"商业贿赂"的现状;

"商业贿赂"的实质与危害;

"商业贿赂"问题的根本治理。

四是正反式。主体部分是由正、反两方面的内容构成的,即一方面围绕着正面阐说;另一方面围绕着反面论述。例如,论证必须给企业"放权"的问题可采用以下方式:

企业没有自主权时,举步维艰;

企业有了自主权时,效益可观。

以上介绍的是几种最基本的组合方式,实际运用时,可综合交错使用。

③ 结尾部分。好的结尾犹如撞钟,响亮而有余音。以下几种方式可根据需要选择。

一是祈愿式。表达(可用借境、作比等方法)良好的祝愿。例如,"祝中、尼(尼泊尔)两国人民的友谊像联结我们两国的喜马拉雅山那样巍峨永存。"

二是感召式。或抒发真挚、激越的情感,或展望光明美好的前景,或发出鼓动性的号召。例如,"让我们用创造性的劳动去迎接新世纪的到来吧!"

三是理喻式。用寓意深刻的道理(可引用哲言警句等)启发听众去深思、探索。例如,"'世有伯乐,然后有千里马'。人才辈出的时代首先应该是'伯乐'辈出的时代。"

四是总结式。用简洁的语句总结全篇和点明题意。例如,"说一千道一万,归根结底还是这句话:扭转社会风气,要人人从'我'做起。"

切忌"泄劲"式结尾。例如,"我讲得不好,耽误大家时间了,请原谅。"

(3) 完美展说。对即兴演讲来说,选材料,立框架,这一切都是在瞬间完成的,因而只是以一些片断的、轮廓式的、提纲大意的内部语言形式储存在头脑里。要把这样的内部语言转化为连贯的、具体的、有血有肉的外部语言,演讲者还必须具备一种"展说"能力,即把提纲大意"展说"成一篇内容具体、前后连贯的演讲词的能力。怎样来"展说"呢?

首先,要把"框架"中的每一个层次都看作一个"意核"或一个"中心句",心中把握住几个"意核"的顺序及内在联系。然后,不慌不忙先从第一个"意核"开始,围绕着它或举例、引用、或回忆、联想,或比兴、引申,或补充、发挥……把"意核"这个"中心句"扩展为"句群"。

待这个"意核"充分发挥后，再进入第二个"意核"，也把它扩展为句群。这样仿效"扩展"下去，一篇内容具体、逻辑严密的即兴演讲就顺理成章地完成了。如果某个"意核"的含量太大，还可以把它分解为几个"小意核"，按顺序把它们逐个展开。这种"扩句成群"的"展说"能力是即兴演讲的必备能力。很多人在心中已打好了"腹稿"的前提下，说出来却前言搭不上后语，就是因为缺乏这种"展说"能力。没有或缺乏这种能力，内部语言就很难顺利、迅速地转化为外部语言。因此，我们平时就应有意培养这种"展说"能力。

以上三个方面，前两步立足于"快速构思"，第三步着眼于"流利表达"。如果既能快速构思，又能流利表达，那就是一位成功的演讲家。

3.2　即兴演讲的开场艺术

即兴演讲是一种最能反映人的思维敏捷程度和语言组织能力的口头表达方式。而要想在极短的时间里构思出一次成功的演讲，开场白就显得尤为重要了。下面介绍的即兴演讲开场艺术对演讲者的快速构思是大有裨益的。

1. 自我介绍

自我介绍适合于演讲者与听众初次相交后，后者对前者的身份、工作和生活经历不很熟悉的情况。演讲者介绍的情况应是听众想了解的或是与会议主题内容相关的。例如，某乡党委书记一到任就深入某村搞调研，正值村召开青年大会进行形势教育，于是乡党委书记就作即兴讲话，他是这样开头的："大家可能不是很熟悉我，因为我到这里工作的时间不长。我姓余，当然我不希望我今天的讲话对大家是多余的。我参加工作五年，一直在农村度过，打交道的对象主要是像你们一样的农村青年。我的老家距这里只有几十华里之远，今天的大多数同志可能到过那里，因为驰名中外的屈子祠就在我家附近。"接着，他便从屈子祠讲起，转入了爱国主义教育的正题。

2. 综合归纳

综合归纳是指演讲者对其他人已经发言的内容进行综合，分析其特点，进而表明自己的观点或态度的一种演讲方法。例如，一位领导应邀去参加一个"领导干部与市场经济"的研讨会，在听取大多数同志的发言之后，他是这样开始讲话的："以上很多同志做了发言，有的从宏观的角度谈了领导干部怎样去适应市场经济，有的结合工作实际从微观的角度论证了领导干部在市场经济中如何去搞好服务。前者具有较强的理论性；后者具有较强的针对性和操作性。我认为都讲得很好，至少可以说明，在'领导干部与市场经济'这个新的课题中，确实有很多新问题值得我们去思考，去探讨。今天我要讲的是……"

3. 提出问题

演讲者根据活动的主题思想有针对性地提出一些问题，进而进行解答。使用这种方法的关键在于所提出的问题与主题思想是否相关，是否带有倾向性或争议性。解答问题时有明确的立场观点和充分的理由。例如，在一次对大学生进行就业观教育的会议上，一位演讲者是这样发言的："为什么一些年轻人总想着进大城市、进大机关而不愿去企业工作？

为什么一些年轻人不发挥自己的一技之长去创业而甘愿闲居家中眼睁睁地盯着父母那几个血汗钱？我认为，这主要是我们的年轻人，包括一些年轻人的父母们还没有破除旧的就业观念。"

4. 故事启发

演讲者首先讲了一个故事，然后从中启发性地提出问题，进而亮出自己的观点。使用这种方法应注意两个问题：一是讲的故事要短小精悍，并且具有趣味性或新闻性；二是这个故事的内容与会议主题相吻合，提出的问题应与会议的目的相吻合。例如，在一次反腐倡廉的座谈会上，某与会者的发言是从一个古代故事讲起的："春秋时代，孙子带着兵书去晋国见吴王，吴王看后要孙子演习他的带兵方法。于是孙子挑选若干宫女分为两队，并挑选两名吴王的宠妃为队长。演习中尽管孙子三令五申，宫女们仍不听指挥，结果孙子置吴王命令于不顾，认为'臣既已受命为将，将在外，君命有所不受'，硬是将吴王的两名宠妃杀了。之后，宫女个个乖乖听话，无人抗命……"从这个故事便引出了其发言的主题：要取得反腐的阶段性成果，关键在于敢于碰硬。

5. 借物寓意

借物寓意是指在事物寓于象征的意义上借"兴"而发。有的演讲者在开场白中采用以物证事的方法，借用某种具体事物，达到暗示事理的目的。例如，在上海市"钻石表杯"业余书评授奖会上，在众人的即兴演讲中，《书讯报》主编贲伟同志的演讲独具一格，他的开场白尤为精彩："今天，我参加'钻石表杯'业余书评授奖会，我想说的一句话是'钻石代表坚忍，手表意味着时间，时间显示效率。坚忍与效率的结合，这是一个人读书的成功所在，一个人的希望所在。'"贲伟同志的开场白超脱了恭维话的俗套，以"钻石"象征"坚忍"及"手表"象征"时间"的修辞手法，给人的是力量、启迪与深思。语义深刻、言简意赅地提示了读书求知、读书成才的道理，令人回味无穷。

6. 话题承转

话题承转是指在演讲主旨上借"兴"而发。演讲者巧借会议司仪的某个话题，转入演讲的主旨，提出自己的观点。例如，抗日战争时期，陈毅率领抗日游击队打日寇。有一次，部队在浙江开化县华埠镇休整，有一抗日组织请陈毅讲话，主持人说："今天请一位将军给大家讲话。"陈毅同志这样开场："我姓陈，耳东陈的陈；名毅，毅力的毅。称我将军，我不敢当，现在我还不是将军。但称我将军也可以，我是受全国老百姓的委托去将日本鬼子的军。这一将，一直到把他们将死为止。"话音刚落，爆发出雷鸣般的掌声。陈毅同志这段十分精彩的开场白，在演讲主旨上作了发挥，洋洋洒洒、气势磅礴，为深化演讲主旨做了铺垫，有力地鼓舞了抗日群众的斗志。

7. 借题发挥

群众性演讲有特定的地点、特定的内容以及各不相同的气氛。演讲者即兴演讲的开头可以当场捕捉住这种特殊的气氛，借题发挥，烘托气氛。例如，上海市新闻工作者协会主席，原《解放日报》总编辑王维同志，一次出席上海市企业报新闻工作者协会成立大会，这次会议是在上海钢铁三厂新建的俱乐部会议厅召开的。他即兴演讲的开头是："我来参加会议，没有想到有这么好的会场。这个会场不要说是市企业报记者协会成立大会，就是市记协成立大会也可以在这里召开。没想到有这么多的企业报的记者、编辑参加这个大会,它说明企业报的同仁是热爱自己的组织并支持这个组织的。没有想到今天摆在主席台上的杜鹃花这么美丽。鲜花盛开,标志着企业报记者协会也会像杜鹃花一样兴旺、发达……"他的演讲激起阵阵掌声。王维同志的开场白在会场、工作人员和鲜花上做文章,把三者巧妙地联系起来,提示了企业报齐心协力即可创造雄厚的经济实力,表达了对齐心协力的美好祝愿。

3.3　即兴演讲的出错补救

即兴演讲中语言出错是一种常见现象。避免出错的途径是:一方面,通过长期的实践锻炼,不断提高自己即兴演讲的心理素质和表达水平,尽可能减少这种失误;另一方面,要掌握和运用一些必要的应变方法,以及时避免或消除因语言出错而可能造成的消极影响。

1. 将错就错

即兴演讲是在某种特定的现实场景中进行的,它的现场效果,要受演讲者和听众两个方面的制约。无论是主观因素还是客观条件,一旦发生干扰,就可能造成演讲者无法预料的语言差错,而使自己陷入尴尬的境地。倘若出现这种情况,不妨将错就错,来一番即兴发挥,就会消除窘困,获得意想不到的现场效果。例如,有一名员工在公司举行的演讲比赛中根据规定即兴发表了题为《员工不是扑克牌》的演讲。在演讲中,当"员工是可以由老板任意掌控和摆弄的扑克牌……"这句话一出口,他马上意识到讲漏了"是"字前面的"不"字。要知道,一字之差,意思就完全反了。怎么办? 他急中生智,赶紧纠正:"这难道不是许多公司老板的错误看法吗?"一个反问句,将错就错,就这样顺理成章地补救了自己的口误,让在场的听众丝毫都没有觉察出来。可谓机智、高明!

2. 巧妙辨析

实践表明,在即兴演讲中,演讲者有时会因为过于紧张或过于激动而造成一时的口误。在这种情况下,演讲者既不可能为了面子而置之不理,也不可能因为自尊而掩饰错误。最好的办法是按正确的讲法再讲一遍,也就是把错误改正过来。倘若能够根据现场的实际情况,有针对性地将正误对照起来巧作辨析,给听众的印象反而会更加深刻。例如,一位师范学校的班主任在新生入学后的第一次班会上作如下即兴演讲:"同学们,大家好! 你们从四面八方来到这所师范学校,开始了新的学习生活,我相信同学们一定会刻苦学习,不断进步。将来希望每一位同学都能成为合格的小学教师。不,应当这样说——希望将来每一个同学都能成为合格的小学教师。因为这希望是现实的,它表达的是我此刻的真实心情;而你们将来才会真正走上讲台,开始从事太阳下最光辉的职业……"

这位老师在即兴演讲中凭敏锐的语感发觉了一句话的语序错误,并在迅速改正过来之后进行了巧妙的辨析。这样,既表明了语言的毛病,又解释了改正的原因。不仅没有造成语言失误的尴尬,反而强化了表达的效果,实在是一种高明的补救方法。

3. 自圆其说

在即兴讲话中,演讲者一旦察觉到自己的语言错误,往往会因为心理紧张而产生思维障碍,以致无法讲下去。倘若出现这种情况,演讲者应立即针对自己的失误进行一番合乎情理的阐释,只要能够自圆其说,也不失为一种化错为正的补救方法。例如,在一次婚礼上,主持人热情地邀请来宾讲话,一位职业中学的教师上台即兴致辞,他说:"今天,是职业中学的夏明先生和经贸公司的叶红小姐喜结良缘的好日子……也许有人以为我说错了,夏先生和叶小姐不是同在一个公司上班吗?是的,夏明从商了,但一个月前,他还是职中的一名优秀青年教师。在我们心目中,他永远是我们的好同事。我愿借此机会,代表职中全体教职工,向一对新人表示最真挚的祝福!"

显然,这位来宾由于一时激动,把新郎现在供职的单位介绍错了。也许他从听众异样的表情上察觉了自己的口误,于是,稍稍停顿之后,巧妙地进行了阐释。听了此番入情入理的言辞,谁还会责备他语言上的差错?演讲者这一化错为正的表白,不仅可以自圆其说,而且增强了抒情的真切感,产生了独特的表达效果。

4. 随机应变

进行即兴演讲,有时会出现这样的情况:演讲者自己不知原因地竟说出一句错话,而且马上意识到了。怎么办呢?倘若遇上这种失误,演讲者不妨采用调整语意或改换语气等接续方式予以补救。只要反应敏捷,应变及时,就可以达到不露痕迹的纠错效果。例如,一位公司经理在开业庆典上发表即兴演讲,他这样强调纪律的重要性:"公司是统一的整体,它有严格的规章制度,这是铁的纪律,每一个员工都必须自觉遵守。上班迟到、早退、闲聊、乱逛、办事推诿、拖沓、消极、懈怠,都是违反纪律的行为。我们允许这种现象的存在——就等于允许有人拆公司的台,我们能够这样做吗?"

这位经理的反应力和应变力是很强的。当他意识到自己把本来想说的"我们绝不允许这些现象的存在"一句话中的"绝不"二字漏掉之后,马上循着语言表达的逻辑思路续补了一句揭示其后果的话,同时用一个反问句结束,增强了演讲的启发性和警示力。这样的续接补救,真可谓顺理成章、天衣无缝。

3.4 即兴演讲范例

奥林匹克生涯已经结束

迈克尔·乔丹

朋友们:我经常强调说,一旦我失去动力或不需要再证明什么了,我就应该退役。现在是我离开的时候了,这并不是我不爱这项运动,我只是觉得我已经达到了自己事业的顶峰,我没有什么需要证明的了。

我不知是否会复出,退役的意思就是从今天开始我想干什么,就可以干什么。如果这意味着今后要复出,我也许会的。我不把这扇门关死。如果公牛队还需要我,我也许会重归赛场。如果我日后复出,也不会效力于另一支球队,因为我的心已经属于它了。

我的奥林匹克生涯已经结束了。

我第一次得 NBA 总冠军后,我父亲就劝我退役。我们当时的看法有很多不同,因为我认为,作为球员我还有许多东西要去证明。第三次夺得总冠军后,我们又谈了一次,我被你们说服了。

我时刻在承受着新闻媒体所带来的压力，我不会因为他们而离开球场的，这是我自己的选择。即使我父亲没有去世，我也会做出同样的决定。父亲的去世使我看到了自己的未来，但痛苦会一天天地淡漠下去的。是他的不幸提醒了我，人的一生是何等短暂，该如何珍惜。我不能太自私，要用更多的时间去陪我的亲人，包括我的妻子、孩子，我需要过一种正常的生活。

我退役以后，很多朋友对公牛队的实力表示怀疑，但我并不担心，这好像父亲送儿子上大学。当然，我不是他们的父亲，我告诉他们要相信自己。我认为我们有很多获胜的机会。我也坚信，肯定会有更多的球星诞生的。

我需要一件工作吗？我从来没有考虑过，现在也不想要，我现在要看一看小草是如何成长的，然后再把它们割掉，我当然要经常去看公牛队的比赛，可我不会告诉伙伴们我什么时候去看。我想，我不会完全过一种正常的生活，只不过公众的关注比以往少一些，我会怀念篮球比赛的，我会怀念夺取冠军辉煌的时刻，会怀念每年与队友们待在一起的八个月的美好时光。

点评：这是美国著名的篮球运动员迈克尔·乔丹，在宣布退出篮球运动生涯时发表的即兴电视告别演说，它是一篇典型的即兴演讲。迈克尔·乔丹在即兴演讲之前并未拟草稿，也没有经过深思熟虑，只是急于把自己的主要意思和此时此刻的激动心情告诉给电视观众：应该退役——倘若公牛队需要也许会复出——退役的思考过程及退役的深层原因——坚信公牛队的实力——今后自己要好好生活，但仍关心公牛队，怀念篮球比赛。告别演说具有临场性的特点，迈克尔·乔丹语言流畅，饱含深情，深深地感染着每一位观众。

"我是主持人"的三分钟自我展示即兴演讲

邹 韵

今年是我做记者的第九个年头。在我做过的很多报道结尾，我都会报结尾，比如："央视记者美国华盛顿报道。""中国国际电视台报道"。在过去的九年里，我的名字和工作单位都没有变，但是最后这个地点却一直在变。从中国的主场外交活动，到"精准扶贫"政策落地的一个小村庄；从美联储货币政策的发布，再到飓风"桑迪"的重灾区。我从一个个新闻现场，去见证一个个历史性的时刻。

有人说，站在这个舞台，主持人大赛的舞台需要一种气，那就是底气。我也很认真地想过，我的底气到底来自哪儿？因为我不属于那种站在台上特别打眼的人，我也不是科班出身，但是我想，我的底气可能来自在过去的九年里，我的报道是我一条一条跑出来，一个字一个字敲出来，一个画面一个画面编出来，一场直播一场直播完成出来的。生命见证过多少真实，付出怎样的努力，我希望就会有怎样的底气。

这条路真得很难，所以我也有过动摇，这也是为什么在2015年我去剑桥大学读书的时候，没有选择读跟媒体相关的专业，而是选择了一个最容易转型的商科。但是读完书后，我反而更坚定地想要在这条路上走下去，因为我太想念那种在一个国际场合，我作为一个中国记者，去努力地获得一个提问的机会，来发出中国的声音！我太想念，不管是在三都澳的渔排上，还是在宁德的茶园里，去跟国际的观众分享那些有趣的事、有趣的人的那种紧迫感。

今天站在这个舞台上，有很多话想说。康辉老师曾经说过，从记者到好记者到主持人，再到好主持人，这是一个媒体人很扎实的路径。在过去的九年里，我努力地去实现从记者到好记者的转变。而在今天这个舞台上，我希望可以迈出从好记者到记者型主持人的转变，这个转变注定艰难，但我想我会拼尽全力。因为毕竟邹韵走运，支撑起她的不是运气，而是越努力，越走运。在未来，我希望在这个国际化的语境中，可以有我的小小的一席之地。

我想我会努力地去成为一个更加开放的中国人，始终打开聆听各方声音的大门，但是不忘自己的中国根。因为只有这样，我们才能写出更多、铿锵有力的中国文章，为我们的祖国在国际话语体系上加分。

谢谢大家！

点评：在《主持人大赛》的最后一轮比赛中，要求以"我是主持人"为题的三分钟自我展示，邹韵的演讲内容，获得了现场评委和观众的一致好评，一举夺得冠军。邹韵在短短三分钟的自我展示中，到底用了哪些演讲技巧获得冠军的呢？

首先，讲述经历，为自己发声。邹韵的现身说法，讲述自己九年的记者经历，很好地向听众回答了，站在《主持人大赛》的舞台上，"底气"从何而来的原因。既让听众了解自己丰富的记者从业经验，又让听众感受到自己的自信和努力，颇具震撼力。邹韵这段讲述从业经历，为自己发声的演讲，浅入深出，起到了先声夺人的效果。

其次，坦陈心路，为职业发声。紧接着，邹韵坦陈心路，先引用评委老师康辉的话语，让听众看到自己从记者到好记者、从主持人到好主持人，而愿意为职业拼尽全力；再借用名字"邹韵""走运"谐音，一语双关，将自己对职业的崇敬之情，进行了理性的升华，告诉听众"越努力，越走运"的道理，这番演讲有声有色，让听众信服。

再次，表达愿望，为中国发声。成功的演讲，不能仅仅流于外表，要选好抒发己见的制高点，才能让演讲更具穿透力。

最后，邹韵表达了自己愿为中国发声的强烈愿望，掷地有声，让听众深刻地感受到一个媒体人的责任、担当和境界。那么，她愿为中国在国际话语体系加分而贡献力量的演讲，自然就能走入听众心灵深处，胜人一筹也在情理之中。

邹韵的这段演讲，内容充实，情感充沛，主题清晰，是一篇非常优秀的自我展示范文。

绝妙的证婚词

刘　齐

我是新娘父母多年的朋友。我是看着新娘一点点长大的。新娘比较爱学习，爱思考，小小年纪就做了我的一字师。那时，我新出了一本书，小姑娘只看了序言，就指出一个错字，让我在少年儿童面前无法骄傲。新郎，我没机会看他长大，但他对我也有帮助，他教我使用新手机，给我当了一刻钟的高科技老师。

今天，我的两位老师、两位小朋友，你们漂漂亮亮、喜气洋洋，正式结为夫妻，我真替你们高兴。

今天的蓝天，宽敞的大厅，大厅里的全体来宾、新人家属、做服务工作的朋友，我们这些人，共同见证了你们的婚礼。这是一件让人喜悦、激动、感慨的事情。

但是，光有这些恐怕还不够。一个好的婚姻，不能仅仅满足于一个婚礼，不能仅仅由别人来见证。人证不如己证。我们是别人，你们是自己。你们要靠自己，从现在开始，一天一天，一年一年，不断向世界证明自己的婚姻。

这好像还不够。因为婚姻不是评劳模，不是让领导有好印象，不是"秀"给别人看。外证不如内证。向外部的世界证明，不如向内部，向自己的另一半证明。自己的另一半是上天派给你的最好证人。不用选择场地，不用写誓词，把心掏出来即可。新郎掏出一颗心，新娘掏出一颗心，两颗心合在一起，相互证明，变成一颗心。心心相印，同心同德。

这样做，很值得赞美了。但叫我看，它还有一点局限，因为它还没有脱离"证明"这一概念。我们活在世上，从小到大，不断地证明，证明完了这个，又去证明那个。

有证不如无证。无证，不是无证驾驶、无证行医、无证推销，不是反对履行法律手续。"无证"的婚姻，是我们在漫长的岁月里，在无尽的家庭琐事中，相亲相爱，孝敬守信，朴实浪漫，宽容勤俭。在做这些事的时候，我们自觉自愿，习以为常，像呼吸一样自然，像流水一样随意，像飞鸟一样无痕。久而久之，我们已经忘掉证明了，已不需要证明了。

如此，我们不但会有一个很好的婚礼，还会有一个很好的婚姻。哪怕我们的婚姻维持有80年、100年，我们也会非常快乐。

点评：在一对新人的结婚仪式上，应邀担任证婚人的著名作家刘齐，发表了这样精彩绝妙的"证婚词"。说这篇"证婚词"精彩绝妙，主要基于如下三方面理由。

一是主题耳目一新。众所周知，证婚人在宣读结婚证后发表的简短贺词（证婚词），大多是恭喜祝福之类；可这个证婚词却重在谈论婚姻之道，其目的自是希望一对新人能在日后有效经营，进而拥有"一个很好的婚姻"。如此这般，既将恭喜祝福蕴含其中，又能引发听众兴趣，从中得到教益，可谓非常巧妙。

二是结构一波三折。借简述与一对新人交往来真诚赞美，并表达高兴之情后，刘先生便围绕一个"证"字来尽水兴波：我们见证还不够，因为"人证不如心证"；自己向外部世界证明也不够，因为"外证不如内证"；相互证明还有局限，因为"有证不如无证"；等到不需要证明，就会有一个很好的婚姻。如此一波三折——在穷尽一层之意后再突然转折，引出又一层新意；不仅将婚姻之道阐释得淋漓尽致，还能给予听众柳暗花明般的惊喜，确实高明！

三是语言精警幽默。且不说"人证不如己证""外证不如内证""有证不如无证"这种格言式的警句，也不说"像呼吸一样自然，像流水一样随意，像飞鸟一样无痕"这种精美的排比；单就"婚姻不是评劳模""无证，不是无证驾驶"等出人意表的反向比较来说，肯定也会让听众报以愉快的笑声和热烈的掌声，从而给婚礼带来一种喜庆气氛。

可见，即便是程式化的证婚词，只要我们愿意，同样可以把它做成婚礼上的一道"大餐"，为婚礼添彩。

在女儿婚礼上的讲话
贾平凹

我27岁有了女儿，多少个艰辛和忙乱的日子里，总盼望着孩子长大，她就是长不大。但突然间长大了，有了漂亮，有了健康，有了知识，今天又做了幸福的新娘！我的前半生，写下了百十余部作品，而让我最温暖的也最牵肠挂肚和最有压力的作品就是贾浅。她诞生于爱，成长于爱中，是我的淘气鬼，是我的贴心小棉袄，也是我的朋友。我没有男孩，一直把她当男孩看，贾氏家族也一直把她当作希望之花。我是从困苦境域里一步步走过来的，我发誓不让我的孩子像我过去那样贫穷和坎坷，但要在"长安居大不易"，我要求她自强不息，又必须善良、宽容，二十多年里，我或许对她粗暴呵斥，或许对她无为而治，贾浅无疑是做到了这一点。当年我的父亲为我而欣慰过，今天，贾浅也让我有了做父亲的欣慰。因此，我祝福我的孩子，也感谢我的孩子。

女大当嫁，这几年里，随着孩子年龄的增长，我和她的母亲对孩子越发感情复杂，一方面是她将要离开我们；一方面迎接她的又是怎样的一个未来。我们祈祷着她能受到爱神的关照，觅寻到她的意中人，获得她应该有的幸福。终于，在今天，她寻到了，也是我们把她交给了一个优秀的俊郎贾少龙！我们两家大人都是从乡下来到城里，虽然一个原籍在陕北，一个原籍在陕南，偏偏都姓贾，这就是神的旨意，是天定的良缘。两个孩子虽生活在富裕的年代，但他们没有染上浮华习气，成长于社会变形时期，他们依然纯真清明，他们是阳光的、进步的青年，他们的结合，以后日子会快乐、灿烂！

在这庄严而热烈的婚礼上，作为父母，我们向两个孩子说三句话。第一句话，是一副老对联：一等人忠臣孝子，两件事读书耕田。做对国家有用的人，做对家庭有责任的人。好读书能受用一生，好好工作就一辈子有饭吃。第二句话，仍是一句老话："浴不必江海，要之去垢；马不必骐骥，要之善走。"做普通人，干正经事，可以爱小零钱，但必须有大胸怀。第三句话，还是老话："心系一处。"在往后的岁月里，要创造、培养、磨合、建设、维护、完善你们自己的婚姻。

今天，我万分感激爱神的来临。它在天空星界，在江河大地，也在这大厅里，我祈求它永远地关照着这两个孩子！我也万分感激着从四面八方赶来参加婚礼的各行各业的亲戚朋友，在十几年、几十年的岁月中，你们曾经关心、支持、帮助过我的写作、身体和生活，你们是我最尊重和铭记的人，我也希望你们在以后的岁月里关照、爱护、提携两个孩子，我拜托大家，向大家鞠躬！

点评：这篇演讲词，语言鲜活而规范，精粹而深刻，散发着泥土的芬芳，闪烁出智慧的光芒。他形容爱女，全然没有用什么"宝贝""公主""掌上明珠"之类的陈词俗套，而把女儿比作"最牵肠挂肚和最有压力的作品""我的淘气，我的贴心小棉袄""希望之花"，这些新鲜的比喻，让人耳目一新。他祝福女儿、女婿新婚之喜，全然没有那些"心心相印""百年好合""白头偕老"之类的空话套话，而是祝福他们"创造、培养、磨合、建设、维护、完善你们自己的婚姻"，连用六个动词，把一位慈父的美好祝愿表达得多么完美、高雅！全文读起来音韵和谐、朗朗上口、雅俗共赏。贾平凹不愧为大手笔，不愧为语言高手！

男大当婚，女大当嫁。女儿要出嫁了，贾平凹的心情是非常复杂的。一方面，他为女儿寻觅到了幸福的爱情而喜悦；另一方面，他又为女儿即将离开自己而依依不舍，还有对女儿即将开始一种崭新生活的期盼和担忧。贾平凹把这种复杂的感情表达得淋漓尽致。无论是对女儿成长历程的回顾，还是对女儿女婿未来的祝福和勉励，以及对参加婚礼者的感谢，都让人感受到一位父亲那颗温暖、善良、诚挚、关爱的心，字里行间，蕴含着慈父对女儿炽热的爱，洋溢着纯真的情感。

实训项目

1. 散点连缀法训练

训练方法：以小组为单位，每人在三张小纸条上各写一个词，然后混在一起，练习时，每个人任意抽三张，然后将这三个近乎毫无关联的词用几句话连缀起来，组成一段有意思的话。开始阶段可以多给准备时间，以后则应逐步减少时间，达到拿到题目就要讲的程度。

在训练达到一定程度后，将全班的小纸条集中起来，请每位同学任意抽取三张，在全班进行演讲。

示例1：三个词是"校友会、咖啡、遭遇"。有人这么说：

"一次校友会后，几个老同学在某个同学家里碰头儿，主人问我们喝什么饮料，我说来杯咖啡吧。咖啡，加点儿方糖，甜中有苦，苦中有甜，二者混杂在一起，有一股令人难忘的味道，我想，它正好与我们这一代人的遭遇相似，与我们对人生的回味相同。"

示例2：三个词是"春天、衣服破了、环境保护"。有人这么说：

"人的衣服破了可以补，也可以处理掉，换新衣服。地球母亲的衣服是臭氧层，现在也破了一个大洞。这件衣服补起来很难，更无法处理掉再换新。所以，我们必须注意环境保护，不然再让臭氧层破坏下去，地球必然受到严重的伤害，地球上将永远没有春天。"

（资料来源：赵京立. 演讲与沟通实训[M]. 北京：高等教育出版社，2010.）

2. 续龙接句训练

训练方法：以小组为单位，先由组长确立中心话题，有一人开始说第一句，下面一个接一个地围绕中心话题接着说。开始练习时，间隔的时间可长些，但不可以用笔准备，否则就失去了训练的意义。遇到特别难的地方，可适当允许请其他人出面解围。

在训练达到一定程度后，可征集一些较难的中心话题在全班练习。

示例：中心话题："天将降大任于斯人也，必先苦其心志，劳其筋骨。"

学生甲：许多有成就的人，不仅有着学习中的艰苦，而且受着贫穷生活的折磨。

学生乙：但他们没有像一般人那样被压垮，苦难越多，反而进取心越强，他们在逆境中奋斗。

学生丙：我国六朝时期的南齐，有个叫江沁的人，家里很穷，只能白天谋生，夜里学习，因无钱买灯油，只好炎夏、寒冬都借月光读书。

学生丁：宋代的范仲淹以"先天下之忧而忧，后天下之乐而乐"的名句闻名天下。可他年轻时只能寄宿在和尚庙里，靠每天两顿粥来奋发读书。

学生戊：俄国的高尔基也是饱尝艰辛、受尽苦难，在社会大学里奋斗不止，顽强地学习，从而成为一代文豪。

学生己：可见，磨难可以使人消沉，也可以催人奋发向上。意志顽强的人可以迎着困难顺着风浪前行，在逆境中磨炼意志，增长才干，攀登高峰，直至辉煌的顶点。

（资料来源：张瑞，万里. 教师口语训练手册[M]. 北京：北京师范大学出版社，1994.）

3. 即兴演讲实训

1) 任务名称

即兴演讲。

2) 任务目的

通过训练提高学生综合表达能力、语言的综合运用能力。测试学生普通话水平、态势语言运用、现场语言生成、语言技巧等综合口才能力。

3) 任务要求

每个同学轮流进行,现场随机抽题,20秒钟准备,每人演讲3～5分钟。

训练指导老师训练前要进行比较详细的安排:评审委员会的确定,工作人员的安排,最重要的是要准备即兴演讲试题集,训练过程中不能出现重复或者将重复的可能性降到最低点。训练指导老师要注意维持训练课堂的教学秩序,已完成训练的同学不能离场。

4) 任务实施

训练对象顺序是随机抽取的,演讲话题也是现场抽题号来确定的,然后短暂准备。正式演讲时间3～5分钟,现场计时员会给提示,超时要扣分。

5) 任务考核

成立专门的评价小组,从学生中抽取口才相对好一点,公正、公平的学生5人或者7人组成。依据评分表逐个评分,安排工作人员进行统计。具体评分办法见附件1和附件2,即兴演讲评分表见表3-1,即兴演讲话题集见表3-2。

附件1

即兴演讲评分标准

评分采取100分制,评委当场评分,去掉一个最高分和一个最低分后的平均得分为参赛人员最后得分。具体说明如下。

(1) 演讲内容。切合主题,中心突出,观点正确、鲜明、深刻、格调积极向上,富有真情实感。

(2) 仪表风采。要求衣着整洁,仪态端庄大方,举止自然、得体,体现朝气蓬勃的精神风貌;上下场致意,答谢;表现力强,整体印象好。

(3) 语言表达。态势语言:运用肢体、头部动作以及面部表情等的表现与所讲内容相吻合;口头语言:普通话标准,声音洪亮,语言流利,现场语言组织能力强;语言技巧:运用幽默、模糊、委婉、诡辩、发问等使演讲更加生动和富有表现力。

附件2

评分项目和分值标准(总分100分)

一、演讲内容(占总分比例40%)

优等:(90～100分)主题突出,内容充实,结构严谨。

良等:(75～90分)主题明确,内容具体,结构完整。

中等:(60～75分)主题一般,内容集中,结构齐全。

差等:(60分以下)主体偏离,内容空泛,结构混乱。

二、语言表达(占总分比例 40%)

优等：(90～100 分)语言生动，表情灵活，反响热烈。

良等：(75～90 分)语言通常，表情自然，反响积极。

中等：(60～75 分)语言一般，表情迟滞，反响一般。

差等：(60 分以下)语言生硬，表情造作，反响冷淡。

三、仪表风采(占总分比例 20%)

优等：(90～100 分)举止大方，精神饱满，穿扮得体，表现力强。

良等：(75～90 分)举止得体，神采奕奕，穿扮正式，表现力不错。

中等：(60～75 分)举止正常，精神集中，穿扮一般，表现力一般。

差等：(60 分以下)举止紧张，精神恍惚，穿扮夸张，缺乏表现力。

表 3-1　即兴演讲评分表

学号	姓名	仪表风采 20分	语言表达 40分			演讲内容 40分			总分 100分
			态势语言 10分	口头语言 10分	语言技巧 20分	内容结构 10分	内容层次 10分	内容价值 20分	
1									
2									
3									
4									
5									
6									

表 3-2　即兴演讲话题集

我的父亲	假如我是班长	春天的雨露	感悟小镇
我的母亲	假如我是校长	理解万岁	路
童年趣事	假如我是市长	人无完人	校园的路灯
我的大学	韩剧的优与劣	平凡与伟大	我宿舍的兄弟(姐妹)
我的家乡	名与利	工作的意义	我的专业
我的理想	假如我是义工	生命的宝贵	我的母校
我的祖国	反腐倡廉	QQ农场带来的	灯塔
成功背后	珠江	文凭的价值	姚明与中国篮球
失败的意义	广州	回头看	刘翔与中国田径
勤能补拙	北京	梅花香自苦寒来	我与中国
春华秋实	阴霾的都市天空	滴水之恩当涌泉相报	实习感言
战争与和平	长城	人无远虑必有近忧	龙
红花与绿叶	黄河	生活的真谛	我最尊敬的人
生活的真谛	"授人以渔而非鱼"之我见	感悟失去	财与才
善意的谎言	我所在的集体	我的未来不是梦	我喜欢的明星

勿以善小而不为	船到江心补漏迟	人生处处是考场	从饭后打包说起
迷信与崇拜	拒绝平庸	处处留心皆学问	时尚之我见
当你被人误解时	妈妈的眼睛	悠悠那一缕父子情	风中那一缕白发
感恩父母	师恩难忘		

说明如下。

（1）演讲内容：切合主题，中心突出，观点正确，格调积极。

（2）仪表风采：衣着整齐，仪表大方，表情自然，体态语言适当。

（3）语言表达：语言准确生动，口齿清晰，表达流畅，有感染力，能处理好各种情况。

（资料来源：彭义文.口才训练教程［M］.北京：北京师范大学出版社,2011.）

 **课后练习**

1. 根据以下材料或生活场景作两三分钟的即兴演讲。

（1）在大学校园里"60分万岁"的思想经久不衰，一届传给一届，玩世不恭者说："若是不考试，一切皆可抛。"有的振振有词："60分足矣，多一分浪费，少一分犯罪。""不是我们不想好好学习，也不是不想取得好成绩，问题在于学得再好，分数再高，也没用，到毕业工作时知识又用不到了。"对诸如此类的观点论调，你是怎样看的？

（2）人对人要尊重，人对自然也要尊重。尊重表现在各个层面——同学之间、朋友之间、同事之间、亲人之间，都有一个互相尊重的问题。就是国与国之间也是如此，就拿日本来说吧，日本侵华多少年，中国人对这段历史是不会忘记的。如今，促进中日关系的友好发展，我们是诚心诚意的，但是，既要尊重历史，又要面对现实。如果日本违反国际准则，肆意篡改历史，伤害中国人民以及其他亚洲国家人民的情感，我们则是坚决不答应的。请以"尊重"为话题，发表即兴演讲。

（3）在社会生活中，人人都扮演着不同的角色。有的是编剧，有的是导演；有的是主角，有的是配角。你扮演的是什么角色？是主角，还是配角？是生活的主人，还是附庸？你的亲人、朋友，又是怎样的角色？请以"角色"为题进行即兴演讲。

（4）曾经有某杂志在中学生中进行过一次问卷调查，题目是"谁是你最崇拜的男子汉"。答卷统计结果最崇拜的前10位男子汉分别是周恩来、毛泽东、爸爸、周杰伦、自己、秦始皇、诸葛亮、李嘉诚、成龙、李连杰。你的看法呢？请以"我心目中的男子汉"为题作即兴演讲。

（5）3月15日是消费者权益日。每年的这一天都很热闹：电视台在播放"3·15"晚会，商场在让利销售，有关部门在街头巷尾摆出了咨询台，消费者可以现场投诉，工伤、税务、消协……各部门忙得不亦乐乎……面对此情此景，请你以"3·15"与"365"为题作即兴演讲。

（6）慕名已久的李老师将要来做你们的辅导员，在李老师到来的欢迎班会上，请你代表全班同学致欢迎词。

（7）做了你们辅导员的刘老师因为工作关系，即将离开学校，请你在欢送会上代表全班同学向刘老师致欢送词。

（8）你的同学举办18岁的生日派对，请你结合他本人的特点，发表简短的讲话，表示祝贺。

（9）你的老师举行60岁生日酒会，即将退休。请你在会上发表讲话，为老师祝寿。

（10）新学期开学不久，班上举行班干部竞选会。你参加了某班干部职位的角逐，请你发表简短的竞选演说。

（11）即将告别熟悉的校园、亲爱的老师和朝夕相处的同学，在班级举行的毕业聚餐会上，请你发表感言。

（资料来源：屈海英. 新编演讲与口才[M]. 杭州：浙江大学出版社，2011.）

2. 夏夜的星空是那么美、那么遥远。触景生情，我们会产生种种思索。请你展开联想，以"遥远的星空"为题作即兴演讲。

3. 假如你的企业作为东道主组织以下活动，你作为企业代表作即兴讲话，你想讲些什么？

（1）洽谈会

（2）记者招待会

（3）客户联欢会

（4）开业典礼

（5）宴会

4. 经典即兴演讲模仿。

根据本任务中提供的"即兴演讲词范例"，组织学生分析当时演讲的背景和演讲者的心态，体会其语言特点，并让其进行模仿、领会，较好地从这些精彩的即兴演讲词中感受到演讲的魅力。

任务4　演讲技巧

听众的反应,决定演讲的成败。把他们当作"企业里的伙伴",谦逊包容,便已掌握打开听众心扉的钥匙。

——[美]戴尔·卡耐基

 **导入案例**

冯玉祥的演讲

抗日战争时期,著名爱国将领冯玉祥来湖南益阳做过一次抗日演说。

那是1938年秋的一天早上,益阳的机关学校、团体及城乡居民两万多人齐集在老城区的西门体育广场,欢迎冯玉祥将军一行。会场内人头攒动,都想一睹这位力主抗日的爱国将军的风采。

冯玉祥当时是高级将领,人们以为他来时定会骑着高头大马,随从前呼后拥,谁知他徒步入场,后面的是百名背长板凳的士兵,还有一个士兵肩上扛着一棵小松树,最后就是当地知名人士。

欢迎大会开始,主持人请冯玉祥演说。两万多双眼睛都注视着主席台。只见冯玉祥身着一套发白了的旧军装,脚穿青布鞋,身材魁梧,神采奕奕地向群众挥手。那些士兵把凳子放在主席台的前面,让婆婆娃娃安安稳稳坐定之后,冯玉祥开始演说。

冯玉祥演说的时间不长,但讲得通俗易懂。开始,他引用《世说新语·言语》中的"岂见覆巢之下,复有完卵乎"的典故。他左手握住士兵扛来的松树,右手把一个草编的鸟窝安放在树杈上,又把几只蛋放进鸟窝里后,就慷慨激昂地演说起来。他把树比作国,把窝比作家,把蛋比作生命,以手握树比作誓死捍卫国家。他严肃地说,现在我们的国家遭到日本帝国主义的侵略,我们要用双手来保卫她,那就是抗日。如果不抗日——这时他手一松,树倒了,窝摔了,蛋砸了。接着,他高声朗诵自己创作的《鸟爱巢》诗:"鸟爱巢,不爱树,树一倒,没住处,你看糊涂不糊涂。人爱家,不爱国,国如亡,家无着,看你怎么去生活。"

冯玉祥用生动形象的比喻、通俗易懂的语言,深入浅出地说明先有国,后有家,才有生命的道理,使民众懂得不抗日就会导致亡国、亡家、亡命的严重后果。他的演说震撼了会场所有人。演说完毕,会场内外爆发出雷鸣般的掌声,抗日口号此起彼伏。随后就有多名热血青年报名要求当兵上前线,杀敌卫国。

现在多年过去了,听过当年演讲的人回忆起当时的情景时,仍激动不已。

(资料来源:http//www.koucai.cn.)

思考题:

(1)冯玉祥的演讲为什么受到欢迎?

(2)演讲技巧包括哪些呢?

课前问题

- 演讲中要注意运用哪些修辞手法？
- 怎样才能做到精妙表达而赢得听众呢？
- 演讲中怎样才能消除隔阂而亲近听众呢？
- 演讲中怎样才能做到以情感人而打动听众呢？
- 演讲中出现忘词、冷场、鼓倒掌等情况时如何处理？
- 在演讲活动中怎样巧妙地利用空间语言？

4.1 精妙表达　赢得听众

1. 巧用修辞

两汉时期的文学家刘向说："辞不可不修，说不可不善。"古希腊的大学者亚里士多德就称演讲术为修辞术。演讲的修辞术是一种艺术工具，是演讲的象征。使用修辞的演讲语言要能给听众留下深刻的印象。要给听众一种艺术美感的享受，要让他们随着演讲的进行，情感的起伏颠簸，动其心弦，时而让其紧张、严肃；时而让其轻松、活泼，让听众回味起来感到真正是接受了一次美的洗礼。所以，演讲语言的修辞不仅仅是对词句运用的各种辞格进行雕琢，更重要的是对演讲词艺术性的总体把握，即演讲语言的修辞是指对通篇演讲语言的艺术性加工提炼，使其成为一种美的艺术。这里介绍几种常用的演讲修辞方法。

（1）比喻。演讲必须借助生动的比喻，比喻也叫打比方，是根据不同事物的相似之点，用甲物描绘乙物的一种修辞方法。运用比喻，能使事物具体形象，生动感人，变无形为有形，化抽象为具体，彰隐微为显现，使形象的直感性得到进一步的强化，充分的渲染。

例如，梁思成给刚入学的清华学子演讲时带了一个罐子和一个盘子作为道具，在演讲时把考上了清华的学子比作盘子，因为盘子一眼见底，而把学校的老师比作罐子，因为这些老师都知识渊博，但学问如罐子般是装在里面不容易被看见的。他通过这种方式教育刚入校的学生要尊重每一位老师。梁思成的这个演讲无疑是成功的，如果只是一味地说教会让演讲变得很枯燥乏味。可是梁思成用了眼前的道具"盘子"和"罐子"做比喻，把"盘子"比喻成刚入学的大学生，用"罐子"比喻学校的老师，教导大学生要懂得谦虚谨慎，戒骄戒躁，本体和喻体非常贴切，把枯燥的说教形象生动化，取得了很好的演讲效果。

根据被比喻物、比喻物和比喻词出现的不同情况，可把比喻分为三种基本类型：明喻、暗喻、借喻。

① 明喻。明喻就是十分明显地直接打比方。因此又叫直喻。在明喻中，被比喻物、比喻物都出现，中间用像、如、似、仿佛、犹如等比喻词连接，表明两者的相似关系。它的基本格式是"甲像乙"。请看美国前总统约翰逊1965年1月20日的就职演说《我将领导大家，

并将尽我所能》中的两段演说词。

地球像个小孩玩的地球仪，它悬在太空间；陆地则像贴在球体表面的彩色地图。我们都是这个小小地球上的旅客。在时间的长河中，我们每个人实际上只与自己的旅伴一直度过短暂的一瞬。

我们已经看到，每一个在学的儿童，每一个在职的成人，每一个康复的病人，都像附在圣坛上的蜡烛，照亮了所有忠诚于公约的人的希望。

约翰逊的这两段说词，用的便是明喻的修辞方法，"像"是比喻词。

② 暗喻。暗喻是一种不明显的比方，它直接把被比喻物说成比喻物，因此，又称"隐喻"。在暗喻中，被比喻物和比喻物都出现，中间用"是、成、当作、变成、成为"等比喻词连接。它的基本格式是"甲是乙"。请看美国总统约翰逊就职演说中的另一段演说词："因为这就是美国。这是一片未曾跨越的沙漠，是一座尚未攀登的山岭。这是一颗人迹还没有到过的星球，是沉睡在未开垦土地中的硕果。"约翰逊的这段演说词，用的便是暗喻的修辞方法，"是"为比喻词。

③ 借喻。借喻是借比喻物来代替被比喻物的比喻。在借喻中，被比喻物和比喻词都不出现，直接借比喻物来代替被比喻物。它的基本格式是："乙代甲"。请看美国前总统卡特 1976 年 7 月 5 日所写的《接受民主党总统提名的演说》讲稿中的一段："但在近几年，我国出现了一种领导无方的局面，使我们的幻想遭到破灭。我们见到了一堵墙耸立起来，把我们和我们的政府分隔开来。"卡特在这段演说词中，就运用了借喻的修辞手法，将政府和民主的隔阂比作"一堵墙"。

运用比喻要注意：第一，避免语言晦涩、粗俗、不贴切，比喻要新鲜、奇特，切忌陈词滥调。英国作家王尔德说得好："第一个用鲜花比美人的人是天才，第二个再用的是庸才，第三个还用的是蠢材。"第二，要考虑感情、褒贬、民族、时代、地域等问题，不可大意。我们说"壮得像头牛"，英语说"壮得像匹马"，就是语言习惯问题，至于演讲总体风格的协调，如语境、对象、内容、表现手法等因素也要通盘考虑。

（2）设问。设问指演讲者有意识地用"问"的形式来阐明自己的思想观点，表达自己的情感内容，使演讲产生一种特殊的艺术效果。

① 标题设"问"。标题设"问"是演讲者通过问题的突然提出，产生悬念，抓住人心。如《雷锋"出国"能回来吗?》的演讲词就是以新颖的设"问"标题来引起悬念，从而扣人心弦。

② 开篇设"问"。演讲必须要有精彩的开头，这是听众的心理要求。在这方面，开篇设"问"正可以开门见山、单刀直入地把演讲者精心设计的问题亮出来，以使听众产生疑问。郭学明的演讲《真正的危机》开篇就是以"问"引疑，以"问"引思，在平淡中显示出它的精彩艺术魅力："每逢过年，我给老岳母买东西时，都格外费一番心思。为什么呢?"演讲者出人意料地把一个平常的生活问题作为讲话篇首，自然立即会引起听众的"疑"，为什么呢? 是老岳母爱挑剔呢? 还是因妻子要面子呢? "疑"吸引着听众往下听——"老岳母有三个女婿，老大跑远洋货船劳务，挣洋钱；老三干'个体'，跑生意，有气度；唯有'我'搞工程，啃技术，靠工资吃饭，一副寒酸样。因此，孝敬岳母时，想买的东西既要拿得出手来，又要显得丰厚，可我……"演讲者通过设"问"，巧妙地抓住了听众，造成了一种"激发疑问"的效应。

③ 篇中设"问"。篇中设"问"一是可以造成语势波澜起伏及情感的回旋激荡，使演讲文气贯通，气势加强；二是可以过渡自然，衔接紧密，起承转合，巧妙得体，表现出一种内在的、紧密的逻辑联系。白义琴的演讲《改革，唤起了女性的新觉醒》在反驳世俗之人的观点时，就有这样的一个设"问"的语段："有人说：现在的女人都想上天了。其实这话也不错，天若是可以上，我们为什么不上呢？美国不是有个麦考利夫登上了'挑战者'号吗？虽然她瞬间就消失了，但是她却塑造了足以使全世界不能忘记的伟大女性形象！今天的改革为我们提供了千载难逢的机会，我们为什么不利用呢？没有改革，穷山沟里的农家妇女李桂莲能成为名扬全国的农民企业家吗？"这一连串的反问，穿插在叙述的言语中，形成一种强烈的情感色彩。

④ 篇末设"问"。在演讲快要结束的时候巧用设"问"，将问题提出，使演讲在结束主体部分的高潮之后奇峰再起，发人深省。演讲者篇末设"问"，引人深思。

（3）排比。排比是将句子结构和语气相同或类似的系列句子按照表意由浅到深的顺序排列起来的一种修辞格。排比可以增强演讲的语势，升华演讲的感情，让论证细密严谨，让情感澎湃激昂。例如，《超级演说家》冠军刘媛媛的演讲《寒门贵子》有如下内容："这个故事关于独立，关于梦想，关于勇气，关于坚韧，它不是一个水到渠成的童话，没有一点点人间疾苦……"结尾处用四个"关于……"为标志的句子进行排比，增强了这场演讲收尾时的情感和气势，造就了演讲的高潮，实现了这场演讲的目的，即"寒门也能出贵子"。通过排比的方式呼吁观众行动起来，为自己的梦想而奋斗。因此该演讲具有极强的鼓动力和号召力，表达了演讲者强烈的感情。再比如，《我是演说家》（第二期）中梁植的演讲《我的偶像》中连用了三个"难以想象"："难以想象，一次实验事故，邓稼先一个人冲进实验区……难以想象核辐射的后果……难以想象邓稼先躺在病床上说得最多的一句话是'你们快去工作吧！别让那些国家把我们中国落得太远了'"为标志的分句排比，增强了演讲的气势，慷慨激昂地道出了邓稼先的忘我牺牲与无私奉献精神；后文连用了三个"如果老邓还在……"为标志的分句排比，用假设的方式升华了演讲的主题，让听众在演讲者这系列的排比假设中深受震撼，自然就能接受演讲者最后提出的号召"让我们一起在这样特殊的时刻，向老邓致敬！向每一个科技工作者致敬！"

那么，怎样在演讲中使用排比，为自己的演讲增辉添彩呢？可采用以下方法。

① 运用排比写人叙事。写人叙事时运用排比可把事物描述得更加细致、更加深刻。有位县委书记在全县干部会议上分析当前部分干部同志意志薄弱时说："现在干部浑身软，有的肩软，不敢担重担；有的耳软，听风就是雨；有的嘴软，该讲的不敢讲；有的手软，该抓的不敢抓；有的脚软，该调查的不调查。"通过一系列排比，使部分"浑身软"的干部形象历历在目，描述达到呼之欲出的境地，给人以活生生的形象。

② 运用排比论证道理。论证道理时运用排比可将道理阐述得更加透彻。演讲词《请看看我们头上的月亮》在阐述中国人不应该自悲自叹，应该有信心、有能力为全世界贡献自己的力量时，多处用了排比："中国不但要有所发明，更应该有所发展，有所创造，有所前进。正是基于此，中国共产党才崛起于20世纪之初，才浴血于屠刀之下，才推翻了三座大山，才高举起改革之旗，才奋扬国威于世界！"这几个排比句，听之整齐顺畅、和谐连续；听起来气势逼人、不容置疑、层层推进，从而论证了中国人民有能力自立于世界民族之林的

道理。

③ 运用排比抒发情感。运用排比可将感情抒发得更充分、更强烈。例如,演讲词《痴心不忙乱》的结尾不惜浓墨重彩,直抒胸臆:

我喜欢审计监督事事从"宏观出发,国家当先"的胸怀;

我敬仰审计职业"刚直不阿,不畏权势"的个性;

我赞美审计机关"实事求是,客观公正"的精神;

我敬佩审计人员"一身正气,两袖清风"的品格。

演讲者运用排比,使其感情如瀑布直泻,似洪水奔涌。

④ 运用排比批评反驳。批评反驳时运用排比可给予连珠炮般的回击,使对方没有喘息机会。

在演讲中运用排比的修辞方式,必须注意以下两点:第一,运用排比,必须考虑主题和内容的实际需要,不能为了追求形式而随意堆砌辞藻。第二,层递式排比,一定要注意逻辑顺序,注重主次、大小、先后的分别。

(4) 对偶。对偶是把两个结构相同或相似、字数相等的语句对称地排列起来,表达相反或相关的意思的修辞方法。对偶是一种应用广泛的修辞方法,为汉语所独有,富有中国作风、中国气派,广为人们所喜爱。究其原因,主要是由于它有以下两个作用:一是它形式整齐,结构匀称,音调和谐,语气连贯,看起来醒目,读起来上口,听起来悦耳,便于记诵;二是它概括力强,能使相似的意思相互补充、相得益彰,相反的意思相互映衬、相辅相成,从而揭示事物的本质。

根据内容,可将对偶分为"正对""反对"和"串对"三种类型。

① 正对。正对就是由两个意思相同或相近的句子组成的对偶,这两个意思相互补充、互相映衬。请看下面讲稿中的一段话:"请大家相信我,上了岗不会忘记神圣的职责;当了官不会忘记尊敬的人民。"这就是运用了正对的对偶类型。

② 反对。反对就是由两个意思相对或相反的句子组成的对偶。彼此美丑相对,好坏相对,新旧相对。请看下面的演说词:"我绝不辜负人民的期望,一言一行都要对得起人民;不求个人名利,只求人民利益;不求个人荣辱,只求为民造福。""不求个人名利,只求人民利益;不求个人荣辱,只求为民造福。"就是运用了反对的对偶方式。

③ 串对。串对就是由两个内容连贯或相互间有递进、因果、条件等关系的句子组成的对偶。

运用对偶这种修辞方式,必须注意内容与形式的统一,不能因辞害意。既不要为了对偶而对偶,硬把一句话说成两句,把三五句话强缩成上下联;也不要为了单纯追求形式上的工整而损害内容。例如,古时候,有个叫李廷彦的人,他写了首百韵诗给他的上级领导。这首百韵诗有两句云:"舍弟江南殁,家兄塞北亡。"领导读了之后很同情地说:"没想到你家这么不幸。"李廷彦听了这话,笑着解释说:"其实,我的兄弟并没有死,我不过是为了求诗句对偶贴切工整而已!"后来,有人嘲讽他说,你何不写上"爱妾宿僧舍,娇妻住道房"。显然,李廷彦只顾追求形式美,而不顾内容的真实,犯了因辞害意的毛病。

(5) 引用。演讲的成功不仅在于表达准确,更在于有艺术感染力,它需要多方面的演讲技巧。引用就是其中之一，它是演讲者为了阐释自己的观点，或者为了驳斥谬论，或者为了语言表达生动、简练、有力，引用一些名人先贤的话；或采撷一些警句、成语、谚语和典籍中的话使演讲生色增辉的技巧。恰当地引用，不仅可改变演讲语言结构的单一性，而且由于引用的内容都是经过锤炼的，含"金"量较大，经过社会的认可，具有权威性、威慑性，能使人在亲切感中心悦诚服，领悟演讲者的匠心。所以，运用引用能使演讲立意高远，寓意深刻；以少胜多，言简意赅；感情强烈，韵味不同；嬉笑怒骂，风趣幽默。

根据引用的方式，通常将引用分为"明引"和"暗引"两种类型。

① 明引。明引就是直接引用原文，说明引文的出处或作者。我们看一位乡长在就职演说中的一段演说词。

俗话说："平静的湖面，炼不出精悍的水手；安逸的环境，造不出时代的伟人。"我深深地懂得，要实现这个目标，光坐而论道、纸上谈兵是无济于事的，重要的是脚踏实地去干。

在这段演说词中，演说者则是"明引"了俗语："平静的湖面，炼不出精悍的水手；安逸的环境，造不出时代的伟人。"

② 暗引。暗引就是直接引用原文，但不说明出处或作者，而将引用的语句带入演说者的语句中。请看某市长在就职演说中的一段话："如果因为本人政务不廉洁或工作失职而造成不应有的损失，那么，我将主动摘下市长这顶'乌纱帽'，回家卖红薯！这，就是我这位人民公仆所要向人民群众进行的最踏实的表白！"在这段演说词中，"回家卖红薯！"一句就是暗引。这句话出自一部电视剧，但作者没有说明出处，而是将这句话带入自己的语句中。

关于引用应注意两点：第一，所引用的内容必须对阐述的问题确有价值，其内容既具有权威性、说服力，又不是老生常谈，从而使听众既感到熟悉亲切，又为之折服。第二，引用要讲究时机，抓住重点，要恰如其分地与自己整个演讲融为一体，切不可把名人名言改头换面、零割碎敲、滥用一气，以迁就、"充实"自己的演讲，给人以牵强附会之感。

总之，"运用之妙，存乎一心"。不论名言警句，还是生活中的俚语、格言、俗语谚语以及文学名著中隽语、幽默笑语、故事、典故等，只要引用得恰到好处，都会起到点缀、强化演讲的作用，使之成为"声色"并茂的"优质材料"。

（6）换算。怎样才能使演讲中的数字更生动呢？这要借助一种修辞方法——换算，即对那些难于具体感知的、难于认识的数量进行形象化的折算。数量通过折算后，便能化抽象为具体，化枯燥为生动，从而增强它的表达效果。换算可以分两种。

① 换算成其他事物数量。例如，当年美国在决定修建尼亚加拉大瀑布水利工程前，赞成与反对者争论激烈，有一位赞成者作了如下的演讲：

我们听说在国内有几百万的民众艰苦地过着日子，十分憔悴，营养不良。他们缺少面粉充饥。可是，在尼亚加拉瀑布上，每小时都要无形中消耗掉与25万块面包相等的瀑布能量。我们可以想象到：每小时有6万只鸡蛋越过悬崖，变成一块巨大的鸡蛋饼，跌到湍流的瀑布中。如果从织机上织下来的白布能够有1千米宽，它的价值也等于尼亚加拉瀑布所消耗掉的一样……这是个多么惊人的巨大消耗啊！对于这个无形的消耗，有人主张拿出一笔款项来利用这巨大的水能，想不到也有人来加以反对呢！

这个演讲十分成功。原因就在于演讲者运用"换算"这一形象化的手段,把尼亚加拉大瀑布水力资源的价值先换算"25 万块面包",再换算成"1 千米宽的白布",显得浅显易懂又娓娓动听,它紧紧地扣住了听众的心弦,闻者无不动容。

② 重新加以形象化说明。这并不是把原数量换算成别的事物的数量,只是把这个数量重新加以形象化的说明。例如:

科学界公认,地球已有 45 亿年的历史,而地球上的生物也已经有 36 亿年的历史。为了形象地说明问题,我们不妨把时间坐标缩小比例尺,把 36 亿年压缩成 1 年的长度。按这样的比例尺,1 天相当于历史上的 1000 万年。照此推算,每小时相当于 42 万年,每分钟相当于 7000 年。在这样的尺度上,从原始生物到人类语言的进化,显示为下面的图景:如果 1 月 1 日在地球上开始产生原核细胞—细菌类生物,那么,最早的真核细胞在 9 月 20 日出现,恐龙到 12 月 1 日才出现,并在同一天就灭绝了。12 月 25 日出现灵长目动物。12 月 30 日出现猿类。12 月 31 日出现会说话的人类。12 月 31 日晚上 11 点,北京猿人才学会了用火。现在我们所看到的原始文化的遗迹和文学纪录,那是在这最后 1 分钟形成的。而在最后 1 秒钟里,人们才认识到自己的语言具有真正的历史(语言学和现代科学)。

45 亿年、36 亿年、42 万年……这些数字虽然也是具体的,但超出人们想象所及,终不免模糊,难于感知。但把 36 亿年压缩成 1 年的长度,把原始生物到人类语言进化的重大历程,经过换算,表示在这样的尺度上,事物就清晰多了。

像比喻常有喻词出现一样,换算也往往出现"换算词""相当于""折合成""抵得上""等于""换算成"……这些词语可以用来表示换算关系。

换算能使"数量"达到具体、生动、形象的目的,但是运用它也得遵守修辞的规则,它同样要受到题旨、语境、主体的制约。因而换算也并非到处都适用,并不是所有难于感知、难于认识的数量都有必要换算一番,在有些言语交际中恰恰反对换算,一是一,二是二,要求一丝不苟的"精细"!换算特别多地运用在演讲词中,这是因为听众对演讲有一个共同的强烈的要求:生动形象,通俗易懂,易于理解接受。

运用换算的修辞方法必须注意的一点是:换算前与换算后的量应该是大体相等的,切不可夸张失实。

(7)反衬。运用反衬这种修辞方式时应把握好一个基本原则,即根据演讲的实际需要,在特定的语言环境中灵活运用,既要突出主体,又要恰如其分,使演讲的内容和形式都更加富于变化、富于新意,以收其精彩、特殊之功效。具体地说,可以从以下方面着手。

首先,运用反衬,要巧妙安排演讲内容。反衬的修辞方法,在演讲的内容中体现为:以动衬静,以俗衬雅,以小衬大,以喜衬悲,以热衬冷,以恨衬爱或相反而衬。一篇题为《奋斗在自学成才之路上》的演讲,在谈到"静夜苦读"时,采用了以动衬静的反衬:"夜深了,墙上挂钟嘀嗒嘀嗒地响着,'和尚楼'显得格外宁静。"这里以钟摆的响动,反衬出夜晚的宁静,形象生动,突出主体,烘托出夜静的气氛。

其次,运用反衬,要使演讲形式多样化。在演讲的表达形式上,我们可以采用以轻衬重(语气),以慢衬快(语速),欲高亢先低沉(语调),欲昂首先微垂(态势语)或相反而衬等方法。

最后，运用反衬，注意要恰如其分，切忌随意滥用。这里应着重注意两点：一是陪衬与被陪衬的事物应让人家看了即清楚，一听就明白，千万不可含糊其辞、云里雾里；二是要注意用作反衬的事物一定要把握好恰当尺度，切不可喧宾夺主，冲淡陪衬的事物主体。

其实，在演讲实践中还经常使用反复、夸张、象征、反问等修辞手法。以上所讲几种，只是"择其要而述之"。无论使用何种修辞方法，都要注意恰到好处，切不可为了单纯追求演讲艺术效果而不切合实际地乱用。

2. 直抒胸臆

演讲要赢得听众信赖，使人心悦诚服，就必须"掏心窝子"，直抒胸臆，以真话打动听众；要诚恳地面对听众，就必须有求真的品格和胆识，能针对"糊涂认识"鞭辟入里，能正视"敏感问题"并阐明见解，而不是"绕道走"或闪烁其词，必须力除陈言，摆脱俗套，不甘于做某种"公认"理念的传声筒；要有从事实中升华并符合真理的见识，必须有扶正祛邪，匡正世风、增强人的高度责任感。须知人心向善，精诚所至，金石为开，只要情理交加，定能启人心智，催人猛醒，赢得真诚的掌声，这是不乏先例的。掏心窝子讲真话，恰恰是听众对演讲者最起码的要求。说真话要注意以下几点。

（1）内容真实。直抒胸臆首先要有真实的内容，演讲内容的诸要素都应是真实可信的。主要是有以下几方面。

① 情真。既能自然袒露自己的鲜明爱憎，又代表着多数人的心态；既言出于衷，又动人以诚。

② 理真。即观点正确，见解独到，能揭示社会生活的本质和规律。

③ 事真。即尊重事实，不溢美，不隐恶，不杜撰，不扭曲，不回避。

只有三者都真，才是真话，才有说真话的底气，才能让人信服、动情。无论歌颂或暴露，立论或驳论，说服或鼓动，都必须实事求是。若是无视事实，态度暧昧或言过其实，必然引起不愉快、不信任。陆建生《也谈"破格"》就是一篇说真话的演讲，演讲以确凿的事实为依据，对"破格"之说提出了大胆的质疑，表示了强烈的不满，并确立了自己的独到见解。部分内容如下。

对于这种说法，我深感困惑。为什么？以为年轻而被提升为副教授、工程师就是破格吗？他洋洋洒洒几十万字的理论文章，其思想之超前，根底之扎实，理论之深刻，曾震惊"朝野"，又通过了必要的外语考核，哪一点没有达到一个副教授的水准呢？他，已经30岁，30岁还年轻吗？他，"双蝶形"立交桥的设计，达到国际水平，难道还够不上一个工程师的资格吗？他们被提升为副教授或工程师不是极其正常又顺理成章的事情吗？何来破格之有？难道非要搞封建式的论资排辈，非要等到一个人老了，暮气沉沉了，甚至死了，再来个追认，才不是破格吗？

通篇都这样的大实话，切中时弊，发人深省，显示出真话的威力与魅力，远比那种四平八稳的"温噉水"站得住脚。由此可见，内容真实是演讲的生命力之所在。

（2）人格力量。真话充分体现了人格的力量。这不是出风头，它要求演讲者有补于世道人心，要履行神圣的社会责任，人品要好，具有指点江山、激扬文字的资格，既能无愧地说"好话"，又敢无畏地说"坏话"，不媚俗不要滑，唯真是求，能为真理献身。尤其是面对着很多人的"通病",面对着使人敏感的社会弊端,面临着扼制真情实话的强大压力,更能考验演讲者人品的高下。著名理论家杨献珍在黑白颠倒的年代挺身而出捍卫真理,而没有违心地追随风行全国的谬误瞎起哄,其高风亮节既令人惊叹,又令人肃然起敬。他在一次谈话中说道:"钢铁、粮食都是硬东西,说假话办不到……社会主义不是靠吹牛得来的,而是靠一点一点的劳动建立起来的。不能虚报的受奖,说实话的插'黑旗',要是这样,我看这种'黑旗'比弄虚作假的'红旗'还好得多!"(《坚持实事求是作风,狠狠批判唯心主义》)这些话对大有来头的"浮夸风"进行了猛烈抨击,直击要害,正气凛然,爱憎分明,这在当时会需要多么大的魄力啊!至于我们,如果只会文过饰非,那么当个"演讲家"又有何用?

(3)目光敏锐。说真心话有追求真理的执着和胆魄,也要有发现真理的科学眼光和过人见识,否则只能讲"蛮理"讲"套话",不可能有令人叹服的真知灼见。这就要求我们要善于体验和感悟生活,敏锐地捕捉现实问题。例如,有一种与"我们"有关的社会现象:我们都会说热爱美德,憎恨邪恶,但我们未必都能善待有美德的人。有一篇题为《善待美德》的演讲词亮出这个问题,向"我们"(包括演讲者自己)发起了排炮式的"进攻":"谁都会称赞正直,不过当正直的心灵辗转于明枪暗箭之中,我们也能发出耿直的呼喊吗?谁都会欣赏勇敢,不过当勇敢的身躯拼搏于烈火之中或匕首之下,我们也能果敢地挺身而出吗?谁都痛恨虚假,但是当作假能给自己带来荣誉、地位和羡慕的时候,我们能拒绝诱惑吗?谁都咒骂冷漠,但是在冷酷能使自己避开困扰、灾祸和牺牲的时候,我们能热情如火吗?"

如果不用自己的眼光体察社会,解剖自身,就不能如此"刁钻"地发现问题,提出问题,就不能言人所欲言,发人所未发,即便有说真话的愿望,也不知从何说起。

(4)态度坦诚。演讲者如果抱有凌驾于听众之上的"优越感",那就要"作假"了。一定要作为听众的一员与之融为一体。要有表露自己的诚意,以真诚获得人心。美国耶鲁大学的摩根教授在欢迎新生仪式上的演讲,并未端起导师的架子,而是言辞恳切地自我揭"短":"我们要求你们把我们逼进死角。让我们暴露出我们研究中的差错与缺欠。逼我们承认还有那么多的认识空白。这种观点听上去让人吃惊?你们应当做到不要对此吃惊。在课堂讲授时,我们会赌咒发誓地要你们相信,我们所知甚多,无所不能。但你们不要理会那一套。你们应当对我们横挑鼻子竖挑眼,逼我们显示自己的无知之处。"(《每个耶鲁新生都应当知道》)

还有什么能比这种发自内心、寓意深切的真话更有力量,更能使人敬重呢?

(5)讲求方法。直抒胸臆讲真话要讲求方法,灵活处理。说真话不等于鲁莽,有些无关主旨又让人"头疼"的真话还是不说为好。选择,就是关乎策略的办法,还要设法使"好话"不让人"肉麻",比如可以用质朴、含蓄、深沉的措辞;更要设法使"坏话"不那么呛人,具有可接受性(对敌斗争不在此列),比如可以进行心理诱导,运用情理交融的描述等。1940年,处于前线的英国已经无钱从美国"现购自运"军用物资,一些美国人便想放弃援英,看不到唇亡齿寒的严重态势。罗斯福总统在记者招待会上宣传《租借法》以说服他们,为国会通过此法成功地造设了舆论氛围,这体现了罗斯福总统的政治远见和面临重重障碍也要坚持正确主张而说真话的坚定品格,也体现了他高超的说话技巧。他说:"假如我的邻居失火了,我在一二百米以外有一截浇花园的水龙带,要是给邻居拿去接上水龙头,我就可能帮他把火灭掉,以免火势蔓延到我家里去。这时,我怎么办呢?我总不能在救火之前对他说:'朋友,这条管子我花了15元,你要照价付钱。'这时候邻居刚好没钱,那么我该怎么办呢？我应当不要他的15元,我要他在灭火之后还我水龙带。要是火灭了,水龙带还好好的,那他就会连声道谢,原物奉还。假如他把水龙带弄坏了,他答应照赔不误,现在我拿回来的是一条仍可用的浇园水管,那我就不吃亏。"罗斯福并未直接指责这些人目光短浅（这样只能触犯众怒而适得其反）,而是妙语如珠以理服人。他用了一个通俗易懂的比喻,深入浅出,通情达理,轻松自如,贴近人心,使人不得不服。我们从中不难悟出说真话的艺术。

3. 阐明观点

要改变一个人的思想观点可以说是世界上较困难的事情之一,然而演讲者又通常不得不应对这个棘手的问题。面对听众,精明的演讲者总是在充分尊重听众观点的同时,又能巧妙而又有条不紊地按照原定计划阐明自己的观点,打动听众,促使听众主动接受演讲,让其心悦诚服。这里主要有如下技巧。

（1）把握重点。一般来说,演讲的听众可以粗略地划分为三大类型。有的听众与演讲者持有相同的观点；有的听众犹豫不决,处在观望之中；有的与演讲者的观点相对。那些同意演讲者观点的听众用不着花力气去说服；那些犹豫不决的听众有可能被演讲者清楚明了、令人信服的演讲改变立场。演讲者面临的真正挑战无疑来自最后一类听众,因此必须开动脑筋,设法让这部分人放弃自己的观点,站到演讲者这边来。

然而,改变一个人的立场从来就是相当精细的工作,因为,谁都拥有自己引以为豪的观点,它们要么是经过多年的学习与经验积累而形成的,要么是拥有根深蒂固的情感根基。对于宗教、政治、民主甚至养儿育女等问题,大多数人都有自己独到的见解。另外,一些陈旧的观念使得听众很难对许多问题保持冷静而客观的看法,而在别人眼中它们看上去则像是一些偏见。但是,只要真正是听众自己的观点,听众就会认为它们是完全合理和令人满意的,从而会抱住不放,视之弥足珍贵。

如果演讲者直截了当地面对面攻击一个人所拥有的"珍贵"观点,其反应只能是反感,会对演讲者表示愤慨；对演讲者说的每一句话,对方不但不会放弃自己的观点,而且相反还会像溺爱小孩的父母把自己的小孩抱得更紧那样,更加坚守自己的立场。由此看来,演讲前演讲者必须充分分析自己的听众,依据实际情况选择最佳途径,把演讲的重点放在那些犹豫不决、摇摆不定,尤其是与自己意见相左的听众身上,做到有的放矢。同时,还必须正确面对听众自己已有的观点,不能因为它们与自己的观点不一致而直接迎头痛击。

（2）以退为进。演讲时,特别是当演讲者的观点处于不利的境地,为了达到说服听众的目的,不妨先有意识地退一步,肯定听众的观点有其合理性,然后在获得听众信任的基础上再寻找机会,通过摆事实及讲道理等方法巧妙地提出自己的观点,以退为进,化守为攻,从而最终有力地说服听众。在《裘利斯·恺撒》一剧中,戏剧大师莎士比亚为我们描述了一个极好的例子。

公元前44年3月15日,罗马统帅裘利斯·恺撒在元老院被罗马元老贵族刺杀,为首的是深受他信任的勃鲁托斯。作为主谋,勃鲁托斯做了恶人还先告状。他跑到大街的公共讲坛上,大谈杀死恺撒的必要性,极力为自己开脱罪责；同时,又信誓旦旦地把自己装扮成正人君子的模样。听了勃鲁托斯的演讲，人们的情绪沸腾了，他们认为杀死恺撒是件大快人心的事，勃鲁托斯为民除害是英雄。请看此时安东尼是怎样说服听众让听众接受他的观点的。

面对勃鲁托斯蛊惑人心的演说，面对群情激奋、不明真相的市民，安东尼心里清楚：此时此地，他既不能马上歌颂恺撒，又不能一上讲坛就立即攻击勃鲁托斯。于是，他开场便说："我是来埋葬恺撒，不是来赞美他。"接着，他又开始赞扬勃鲁托斯，称他为"尊贵的勃鲁托斯""正人君子"。这样的话无疑适合当时的气氛，不会引起听众的反感而遭到他们的反对。然后，他抓住机会，有计划、有步骤地把市民的心拉向自己的一边。他说："现在我得到勃鲁托斯和另外几位的允许——因为勃鲁托斯是正人君子，他们也都是正人君子——特到这儿来，在恺撒的丧礼中说几句话。他是我的朋友，他对我是那么忠诚公正；然而勃鲁托斯却说他是有野心的，而勃鲁托斯是一个正人君子。他曾经带许多俘虏回到罗马，他们的赎金都充实到公家的财库，这可以说是野心者的行径吗？穷苦的人哀哭的时候，恺撒曾经为他们流泪，野心者是不应当这样仁慈的。然而勃鲁托斯却说他是有野心的，而把自己说成是一个正人君子。你们大家看见在卢柏克节的那天，我三次献给他一顶王冠，他三次都拒绝了，这难道是有野心吗？然而勃鲁托斯却说他是有野心的，而勃鲁托斯的的确确是一个正人君子……"

安东尼摆出一个一个的事实，来讴歌恺撒的丰功伟绩，一层一层地剥去勃鲁托斯身上的画皮，在场的市民开始被安东尼的话打动，觉得他说得有道理，认为恺撒死得冤枉。这时，安东尼不失时机地改变自己的被动地位，由守变为攻。他拿出一张羊皮纸，那是恺撒的遗嘱。在宣读遗嘱前，他走下讲坛，叫在场的市民围绕在恺撒的尸体四周。他揭起恺撒尸体上的外套，把剑刺的洞孔指给大家看，当他指到勃鲁托斯刺的伤口时，他说："好一个心爱的勃鲁托斯，恺撒的安琪儿！啊，这是最无情的一击！这是刺穿心脏的一剑！挨了这一剑，伟大的恺撒就蒙着脸倒下了！……残酷的叛徒却在我们头上耀武扬威……"

安东尼的话音刚落，讲坛四周呼声四起。"烧掉勃鲁托斯的房子！""打倒阴谋者！"于是，安东尼开始宣读恺撒的遗嘱，对勃鲁托斯发出最后的一击："他给每一个罗马市民七十五德拉马克。而且，他还把台伯河这一边他的花圃和果园赠给你们，永远成为你们世袭的产业，供你们自由散步和游息之用。这样一个恺撒，几时才会有第二个同样的人？"市民们再也听不下去了。他们在市场上奔跑，抓起凳子、桌子，堆成了一座火葬柴堆。他们把恺撒的尸体放在上面，在柴堆上点着了火。当柴堆烧旺时，他们抽出燃烧着的木头，向阴谋者的房子冲去。这时，勃鲁托斯等阴谋者在得到警告后已仓皇逃出城外。

安东尼的演说彻底征服了与他意见相左的听众。他的成功，与他演讲时运用以退为进的技巧是分不开的。

（3）激发共鸣。要使听众心服口服，演讲者在演讲时不可违背听众的意愿，采取逼迫甚至是威胁的手段要听众接受观点。演讲者应当牢记在心的是，只有当自己的观点能够引起听众感情共鸣时才容易为听众所接受。思想家、作家及诗人爱默生曾经讲述过的一个故事对演讲者来说会有所启迪的："有一个身强体壮的男孩试图将一头牛赶往牲口棚。他用尽浑身力气推它，不停地用鞭子抽打它，大声吆喝它，然而牛站在那儿就是不肯动。一位挤牛奶的女工见状，走上前来。她深知牛的饮食习惯。她把一根手指伸进牛的嘴里，牛很驯服地跟着她进了牲口棚。原来,她从牛的角度考虑问题,尽力让自己的行为符合它的习性,对它产生了强大的吸引力。掌握了这一点,她想把牛牵到哪里就能牵到哪里。"这则故事告诉我们,演讲时演讲者应当设法使自己的观点吸引听众,激发他们同意演讲者的愿望。一旦演讲者尊重了听众的观点,那么演讲者接着便可以渐渐地构筑自己的观点。那么,演讲者怎样构筑自己的观点呢? 无疑应当让它对听众有感染力——正如放进牛口中的手指一样。听众接受演讲,是因为他觉得演讲者的观点对其有价值,有帮助。而且,只要演讲者能向听众表明自己是尊重他的观点,能替他着想的,就能在听众中产生共鸣,并与其建立起一种融洽的关系,只有这样,听众才会乐意让演讲者"牵"着而接受演讲者的观点。

（4）选准角度。这里的"角度",是指演讲的立足点、着眼点和出发点,是关系到确立主题、选择材料和选用表达方法等诸方面,它是成功演讲的有效"突破口"。演讲角度的选择与确立,一般要遵循这么几项原则。

① 主旨揭示事物本质。演讲者就事物本质属性的某一面,进行剖析、升华。某一"灵感",可能导致演讲者"萌生"主意,在这个意念之下,所选择的例证材料就要服务于主题的表达。而主题定向,就决定了演讲的宗旨,反映演讲者的思想认识境界,还决定着演讲的优劣高下。因此,无论是讲人、叙事,还是论理,都不能停留于表面,而是由表及里、由浅入深地挖掘事物本质,并从揭示事物本质出发选择和确立角度。

在成都"偶像与青春"青少年演讲大赛上,有几位选手的演讲就很有感觉。《我的偶像就是自己》的演讲者对当前青少年对明星偶像的狂热崇拜提出反思:"我觉得,他们也是普普通通的人,和你、我、他都一样,只是在某些方面更具天赋,成绩突出罢了……我们却往往只抓住他们的长处而忽略了他们的短处,比如知识、处世、人格……我们青年人应该正视自己的长处,发展自己的长处,把偶像身上的长处有选择地拿来,弥补我们的不足;把对偶像的那种理想化的寄托,合乎现实地放在自己身上,作为一个努力的目标。"演讲立足于"偶像以长'勾'人",狂热膜拜便是"否定自我",其主旨水到渠成:"我的偶像就是自己"。

《青春需要崇拜偶像》的演讲者则认为:"青春需要崇拜偶像,因为青春时代是我们树理想、立志向的时代,偶像是我们忠实的朋友,偶像是我们成长进步的参照物。以他们的经历鼓励我们,使我们的生活涂满灿若春花的色彩。生活中有永不褪色的偶像,那我们的头顶将是一片灿烂!"演讲者紧紧抓住"参照物"在我们青年人的人生理想、事业成就、生活情趣等方面大做文章,旨在"青春需要偶像"。

这两篇演讲,其主题都揭示了"偶像"本质上的东西,但由于角度不同,其主题也就不一样了。可见,从不同角度去认识客观事物的本质,就会得出不同的结论,也就可以形成不同的演讲主题。换言之,对于同一事物,选取的角度不同,立意也就不一样了。

② 选材反映事物特征。事物的特征往往不是唯一的,这就决定了其由外在特征深入内质、横向推演的途径不一,或者说,有很多切入点。演讲者由事物的某一特征作为触发点,作为理论、抒情的突破口,通过形象地渲染、延伸,反映了主体在某一特征框定下的定义,这不仅可以启迪听众的智慧和洞悉力,还可以创设美的境界、氛围。请看《泥土的联想》演讲中的内容:

或许,你不会留意,因为它是那样地默默无闻,终生只知奉献,不计个人的得失。尽管人们不愿意正视它,对它的事业嗤之以鼻,但它仍然甘当花木的培养者,视培养花为己任,为乐事。这种对事业始终不渝的高度责任心，不能不说是泥土的可贵之处。我常想，我们护士这个职业，不正是具有泥土的这种高尚品格吗？……

演讲者以泥土"为花木提供养分"这一特征作为演讲的突破口，抓住"培养"一词展开形象思维，横向开掘出重大主题——护士默默奉献的高尚品格。

③ 表达体现现实需要。当主题、材料确定并烂熟于心时，就要在运思、炼意、结构、技巧和言语等方面好好斟酌，考虑一下怎样讲效果好，使之多角度、多侧面、多棱镜般地着眼，立体化地反映演讲内容和思想意旨，使演讲既生动活泼，又全面深刻。

表达方式的选择，要根据具体的内容而定，要选择最能反映本质及突出特征的"言语角度"，力避片面而追求某篇演讲的形式，重走老路，而用符合我们自己的思维形式和情感变化的方法去表达。

另外，在选择和确定角度时，还要注意以下两个问题：一是要选择准，这是最基本的要求。即能反映出客观事物的本质，抓住事物的特征；更重要的是，所确立的角度要能够达意表旨，析理明道，使演讲具有最佳的说服力和感染力。二是要选得巧，出奇制胜。

总之，角度是成功演讲的"突破口"。要想演讲得深，讲得新，不能不在角度的选择和变换上下一番苦功夫。

4.2 消除隔阂 亲近听众

使演讲赢得听众的亲近，对演讲效果的提高和演讲的成功至关重要。据心理学研究，人们在焦急时，潜在的感情因素往往左右着心理倾向与理性思维，对话语的可信度和可接受性产生微妙影响。因此，演讲者要设法消除心理隔阂，拉近感情距离，使听众乐于亲近自己。

1. 位置靠近

有的演讲者一上台，就开始唱"独角戏"，给人的感觉是在卖弄、炫耀，以自己为中心而无视听众的存在。实际上，要想博得听众的好感，再有名望的人也不能高高在上，自演自讲。只有拉近与听众的距离，才能与听众融为一体。根据需要与可能，从位置上拉近距离，走近听众，靠近听众，缩短空间距离，是缩短心理距离的最直接方式。例如，1956 年秋，印度尼西亚总统苏加诺在清华大学操场为学生演讲。由于学生过于热情，影响了会场秩序，导致演讲不能按时进行。主持人在正式演讲前，声色俱厉地强调纪律，以至于大学生们一个个正襟危坐，噤若寒蝉。演讲开始，苏加诺和颜悦色，亲切地说："同学们，我有一个建议，建议你们向前走一步，因为我愿意生活在青年中间。"于是，学生们向前走了一步，坐在地上。苏加诺趁热打铁，又说了一句话："我还有第二个请求，请诸君笑一笑，因为我们面向的是一个美好的未来！"虽然语言需要翻译，但苏加诺的话语让在场的学生一扫方才的郁闷，整个会场顿时又沸腾起来。

苏加诺一上台，并没有开门见山，直奔主题，而是通过演讲前的观察，及时抚慰大学生们的心灵，通过"走一步"和"笑一笑"，有效地缓解了大学生们的紧张心理，一下子拉近了彼此之间的距离。这个有着"印尼国父"之称的总统，如此平易近人，当然博得了大学生们的喜欢与尊敬。一场精彩的演讲，就这样拉开了序幕。

2. 称呼拉近

即从称呼上拉近距离。演讲的称呼部分，貌似小问题，实际上不可小觑。一个恰当、得体的称呼，是对听众身份、价值的认同，能在演讲开始就营造出一种和谐的氛围，使演讲打开局面，顺利进展；而一个不得体的称呼，会令人觉得别扭、难堪和讨厌，导致演讲气氛不协调，甚至陷入僵局。所以，在演讲前，架好演讲者与听众沟通的第一桥梁——称呼，对演讲者来说，是极为重要的。

1941年11月，德国法西斯大举进攻苏联，首都莫斯科危在旦夕。当时，苏联主要领导人斯大林毅然在红场检阅红军，并进行了动员性演讲。他说：

"红军和红海军战士们，指挥员和政治工作人员，男女工人们，集体农庄的男女庄员们，智力劳动者们，在敌后暂时陷在德国强盗压迫下的兄弟姐妹们，我们那些破坏德国侵略者后方的光荣的男女游击队队员们，同志们！我代表苏维埃政府和我们布尔什维克党向你们致敬……"

斯大林对演讲的称呼部分显然做了精心的设计。各类主体排列称呼，显得气势雄浑，不同凡响。从士兵到指战员，从工人、农民到知识分子，从暂被敌军控制的兄弟姐妹到深入敌后的游击队员，几乎包括了当时各领域、各阶层的人员，并且用"同志们"收尾，既是对前七类主体的升华总结，也是对所有志同道合的朋友们的真诚称谓。这样的称呼，气氛庄重，给人温暖，不仅凝聚了广大听众的注意力，也起到了一种从称谓上"团结一切可以团结的力量"的效果。

3. 地域亲近

演讲者与演讲所在地、听众，总有着直接或间接的联系。如果能够着眼彼此间的联系，并由此适度地生发开去，也能缩小演讲者与听众之间的距离。因为从听众所处的地域、所熟悉的人事加以引开，会让听众真切地感受到一种亲和力和认同感。这无疑有助于亲近听众，促进演讲。例如，学者周国平曾在上海温州商会发表过题为《哲学的世界与企业家的世界》的演讲，开场时他是这样说的：

"我认识温州人，就是从一个在巴黎长大的温州女子开始的。若干年前，她自己来找我，因为读了我写的《妞妞》，很喜欢，想跟我聊聊。我见了她，有三个惊奇，第一惊奇她的漂亮，真是美女；第二惊奇她的见识，跟我谈《妞妞》，谈别的事，都非常到位；第三惊奇她的富有，当然没有你们富有，但比我富有得多，一个年轻女子，都是自己挣的。现在她是我们一家人的好朋友，我太太把她封为我的'干老婆'，我说你真狡猾，一开始就定性为'干'，没有发展前途了。不过，虽然是'干'，好歹是'老婆'，所以我和你们温州人还有点亲戚关系呢！"

这个开场白一听，就知道周国平很会套近乎，而且"套"得十分自然、圆润。听众大部分是温州人，所以他一开场就表明自己"认识温州人"，继而采用例证法，谈起了自己认识一个温州女子的过程和对该女子的印象，从而不动声色地带出自己与温州人之间的"亲戚关系"。"干老婆"的说法，幽默风趣，温州人能不喜欢这位有学问又风趣的"干女婿"吗？相反,如果一开场,他就一本正经地谈哲学,谈理论,听众的兴致可想而知。

4. 介绍自己

当演讲者是"生人"的时候,听众开始不免有些距离感,这时就直奔主题往往让人难以接受,因此不妨先自我介绍,"推销"一下自己。例如,孟俐小姐的演讲《让女生部早日"消亡"》的开场如下。

亲爱的女同胞们,还有,敬爱的先生们:

晚上好!

首先感谢大家的热情,谢谢!

我早想说上几句,很想认识一下大家,也让大家认识我一下。我是2013级2班的一员,姓我们儒家宗师孟子的"孟",单字伶俐的"俐",孟俐就是我。你们大家听出来了,我这个人爱好说话,连自己的名字也要美化。不过,我要说明,这个小毛病丝毫不妨碍我对"女生部长"之职的热情,可是,即使天大的热情也不能改变这么个趋势——女生部的发展完善过程,也就是它走向消亡的过程,我的任务就是促成这个过程尽早结束。

真是语言出性格,寥寥数语巧妙而自然地"塑造"了一个热情开朗、活泼可爱的"我",一下子拉近了"我"与听众的距离,让人很开心,也就有兴致倾听。

5. 深情表达

演讲者流露真情,可以直接表达对听众的赞美和喜爱,使自己的感情飞流直下,也可以直中有曲,适度控制,以引而不发的张力摇荡听众的心旌,使听众的心默默地贴近你。例如,张志公的《在演讲邀请赛闭幕式上的即席讲话》中,在赞美了"小李燕杰们"的成绩之后,忽然说:"说到这个地方,我很想改变一下称呼,但又担心有倚老卖老之嫌,可是感情使我不能顾及这个责备,我把'亲爱的青年朋友'改称'可爱的孩子们'!(长时间热烈的鼓掌)"张先生把自己的感情表达得一波三折,既恳切又委婉,既明白又深沉。"孩子们"深受感动、鼓舞,在心里觉得他可亲可敬。

6. 使用口语

演讲的词语、句式、语气、语词都要口语化。例如,秦市义动员农民集资办学的演讲《为了咱的娃》,以朴实、幽默、深情的口语牢牢牵动着山区乡亲的心,使之时而欢笑,时而哭,时而沉思,时而赞许:"咱娃也是娃,咋就该坐在这石头块块土蛋蛋上……把咱娃害得近视眼、关节炎、罗圈腿、背锅腰……咱那破教室,老实说还不如县大牢哩!咱县大牢还打几块破玻璃哩!要是我的娃在那坐上一天,我都舍不得(秦哭,众人亦哭),咱大家好好想想,大人们住的是好房子,可娃娃们咋就在这地方受洋罪?咱娃娃可有话对你们说哩!(大哭)"

7. 理解听众

演讲者要善于捕捉人们内心的关注,做大家的代言人,体现对听众的真正理解。例如,1937年夏天,朱德总司令应邀对国民党127师官兵作演讲,他以亲切感人的乡音对这些四川子弟兵说:"你们初次离乡,远来北国,可能水土不服,生活不习惯,希望你们注意起居,保重身体,好为国杀敌。"平易、亲切的话语充满了关切、体贴和激励。士兵们纷纷表示:跟着这样的长官当兵打仗,打死了都值得。

8. 找共同点

寻求与听众之间共同的感情、共同的遭遇、共同的理想等，这些"共同"会把彼此的心联结在一起，把演讲者融化在听众之中。

9. 对话表达

就是演讲者为了增强演讲效果，在演讲中设计的对话式的有利于引出自己话题的演讲语言。虽然这种语言仍然出自演讲者一人之口，但它给听众的感觉却好似自己参与其中。演讲实践证明，这种"对话成分"可以增强演讲效果，对演讲会有着积极的作用，设计得当且运用合理，会使自己的演讲语言和叙述方式得到某种调节，让演讲增添一种非同寻常的亲切感和吸引力，从而利于听众接受演讲的内容。

（1）谈心式对话。爱因斯坦的演讲《科学的颂歌》是在加利福尼亚理工学院作的，面对台下的莘莘学子，这位著名科学家在讲有时科学并没有给人们带来幸福、欢乐时，语重心长地说："你们会以为，在你们面前的这个老头子是在唱不吉利的反调。可是我这样做，无非是在向你们提一点忠告：如果你们想使自己一生的工作有益于人类，那么你们只获得科学之身是不够的。关心人本身，应当始终成为一切技术上奋斗的主要目标……在你们埋头于图表和议程时，千万不要忘记这一点！"爱因斯坦在这里使用了"你们会以为"这样一种语言，假想听众有疑惑，自己再解惑，这中间就有了一种对话成分。而且演讲者用了第一人称的"我"来作答，这就使假设的"对话成分"有了一种谈心的感觉，显得极为自然贴切、平易近人，也使自己所阐述的道理极富有人情味儿。演讲中若能适时运用这种"谈心式"的对话，就可能营造出类似于两人促膝谈心的亲切效果来，从而为自己的演讲增添几分魅力。

（2）引用式对话。美国前总统里根，离任前曾在共和党代表大会上作了《最后一次演讲》，他援引了一封信件说："富于想象力是我们的天赋，我要告诉你们一个小男孩的想法，他在我就任后不久给我寄了一封信，写道：'我爱美国，因为在美国只要愿意，谁都可能参加童子军。在美国随便信仰什么都行，而且只要有能力，就能够成为你想要成为的那种人。我爱美国，还因为我们有大约二百种不同味道的冰淇淋。'我以为，这就是小孩子眼里的真理，结社自由，信仰自由，满怀希望和获得机会的自由，此外还可以追求幸福……对这个孩子而言，就是在二百种味道不同的冰淇淋中进行挑选。"在这里，演讲者先引用了一个小男孩的信件，再发表自己的看法，在结构上有这样一种关系：演讲者的看法是依附于小男孩的信件上的。这就好似小男孩给自己提了一个话题，再由自己得出结论一样，是"两个人"完成的，这就在演讲中包含了对话成分。由于这里的对话成分是由"引用"得来的，有别人的看法，这就使演讲的内容多了几分真实感。这对增强演讲效果及利于听众接受演讲无疑是有利的。

（3）问答式对话。美国《科学》杂志主编鲁宾斯先生曾在清华大学作了题目为《媒体和我们的生活》的演讲，谈到互联网在散布信息方面的副作用时，他举例说："我所说的生成报道过程在发生变化，而产物也在发生变化，这在我看来是一件可怕的事。我们下载《新闻周刊》的网页，《新闻周刊》的一位记者写了一篇很有价值的报道，是关于世界上最有权的人的。你们应该猜到，那就是总统同一位年轻女性在白宫有暧昧关系。这个报道他写好了，可编辑却不知该怎么办，因为他们认为这涉及个人隐私问题。你们知道最后怎么解决这个报道的吗？（台下有听众大声答：把它挂在网上去）对！现在我告诉你们，是谁把他挂到网上去的。这个人叫乔奇，住在华盛顿附近，专门收集这种政治流言，然后放到网上……"在这里，"你们知道……吗？"这一问与其说是让听众回答，不如说是为自己提供一个"对话"目标，因为这样的对话听众可以答也可以不答。正是这样的问，才引出了下面的"对！现在我告诉你们"这样自然的回答。由于这种对话成分有"问"，就能调动听众积极参与的愿望，唤起听众的注意力，这对营造热烈、活跃的现场气氛是很有益处的。

　　10. 坦陈自我

　　为了拉近与听众的心理距离，演讲者除了介绍自己之外，还要巧说自己，敢说自己，坦陈自我，如说说自己的家庭、自己的经历、自己的感受等，这样就会使自己的演讲因充满亲和力而得到听众的真切理解和充分信任。

　　（1）如实地介绍自己的家庭。家庭对一个人成长的影响是很大的。倘若演讲者在必要的时候，如实地介绍一下家庭背景，不仅可以让听众了解真实情况，而且能够增强演讲的亲和力。

　　（2）细说自己的经历。演讲者把自己的某一段真实的经历说出来，往往会让听众自然地产生一种亲近感，因为大家可能会从演讲者的经历中体会到某种生活经验或职业精神，从而感受到一种亲和力。例如，著名主持人杨澜在题为《成长，你唯一的把握》的演讲中讲述了自己的一段工作经历：

　　作为记者和访谈节目的主持人，我也许还有一个比较优势，就是容易和别人交流。1996 年我在美国与东方卫视合作一个节目叫《杨澜视线》，介绍百老汇的歌舞剧和美国的一些社会问题。其中有一集就是关于肥胖的问题。一位体重在两百千克以上的女士接受了我的采访。大家可以想象，一般的椅子她坐不下，宽度不够，我就找来另外的椅子，亲自搬来，请她坐下，与她交谈。最后她说："我一直不知道中国的记者采访会是什么样？但我很愿意接受你的采访。"我就问她为什么？她说别的记者来采访，都是带着事先准备的题目，在她这里挖几句话，去填进他们的文章里。而我是真正对她有兴趣的。这句话给我的印象很深。所以在镜头面前也好，在与人交流时也好，你对对方是否有兴趣，对方是完全可以察觉的。你的一举一动、你的眼神都在建立一个气场，所以我能建立这样一个气场，就适合做访谈节目。

　　杨澜为了证明自己"容易和别人交流"的比较优势，详细叙说了一次与东方卫视合作节目的经历。她采访一位肥胖的女士，亲自搬来椅子让这位女士坐下，并与之亲切交谈，让对方感觉到主持人对自己有兴趣，这样就奠定了彼此之间沟通和理解的心理基础。这样细说自己的经历，让听众觉得既真实又亲切，因为大家从杨澜真诚而又细致的述说中已经深切地感受到了一位优秀主持人与众不同的亲和力。

　　（3）诉说自己的感受。在演讲中，把自己的真实感受说出来，会让听众对演讲者产生亲和感。所以，不少演讲者都特别注重诉说自己的真实感受，以实现与听众之间的情感交流和思想互动。例如，著名歌唱家关牧村曾在中国农业大学发表题为《变苦难为财富》的演讲，她在回顾自己艺术人生的种种经历之后，有感而发地这样讲道：

　　世上的事没有绝对的公平，只要心能平静就好。任何事情都是这样的，有得就有失。

不要光看到你失去的那些东西，实际上你得到的东西更有价值。有些事情看似不公平，但是换个角度看，你又会发现它是公平的。我的经历也充分说明了这一点，如果没有我过去坎坷的经历，我可能不会这样珍惜现在所拥有的一切，也不可能和大家有这么深厚的感情，更不可能把内心全部的感情投入到我的事业中。

关牧村的这段话道出了她内心的真实感受，这种深切的感受蕴含着一位经历苦难并获得成功的艺术家对人生的辩证思考和深刻感悟，特别是她最后通过假设的方式和排比的语句表达的实情，更是得到了现场听众的理解和认同。因为大家完全可以从中受到启发，并获得教益。毫无疑问，正是这一番充满亲和力的结束语，概括了关牧村的人生经验和感受，从而深化了演讲的主题思想。

4.3 以情感人 打动听众

"落红不是无情物"。任何文章都是有感而发的，演讲尤其如此。情感是连接演讲者与听众之间的桥梁和纽带。成功的演讲总是以情感人的，只有用自身的感情力量才能使听众动情，产生感情上的共鸣，从而达到演讲的目的。

1. 内心充满激情

演讲者在自己内心深处奔涌着激情，就不会无动于衷，有口无心。只要有真情，那么在打动别人之前自己就被感动了。另外，真情之所以十分动人，是因为切合了听众的心态，否则只能是"一厢情愿"。

2. 富有个人色彩

感情是最富有"个人性"的，是无法模仿的，谁模仿谁都"不像"。有的演讲不能动人，就是因为他所表达的感情是"学"来的，不是他自己的，让人感到似曾相识。凡是真情都有与众不同的个人色彩。

3. 注重现场交流

演讲是一种交流，只有把演讲当成向听众倾诉自己思想感情的现场交流，演讲者的情感才会自然投入演讲中去。例如："在座的同学们，听了这个故事，你们是否想到，那两位老人辛苦了一生，很可能没见过什么冰箱、彩电，但他们却拿出自己攒的钱修路，让国家把钱花在更有用的地方。也许，他们省下的钱就在供养着你和我，供养着我们这些大学生——时代的宠儿！当我们按月领取奖学金的时候，我们是否想到这样的老人？想到他们期望的目光和那纯朴的心愿呢？"

4. 联系自身经历

在演讲中，往往需要引述一些典型事例，倘若这些事例是有关他人的，演讲者不妨联系实际，从亲身经历中去体验和讲述那些曾经感动过自己的人和事。这对于情感的自然投入，无疑能够起到积极的作用。例如："工作至今，我已在讲台上站了6个年头……我们中等职业学校，学生素质普遍不高，每当我看到孩子们因为无知而显得世故，因为幼稚而感觉空虚无聊的言行举止时,我常意识到自己的责任之重。我曾被学生骂哭过,我崭新的摩托车曾被学生用刀片划破后座,我的宿舍门上曾'装饰着'学生粗暴的脚印……这一切都没有使我灰心气馁,没有像朋友们讥讽和挖苦的那样联想到自己微薄的工资值不值。那个时候,我只想到有苍白的灵魂需要我们去拯救,去塑造,去描绘。"这是一名教师在题为《教师,不要让你的事业清贫》的演讲中说的一段话。演讲者在列举了教师队伍中的一些无私奉献者的事迹之后,联系自己的教学经历来讲,就一下子激起了一种切身感受,从而大大增强了演讲的情感效应。

5. 善于间接抒情

在演讲过程中,为了避免空泛而抽象的直接抒情可能导致的矫揉造作和无病呻吟等弊端,演讲者就应当特别注重发挥间接抒情的表达功能,通过对事、理、景、物的具体叙说和生动描述,含蓄地透示和具体地流露出真挚的情意,让你情真意切的演讲更加精彩动人。李增源认为通过以下途径,可以产生并强化间接抒情的心理效应。

(1)叙事抒情。在叙事过程中,以人物活动为中心的生活画面,会像特写镜头一样不断推出来,让听众真切地感受到人物的内心情感,这就是演讲者通过叙事抒情产生的现场效应。例如,白岩松在首届中国医疗法治论坛上发表的演讲中,讲述了这样一件真实的事情:

我一个好朋友是急诊科主任,他曾经给我讲,一个孩子被送过来,爷爷奶奶姥姥姥爷在外面跪了一地。他接诊的时候知道孩子已经死亡了,但是他无法迅速把这个结果告诉他们,因为他脑子里还绷了一根弦——需要一段时间让他们接受这个现实。他在里面继续做心肺复苏,尽管完全知道这是没用的。他说那段时间他不知道怎么过来的,因为无能为力,一个多小时的心肺复苏后,外面的家人逐渐接受孩子死亡的事实。

一位急诊科主任为了让自己接诊孩子的家人能够"逐渐接受孩子死亡的事实",明知道无用,仍坚持为这个孩子做了一个多小时的心肺复苏。在白岩松转述的这个真实的事例中,家人的急切、悲痛和期盼,医生的同情、无奈和仁爱,种种复杂的情感,全都在叙事的场面和细节中间接地流露和透示出来,十分真切而又动人。

(2)说理抒情。演讲中的说理,不应该是干巴巴的空泛议论和冷冰冰的生硬说教,它可以是有情感及有温度的。而通过说理来抒情,会使情感的抒发带上理性的色彩,会让听众既受到真情的感染,又获得真理的启示。例如,王占宝在演讲《每一天都是作品》中这样讲道:

如果我们有着这样一个绚烂的作品人生,那么我们自己本身就成了一个珍贵的作品。

如果我们每一个人都能够有这样的作品意识、这样的作品行为、这样的作品人生,我们的国家、我们的社会、我们的生活又将会怎样?每个法官匡扶正义,每个警察维持正道,每个官员秉公为民,每个记者良心报道,每个医生救死扶伤,每个教师教书育人,每个学生养正成才……

每个人把职业提升为事业,立足岗位创造自己的作品,我们就能体验到专业贡献与人生幸福,领略到社区和谐与国家尊严。

王占宝不仅阐述了如果我们每一个人都能够有这样的作品意识、作品行为和作品人生，将会使我们的国家、社会和生活发生巨大变化的现实状况，而且阐发了这样做就能"体验到专业贡献与人生幸福，领略到社区和谐与国家尊严"的深刻道理。话语之中，抒发出演讲者寄希望于青年学生和国家未来的内心情怀。这样说理中蕴含着抒情的议论，大大增强了演讲的激励性和感召力。

（3）状物抒情。在演讲中，倘若演讲者对某一特定的物象怀有特殊的感情，就完全可以寄情于物，通过对这一物象的真切描述来抒发内心真挚的情意，从而大大增强演讲的感染力。例如，张维迎在北大光华学院毕业典礼上发表的演讲中这样讲道：

小时候，到农历三月，杏树开花了，春天也就到了。每天放学之后，我会跑去看杏树，有时会睡在杏树底下，仰望蓝蓝的天空，等待着洁白的杏花结成绿绿的杏果，因为杏是我重要的口粮。杏花凋谢了，变成小小的果实，我就迫不及待摘下来吃。你们知道，刚成果的杏，一咬就咬到嫩嫩的杏仁，非常非常苦，是没有办法吃的，但我还是忍不住摘下来尝一尝。等待杏的成熟真是漫长的煎熬。慢慢地，杏核变硬了，果实也变大了，我就开始大规模地吃，当然杏还是酸的，酸得让人龇牙咧嘴。到农历五月底、六月初，杏开始发黄了，但我们家杏树上的杏已差不多被我吃光了。

小时候，张维迎老家的杏树开花了，他会睡在树下，等待杏花结果，也会摘下小果来吃。果实变大了，他就"开始大规模地吃"。演讲者讲起记忆中的那棵杏树，还是十分动情的。因为杏是他"重要的口粮"，杏树曾陪伴他度过童年那一段艰难的时光。张维迎状物抒情，在对杏树的追述和怀念中，表达了对故乡魂牵梦绕的一片深情。

4.4　现场调控　征服听众

演讲是一种信息传递活动，也是一种传递和反馈的双向沟通过程。在演讲的过程中，演讲者要时时处在主导位置，调节听众的情绪，控制场上的气氛，对突然发生的意外情况要及时高效地应变，这样才能保证演讲的成功。

1．善于观察并反馈信息

演讲由两个基本阶段组成：传递阶段和反馈阶段。在传递阶段，演讲者将要表达的思想或传授的知识等转换成有声语言和态势语言信息符号，再传递给听众。在反馈阶段，听众得到一系列的有声语言和态势语言信息符号后，先将其还原成沟通内容，进行领会理解，然后通过某种方式，将自己的意见和态度反馈给对方，进行逆传递；如果反馈成功，那就意味着一次沟通过程的实现和下一次沟通过程的开始。演讲要顺利进行，就必须处在这样一种双向沟通的良性循环过程之中。在这里，演讲者与听众双方实际上是在轮流充当着"施控者"和"受控者"，双方的信息输出作为对方接收的反馈和控制的信息，势必对双方的行为产生制约力。

可见，演讲中的信息反馈是十分重要的，我们很难设想一个演讲者目中无听众，"空对空"地侃侃而谈，能够取得良好的演讲效果。演讲者必须具有信息反馈意识，在演讲中应善于接收听众的反馈信息,善于观察听众的反应,有"知人之明",演讲者的观察方法包括以下两种。

(1) 全方位观察法。全方位观察法指的是演讲者采用看和听的方式,对全场听众的笑声、议论声、注意力等整体反应进行掌握,以便采取对策,达到更好的效果。在全方位观察过程中,演讲者的嘴巴、眼睛、耳朵都要积极行动起来,既要传播信息,又要接收信息。有时候是边讲边听边看,有时候是讲完一段以后再利用短暂的两秒钟集中观察一下。一般来讲,即使是一个演讲新手,只要他注意反馈,一旦竖起耳朵或睁大眼睛,听众那里的信息就自然会反馈过来。全方位观察的任务是把握听众的整体效果,决定是否采取较大的举动以造成波澜。

(2) 定点观察法。定点观察法是指演讲者在演讲过程中,比较注意两三个听众或者一两个听众小组。这些固定的点,不仅在视听位置方面有代表性,而且在年龄层次、仪表修养、专业特征等方面有一定的典型性。定点观察的任务是捕捉听众个体的感情波段。听众的面部表情常常受感情支配,如果演讲者的话不通俗或者过于偏颇,甚至有较大的失误,那这个点上的听众会变得漫不经心,紧皱眉头,甚至同别人议论起来,这时演讲者就应及时纠正自己的话。如果这几个点上的听众专心致志地聆听,还不时微笑点头,那就是符合他们的感情波长了,可以进一步阐述演讲主题。

当然,演讲者通过察言观色接收听众的反馈信息,是为了以此为依据来调控新的信息沟通行为,对影响演讲信息传递的不利因素做主动、灵活、及时的调控,以利于取得良好的演讲效果。

2. 引起兴奋并打破冷场

这是对付冷场的策略。在演讲过程中,如遇听众注意力分散,看报纸,打瞌睡,交头接耳,坐立不安等冷场现象,演讲者切不可丧失信心,也不可任其发展或呵斥训人,而应该认真分析演讲中存在的问题,针对具体情况采取相应措施并扭转局面。

一般来说,冷场常常由以下原因造成:演讲的内容太长或太抽象空泛;演讲过程拘谨呆板;演讲速度太快或太慢;演讲语言含混不清等。面对冷场现象,通常采取的措施是提神醒目并让听众兴奋起来。

吸引听众的办法很多,停顿是一个很好的办法。一场精彩演讲的重点之一就是重要内容的停顿。运用有意设置的停顿,几乎能够达到所有希望达到的效果。停顿和说话是一起被人们注意的。当演讲者有意识地停顿时,一定要看着演讲的对象,或者用目光扫视听众一遍。倘若看着天花板、地板或是其他任何地方,就会被当作是窘迫尴尬的表现,这样做让演讲者看上去显得很不自信。

也可以像说唱演员使用惊堂木一样,以突然的奇异举动引起听众的兴趣。

还可以设置悬念和有意提问,激发听众积极思考。例如,一位演讲家给警校的学员演讲,讲的时间较长,会场纪律不够好,这位演讲家灵机一动,突然发问:"同学们,现在我向大家提一个问题,在我们国家谁有资格把国徽戴在头上?"听众一愣,随即答道:"我们!"这位演讲家讲道:"是的,你们。你们是我们国家的保卫者,应该有高度的政治觉悟和铁的纪律。下面我就给大家讲讲爱国主义问题。"学员们振奋精神继续听下去。显然,这位演讲家触景生情的设问,激起了学员们的自豪感和对自己肩负责任的思考,不仅起到了调控的作用，而且还自然续接下去，推动了演讲的顺利进展。

也可以穿插一个笑话或幽默故事提神醒目。例如，某中学校长针对学生轻视生物课学习的情况作了一次演讲。开始，会场秩序还好，可是没过多久，一些同学便开始三三两两地交头接耳。面对这种情况，校长并没有训斥学生，而是审时度势，及时调整了演讲内容，顺势穿插了一个"霸王自刎乌江"的故事，很快改善了演讲气氛。校长讲道："楚汉战争到了最关键时刻，刘邦针对楚霸王项羽的'天命'思想，利用昆虫的趋向性，命人用蜂蜜在项羽兵败必经之地——乌江岸边的崖石上写下'霸王自刎乌江'六个大字。第二天，项羽兵败乌江时，抬头看见石崖上蚂蚁组成的几个大字，不禁心惊胆寒，自语道：'天亡我也！'于是仰天长叹，拔剑自刎了。"学生对这个故事产生了浓厚的兴趣，听得津津有味。会场上再没有喧哗声，直到校长演讲结束。

3. 变换气氛并摆脱窘境

在听众情绪不佳或有抵触心理时，应设法通过调整讲话节奏来变换气氛。例如，英国知名作家吉卜林在向英国一个政治团体发表演说时，现场场面有些混乱，但他使用了下面的幽默言论，很快使场面得到控制。

主席，各位女士、先生们：我年轻时，曾在印度当记者，专门替一家报社报道犯罪新闻。这是很有趣的一项工作，因为它使我认识了一些骗子、拐骗公款者、谋杀犯等。（听众大笑）有时候，我在报道了他们被审的经过后，会去监狱看看这些正在服刑的老朋友们。（听众大笑）我记得有一个人，因为谋杀而被判无期徒刑。他是位聪明、说话温和又有条理的家伙，他把自认为十分深刻的'生活的教训'告诉我。他说："'以我本人作例子：一个人一旦做了不诚实的事，就难以自拔。一件接一件不诚实的事一直做下去，直到最后，他会发现自己必须把某人除掉，才能使自己恢复正直。'（听众大笑）哈，目前的内阁正是这种情况。"（听众欢呼）

吉卜林没有平板地陈述记忆中的旧闻旧事，而是幽默地围绕准备进入的政治话题渲染了一些近乎怪诞的趣事，从而建立起自己和听众的沟通点，有力地掌控了演讲气氛。

4. 面对忘词要巧妙应对

演讲在进行中，演讲者突然忘记了下面的词或句，从而使整个演讲处于停顿状态，这种令人恼火的语流卡壳现象就是人们常说的忘词。许多演讲者，特别是初次登台的演讲者，尽管在演讲前做了充分的准备和刻苦的演练，但是在正式演讲中也会受各种因素干扰，因而发生忘词的现象。

究其原因，主要有三点：一是讲前准备不充分；二是讲时情绪不稳定；三是讲时精力不集中。据载，丘吉尔首相当年初入政坛时，有次演讲就因为一时忘词而差一点被听众轰下讲台。另外，撒切尔夫人在下议院一次演讲中，由于情绪未进入正常状态，连事先准备好的开场白竟也好久想不起来。由此可见，忘词并不稀奇，但也并非不可怕。

因为忘词而使演讲中断毕竟是件棘手而又痛苦的事情，倘若缺乏积极的补救对策，一场本来很精彩的演讲就可能完全失败。俗话说"事在人为""车到山前必有路"。如果真的遇到类似情形，不妨试试下列补救方法。

（1）提问。据说，美国有位名气不小的演讲家有次演讲时由于对讲稿不很熟悉，讲到某处,竟记不起下面的内容了。这时,他友善且关切地向听众问道:"女士们,先生们,我刚才所讲的是否能听清?"就在听众点头或小声回答的一瞬间,他很快就想起了下面的词句。显然,这位演讲家是运用提问法以赢得回忆时间。一般来说,在情绪波动不大和讲稿纯系自己所写的情况下,只要有一定的回忆时间,大多数演讲者都能很快理顺思路,使演讲能比较自然地进行下去,而随机提问就是争取回忆时间的一种有效方法。

（2）重复。一旦忘词,就用不同的语速把刚刚说过的几句话或一段话再复述一遍,或根据其大意用新的话语再说明一番,这就是重复法。这种有意重复,不仅在客观上可以起到提醒和强调的作用,而且还可以使演讲者获得比较充分的回忆时间。在重复的同时,反应敏捷的演讲者往往能在较短的时间内迅速想起下文来。

（3）掩饰。此法与上述两法有异曲同工之妙。当忘词时可以做一些掩饰性动作,如扶扶话筒,提提眼镜,喝口水,摆弄一下讲桌边角上的书籍等,这样可以赢得必要思考的时间,使演讲者尽快想起演讲内容。掩饰法只要运用得机智巧妙,也可收到较好的效果。

（4）跳跃。自己写的演讲词一般不会忘得一干二净,总会有能记起的地方。如果陷入了忘词的困境,不妨想到哪里便从哪里接着讲。这种处理方法可能会使演讲的某些部分显得不太连贯、严谨甚至支离破碎,但总不至于因中断而影响整个演讲的效果。假如忘记的句子或段落是比较重要的而且以后又想起来了,还可以这样巧妙地加以重述:"我要特别强调的是""这里需要着重提出的是"。如能如此补救,整个演讲恐怕就不会有多少破绽和漏洞了。

（5）即兴。如果以上诸法都不见效,那最好的办法就只有即兴编造了。当然,即兴编造不是信口开河、东拉西扯,而是要紧扣主题,根据上文意思临时遣词造句。这是很值得提倡,但也是十分困难的一种补救方法。说该方法很值得提倡,是因为比较灵活和自然,可靠性高;说该方法十分困难,是因为如果没有丰富的经验和娴熟的技巧,很容易前言不搭后语或跑题,从而给听众造成强烈的反差,甚至导致演讲失败。因此在演讲时,即兴演讲能力强的人就比较主动,占有不可比拟的优势。

（6）速决。例如,在一次演讲比赛中,一位青年前半部分的演讲相当不错,但讲到后半部分时老是卡壳停顿,这位青年后来干脆将结尾部分提前讲完便索性退台。这种做法虽然给听众留下了虎头蛇尾或时讲时停的印象,但演讲者还能够大体上完成演讲。因此,在演讲者没有其他方法可用的情况下,速决法就是最后的招数,尽管不太理想。

不难看出,能否成功地摆脱忘词的困境,是检验演讲者是否具有流畅演讲能力的一个重要标志,是衡量演讲者才思敏捷的一条基本标准。对此,演讲者断不可掉以轻心。

应注意的是,以上方法只不过是在忘词情况下所采取的权宜之计,其实要真正解决忘词问题,关键还在于必须少用甚至不用背诵演讲方式。中外演讲家一向主张把提纲演讲和即兴演讲作为演讲方式的重点,其目的就在于此。

5. 难堪局面应处置自如

当演讲者进行演讲时,有时会遇到一些令人棘手的情况,使演讲者尴尬难堪,不好应付。这里介绍几种应急处置经验。

（1）听众较少。演讲时,从演讲者的心理来说是希望到场的人多一些。但有时会事与愿违。本来计划可以到几百人,结果只来了几十人。面对这种情况,如果演讲者产生一种

"对付过去"的想法，那是品德修养低下的表现。一个对听众负责的演讲者，应该运用良好的理智来控制自己的感情。那些具有高度涵养的演讲者，不但具有吃苦的精神及任劳任怨的态度，而且具有博大的胸怀。我们敬爱的周总理在一次集会上宣传马列主义时，由于一些反动分子的挑拨、捣乱，台下的听众渐渐少了起来。当他看到这种情况，不是泄气埋怨，而是从内容到声调、从仪表到姿态进行充分的调整和加强，充分体现出无产阶级革命家的风度，结果听他演讲的人又渐渐地多起来。

所以，我们在进行演讲时应该做到人多人少一个样。特别是当听讲人少时，更应做到内容不减，感情不抑，情绪不低。即使只有几个人到场，也要认真地讲下去，这才是负责任的态度。

（2）尴尬问题。演讲中的解答就是利用演讲的形式回答听众现场提出的问题，这种演讲不同于一般的专题演讲，因为听众提出的问题许多是你意料不到的，甚至是令你难堪的，所以临场应变十分重要。

① 以不光彩问题施压。有时听众以演讲者说过的某句话导出一个不光彩论题并强加于演讲者，这时演讲者要泰然自若地把问题说得明明白白，让听众心服。如某个人在西北政法学院做问答演讲时，曾有人提出："你说你自己只读过初中，那你有什么资格在此面对几百名大学生夸夸其谈？你不感到是一种自欺欺人吗？"演讲者答："正因为我在学校只读到初中，高中、大学课程都是自学的，才说明我走的不是一条平常的路，和你们取得同样的成绩，我要比你们多付出几倍乃至几十倍的辛劳。也正是因为我经历了常人没有经历的世事，才丰富了我的人生阅历，所以我具有你们不具有的 笔财富——我的特殊经历，所以我才有资格在台上对几百个人侃侃而谈。（这时，掌声四起）又因为你们已经接纳了我，所以不仅不是自欺欺人，而是彼此真情的流露。"

② 以言行不一出难题。有时听众以演讲者的言行不一给演讲者出难题，演讲者要不卑不亢将自己的行为解释得合情合理，令听众满意。如某人在海南某校演讲时，一位同学问："您一开口就说教师是天下最伟大的两种职业之一，您也一直渴望能成为一名教师，可您为什么不去教学呢？而且您有这个能力教学呀。另外我想顺便问一下，您曾流露出海南人素质低还很落后的观点，既然这样您还来海南干什么？是来淘金吗？"演讲者答："请允许我先来回答你最后一个问题。可以肯定地说，我来海南不是为了淘金，而是为了探寻自身的价值，或是为了换一种生活空间，感受一种全新的生活。我说的素质低和落后，是相对于国家平均水平来说的，所以我们才来开发建设海南。是的，我具备当老师的能力，我还相信我当教师会是一个合格的教师。但每个人都有一个价值取向的问题，我当教师只能服务于一个学校的几十个人、几百人或几千人，而我现在服务的不是一个学校而是一个省乃至几个省的几万、几十万甚至是上百万的人，那么哪一种方式发挥的作用大呢？人的一生都在寻求最大值，希望能最大限度地发挥自身的潜能。如果有潜能而不能发挥，不仅是个人的不幸，也是国家和社会的损失。"

③ 以"假设"发难。有时听众会以"假设……"向演讲者发难，演讲者要充满自信地说明"假设"的事不可能发生，并要令其心服。如某人在海南某大学做演讲时，一位听众问："您说您很自信，但如果这次演讲在现场失败了，您会怎么办？"演讲者答："是的，我很自信，一个连自己都不相信的人，我想是不会有什么大成就的。人的一生中不可能一跤不跌，

包括我自己。但每次跌倒后,我都能痛定思痛迅速地站起来。遗憾的是在演讲现场我还从未跌倒过,所以您不必担心。我今天也绝不会跌倒,因为我站得很稳。"

由于问题都是即兴的,说漏嘴的事是难免的,一旦出现该情况,应该立即补漏。当然,也要讲究艺术。如某人在西北大学的一次演讲中,在谈及男人与女人时说:"男人首先应该是顶天立地的。"话音刚落,男同学热烈鼓掌,而女同学中鼓掌者却寥寥,甚至有的还很不友好地瞪他。他知道这句话冒犯了女同胞,她们是在无声抗议。为了使她们的心理平衡,他又补上一句:"男同胞也不要高兴得太早,你要想顶天立地,没有女人的支持是绝对办不到的。"霎时,女生的鼓掌声和欢呼声响彻大厅。

(3) 改变时间。所谓临时改变时间,主要表现在演讲时间提前、推后、缩短了,或演讲期间被其他突发事件(如断电或暴风雨打坏了窗户等)干扰了……所有这些都需要演讲者随机应变并临机处置。

应付这种情况的最好办法是:演讲者自己把演讲内容能熟记,并养成良好的心理素质,做到提前演讲不心慌意乱,推后演讲不心灰意懒;演讲时间长不失其恢宏,演讲时间短不丢其精妙。

例如,一次,某单位邀请三位演讲者同台讲三个专题,每人讲一小时。演讲者刘先生排在第三位。但由于前两位演讲者时间把握不好,轮到刘先生登台时只差 40 分钟就下班了。原计划讲 60 分钟的内容必须压缩三分之一。他心里很着急——该压缩哪一部分内容?讲不完怎么办?听众心里也很着急。——不能按时下班,幼儿园的孩子谁去接?但这位刘先生应变能力比较强,当他从容不迫走上讲台时,第一句话便是:"同志们,现在是 5 点 22 分,我讲到 5 点 50 分准时结束。"就这么一句预告性的话,就像给听众吃了"定心丸",会场一下安静下来。当他在预告的时间内讲完了紧凑而充足的内容并走下讲台时,听众长时间热烈鼓掌,并向他投去钦佩的目光。

(4) 收到条子。到一些单位做报告、演讲,台下往上递条子是司空见惯的事。特别是讲形势政策或讲大家关心的一些内容,有时收多张条子。

递条子和面对面地提问题性质是一样的。但递条子是"半保密"的,听众和听众之间扩散面小,因此演讲者不必逐条马上作答,这就有思考对策的时间。

当演讲者接到条子时,最好潇洒自如地把条子打开,板板正正地放在讲桌的一边,不要中断讲话去专门看条子,要利用讲话的间隙时间瞟视。这样做,不仅可避免打扰自己的讲话思路,分散听众的注意力,而且可给写条子者一种"被重视"的感觉。

对条子上提出的问题怎么办?如果这些问题在下面的演讲内容中有,待讲到这些内容时,联系起来讲就可以了,当然需要加重语气,针对性要强一些;如果条子上的问题刚才已经讲过了,但没有讲透彻,就可以在小结时或其他适当的时候进一步讲清楚;如果条子上提的问题事先有准备,这时能够现场作答,那就可以巧妙地"加塞",把它加到某个地方去;如果是不同意见或自己一时还没想明白,就放到会后处置。实践证明,演讲中也许有些内容讲起来很艰难,但有些波折的衬托,反而能使演讲获得更大的成功。

(5) 遭遇变故。在演讲的过程中,可能会遇到一些变故,演讲者要做到处变不惊,应变自如。比如,有一位演讲者上台时,不小心把开水瓶打烂了,下面传来了嬉笑声。这位演讲者随机应变,对大家说:

"对不起，面对各位，我很紧张，上台之前，就腿发软，肉发跳；走上台，手发慌，脸发麻；没想到打坏了热水瓶，就更是声发颤，心发抖。看来我没必要在这里站着说教，我们还是采取座谈的方式吧！"

这种自嘲的语言换来了听众会心的微笑，赢得热烈的掌声。

有位大律师有次为当事人辩护，不小心摔倒在桌子角上，衣服撕开了口，帽子也掉了，十分狼狈。台下听众席上爆发出笑声、掌声和口哨声，这时，他很镇静地走到台中间，微笑地向听众说："对不起，各位，此时此刻，我太激动了。一是为我的当事人；二是为了大家，激动得使我手足无措。衣服破了不要紧，帽子掉了不要紧，只要真理在心中！"

这位律师说完，台下掌声四起，此时的掌声是发自内心的。

我们在演讲中，有时也会出现许多意想不到的带有刺激性和破坏性的突发事件，比如，话筒突然没声，聪明的人马上会说："不要紧，吃东西，喜欢原汁原味；听说话，喜欢原人原说。那么，今天我就把纯天然的声音献给大家，相信大家一定不会嫌弃！"遭遇突然停电，会说"没关系，这可能是黎明前的黑暗，只要大家熬过去，灿烂的明天就会来到！"这些都是在演讲中会经常碰到的，只要我们在演讲前做到心中有数，就不会临场慌乱了。

6. 产生倒掌应冷静处理

无论是生活中的演讲还是在演讲比赛中，常常有这样的一种现象：演讲者讲得口干舌燥、汗流浃背，得到的却是一片极不友好的掌声——倒掌。它是听众对演讲者及其所传播信息的不满和对抗情绪的外露，是一个形式上与赞赏性的掌声无异，而含义却完全相反的"怪胎"。演讲者在追求赞赏性掌声的时候，不能不予以提防。

（1）倒掌的成因。倒掌不是平白无故产生的，通常在演讲者发生下列情况时才被触发。

① 失准。引用数字不准确，举例张冠李戴，讲的道理站不住脚，介绍的情况出入很大，知识有误，错别字百出等，都有可能导致倒掌。

② 失词。背熟的讲词突然遗忘，想好的语流出现断裂，上句不接下句，前言不搭后语，倒掌便乘隙而入。

③ 失态。上台绊了个趔趄，扶话筒打翻了茶杯，喝水呛了一口，敬礼碰掉帽子，清嗓子发出了怪声。笔者曾亲眼见过一位"邋遢大王"当众讲话，掏手帕掏出一只袜子。诸如此类，自然是鼓倒掌的"大好时机"。

④ 失真。若以虚情假意哗众取宠，听众肉麻得受不了，也可能鼓倒掌。有位演讲者介绍他们的集体如何抗洪抢险，本来挺感人的事迹，她却拿腔拿调，扭怩作态，左一个"队长流泪了"，右一个"男子汉们哽咽了"。但那眼泪流的根本就不是地方，所以，台上一"哭"台下就笑。当她第7次说"哭了"的时候，倒掌终于喷薄而出。

⑤ 失时。一开始声明只说几句，谁知讲上了瘾便一发不可收。若是生动有趣、见解独到还罢，偏是些陈芝麻烂谷子，干巴枯燥、索然无味的内容。演讲者只顾自己讲得眉飞色舞，哪管听众早已坐不住。当这种状况持续到听众忍无可忍时，他们也就顾不了情面，抗议的倒掌自然就会出现。

倒掌虽然会因受到某种触发而兴起，但并不是只要演讲者失准、失词、失态、失真、失时，就一定会出现倒掌。还有更深层的原因，主要表现在以下几个方面：一是演讲者的威信。威信主要是由演讲者的受教育程度、工作能力、社会经验、道德品质、与听众的关系等所决定的。倒掌易于发生在威信不高的演讲者身上。二是听众的涵养。倒掌在本质上是情绪性的，如果听众的涵养差，情绪不能自控，遇上威信不高的演讲者的失误，鼓倒掌的可能性就很大。三是演讲的内容。听众对演讲者发表的见解、阐述的事理、抒发的情感在接受上存在心理障碍，也是鼓倒掌的一个重要原因。上面三个原因与倒掌并非彼此孤立的"单线联系"，一次倒掌的出现，往往是两个以上的原因共同作用的结果，它们错综复杂地交织在一起，互相影响、互相制约，极其微妙地制造出倒掌来。

（2）倒掌的处理。倒掌从总体上说是不文明的，但演讲者不能因此而一味埋怨听众缺乏涵养。杜绝倒掌最根本的办法是加强自身修养，树立良好的公众形象。只有平时威信高，演讲时才能镇得住场。同时，每次演讲前都要做充分准备，切勿过分依赖自己的临场发挥能力。演讲中万一出现倒掌，须掌握以下三点。

① 控制情绪。听众因情绪激烈、头脑发热而鼓倒掌，遇到这种情况时，演讲者则要冷静处理。例如，某单位一位工作人员传达上级文件用了两个多小时，传达完毕，听众已经坐不住了，结果领导又要接着讲话，大家便鼓起倒掌来。这位领导没有责怪大家，而是不动声色地按预订计划往下讲，由于要讲的事情很紧急，非讲不可，且与听众的切身利益有关，听众中原先的躁动便消失了并安静下来。演讲者能沉得住气，就是平息倒掌的一种无形的力量。

② 及时补救。对失误带来的倒掌，可在后面的演讲中做适当的纠正和解释，尽量消除对立情绪。例如，有位教师在本单位介绍经验时，说几年来自费买了很多专业书，感到自己的书比图书馆的书管用。刚讲到这里，台下响起了一片倒掌声，他立即意识到此话有批评图书馆的书不管用之嫌，图书馆的工作人员表示不满了。他稍作停顿，又补充了几句："因为自己的书可以随便圈圈点点，勾勾画画，想什么时候翻就什么时候翻，而借图书馆的书是做不到的。"对"管用"一词做了巧妙的解释，听众不由得笑了起来，紧张情绪随之烟消云散。需要注意的是，进行补救只要抓住要害，三言两语即可，防止词不达意，越描越黑。

③ 善意制止。对怀有恶意、故意起哄的倒掌，可通过目光注视、手势指点、停顿示意等方法予以制止，必要时也可直接制止，但不宜拉下脸来大发雷霆。特别是领导演讲时，更要讲究风范，防止以势压人。如果触犯了众怒，非但压不服听众，还会强化听众的逆反心理。

当然，演讲中临场出现的问题是千变万化的，调控的技巧也不仅限于上述几种。一个高明的演讲者应"眼观六路，耳听八方"，善于根据听众对演讲信息的反馈情况，有针对性地采用不同的调控技巧，从而实现对演讲现场的有效调控，取得最佳的演讲效果。

7. 激起兴奋并产生共鸣

演讲稿是演讲的前提与基础，而演讲中最能赢得听众情感共鸣的是你思想的火花。所谓演讲的兴奋点，是指散落在演讲稿中那些富有激情，容易对听众产生较强刺激或引起其高度重视，能产生强烈共鸣的词句。在演讲中设置兴奋点，不但能有效地引发演讲者的深入联想，有利于增强演讲者的自信心，使演讲更加生动感人，而且会让听众时刻跟着演讲者的思维转。这样，台上台下就会同呼吸、共悲欢，形成讲与听的整体效应。

（1）运用闲话艺术。这里的"闲话"是"题外的话"的意思，甚至不能说是无关紧要的话，大多见于演讲的开头，也有见于中间或结尾的。很多演讲者的闲话十分精彩，可以说是"闲话"不闲，而是以宽容开放、宽松和谐的心态，更加从容、更加理性地展现人性的繁杂和生命的真实，以达到雅俗共赏的人文境界，所以称之为艺术。"闲话"可以产生很强的艺术感染力，极大地激发听众兴趣。例如，余光中先生在长沙岳麓书院做题为《艺术经验的转化》演讲，恰逢下雨，他开头就说：

"今天我非常高兴也非常感动，能应邀来湖南访问十天，而且今天特别能来到千年学府岳麓书院跟大家见面。不过，今天的这个场面，一方面有电视转播；另一方面现场放眼一看，好多朋友坐在风中雨中，"风也听见，雨也听见"。（掌声）我非常感动，有这么多朋友冒着风雨来岳麓书院参加这个场合，所以我要求我的朋友待会儿要为听众拍张照，我可以留作纪念。因为从我这里看下去，好像我面对的是一个花园，花园里都是青色蓝色的花朵。我一生演讲从来没有这样一个场面，可以说，一定是将来最值得记忆，也是我回到台湾最值得向我的朋友、我的学生来形容的经验。今天上午好像要放晴的样子，结果又下雨了。后来，朱院长告诉我说，上一次余秋雨先生来演讲的时候，也在下雨。那么，两位余先生的演讲，都是要在风雨之中。不过，我觉得有一点冤枉。因为余秋雨先生他自己就叫作秋雨，他碰到雨水是应该的，我的名字叫光中，我没有看见阳光，只看见镁光。"

余光中先生做学术演讲，不巧当天下雨，看到听众打着伞来听讲。于是他来了一段十分有趣的闲话。他从"我非常高兴也非常感动"的心情切入，对现场情况做了即兴发挥。先说天缘，看到"好多朋友坐在风中雨中"，随即引用"风也听见，雨也听见"，视觉听觉相融，将场面渲染得情意浓浓。再说地缘，"好像我面对的是一个花园，花园里都是青色蓝色的花朵"，这贴切的比喻不仅形似，而且饱含着对听众朋友由衷的赞美之情。然后说这场面是将来最值得记忆，也是最值得向我的朋友、我的学生形容的经验，这是有纪念意义的，所以他要求要为听众拍张照片，说的就是人缘吧。末尾，他将两个余先生的名字对照，巧妙解说，风趣横生。余光中不愧是诗人、学者，虽是一番闲话，却充满诗情画意，有形象色彩，有音韵节奏，有情意抒发，为严谨的学术演讲渲染了热烈的气氛，激发了大家在风雨中听讲的浓厚兴味。

（2）留出掌声空间。掌声能够活跃会场气氛，给演讲者以"感情回报"，使之心情更加愉快，思维更加敏捷，也能给听众以陶冶，使之更加认真投入。掌声的调剂会使演讲产生强烈的现场感染力，因此起草演讲稿时应有意识地给掌声留出一定的空间，这就需要在演讲稿中主动运用那些带有浓厚感情色彩、充满激情的语言，运用那些立场鲜明、见解独到、能够给听众以深刻启迪的语言，以及运用那些热情歌颂真善美、无情鞭挞假恶丑的语言。这些语言能让听众受到激励、鼓舞和启发，从而自发地鼓掌。具体而言，一种是感情澎湃、妙语连珠，如闻一多在《最后一次讲演》中所说的："这是某集团的无耻，恰是李先生的光荣！李先生在昆明被暗杀，是李先生留给昆明的光荣！也是昆明人的光荣！"一种是"寓情感于情理之中，发掌声于妙语之外"。如朱镕基总理在就任伊始的记者招待会上说："不管前面是地雷阵还是万丈深渊，我都将一往无前，义无反顾，鞠躬尽瘁，死而后已！"铿锵的话语赢得了满堂的掌声。

（3）设置兴奋语言。所有能够引起听众兴趣和热切关注的事例、名言、佳句和精辟独到的见解都属于兴奋点的范畴。在演讲稿中，按照演讲内容需要，有计划、有目的地选取一些兴奋语言，绵延不断地"埋设"在演讲稿中，让它像星星一样闪烁，像眼睛一样放射出睿智的光芒，会拉近演讲者和听众的心理距离，满足听众的心理需要。但要讲求顺理成章、水到渠成，千万不能不顾对象地故弄玄虚。例如，美国总统杜鲁门在日本投降时发表的广播演说中，首先把人们的注意力集中到了日本签署无条件投降的美军军舰"密苏里号"上，接着又回顾了四年前的珍珠港事件，让所有美国人的心都为之跳动。在缅怀亲人的同时，阐明这是自由对暴政的胜利，并认定"胜利后的明天将是全世界和平与繁荣的希望"。整篇演讲起伏有致，既肯定了民族的精神与意志，又让人民对明天充满必胜的信心。

（4）提高刺激强度。从生理学角度讲，在限定范围内，人的感官接收外来刺激的强度越大，神经兴奋的程度越高。心理学研究表明，人们最容易记住对自己有重大影响，对自己有利的，自己主观愿意记住的或给予自己重大刺激的信息。听众对演讲反应强弱，或者说演讲对听众兴奋程度的影响，一定程度上取决于演讲语言的强度。演讲语言的强度主要取决于演讲者对演讲内容的熟悉程度、对事物的感悟程度、对问题分析的透彻程度和现实立场的鲜明程度。演讲要尽最大努力把问题看得透彻、准确、鲜明，始终给听众一种压力感和责任感。如泰戈尔在清华大学的一次演讲开头便说："我的年轻的朋友，我眼看着你们年轻的面目，闪亮着聪明与诚恳的志趣，但是我们的中间却是隔着年岁的距离。我已经到了黄昏的海边；你们远远地站在那日出的家乡。"相对陌生而又清新雅致的诗句从诗人的口中缓缓流出，哪一个青年能不为之动情动容，继而为他的妙语连珠所吸引？他由此升发去的《保持纯净灵魂和自由精神》的演讲自然就异常深入人心。

8. 利用空间以增强效果

空间是有语言性的，这是一个基本观点。演讲活动是言语的艺术，那么，在演讲活动中应该怎样巧妙地利用空间语言呢？

（1）满足空间需要。社会心理学和体态语言学的研究均已表明，无论是在人的单独交往中，还是在人的群体交往中，每个人都有一种来自本能的对空间的需求，不论我们所生活的地方怎样改变，我们每个人都在自己的周围保持着一个范围或领土——一片我们力图自己占有而不容侵犯的空间。一旦这种空间需要的平衡遭到破坏，我们就会不由自主地做出各种不同的反应。这就是当我们突然来到一片密集的人群中的时候，便会莫名其妙地感到不自在，甚至很难待下去的社会心理原因。所以，一次演讲活动能否取得圆满成功，首先就要看演讲活动的组织者，能否把众多的听众巧妙地组织和安排在特定的空间里，而不至于使大家感到不愉快。

首先满足听众个体的空间需要。演讲的组织者事先要对参加演讲活动的人员有所了解，尽可能把同一个单位来的听众安排在同一个座位区间，满足他们基于近亲心理而产生的对空间的群体需求。

还有一个很重要的问题是要安排适中的演讲场地，使演讲者与绝大部分听众保持适度的个人距离，从而使所有的演讲活动的参加者，共处一个密度适中的空间之中，以防止由于听众过于拥挤而造成的烦躁情绪相互传染导致"全场浮动"，同时也防止听众一体化心理的形成。在密集群体中，每个人大约需要 0.6 平方米的空间。而疏松的群体中，每个人大约需要 0.9 平方米的空间。在大型的集会中，组织者若考虑人们对个人空间的需要量，并据此来安排活动场地，一般来说就可以维持群体情绪的正常稳定。

（2）保持空间距离。在一定情境下，小型的演讲会与多人座谈会的区别，就在于演讲者与听众之间的距离。正式的演讲，不论规模大小，演讲者总是与听众隔开一定的空间距离。人与人之间的空间距离有时是人的社会地位、社会角色、社会关系的集中表征。演讲者与听众、教师与学生、政治家与平民百姓之间的特定条件下的空间距离，就在于表明各自的"角色"和由这种角色所隐含的社会地位。在今天我国的社会关系中，我们虽不能说演讲者与听众的社会地位有高下之分，但至少可以肯定，在演讲活动这一过程中，演讲者与听众在某一方面的知识地位是不同的。站在讲台上讲的人为师，这种观念无论如何是消除不了的。正因为如此，直到目前，还没有哪个人说要取消演讲者与听众之间的空间距离，让演讲者下台到听众中坐着说。

演讲者与听众之间保持多大的距离为宜，要根据具体情况来确定。一般说，演讲者与前排听众要保持公共距离的近状态（3.5 米左右），与后排听众要保持在公共距离的远状态（7.5 米或更远）。在这个距离的范围内，演讲者与听众之间的关系是合乎社会常规的，一般说演讲的效果是有保证的。演讲者如果离前排听众太近，双方都会出现"慌乱不安"的"惧怕心理"。这种现象是因为演讲者侵入了听众的空间所引起的不安。只要回想一下我们在学校上课时，教师如果离开讲台而站在你的桌子前面时你是什么样的心情，对演讲者与听众之间的"距离"问题就感同身受了。

（3）占据有利地位。"三尺讲台，一方世界"。演讲者能不能占据讲台上的有利地位，直接影响演讲者自己的形象以及与听众（心理）关系倾向。一般来说，演讲者登台演讲之前，讲台已经搭好，演讲者没有多少选择的余地，正因如此，演讲者要注意自己在讲台上的位置。如果讲台高大，演讲者最好不要站在讲台的前沿，以免造成居高临下的错觉。演讲者在这种情境下调整位置，与前排听众的距离稍大一些，就会使全场听众与演讲者之间的视觉距离趋于平缓，尤其是前排听众就不再受"仰受训"之苦；如果讲台矮小，与听众距离太近，你不妨在演讲者与听众之间放一张讲桌，使演讲者"执案而立"，形象突出一些。演讲者还可以根据讲台上的灯光，调整自己的位置，使自己处在光亮中心，缩小与听众的光线距离等。总之，演讲者要利用讲台，塑造自己在听众中的中心地位和高大形象，建立与听众之间平易随和的亲密关系，在最短的时间里尽快地与听众沟通并建立心理联系，从而提高演讲的说服力。

（4）创造空间联想。人的思维是可以超越时空限制的，有时用演讲者的语言、表情、手势、眼神，可以创造一种空间的联想，使演讲者脚下的讲台成为风云变幻、世事更迭的千年"空间"，给广大听众幻化出思想驰骋的疆场和情感遨游的海洋。

许多读者都看过《列宁在一九一八》这部电影，无产阶级革命导师列宁的演讲，给人们留下很深的印象。其中最为典型、最具有说服力与感染力的应该是列宁在演讲舞台上时而挥动手臂、时而把双手插入夹克或裤子口袋里的动作，以及他在舞台上来回走动的姿态，正是这一套"近于程式化"的动作，有力地刻画了列宁的性格，展露了列宁的胸怀，从而给观众留下了无穷无尽的遐想。

作为一个演说家，在讲台上的演与说一定要与场地结合起来，要演得巧妙自然，要调度听众的空间思维、空间形象和空间感受,用空间信息增强说理的效果。因此,演讲者不能只是被动地利用空间,而应当主动地通过体态语言创造空间的可幻想性,为演讲增色,为自身增加光彩。

 实训项目

1. 阅读短文并回答问题

地震中的父与子

马克·汉林

1989 年发生在美国洛杉矶一带的大地震,在不到 4 分钟的时间里使 30 万人受到伤害。

在混乱和废墟中,一位年轻的父亲安顿好受伤的妻子,便冲向他 7 岁儿子上学的学校。在他眼前,那个昔日充满孩子们欢笑的漂亮的三层教学楼已变成一片废墟。

他顿时感到眼前一片漆黑,大喊:"阿曼达,我的儿子!"跪在地上大哭了一阵后,他猛地想起自己常对儿子说的一句话:"不论发生什么,我总会跟你在一起!"他坚定地站起身,向那片废墟走去。

他知道儿子的教室在楼的第一层左后角处,他疾步走到那里,开始动手清理废墟。

当他在废墟中清理、挖掘时,不断地有孩子的父亲急匆匆地赶来,看到这片废墟,他们痛哭并大喊:"我的儿子!""我的女儿!"哭过之后,他们绝望地离开了。有些人上来拉住这位父亲说"太晚了,他们已经死了。"这位父亲双眼直直地看着这些好心人,问道:"谁愿意来帮助我?"没人给他肯定的回答,他便埋头接着挖。

救火队长挡住他:"太危险了,随时可能发生起火爆炸,请你离开。"

这位父亲问:"你是不是来帮助我的?"

警察走过来:"我知道你很难过,难以控制自己,可这样不但不利于你自己的安全,对他人也有危险,马上回家去吧。"

"你是不是来帮助我的?"

人们都摇头叹息着走开了,都认为这位父亲因失去孩子而精神失常了。

这位父亲心中却只有一个念头:"儿子在等我。"他挖了 8 个小时、12 小时、24 小时、36小时,没人再来阻挡他。他满脸灰尘,双眼布满血丝,浑身上下破烂不堪,到处是血迹。到第 38 个小时,他突然听到底下传出孩子的声音:"爸爸,是你吗?"

是儿子的声音!父亲大喊:"阿曼达!我的儿子!"

"爸爸,真的是你吗?"

"是我,是爸爸!我的儿子!"

"我告诉同学们不要害怕,说只要我爸爸活着就一定下来救我,也就能救出大家。因为你说过不论发生什么,你总会和我在一起!"

"你现在怎么样?有几个孩子活着?"

"我们这里有 14 个同学,都活着,我们都在教室的墙角,房顶塌下来架了个大三角,我们都没被砸着。"

父亲大声向四周呼喊："这里有14个孩子，都活着！快来人。"

过路的几个人赶紧上前来帮忙。

50分钟后，一个安全的小出口开辟出来。

父亲声音颤抖地说："出来吧！阿曼达。"

"不！爸爸，先让别的同学出去吧！我知道你会跟我在一起，我不怕。不论发生了什么，我知道你总会跟我在一起。"

这一对了不起的父子经历了这场巨大灾难的磨难后，无比幸福地紧紧拥抱在一起。

问题：

(1) 请把原文生动地讲述出来。

(2) 把原文分别压缩成20字、50字和100字，再讲述出来。

(3) 根据这个故事并联系实际，发表3分钟的演讲。要求题目自拟；复述原文不得超过半分钟；观点要明确且有理有据，并注意说理方式。

2. 综合训练

1）续话演练

小李洗完手后，没有关水龙头就扬长而去。管理员批评他，他反问道："难道你不懂'流水不腐'吗？"

请首先分析一下小李的说法有何不妥，并说明他的话错误的根源是什么。然后以管理员的身份，反驳小李的说法。反驳时最好不要超过三句话。

2）模仿演练

一名领导在一次钢琴演奏会上讲话时，演奏员不小心连人带椅跌落在台下的地毯上，观众发出惊叫，但演奏员却灵活地爬起来，并在宾客的热烈掌声中回到了自己的座位上。由于该领导与演奏员十分熟悉，又看到演奏员摔得较轻，为了化解尴尬气氛并转移听众的注意力，所以正在讲话的领导打趣地说："亲爱的朋友，我告诉过你，只有在我没有获得掌声的时候你才应该这样表演。"一句话，全场响起热烈的掌声和笑声。

假如你在演讲，主持人或者前排的一名听众同样发生了跌落的情景，请你说一句话，把听众的注意力重新吸引到你的演讲中来。

3）控场演练

一对新人的婚礼仪式结束后，主持人领着新郎新娘从婚礼台上走下来，正准备举杯给来宾敬酒，不料突然停电了，全场一片漆黑。正在这时，只听主持人朗声说："……"全场随即由一片喧闹转为一阵欢笑。

请根据这种情况，把婚礼主持人的话续说出来。现场情况是2分钟以后才来电的，所以延续的话至少要说2分钟。

4）全面控制训练

演讲前的情绪波动，常常表现为气息不匀；或压抑滞缓，情绪低落；或呼吸加快，情绪激动。

练习方法：缓缓地长吸一口气，然后重重地像叹气似的呼出去，反复几次，可以促使情绪积极活跃,进入亢奋状态;然后吸一口气再缓缓地呼出,可以平息急躁并克制紧张,这样练习有助于情绪自然放松。

5) 环境抗干扰训练

演讲中常有某种"意外"事情发生,干扰演讲者的情绪,往往会使演讲者功亏一篑。练习抗干扰应贯穿在演讲准备的全过程中。

训练时,可在公众场合(如教室、办公室、楼道、操场)进行,不管周围人们是否穿梭往来、谈天说地,不管有无人围观;更不因自己动作、表情不成熟而有为难感,应对周围的一切做到视若无睹、充耳不闻。这种练习开始时难度较大,很容易走神忘词,但只要坚持下去,一定会取得成效。如能在练习中逐步把周围的人都吸引过来聆听演讲,那就说明有了收获,将会极大地鼓舞自己成功的信心。

6) 应变训练

对演讲者来说,应变能力是演讲中必不可少的,而这种能力需要在日常生活中不断地学习和练习才能有所提高。

(1) 偶发事件应变。例如,陈毅任外交部部长时到亚洲某国访问,这个国家的宗教领袖代表僧众向陈毅赠送佛像。大家都知道共产党不信宗教,都盯着陈毅,看他如何应付这件事。陈毅高高兴兴地接过佛像,大声说:"靠佛祖保佑,从此我再也不怕帝国主义了。"这在 20 世纪 60 年代亚非拉各国兴起反帝反封建运动高潮时说这样的话,自然引来雷鸣般的掌声和笑声。

再比如,老师正在上课,外面下起了雨,滴滴答答的雨声引得学生都往窗外看去,那么此时老师如何将学生的注意力引回来?他当然可以用简单的语言说:"雨有什么好看的?"但这样说效果欠佳。如果他能随口吟出杜甫的诗句:"好雨知时节,当春乃发生。随风潜入夜,润物细无声。"再意味深长地说:"真是一场知时节的好雨啊,不过我们太去注意反而要辜负春雨润物的美意了。"这样,老师既自然而然地把学生的注意力拉回到课堂上来,又让学生在真情实景之下体会了该诗的美妙。

为提升演讲时的应变能力,平时可以进行如下训练:

① 讲话时突然有不速之客插入,设想该如何与之交谈。

② 讲话时突然被不大友好的插话打断,设想一下该怎么办。

③ 别人提出一些刁钻古怪的问题,设想该如何应变。

(2) 反对意见应变。演讲时当然希望听众认可自己的话,这会鼓励演讲者继续讲下去。但事实上,有时会有反对意见,这时先要弄清听众的反对意见是不是有道理,如果有道理,演讲者就应持诚恳的态度,实事求是地表示接受对方的反对意见,还应该感谢对方的批评指正,否则固执地坚持错误观点是不明智的;如果问题属于有争议、无定论的范围,各家说法均可站得住脚,这时应与对方以平等的地位辩论,实在说不清楚可以先搁置一边,没必要争出是非曲直;如果对方与自己所说观点只是思路不同,结论相似,我们更应把握好情绪,耐心听取对方的意见,从中还可以吸收一些对自己有益的东西,补充自己的叙述。

平时训练时要注意:第一,讲述某个重要问题时,尽量广泛地查阅资料,弄清楚理论界在这一问题上有哪些主要观点,自己倾向于哪一种,这样易于与他人的思路接轨。第二,平时多提出一些问题与他人讨论,细心听取意见,尤其对那些反对自己的意见多关注一下,想想该如何应对。第三,常读理论书刊,常做逻辑练习题,常写驳论文章。

（3）互问、互答训练。请自己的朋友设计一组尝试性问题,然后向你快速提问,你再快速流畅地回答,看看在100秒钟内能正确地回答出多少问题。请试着快速回答下列各题,并计时。

① "雷鸣电闪"和"电闪雷鸣"哪种说法更合理?

② 什么动物代表澳洲?

③ 处于困境又遇生路可用什么成语表达?

④ 1千克铁重还是1千克棉花重?

⑤ 我们看到的什么影子最大?

⑥ 鸟都是会飞的说法对吗?

⑦ 1只猫5分钟抓1只耗子。100分钟内要抓100只耗子,需要几只猫?

⑧ 什么马不能跑?

⑨ "话不投机"与"投机取巧"两个词中的"投机"的意思相同吗?

⑩ 10条金鱼在鱼缸中,死了1条还有几条?

⑪ 大人搀着小孩,小孩是大人的儿子,但大人不是小孩的父亲,那这人是谁?

⑫ 自己说了什么话却并不知道?

⑬ 什么东西不能用放大镜放大?

⑭ 什么东西能携带万吨原油却不能带去1斤糖?

⑮ 两个爸爸和两个儿子上山打猎,每人打了一只野兔,一共却只有3只,这是什么原因?

（4）快答训练。请一位朋友向你提问,你再直接快速地回答,提出问题的时间不计算在内,看答话用了多少时间。问题如下:

① 你的优点是什么?

② 你的缺点是什么?

③ 你的爱好是什么?

④ 这个爱好是怎么形成的?

⑤ 这个爱好给你带来了什么好处?

⑥ 这个爱好为什么至今没有转移?

⑦ 你的烦恼是什么?

⑧ 你最珍惜的是什么?

⑨ 你最讨厌的是什么?

⑩ 你最崇尚什么?

⑪ 你最喜欢的格言是什么?

⑫ 你最大的乐趣是什么?

⑬ 你平时经常想的内容是什么?

⑭ 你做人的信条是什么？

⑮ 你最大的愿望是什么？

⑯ 你怎样评价自己？

⑰ 听到闲言碎语你如何对待？

⑱ 你是喜欢春天还是冬天？

训练提示：第一，问句的角度要求避免单调和程式化，要富有变化。回答时的观点要求旗帜鲜明，坦率从容，也可以含蓄风趣一点，有一些哲理色彩。第二，回答要简单明了，多用短语，尽可能一两句话就把自己的意思说得明明白白。多用直言句式直截了当地应对，不要模棱两可，也要力求避免运用简单的肯定、否定（如"是"或"不是"）方式作答。第三，少说空话、套话，内涵力求丰富充实，要敢于亮出自己的想法，不要遮遮掩掩；要显示出自己鲜明的个性。第四，要留意复杂问句。所谓"复杂问句"是指隐含某种假定前提的问句，如"你还想着去北戴河旅游吗？"这句话隐含的前提是"曾经或一直想着去北戴河旅游"。其实你可能从来就没有"想"过，所以要回答针对"想没想"，而不是"去不去"。对这类问句要留心前提，才能做出有针对性的回答。

 课后练习

1. 由同学们试着运用本任务介绍的演讲技巧，轮流到讲台上演讲。题材不限，时间为3分钟。

2. 以下是人们总结的演讲经验十六条，请演讲时对照检查与练习。

（1）演讲的前一晚必须保证睡眠充足，使喉咙获得良好的休息。

（2）穿着合身得体的服装。

（3）在演讲前，如果有机会与听众打成一片，应该把握住，比如，与听众握握手，对他们微笑，或打个招呼。

（4）在心理、情绪、精神上保持放松，预先设想一下可能发生的事情，但不要形成困扰。

（5）在讲台上要轻松自在地站好。

（6）最应该注意的当然是演讲的内容。在做引言时，应先将重点将主题陈述出来。然后在正文中将主题一一剖析，并且赋予新的观点。试着多讲一些辞藻丰富的话。如有可能，最好增加一点幽默的文字。注意重点内容的强调，比如，可以戏剧性地说出重点，随后降低声音，再停下来。

（7）准备周全的题材，并且做充分的预备和练习。

（8）演讲前不要进食太多。乳制品尤应禁止，因为它可能使你的喉咙充满黏液。

（9）演讲前对自己说："你很棒！"

（10）上台前做几次张大嘴巴的动作，大笑也可以，这样你的下颚会变得柔韧舒服。

（11）要准备说话时，保持微笑并环视所有听众，然后做一次深呼吸。

（12）头几句要轻松幽默一点，尽量引领听众不由地发笑。

（13）在听众中找几张认真倾听的脸，经常望望他们，这会令你觉得自己被重视。

（14）仔细听一听麦克风传来的自己的声音，以确定自己的嘴巴应靠麦克风是近一点还是远一些。

（15）多用一些肢体语言，借此帮助你吸引听众的注意。

（16）手边放一杯冰水，喉咙干燥时就啜一口。

（资料来源：佚名. 演讲经验16条［EB/OL］.［2021-03-24］.http://fanwen.geren-jianli.org/203670.html.）

任务5 社交口才

如果你是对的,就要试着温和地、巧妙地让对方同意你;如果你错了,就要迅速而热诚地承认,这要比为自己争辩有效和有趣得多。

——[美]戴尔·卡耐基

 导入案例

经理室的对话

小王是一家科教设备公司的推销员,他希望通过勤奋的工作来创造良好的业绩。一天他急匆匆地走进一家公司,找到经理室,于是就有了如下的一段对话。

小王:"您好,李先生。我叫王乾,是科教设备公司的推销员。"

经理:"哦,对不起,这里没有李先生。"

小王:"你是这家公司的经理吧? 我找的就是你。"

经理:"我姓于,不姓李。"

小王:"对不起,我没听清你的秘书说你是姓李还是姓于。我想向你介绍一下我们公司的彩色复印机……"

经理:"我们现在还用不着彩色复印机。"

小王:"噢,是这样。不过,我们还有别的型号的复印机,这是产品目录,请过目。(接着,掏出香烟和打火机)你来一支。"

经理:"我不吸烟,我讨厌烟味,而且我们公司是无烟区。"

小王:……

(资料来源:佚名.接近准顾客[EB/OL].[2012-05-15]. https://wenku.baidu.com/view/464b5b6e011ca300a6c3907a.html.)

思考题:

(1) 小王与经理的对话存在什么问题?

(2) 社交口才为什么重要? 请举例说明。

 课前问题

- 社交中应如何与人交谈?
- 问、答的语言艺术包括哪些?
- 赞美有哪几种? 应怎样赞美他人?
- 说服和拒绝他人应运用怎样的语言艺术?

5.1 交谈的语言艺术

美国哈佛大学前校长伊立特（Elite）曾说："在造就一个有修养的人的教育中，有一种训练必不可少，那就是优美、高雅的谈吐。"交谈是交流思想和表达感情最直接、最快捷的途径。在人际交往中，因为不注意交谈的礼仪规范，或用错了一个词，或多说了一句话，或不注意词语的色彩，或选错话题等，从而导致交往失败或影响人际关系的事时有发生。因此，在交谈中必须遵从一定的礼仪规范，才能达到双方交流信息及沟通思想的目的。

1. 符合基本要求

语言作为人类的主要交际工具，是沟通不同个体心理的桥梁。交谈语言的基本要求包括以下几个方面。

（1）准确流畅。在交谈时如果词不达意或前言不搭后语，很容易被人误解，达不到交际的目的。因此在表达思想感情时，应做到口音标准，吐字清晰，说出的语句应符合规范，避免使用似是而非的语言。应去掉过多的口头语，以免语句割断；语句停顿要准确，思路要清晰，谈话要缓急有度，从而使交流活动畅通无阻。语言准确流畅还表现在须让人听懂，因此言谈时尽量不用书面语或专业术语，因为这样的谈吐会让人感到太正规、受拘束或是理解困难。例如，古时有一笑话说的是有一书生，突然被蝎子蜇了，便对其妻子喊道："贤妻，速燃银烛，你夫为虫所袭！"他的妻子没有听明白，书生更着急了："身如琵琶，尾似钢锥，叫声贤妻，打个亮来，看是何物！"其妻仍然没有领会他的意思，书生疼痛难熬，不得不大声吼道："快点灯，我被蝎子蜇了！"真是自作自受。

（2）委婉表达。交谈是一种复杂的心理交往，人的微妙心理、自尊心往往在里面起重要的控制作用，触及它，就有可能产生不愉快。因此，对一些只可意会不可言传的事情，人们回避忌讳的事情，以及可能引起对方不愉快的事情，不能直接陈述，只能用委婉、含蓄、动听的话去说。常见的委婉说话方式如下。

第一，避免使用主观武断的词语，如"只有""一定""唯一""就要"等不带余地的词语，要尽量采用与人商量的口气。

第二，先肯定后否定，学会使用"是的……但是……"这个句式。把批评的话语放在表扬之后，就显得委婉一些。

第三，间接地提醒他人的错误或拒绝他人。

（3）掌握分寸。谈话要有放有抑有收，不过头，不嘲弄，把握好"度"；谈话时不要唱"独角戏"，夸夸其谈，忘乎所以，不给别人说话的机会；说话要察言观色，注意对方情绪，对方不爱听的话少讲，一时接受不了的话不急于讲。开玩笑要看对象、性格、心情、场合，一般来讲，不随便开女性、长辈、领导的玩笑，一般不与性格内向、多疑、敏感的人开玩笑，当对方情绪低落、心情不快时不开玩笑，在严肃的场合或用餐时不开玩笑。

（4）幽默风趣。交谈本身就是一个寻求一致的过程，在这个过程中常常会出现不和谐的地方并可能产生争论或分歧，这就需要交谈者随机应变，凭借机智抛开或消除障碍。幽默还可以化解尴尬局面或增强语言的感染力，这建立在说话者所具有的高尚的情趣、较深的涵养、丰富的想象、乐观的心境,以及对自我智慧和能力自信的基础上,不是耍小聪明或"卖嘴皮子",而应使语言表达既诙谐又入情入理,应体现一定的修养和素质。比如,有一次梁实秋的幼女文蔷回去探望父亲,他们便邀请了几位亲友到一家饭店聚餐。酒菜上齐,唯独白米饭久等不来。经一催二催之后,仍不见白米饭踪影。梁实秋无奈,待服务员上菜之际,诙谐地问:"怎么饭还不来,是不是稻子还没收割?"服务员眼都没眨一下回答:"还没插秧呢!"本是一个不愉快的场面,经服务员这一妙答,众人大乐。

2. 使用礼貌用语

使用礼貌用语是人类文明的标志,也是全世界共同的心声。使用礼貌用语不仅会得到人们的尊重,提高自身的信誉和形象,而且还会对自己的事业起到良好的辅助作用。在我国,政府有关部门向市民普及文明礼貌用语,基本内容为十个字:"请""谢谢""你好""对不起""再见"。在实际的社会交往中,日常礼貌用语远不止这十个字。归结起来,主要可划分为如下十几个大类,如表 5-1 所示。

表 5-1　礼貌用语一览表

序号	礼貌用语类型	举　例
1	问候用语	您好!/各位好!/××小姐好!/××先生好!/××主任好!/早上好!/中午好!/下午好!/晚安!/各位下午好!/××经理早上好
2	欢迎用语	欢迎!/欢迎光临!/见到您很高兴!/恭候光临!/××先生,欢迎光临!/欢迎再次光临!/欢迎您又一次光临本店
3	送别用语	再见!/回头见!/慢走!/走好!/欢迎再来!/保重!/一路平安!/旅途顺利
4	请托用语	请稍候!/请让一下!/劳驾!/拜托!/打扰!/请关照!/请您帮我一个忙!/劳驾您替我看一下这件东西!/拜托您为这位女士让一个座位
5	致谢用语	谢谢!/××先生,谢谢!/谢谢,××小姐!/谢谢您!/十分感谢!/万分感谢!/多谢!/有劳您了!/让您替我们费心了!/上次给您添了不少麻烦
6	征询用语	您需要帮助吗?/我能为您做点什么?/您需要点什么?/您需要哪一种?/您觉得这件工艺品怎么样?/您不来一杯咖啡吗?/您是不是很喜欢这种方式啊?/您是不是先来试一试?/您不介意我来帮助您吧?/您打算预订雅座还是散座?/这三种颜色您更倾向于哪一种
7	应答用语	是的。/好。/很高兴能为您服务。/好的,我明白您的意思。/请不必客气。/这是我们应该做的。/请多多指教。/过奖了。/不要紧。/没关系。/不必,不必。/我不会介意
8	赞赏用语	太好了!/真不错!/对极了!/相当棒!/非常出色!/您真有眼光!/还是您懂行!/您的观点非常正确,看来您一定是一位内行。/哪里,哪里,我做得还很不够。/承蒙夸奖,真是不敢当。/得到您的肯定,的确让我们很开心
9	祝贺用语	祝您成功!/一帆风顺!/心想事成!/身体健康!/生意兴隆!/全家平安!/节日快乐!/活动顺利!/新年好!/春节快乐!/生日快乐!/旗开得胜,马到成功
10	推脱用语	您可以到对面的商场去看一看。/我可以为您向其他专卖店询问一下。/下班后我还有其他安排,很抱歉不能接受您的邀请
11	道歉用语	抱歉。/对不起。/请原谅。/失礼了。/失言了。/失陪了。/失敬了。/有失远迎。/不好意思,多多包涵。/很惭愧。/真的很过意不去

3. 慎重选择话题

所谓话题，是指人们在交谈中所涉及的题目范围和谈资内容。换言之，话题是一些由相对集中的同类知识、信息构成的谈话资料及其相应的语体方式、表述语汇和语气风格的总和。在人际交往中，学会选择话题，就能使谈话有个良好的开端。交谈中宜选的话题主要包括如下几种。

（1）既定的话题。即交谈双方业已约定，或者一方先期准备好的话题，如征求意见，传递信息，研究工作等。

（2）内容文明，格调高雅的话题。如文学、艺术、哲学、历史、地理、建筑等，这类话题适合各类交谈，但忌不懂装懂。

（3）轻松的话题。这类话题令人轻松愉快且身心放松，适用于非正式交谈，允许各抒己见，任意发挥。轻松的话题主要包括文艺演出、流行、时装、美容美发、体育比赛、电影电视、休闲娱乐、旅游观光、名胜古迹、风土人情、名人逸事、烹饪小吃、天气状况等。

（4）时尚的话题。即以此时此刻正在流行的事物作为谈论的中心。这类话题变化较快，不太好把握。

（5）自己擅长的话题。尤其是交谈对象有研究及有兴趣的话题。比如，青年人对于足球、通俗歌曲、电影电视的话题较为关注，而老年人对于健身运动、饮食文化之类的话题较为熟悉；公职人员关注的大多是时事政治、国家大事，而普通市民则更关注家庭生活、个人收入等；男人多关心事业、个人的专业，而妇女对家庭、物价、孩子、化妆、衣料、编织等更愿意津津乐道。

在交谈时要注意交谈的话题有所忌讳。在交谈中，若双方是初交，则有关对方年龄、收入、婚恋、家庭、健康、经历这一类涉及个人隐私的话题切勿加以谈论。

由于人们的经历、职业、兴趣、学习状况不同，每个人所掌握的话题状况各不相同，都有一定的局限性，因此必须尽量扩大话题储备，因此要有知识储备。对于掌握话题广度影响最大的是自身的学习状况和进取精神。一个人如果有理想，有追求，思想境界高，而且肯下功夫学习，爱读书看报，并关注社会现实生活，有较多的朋友，把看到、听到的东西有意识地加以记忆和积累，就会变得学识渊博。比如，对时事政策、天文地理、政治外交、文艺体育、花鸟鱼虫、音乐美术几乎无所不知，由于视野开阔，谈资和知识面自然会比别人宽得多。

4. 善于耐心倾听

有一句老话说得好："人长着一张嘴巴，两只耳朵，就是为了少说多听。"与人交谈不但要善于表达自己的意思，而且还要善于聆听对方的说话，这在社会交往活动中是个不容忽视的问题。认真听取他人讲话可以获得更多的信息，抓住机会向别人学习，可以避免和减少说话的失误，使谈话简而精，同时也是对对方的尊重。

听和说是谈话交流的两个方面，倾听是语言表达的前提，善于耐心倾听主要表现在以下几个方面。

（1）表示得当。眼睛是心灵的窗户，在倾听时应该与说话的人交流目光，让你的眼神和表情表示出你在专心听，你的态度是认真的。一定要聚精会神地注视对方，传递出你"很欣赏、有同感"的信息。但应注意，不要自始至终地死盯着对方的眼神。

倾听时适当发出"哦""嗯"等应答声,表示自己在认真倾听,这会激起对方继续讲话的兴趣。否则,对方会怀疑你是否心不在焉。即使你对谈论的话题感到有点不耐烦,也不要急于插话或打断对方的话,要等到对方讲话有了停顿并告一段落的时候,再表明自己的想法。

倾听时,认真专心的姿态并不等于一言不发,更不是对他人的每一句话都随声附和,不说一个"不"字。人云亦云,从不表达自己的真实意见,自己会被视为毫无主见或者滑头,这样,他人是不会敞开心扉而畅所欲言的。在专心倾听的同时,得体地向对方表达自己的观点和意见,不但不会得罪人,反而会受到对方的欢迎。

交谈中,有相当一部分内容是没有绝对是非标准的,诚恳地表达自己的意见,对方一般不但会通情达理地予以接受,而且会进一步激发思考,拓展思路,使谈话处于良好的互动状态。

(2)抓住要点。当对方讲到要点的时候,如果表示赞同,应点一点头,这实质是在发出一个信号,让对方知道你在赞许他,这时候他才会有兴致继续讲下去。有的人在听讲话的时候会轻微地摇头,尽管这个动作并不是故意的,但常常会引起对方的误解,使别人以为你并不认可对方的说法。

对于要点,你可以要求对方谈得再详细一些,这说明你对交谈的话题很重视。需要有进一步的了解,并引导对方做更进一步地阐述,便于你获取更多的信息。

当没有听清楚或没有听明白对方所说的话的时候,要等到对方讲完以后再询问,不要在中途随意打断对方的话语,否则对方会因为思路或兴致被中断而不悦。

对方的话我们听得越明白,就越容易理解对方。

(3)适时提问。通过提问,暗示你的确对别人的谈话感兴趣,同时启发对方引出你感兴趣的话题。我们应当知道,并不是人人都会一见如故地畅所欲言,交谈也有冷场的时候。沉默和尴尬往往使谈话不顺利,这时你可以寻找话题及时提问。再好的话题也有说完的时候,当交谈者的兴趣减弱的时候,只重复一些没有新意的问题是枯燥无味的,这时就应该提出一些新的话题。

众所周知,有定论或大家所见略同的问题不必老调重弹,你可以从新角度、新层次和联系新事例提出自己的观点和看法,引导对方乐于与你进行更广泛的交谈,这样有利于你主动掌握话题,更深入地倾听和了解对方。

5. 掌握闲谈的技巧

在交际场合中,闲谈可以帮助你与别人建立亲密的关系,缓和紧张气氛;还会帮助你树立一个平易近人的良好形象,让别人从你的闲谈中感受你的见多识广,了解彼此的性格和建立和睦的私人关系;同时,你自己也可以从闲聊的过程中知晓各种有益的商业信息,因为人们往往能在不经意的闲聊中获得有用的信息。闲聊能反映一个人的知识、修养、追求与爱好。善于与别人闲聊的人往往能得到别人的喜欢,获得更多的朋友,也让别人得到信息和感受到幽默的快乐。

(1)选择话题,注意话题的安全性。在闲谈的时候一定要选择安全的话题,例如,谈一谈孩子、天气状况、文化动态、交通堵塞、特价、环境问题、社会或城市的毛病等话题,不要涉及他人的收入、小道消息、私生活等话题,要避开办公室的有关公事。另外,最好找到双方共同感兴趣的话题，不要一味只顾自己高兴，而冷落了他人的参与，这是不礼貌的，也是没有交际技巧的表现。

（2）适时发问。在交谈中，适时发问可以使交谈按照某个目标继续进行，并调整交谈的气氛。同时，在事先没有准备的情况下应根据对方的身份、地位、场合、关系来决定提问的内容，进而使问题问得更得体。巧妙地进行提问能使你获得需要的信息、知识和利益，并且证明你十分重视对方的谈话，从而激起对方的兴趣，向你提供更多的信息。

（3）注意反应。闲谈中要注意察言观色。当你提出问题后，对方避而不答或转移话题，那就表示需要换一个对方感兴趣的话题了。

（4）闲谈的语言要求。要注意礼貌待人，不要出语伤人。也要注意机智幽默，因为闲谈中临场发挥的特点决定了双方都要具有高度的机智性和灵活性，另外，幽默的人往往容易受到人们的欢迎。

（5）不要随便打断对方的讲话。有的人总喜欢打断对方的交谈，这是不尊重对方的表现，应该是等对方把话说完再进行发言。

（6）避免行话、术语。不论是在什么场合，只要与非专业人士交流，一定要注意不要使用过多的行话、术语和方言，很多术语一般人是不懂的，尤其是不同文化背景的人理解更困难。

（7）不要胡乱幽默。在闲谈的时候，应考虑为对方能否理解自己的幽默。有时你认为幽默搞笑的事情，别人（尤其是外国人）不一定明白你讲的幽默搞笑之处，这种情况是很尴尬的。

（8）不要与别人抬杠、争执。俗话说和气生财，和气才能广交朋友。在交谈时不要与人发生无谓的争执，不要争强好胜，否则是不礼貌的。

（9）避免搬弄是非。在正式的商业场合中，一言一语都会成为影响商务交往的重要信息，不能搬弄是非，不要传播别人的信息，不要传播小道消息。朋友对你说的心里话，不要当作闲谈的资料去到处宣扬，这样做是不道德的，你会因此失去很多朋友。

6. 弥补言行失误

如果与人交往时不注重礼仪，往往会由于举止言行的某一个失误而导致终生遗憾。那么，在言行出现失误的时候，该怎样弥补呢？

（1）及时纠正。俗话说："亡羊补牢，未为晚也！"每个人的言行不可能永远正确，当你一时出现失误时，应及时纠正，这才是明智之举。这在一定程度上避免了当面出丑。例如，一次美国总统里根访问巴西。由于旅途疲乏，年纪又大，在欢迎宴会上他脱口说道："女士们，先生们！今天，我为能访问玻利维亚而感到非常高兴。"

有人低声提醒他说错，里根忙改口道："很抱歉，我们不久前访问过玻利维亚。"

当人们还来不及反应时，他的口误已经淹没在后来滔滔的长篇大论之中了。

（2）及时移植。及时移植就是把错话移植到他人头上。比如说："这是某些人的观点，我认为正确的说法应该是……"这样就把自己已出口的某句错误纠正过来了。对方虽有某种感觉，但是无法认定是你说错了。

（3）及时引申。一旦发现错误，应迅速将错误言辞引开，避免在错中纠缠。比如，接着错误的话马上说："然而正确的说法应该是……"或者说："我刚才那句话还应作如下补充……"这样就可将错话遮掩过去。

（4）借题发挥。借题发挥就是错话一经出口，在简单地致歉之后立即转移话题，有意借着错处加以发挥，以幽默风趣、机智灵活的话语改变场上的气氛，使听者随之进入新的情境中去。例如，有一个新毕业的大学生去某合资公司求职，一位负责接待的先生递过来名片。大学生神情紧张，匆匆一瞥，脱口说道："藤野先生，您身为日本人，抛家别舍，来华创业，令人佩服。"那人微微一笑："我姓滕，名野七，地道的中国人。"大学生面红耳赤，无地自容，片刻后神志清醒，诚恳地说道："对不起，您的名字使我想起了鲁迅先生的日本老师——藤野先生。他教给鲁迅许多为人治学的道理，让鲁迅受益终身。希望滕先生日后也能时常指教我。"滕先生面带惊奇，点头微笑，最终录用了他。

（5）将错就错。这种方法就是在错话出口之后，能巧妙地将错话续接下去，最后达到纠错的目的。其高妙之处在于能够不动声色地改变说话的情境，使听者不由自主地转移原先的思路，不自觉地顺着说话人的思维而思考。例如，某次婚宴上，来宾济济，争相向新人祝福。一位先生激动地说道："走过了恋爱的季节，就步入了婚姻的漫漫旅途。感情的世界时常需要润滑。你们现在就好比是一对旧机器……"其实他本想说"新机器"，却脱口说错，举座哗然。一对新人更是不满之意溢于言表，因为他们都曾各自离异，自然以为刚才之语隐含讥讽。那位先生的本意是要将一对新人比作新机器，希望他们能少些摩擦，多些谅解。但话既出口，若再改正过来，反而不美。他马上镇定下来，略一思索，不慌不忙地补充一句："已过磨合期。"此言一出，举座称妙。这位先生继而又深情地说道："新郎新娘，祝福你们永远沐浴在爱的春风里。"大厅内掌声雷动，一对新人早已笑若桃花。

这位来宾的将错就错令人叫绝。错话出口，索性顺着错处续接下去，反倒巧妙地改换了语境，使原本尴尬的失语化作了深情的祝福，同时又道出了新人之间情感历程的曲折与相知的深厚，颇有些"点石成金"之妙。

7. 避免冷场发生

与人交谈，一个话题谈完了，如果两个人不善言谈，而另一个话题又没接上，就有可能出现"冷场"的尴尬局面，别人会显出局促不安的神态，你也会无所适从，那么此时应该怎么办呢？一般来说，冷场分为两种情况：一种是单向交流，听的人毫无兴趣，注意力分散；另一种是双向交流中，听者毫无反应，或仅以"嗯""噢"之类应付。不管是哪种情况出现的冷场，根本原因都在于听者不愿听说话人所说的话，听者仅仅出于纪律的约束或处世的礼貌而扮演一个"接受"的角色。发言者既要发言，必须实施控制，避免冷场的发生。方法如下：

（1）发言要简短。单向交流中那种应景式讲话越短越好。如某商场举行开业仪式，邀请了市内各方面的人士参加。总经理只说了两句话："女士们，先生们：热忱欢迎各位光临！现在我宣布——××商场正式开业！"

双向交流中，任何一方都不要滔滔不绝地"包场"，要有意识地给对方留出发言的时间和机会。自己一轮讲不完，应待对方有所反应后再讲，不要一轮就讲得很长。

（2）交换话题。单向交流的话题变换是暂时的，所变换的话题是为了吸引听者的注意力，调动他们的兴趣。这一目的达到后，仍要回到原有话题的轨道。例如，教师在讲课过程中发现学生精力分散，东张西望，打瞌睡，窃窃私语，在桌上乱画时，可以暂停讲授，穿插几句应景、时髦、诙谐的话；或者简短地讲个与教学多少相关的典故、趣闻，学生的精力便会一下集中起来,之后再继续教学。双向交流的话题变换是不定的,根据现场情况随时进行。比如,你与别人谈今日凌晨看的一场世界杯足球赛电视直播,可别人并不喜欢足球,也没有在半夜爬起来观看,对你所讲内容显得毫无兴趣,出现了冷场,这时,你就应及时将话题转到其他方面去。

（3）中止交谈。任何人在交谈时都不希望听者不愿接受。但若这种情况出现后,自己又采取了诸如缩短发言及变换话题等手段仍然不能扭转冷场的局面,那就应中止交谈。没有人接受的交谈是无意义的,既白白消耗自己的精力,又无端浪费别人的时间。

5.2　问答的语言艺术

1. 提问的语言艺术

在社交活动中,提问往往是交谈的起点,是把话题引向深入的方式之一,因此,会不会问,该怎么问,问什么,都直接影响着交际的效果。

（1）提问的作用。中医讲究的望、闻、问、切四种疗法,在人际交流过程中同样适用。提问者必须掌握察言观色的技巧,学会根据具体的环境特点和谈话者的不同特点进行有效的提问。提问有以下三个作用。

① 有利于把握回答者的需求。通过恰当的提问,提问者可以从回答者那里了解到更充分的信息,从而对回答者的实际需求进行更准确的把握。

② 有利于保持沟通过程中双方的良好关系。当提问者针对回答者的需求进行提问时,回答者会感到自己是对方注意的中心,他（她）会在感到受关注、被尊重的同时,更积极地参与到谈话中来。

③ 有利于掌控沟通进程。主动发出提问可以使提问者更好地控制对话沟通的进度,以及今后与回答者进行沟通的总体方向。一些经验丰富的提问者总是能够利用有针对性的提问来逐步实现自己的询问目的和沟通目标,并且还可以通过巧妙地提问来保持友好的关系。

（2）提问的原则。这主要包括如下原则。

① 提问对象的辨识。提问应因人而异,即从对方的年龄、身份、职业、性格及不同的民族文化背景出发,选择不同的提问方式和技巧。例如:

临近教师节了,一位实习记者被派往一所省级示范中学采访在教改中做出突出贡献的张老师。这位实习记者见面就问:"您是哪所大学毕业的呀?"张老师回答:"我没上过大学。如果你是来找大学学历的教师,那你找错门了。上过大学的教师,我们学校有很多!"结果这位实习记者讨了个没趣。为了缓和气氛,他转移话题,准备从生活入手,随口问道:"您孩子多大了?该上初中了吧?"张老师脸一红,很不高兴地说:"我还没结婚呢……"随后说声"失陪"便抽身离去。这位不看对象、不善提问的实习记者感觉十分尴尬。

② 提问场合的敏感性。提问要注意场合,比如,在厕所里一般不适合高谈阔论;在办公室里当对方很忙或正在处理一些急事时不宜提琐碎无聊的问题;当对方伤心或失意时,

不宜提太复杂、太生硬或者是可能引起对方不愉快的问题。注意场合还要考虑对方的回答,比如,一位中学生很想去游泳,但他父母不让去,如果当着他父母的面,你问他:"去游泳吗?"这位中学生可能因为怕他父母会给你一个虚假的回答"不去"。如果换个场合提问,这位同学可能会说"去游泳"。

③ 提问目的的鲜明性。在提出疑问的时候,要带着鲜明的目的性而提出问题。或者为了寻找答案,或者为了引导对方进一步说明问题,或者作为问题的假设和可能……这些都是提问的目的,鲜明的目的能够让提问变得有效。然而,鲜明并不等于完全直接提问,在某些情况下,通过旁敲侧击或者"曲线救国"反倒会比直接询问更有效果。此外,还应注意在旁敲侧击时一定要紧扣提问的主题,不能失去根本。

④ 提问方式的多样性。在提问过程中不要拘泥于一种提问方式,单一的提问与回答的形式会使沟通变得不自然、不活跃,会影响到回答者的思考模式。提问的方式要多样,要根据不同的沟通内容、不同的沟通目的、不同的环境而使用不同的提问方式。如提前给出问题,让回答者进行准备,有利于获得相对完整和系统的回答;在现场沟通中进行提问,则可以得到直接而相对真实的回答。连环式的提问具有引导作用;跳跃式的提问则可以开拓思维;设问式的提问可以问为答;反问式的提问则具有压迫性……

⑤ 提问语言的简明性。提问的语言不宜过长,要通俗、干净、利索,不要拖泥带水、含糊其辞,但应具有启发性和诱导性。提问中的语言必须能为对方所理解,同时要注意提问中不要提一些"是不是""对不对"等不需要动脑的问题,因为这样就得不到正确的或者提问者想要的答案。

⑥ 提问难度的适中性。提出的问题要与沟通的内容相关,不要出现风马牛不相及的"提问",也不要出现重复的"错问"。同时,提出问题的难度要适中,必须考虑到沟通对象的年龄特征、知识水平和接受能力。一般说来,低难度的问题是针对较为具体的特殊的事例,中难度的问题则可以是一些抽象的带有一般规律性的问题,高难度的问题则是以开放式为特征。在对群体提问时,难度应控制在中等水平,以大多数的回答者经过思考能够回答出来为前提,既不要过于简单,也不要过于困难。

⑦ 提问留余地的艺术。提问一定要留有余地,以免伤害别人。美国明尼苏达大学拉尔夫·尼科斯基博士对此作了四点概括:一是忌提明知对方不能或不愿作答的问题;二是用对方较适应的"交际传媒"提问,切不可故作高深,卖弄学识;三是不要随意搅扰对方的思路;四是尽量避免你的发问或问题引起对方"对抗性选择",即要么避而不答,要么拂袖而去。

(3) 提问的方式。提问的方式主要包括如下方面。

① 直接提问法。提问者从正面直接提问,开诚布公、直截了当地讲明询问目的,开门见山地提出问题。在运用正面提问法时要注意情感的铺垫,使对方心理上会舒缓一些。同时防止提出过于直白的问题,以免显得过分生硬,这样容易造成询问对象的心理排斥,也就难以获得有价值的信息和材料,而且还会给人一种笨嘴拙舌的感觉。

② 限定提问法。人们有一种共同的心理:认为说"不"比说"是"更容易和更安全。所以,在一般的沟通过程中提问时,应尽量设法不让对方说出"不"字来。提问者如果想在问题中给出两个或多个可供选择的答案,此时可采用限定提问法,即两个或多个的答案都是

肯定的。比如，与别人约见，有经验的人从来不会问对方："我可以在今天下午来见您吗？"因为这是一个只能在"是"或"不"中选择答案的问题。如果将提问方式改为限定型，如改问："您看我是今天下午 2 点钟来见您，还是 3 点钟来？""3 点钟来比较好。"当他说这句话时，提问的目的就已经达到了。

③ 迂回提问法。迂回提问是指从侧面入手，采用聊天攀谈的形式，然后逐步将问答引入正题。这种提问方式一般时间性不太强，谈话也不受特定场合与报道方式的限制。当沟通对象感到紧张拘束，或者思想有所顾虑不太愿意交谈，或者虽然愿意谈却又一时不知该怎么谈时，提问者可以采取侧面迂回的提问方式，逐渐将谈话引上正题。应当明确的是，旁敲侧击只是一种手段而不是目的，因此，聊天的内容应当是有目的、有选择的，表面上似乎和采访无关，实质上应该是有关联的。

④ 诱导提问法。当询问对象了解许多信息却因谦虚不太愿意说，或者由于性格内向不会说，或者要谈的事情需要一番回忆，或者对方想说又不便自己主动说时，都可以采取诱导提问方法。采用启发诱导的方式既可以引导对方的思路，又可以诱发对方的情感，进一步引导对方明确沟通的范围和内容，渐渐打开对方的"话匣子"，也可以激活对方的思路，引起对方的联想，从而有针对性地把沟通对象掌握的信息引导其说出来。例如，孟子就用过此方法。

孟子在劝谏魏惠王时，曾经提出一个问题："假定有一个人向大王报告说他的臂力能举起三千斤的重物，却拿不起一根羽毛；他的目力能明察秋毫，但一车柴火摆在眼前却瞧不见。你相信吗？"魏惠王说："不，我不相信。"孟子马上接着说："这样看来，那个力士连一根羽毛都拿不起，是不肯用力的缘故；那位明察秋毫的人，连一车柴火都瞧不见，是不肯用眼睛的缘故。如果老百姓得不到安定的生活，是不肯干，不是不能干。"

⑤ 追踪提问法。追踪提问法是指提问者把握事物的矛盾法则，抓住重点，循着某种思路、某种逻辑进行连珠炮式的提问。这种提问既要按照事物的内在联系把基本情况和事实真相了解清楚，又要抓住重点深入挖掘，以便达到应有的深度。一般来说，提问者对于触及事物本质的关键性材料及对方谈话中的疑点，或者从对方谈话中发现的有价值的新情况、新线索，往往会抓住不放，打破砂锅问到底，直至水落石出。但是追问时，既要让对方开动脑筋，又要让对方越谈越有兴趣，并在态度、语气上都要与谈话的气氛协调一致。不要把追问搞成逼问，更不要变成变相"审问"。

⑥ 假设提问法。假设提问法是指提问者通过假设的方式提出一些假设性的问题，是一种"试探而进"的提问方法。这种提问方法采用"如果""假如"一类的设问方式，这样不但可以了解采访对象的观点、看法和见解，而且还能深入了解对方的内心世界。

假设提问法往往用来启发沟通对象的思路，引导对方谈出对某个问题、某种事情的真实看法；或者设身处地为对方着想，积极帮助对方回忆某种情景；或者用来调节对方的情绪，促使对方谈出一些不太想说、不太好说的事情或想法；或者由提问者对人物或事物进行合乎规律的推断、预测，促使对方产生联想和想象；或者提问者对相关内容已经有了一定的认识，再提出一些假设性问题同沟通对象开展讨论，促使自己的认识不断深化。

⑦ 激将提问法。激将提问法是指以比较尖锐的问题适当地刺激对方一下，促使对方

的心态由"要我说"变为"我要说",从而不能不说。运用激将提问法时,提问者要考虑自己的身份是否得当,刺激的强度是否适中,还要考虑谈话的气氛怎样。有时过于尖锐、刁钻、奇特甚至古怪的提问是"兵行险招",成则大成,败则大败。例如,某些西方政治家有时喜欢接待善于用"激将提问法"提问的记者,因为他们通过巧妙地回答记者刁钻刻薄的提问,能够在公众面前显示自己的才能。

⑧ 转借提问法。转借提问法是指提问者假借他人之口提出自己想提的问题。这种提问不但可以借助第三者提出一些不宜于面对面提出的问题,而且可以显示出问题的客观性,从而增强提问的力度。回答者为了澄清事实,以正视听,也往往会表明自己的态度或提供相关的事实。

提问的方法丰富多样,提问者可以根据沟通中的具体情况灵活地加以运用。同时,这些方法既是相对独立的,又是互相联系的,可以单独使用,也可以综合使用。掌握了每种方法的要领后,就可以在沟通的过程中运用自如,获取最佳沟通效果。

2. 回答的语言艺术

(1) 回答的作用。回答问题是沟通过程中的重要环节之一,有效地回答建立在对提问者观察、了解的基础之上,具有以下三个作用。

① 有效回答问题能够使提问者的疑问得到解答。当提问者提出问题时,或许期待关于沟通话题的更多内容,或许希望与回答者就某些问题展开辩论。回答者的角度就是要解答提问者的疑问,通过成功解答问题,可以增强回答者讲话的说服力,使对方不但获得信息,而且心悦诚服。例如:

有一次,宗庆后再次登上胡润富豪榜首时,应邀参加一档节目,主持人问道:"当上首富后,您心情怎么样呢?"宗庆后回答说:"首先,我不知道自己是不是真的首富,因为中国这么大,人口这么多;其次,我的每一分钱都是在阳光下,如果我真是首富,以后要更加低调。首富是一个桂冠,但我并不想沦为一个财富的符号。卓越的企业家在价值积累的过程中,聚沙成塔,终将完成一个天命,那就是达到'无我''无物'的境界,为这个世界本身的进步和建设提供意见,提供建设性的思维模式和建设性的处世方案,这才是企业家带给这个世界的最大感动,同时也是一个人的存世价值。我的爱好是干活,其他都没有,我这年纪估计要直接干到坟墓。我的压力很大,好几万人等着我吃饭,所以我必须要认真。"

这里,面对心情如何的问题,如果直接予以回答,稍有不慎,就会陷入被动,甚至会因此而落人口实,为自己带来负面影响。宗庆后转换角度,避开对方的问题,从"首富"的真假上予以切入,接着对"首富"展开评述,坦陈自己肩上的责任重大,彰显出一位企业家的担当。

② 有效回答问题能够使回答者获得进一步的展示。回答者在回答问题时,应使自己继续立于讲话者的角度,拥有提问者所不具备的优势,通过回答的系统性与连贯性,使自身的能力与学识获得进一步的展示,得到沟通对象的认可。例如:

记者问参加电影《一点就到家》推介活动的谭卓:"很多年轻人都在回乡或去大城市的两难选择中纠结,对此你有什么建议吗?"她回答说:"我自己在这方面没有过任何纠结,我一直都挺清楚的,就觉得高中读完后我一定会上大学,大学读完后我一定会到北京发展,好像一切都是一个很自然和顺理成章的事情。对于其他人,其实我谈不上什么建议,因为每个人的处境不一样。你需要去站到当事人的角度立场去考虑问题，我觉得不能一概而论。但是大家如果犹豫和退缩的时候，就想一想，如果你放弃，你未来会不会后悔。我觉得这可能是一个比较简单的方法。就像这部电影想向观众传达的就是：首先，要坚持你的想法；其次，人生有很多可能性。"

这里，对于记者的问题，谭卓运用转换角度的方式，只有站在当事人的立场去考虑问题，才能更好地得出结论，然后她给处在犹豫和退缩的人一个具体建议，最终还引到了自己的影片上。这样既避开了记者的问题，又说出自己的看法，同时还推介了电影，可谓一举多得。

③ 有利于减少与沟通者之间的误会。在与提问者沟通的过程中，很多回答者都经常遇到误解提问者意图的境况，不管造成这种问题的原因是什么，最终都会对整个沟通进程造成非常不利的影响。因此，回答者应该进一步了解实际情况，弄清提问者的真正意图，然后根据具体情况采取合适的方式进行解答，以减少沟通中的误会。

（2）回答的原则。正如在讲话过程中要把握住要点一样，在问答过程中要把握问答的要点同样重要。如果无法做到，说话者就会失去了说服听众及主导话题的重要机会。因此，在问答过程中，尤其是回答问题的过程中，要始终坚持三条原则，从而把握住话语的主动权。

① 始终保持回答者的信用。确保自己在回答每个问题时都能保持严肃认真、谦虚礼貌的态度，正确的态度会带来鲜明的回答内容与性格，从而使回答者保持自信。如果回答者在提问者的心目中失去信用，那么在整个沟通的过程中都将处于被动的局面。如果在解答问题的过程中情绪失控或者对听众心存戒备，都将导致回答者的主导地位受到质疑。

② 用回答来满足听众。面对众多的提问，回答者不必回答所有问题。不要在一个人身上花费太多时间。不过很可惜，大部分回答问题的人都希望能从所有听众那里看到满意和赞许的眼神，于是刻意地将时间花在一个问题上，从而失去了对其他人、其他问题的解答。因此，回答者在面临很多问题的时候，要学会用一种可以平衡所有对象的方式来解决问题，眼神不要停留在一处太长时间，要保持对整个会场的关注。对问题太多的人可以说："你问了一个非常有深度的问题。可是因为我们有许多听众都有需要解答的问题，我回答问题的时间又非常有限，所以可不可以把机会让给别人？"这样既不失礼貌，又能使进程得以正常进行。例如：

王琴是一位汽车销售员，这天她接待了一位想购买汽车的客户，在对一款车进行了多方了解后，客户突然向她提出了这样的一个问题："你们的这款车子空间很大，钢板也非常厚，所以车子应该特别费油吧？"王琴思考片刻后，回答说："您要是这么问，我一时还真不知道该如何回答呢。我想您肯定是知道的，汽车油耗高低的影响因素是多方面的，既与车子自身的重量有关，也与驾驶员平时的驾驶习惯有关，所以我建议您驾驶时不要总是急加速、急刹车。保持良好的开车习惯，这样油耗也就高不到哪里去了。对了，我冒昧问一句，您是不是平日里驾驶习惯不太好？"听到这样的话语，这位客户脸上露出了不好意思的神情，但他还是很认可王琴的这番话语。

这里，面对客户的问题，如果直言予以反驳，很容易惹得对方不快，势必会将这笔生意谈崩。王琴坦诚回答，然后从影响油耗高低的角度入手进行谈起，最后采用开玩笑的方式反问客户,不但让客户听起来轻松愉快,同时也有了合理性的建议,让难以回答的问题迎刃而解。

③ 力求获得其他听众的支持。尊重提问者,让提问者获得持续的尊重,而给予回答者一定的时间和耐心。如果一次被问到过多的问题,比如,"我怎样才能解决人员不足、空间不足、老板也没有给予我足够信任的问题?"回答者可以这样回答,"你问了3个非常好的问题,可是因为还有其他的听众也要提问,就让我先回答一个吧,如果我们还有时间再来解决剩下的问题好吗?"以这种方式,即使只回答了其中部分问题,仍然能够使提问的听众满意;并且其他听众也将会对回答者产生敬意,因为没有让一个人独占了大家有限的时间。

如果被问到一个偏离主题的问题,那么回答者可以停顿一下,然后问:"在座的其他人还有类似的问题吗?"如果没有,就简要地回答一下这个问题,并且告诉提问者自己很愿意在讲话结束后留下来同他进一步探讨这个话题。这个办法在回答那些不怀好意的提问者时也很有效。

(3) 回答的方式和技巧。回答的方式和技巧很多,我们介绍以下几种。

① 针对性回答。有时问题的字面意思和问话人的本意不是一回事,进行回答时,就不仅要注意问话的表面意义是什么,更要认清提问人的动机、态度、前提是什么,使回答具有针对性。

② 艺术性回答。这里所说的艺术性包括避答、错答、断答、诡答。

- 避答。这种方式用于对付那些冒昧的提问者所提的问题。有时,某些问题自己不宜回答,但对方已经把问题提出来了,保持沉默显然被动,但可以避而不答。比如,日本影星中野良子来到上海,有人问她:"你准备什么时候结婚?"中野良子笑着说:"如果我结婚,就到中国度蜜月。"中野良子的婚期是个人隐私,中野良子自然不愿吐露。她虽然没有告诉婚期,却说结婚到中国度蜜月,既遮掩过去,又表现了她对中国人民的友谊。

- 错答。这是一种机警的口语表达技巧,既可用于严肃的口语交际场合,也可以用于风趣的日常口语交际场合。它的主要特点是不正面回答问话,也不反唇相讥,而是用话岔开问话人所问的问题,做出与问话意见错位的回答。请看下面的例子:一个美丽的姑娘独自坐在酒吧间里,从她的装扮来看,她一定出身豪门。一位青年男子走过来献殷勤,"这儿有人坐吗?"他低声问。"到阿芙达旅馆去?"她大声地说。"不,不,你弄错了。我只是问这儿有其他人坐吗?""你说今夜就去?"她尖声叫,表现得比刚才更激动。许多顾客愤慨而轻蔑地看着这位青年男子。这位青年男子被她弄得狼狈极了,红着脸到另一张桌子上去了。

以上例子是很典型的错答,是用来排斥对方和躲闪真实意思的交际手段,用得很成功。运用错答的语言技巧时,一是要注意对象和场合;二是要使对方明白,既是回答又不是回答,潜在语是不欢迎对方的问话;三是有时要利用问话的含混意思,答话虽模棱两可,似是而非,但对方也无法理解。

- 断答,就是截断对方的问话,在他还没有说出,或者还没有说完某个意思时,即做出错答的口语交际技巧。它与错答相同之处是答与问都存在人为的错位,即答非所问;它们的不同点是,错答是在听完话之后做的回答,断答是没有听完问话抢着进行回答。为什么不等对方问清楚,就要抢先回答? 有以下两种原因:一是如果等对方把问话全说出,就会泄露出某种秘密,难以收拾;二是如果待听全问话再回答,就会比较被动,不好应付。因此,考虑对方要问什么,在他的问话未说完时,就迅速按另外的思路回答,一是可以转移其他听众注意力;二是可以使问者领悟,改换话题,免于因说破造成尴尬局面和其他不良后果。例如,一对青年男女在一起工作,男方对女方产生了爱慕之情,男方急于要向女方表白心意,女方却不愿将友情向爱情方面发展,女方认为还是不要说破,保持一种纯真的朋友情谊为好。于是,出现了下面的断答。

男青年:"我想问问你,你是不是喜欢……"

女青年:"我喜欢你给我借的那本公关书,我都看了两遍了。"

男青年:"你看不出来我喜欢……"

女青年:"我知道你也喜欢公共关系学,以后咱们一起交换学习心得?"

男青年:"你有没有……"

女青年:"有哇! 互相切磋,向你学习,我早就有这个想法。"

男青年:……

（资料来源:http://www.eywedu.com/Sanguo/65/mydoc007.htm.）

这位女青年三次断答,使得男青年明白了她的想法,于是不再问了。这比让男青年直接问出来,女青年当面予以拒绝,效果要好得多。

- 诡答,是与诡辩连在一起的回答。诡,怪的意思。诡答即表示一种很奇怪的回答。在特殊的情况下,不能、不宜或不必照直回答时应急中生智,用诡答技巧,做出反常的回答,既增添了谈话的情趣,又应付了难题。清朝乾隆年间的进士纪晓岚在宫中当侍读学士时,要伴皇帝读书。一天,天色已亮,而乾隆皇帝还没来,纪晓岚就对同僚说:"老头子还没来?"恰巧乾隆皇帝跨门而入,听到他的话,就愠怒地责问:"老头子三个字作何解释?"纪晓岚急中生智,跪下道:"皇上万寿无疆叫作'老';皇上乃国家元首,顶天立地叫作'头';皇上系真龙天子,叫作'子'。"于是龙颜大悦。"老头子"本来是一种对老年人不尊敬的称呼,而纪晓岚面对乾隆的责难为了开脱自己的罪责,采用文字拆合法来偷换概念,居然把"老头子"变成了对皇帝的敬称。试想,如果纪晓岚不是运用"诡辩"来应付这样的难题,怎么能避免一场杀身之祸呢?

③ 智慧性回答。智慧性回答包括否定预设回答和认清语义诱导回答两种。

- 否定预设回答。预设是语句中隐含着使语句可理解、有意义的先决条件。在正常情况下,这种先决条件的存在是不言而喻的,如"鲁迅先生是哪一年去世的?"这个问话包含有预设:鲁迅先生已经去世。预设有真假之别,符合实际的预设是真预设,反之就是假预设。就问话而言,其预设的真假关系到对问话的不同回答。黑格尔在《哲学史讲演录》中谈到古希腊诡辩学派时曾讲过下面一个例子。有一位诡辩学派的哲学家问梅内德谟:"你是否已经停止打你的父亲了?"这位哲学家提此问题的目的是要迫使从未打过自己父亲的哲学家陷入困境,因为无论梅内德谟做出"停止了"或"没有停止"的回答,其结果都是承认自己打过父亲的虚假的预设。可见,利用虚假预设可以设置语言陷阱。有些智力测试题提问陷阱的设置也是如此,例如，1992年1月3日中央电视台《天地之间》节目中"乐百氏智慧迷宫"里有道智力测试题为："秦始皇为什么不爱吃胡萝卜？"选手们都答不上来。此问预设了"秦朝时有胡萝卜""秦始皇吃过胡萝卜"这两点，将思考点定在"为什么不爱"。其实秦朝时还没有胡萝卜。答案应是：秦朝还没有胡萝卜，秦始皇当然说不上爱吃胡萝卜了。

- 认清语义诱导回答。人们理解语言会受到已有经验的影响，自然而然地产生某种语义联想。例如，由"春天"会想到桃红柳绿，万紫千红；从"冬天"又会想到寒风凛冽，白雪皑皑；见"晚霞"能想到色彩的绚丽；看"群山"就能想到山势的起伏……既然普遍存在着语义联想，那么就可以利用语义联想来设置陷阱，诱导目标进入思维定式的困境。例如，在一个没有星星、看不见月亮的时候，有一个盲人身着黑衣，步行在公路上。在他的后方，一辆车前灯没亮的汽车奔驰而来，奇怪的是，司机在未按喇叭的情况下，却安全地将车停在了盲人的身后。这是怎么回事呢？见到"星星"或"月亮"这些词语，我们一般都会联想到晚上。现在出现了"星星""月亮""黑""灯"等字眼，我们就很容易与"黑夜"联系起来了，而这正是本题的陷阱。它通过这些词语诱导你的思维走向"黑夜"，如果那样，你就会山穷水尽，百思也难得其解了。答案应是：这是白天，毫不奇怪。

语言诱导这种陷阱在智力测试提问中可以说随处可见，知道这种陷阱的特征，有些问题就很容易解答了。

④ 形象性回答。形象性回答是指当提问者提出一个带有一定"理论"色彩的问题时，如果回答者泛泛而谈地讲一些空洞的大道理往往得不到听者的认同，这时不妨用形象化的方法如讲故事、打比方等，将枯燥的道理具象化，让听者品味并深刻理解。例如：

在一次书展的读者见面会上，有读者问韩寒："你是如何看待你成长之路上遇到的种种困难和挫折的？"韩寒沉思片刻后回答："一个农夫的驴子不小心掉进了枯井里，农夫绞尽脑汁都没法救出驴子，为免除驴子等死的痛苦，他决定将泥土铲进枯井中把驴子埋了。刚开始驴子叫得很凄惨，后来却渐渐安静了下来。农夫好奇地探头往井底一看：原来，当泥土落在驴子的背部时，驴子便将泥土抖落在一旁，然后站到铲进的泥土堆上面！就这样，驴子很快便上升到了井口！我们在成长之路上难免会陷入'泥土'，换个角度看，它们也是一块块的垫脚石，而从'枯井'脱困的秘诀就是将'泥土'抖落掉，然后站到上面去！只要我们锲而不舍地不停地这样做，那么即使是掉落到最深的井，我们也能安然地脱困。"

这里，韩寒通过即兴讲述一个"驴子落枯井"的小故事，生动有趣地谈及了成长路上的"枯井"和"泥土"的现实意义，深刻地道出了自己独特的人生观——把困难化作动力，给人以智慧的启迪。

5.3 赞美的语言艺术

美国管理学家玛丽·凯（Mary Kay）说："赞美是一种有效而且不可思议的力量。"的确如此，在社会交往中，绝大多数人都期望别人欣赏、赞美自己，希望自身的价值得到社会的肯定。公关人员恰当地运用赞美的方式，会激发人们的积极性，产生巨大的精神力量。

1.赞美的类型

赞美是社交语言中一种常见的言语交际形式。从不同角度，赞美可以进行不同的分类。

（1）从赞美的场合上分类。从赞美的场合上可以把赞美分为当众赞美和个别赞美。当众赞美是指面对特定的组织、团体、群体等对某人或某事的赞美，如表彰会、庆功会、总结大会等。这种形式能充分调动全体人员的积极性、鼓动性强、宣传面广、影响面大，能产生一定的轰动效应，并且可以营造热烈、向上的气氛；但它受时间、场所限制，运用不好，容易流于形式和走过场。个别赞美是指在会下针对个别人谈话中予以表扬的形式。这种形式使用方便，自如灵活，针对性强，做思想工作比较细致，能解决一些具体问题，效果比较好，时间、地点不受限制。

（2）从赞美的方式上分类。从赞美的方式上可以把赞美分为直接赞美和间接赞美。直接赞美是指直接面对好人好事予以赞美，这是一种常用的表扬方式。在一个社会组织内，出现好人好事，单位领导或管理人员要及时予以表扬，或者通过大会场合，或者通过某种媒介，表扬先进，带动后进，能形成良好的风气。这种形式直截了当，不拐弯抹角，使人们听到后得到鼓励和好感。间接赞美是指通过第三者来赞美某人或某事的形式。使用这种形式要注意分寸，讲究策略，往往是当面不便直接开口，或者是找不到合适的时机去说，而借用对方传达自己赞美他人的话语。这样使他人听到后，感到心情舒畅。这种形式通过对方传达佳话，能消除隔阂，增强团结，融洽气氛，创造和维系良好的上下级关系和同事关系。

（3）从赞美的用语上分类。从赞美的用语上可以把赞美分为直接赞美和反语赞美。直接赞美是指对好人好事用正面言语加以赞美的形式。这种赞美开门见山，直截了当，使用灵活，形式多样，应用范围广泛。反语赞美是指用反语来赞美某人或某事的形式。这种形式在特定的言语环境和背景下使用，幽默含蓄，别致风趣，比一般的赞美有更好的表达效果。例如，某制药厂厂长赞美一位药剂师大胆实验、大公无私的献身精神："为了减少药物的副作用，在正式投产前，你长期泡在实验室里，对新药不择手段，抢吃抢喝，多吃多占，在自己身上反复实验，我这个厂长真是拿你没有办法。"这种反语赞美的形式，令人感到新奇巧妙，别有情趣。

2.赞美的作用

赞美是一种学问、一门艺术。主动、恰当地赞美别人，是一种促进友好关系的催化剂。具体来说，赞美有以下作用。

（1）赞美给人向上的力量。赞美是对他人的肯定和赏识，适时恰当的赞美能让对方产生积极的态度，产生一种行动的力量，激励人不断进步。心理学研究表明：爱听赞美是人们出于自尊的需要，是渴求上进，寻求理解、支持与鼓励的表现，是一种正常的心理需求。当一个人具有某些长处或取得某些成就，他还需要得到社会的承认。如果我们能以诚挚的敬意和赞美的语言满足其心理需求，他就会变得更加令人愉快、通情达理和乐于合作。

事实上，被赞美的人为了不负众望，往往会做出惊人的努力，取得显著的成绩。因此，赞美成为管理者用得最多又最易得到对方认同的一种激励措施。例如：

有这样一位妈妈，第一次参加家长会，幼儿园的老师说："你的儿子有多动症，在板凳上连三分钟都坐不了，你最好带他去医院看一看。"回家的路上，儿子问她老师都说了些什么，她鼻子一酸，差点流下泪来。因为全班 30 位小朋友唯有他表现最差，唯有对他老师表现出不屑。然而这位妈妈还是告诉她的儿子："老师表扬你了，说宝宝原来在板凳上坐不了一分钟，现在能坐三分钟。其他妈妈都非常羡慕妈妈，因为全班只有宝宝进步了。"那天晚上，她儿子破天荒吃了两碗米饭，并且没让她喂。

儿子上小学了。家长会上，老师说："这次数学考试，全班 50 名同学，你儿子排第 40 名，我们怀疑他智力上有些障碍，您最好能带他去医院检查一下。"回去的路上，这位妈妈流下了泪。然而，当她回到家里，却对坐在桌前的儿子说："老师对你充满信心。他说了，你并不是个笨孩子，只要能细心些，会超过你的同桌，这次你的同桌排在第 21 名。"说这话时，她发现儿子黯淡的眼神一下子充满了光，沮丧的脸也一下子舒展开来。她甚至发现，儿子温顺得让她吃惊，好像长大了许多。第二天上学，去得比平时都要早。

孩子上了初中，又一次家长会。她坐在儿子的座位上，等着老师点她儿子的名字，因为每次家长会，她儿子的名字在差生的行列中总是被点到。然而，这次却出乎她的预料——直到结束，都没有听到儿子被点名批评。她有些不习惯，临别去问老师，老师告诉她："按你儿子现在的成绩，考重点高中有点危险。"她怀着惊喜的心情走出校门，此时她发现儿子在等她。路上她扶着儿子的肩膀，心里有一种说不出的甜蜜，她告诉儿子："班主任对你非常满意，他说了，只要你努力，很有希望考上重点高中。"

高中毕业了。第一批大学录取通知书下达时，学校打电话让她儿子到学校去一趟。她有一种预感，她儿子被清华录取了，因为在报考时，她给儿子说过，她相信他能考取这所大学。她儿子从学校回来，把一封印有清华大学招生办公室的特快专递交到她的手里，突然转身跑到自己的房间里大哭起来，边哭边说："妈妈，我知道我不是个聪明的孩子，可是，这个世界上只有你能欣赏我……"这时，她悲喜交加，再也按捺不住十几年来凝聚在心中的泪水，任它打在手中的信封上……

可见，是这位妈妈的不断赞美，给了儿子不断向上的力量，赞美是多么重要啊！

（2）赞美能融洽人际关系。赞美能使双方在情感上产生一种"互悦性"，沟通人与人之间的感情，消除人与人之间的怨恨，进而能够有效地融洽人际关系。精通赞美的艺术，可以"予人玫瑰，手有余香"。这符合人际交往中的酬赏原则，即"我给你好话，你给我好感"。也正因为如此，有人才把它称为"人生的润滑剂"。例如：

在很多人的印象中，魏徵总是直谏，其实魏徵不光直谏，他也从来不吝啬于赞美唐太宗。有一次，唐太宗夸奖魏徵办事得力，魏徵说道："这是陛下圣德齐天，平日励精图治，才有这种局面。我本人才识庸短，只是奉陛下之命行事，哪有什么功劳？"无独有偶，一次唐太宗有一个大臣萧瑀非常耿直，但唐太宗依然重用此人。魏徵便赞美唐太宗道："古代圣明的君主对那些特立独行、不顾私人情谊的臣子都能宽大为怀，若萧瑀碰到的不是陛下您，早活不到今天了！"赞美唐太宗和古代圣明君主一样宽容大度，唐太宗听了十分高兴。

（3）赞美让赞美者心境开阔。赞美不仅能使别人快乐，使人际关系和谐，经常赞美别人也能使赞美者本人心情愉快，从而对人生抱有一种乐观、欣赏的态度，别人也都愿意与之交往。

3. 赞美的语言艺术

一般来说，赞美是一种能引起对方好感的交往方式。赞同我们的人与不赞同我们的人相比，我们更喜爱前者，这符合人际交往的酬赏理论。

但令人遗憾的是：不少人把赞美当作取悦他人的简单公式，不分时间、地点、条件对他人一味地加以赞美，实际上，这一做法是很不足取的。因为我们知道：人借助语言进行交往，语言具有影响对方的心理反应，进而影响双方人际关系的效能，任何一种语言材料、语言风格、交往方式对人际关系产生何种影响，常因人、因时、因地而异。赞美这一交往方式也不例外，它的效能也具有相对性和条件性。

美国心理学家阿伦森（Elliot Aronson）曾举例说：假设工程师南希，出色地设计了一套图纸。上司说："南希，干得好！"毋庸置疑，听了这话，南希一定会增加对上司的好感。但如果南希草率地设计了一套图纸（她自己也知道图纸设计得不理想），这时，上司走过来用同样的声调说出同一句话，这句话还能使她产生好感吗？南希可能得出上司挖苦人、戏弄人、不诚实、不懂得好坏等结论，其中任何一项都使南希对上司的喜爱有所减少。

因此，赞美的效果要受各种条件制约。能引起好感的赞美要借助以下条件。

（1）热情真诚的赞美。每个人都珍视真心诚意，它是人际交往中最重要的尺度。能引起好感的赞美首先必须是发自内心、热情洋溢的，否则那就是恭维。赞美和恭维到底有什么区别呢？卡耐基说过："赞美和恭维的区别很简单，一个是真诚的，另一个是不真诚的；一个出自内心，另一个出自牙缝；一个为天下人所欣赏，另一个为天下人所不齿。"例如，知名音乐家勃拉姆斯（Johannes Brahms）是农民的儿子，生于汉堡的贫民窟，享受不到受教育的机会，更无从系统学习音乐，所以，对自己未来能否在音乐事业上取得成功缺乏信心。然而，在他第一次敲开舒曼（Robert Schumann）家大门的时候，根本没有想到他一生的命运由此改变。当他取出他最早创作的一首C大调钢琴奏鸣曲草稿，手指无比灵巧地在琴键上滑动，弹完一曲站起来时，舒曼热情地张开双臂拥抱了他，兴奋地喊着："天才啊！年轻人，天才……"正是这出自内心的由衷赞美，使勃拉姆斯的自卑消失得无影无踪，也赋予了他从事音乐艺术生涯的坚定信心。在那以后，他便如同换了一个人，不断地把心底里的才智和激情流泻到五线谱上，成为音乐史上的一位卓越的艺术家。正是这一句真诚的赞美，缔造了一位音乐大师。

（2）令人愉悦的赞美。赞美的言语应该是对方喜欢听的言语，能达到使人愉悦的目的，我们称它为愉悦性原则。在交际活动中，遵守愉悦性原则，就是要多说对方喜欢听的话语，不说对方讨厌的言辞。这样，往往能收到较好的表达效果。例如，朱元璋有两个过去一块儿长大的穷朋友。朱元璋后来做了皇帝，这两位朋友仍过着苦日子。一天，一位朋友从乡下赶到南京，拜见了朱元璋。他对朱元璋说："我主万岁！当年微臣随驾扫荡庐州府，打破罐州城，汤元帅在逃，拿住豆将军，红孩儿当关，多亏菜将军。"朱元璋听到他讲得很动听，十分高兴，也隐约记起他所说的一些事情，立刻封他做了御林军总管。事情一传出，另外一个朋友也去南京拜见了朱元璋，也说了那件事："我主万岁！从前，你我都替人家看牛，一天我们在芦苇荡里，把偷来的豆子放在瓦罐里煮着，还没煮熟，大家就抢着吃，把罐子打破了,撒了一地豆子,汤都泼在泥地里。你只顾从地下满把地抓豆子吃,却不小心连红草叶也送进嘴去。叶子哽在喉咙口,苦得你哭笑不得。还是我出的主意,叫你用青菜叶子带下肚子里去了……"朱元璋见他不顾体面,没等他说完,就命令:"推出去斩了!"从该例可见,第一位朋友将放牛娃偷吃豆子的趣事,赞美为叱咤疆场的赫赫战绩,比喻巧妙,表达别致,说得动听,使人愉悦。第二位朋友明话直说,粗俗低劣,讲得难听,有伤皇帝尊严,自然当斩。

(3)具体明确的赞美。空泛、含混的赞美因没有明确的评价原因,常使人觉得不可接受,并怀疑你的辨别力和鉴赏力,甚至怀疑你的动机、意图,所以具体明确的赞美才能引起人们的好感。对他人总以"你工作得很好""你是一个出色的领导"来赞美,只能引起人家反感。例如:

一位酒店管理专业的女大学生曾经这样谈她在酒店见习服务员的一次经历。见习的第一天,她端了一天的盘子,感到有点筋疲力尽,托盘在手中仿佛越来越重,没吃过苦的她真想扔下托盘,找一个角落好好地睡一觉。可是,当她好不容易为一桌顾客开完菜单,可这家顾客的孩子三番两次要求换菜,她感到无限委屈,真想把菜单一丢,一走了之。恰好这时,这家人的老父亲站起来,十分郑重地对她说:"服务员,谢谢你,你那么耐心细致,对我们的照顾真是太周到了。"接着他认真地看了一眼女大学生胸前的校徽,赞美道:"看来,你们学校一定是所很值得自豪的学校。"突然间,这位女大学生浑身的疲惫和厌烦消失得无影无踪。她露出了笑容,挺直了身子,迈着轻盈的步伐走了出去。

可见赞美具有非凡的魔力,一句真诚的赞美把一切都改变了。这位长者能体谅别人,他的赞美是真诚的、发自内心的、具体明确的。他还采用了直接赞美与间接赞美相结合的方法,借赞美对方的学校来间接赞美这位女大学生,效果很好。

(4)符合实际的赞美。在赞美别人时,应尽量符合实际,虽然有时可以略微夸张一些,但是应注意不可太过分。如某个人对某领域或某个方面提出了一些很好的意见,或者有了一点成果,你可以说:"你在这方面可真有研究。"甚至可以说:"你是这方面的专家。"可如果你说"你真不愧是个著名的专家""你真是这方面的泰斗"等,对方如果是个正派人就会感到不舒服,旁观者就会觉得你是在阿谀奉承,另有企图。

(5)让听者感觉是无意的赞美。赞美者不是有意说给被赞美者听的赞美叫无意的赞美。这种赞美会被人认为是出自内心,不带私人动机的。如《红楼梦》中贾宝玉针对史湘云、薛宝钗劝他要做官为宦的话,对史湘云和袭人赞美黛玉道:"林姑娘从来说过这些混账话不曾? 要是他说这些混账话,我早和他生分了。"凑巧这时黛玉正好来到窗外,无意中听见这些话,使她"不觉又惊又喜,又悲又叹"。结果宝黛二人推心置腹,感情大增。

(6)不断增加的赞美。阿伦森研究表明:人们喜欢那些对自己的赞美显得不断增加的人,比如,对自始至终都赞美自己的人与最初贬低逐渐发展到赞美的人相比较,人们会更喜欢后者。因为前者容易使人产生对谁都说好的"和事佬"的感觉;但人们对开始持否定态度的后者会留下这样一种印象:说我不好,一定是经过考虑、分析的,从而认为对方可能更有判断力,进而更喜欢他。

(7)出人意料的赞美。若赞美的内容出乎对方意料,易引起好感。卡耐基在《人性的优点》中讲过他曾经历的一件事：一天，他去邮局寄挂号信，从事着年复一年单调工作的邮局办事员显得很不耐烦，服务质量很差。当他给卡耐基的信件称重时，卡耐基对他称赞道："真希望我也有你这样的头发。"闻听此言，办事员惊讶地看着卡耐基，接着脸上泛出微笑，热情周到地为卡耐基服务。显然这是因为他接受了出乎意料的赞美的缘故。

（8）比较之下的赞美。在众多的赞美方式中，比较总是有着独特的感染力，因为它能通过强烈的对比与反差，给人留下深刻的印象。比较赞美也有很多技巧。据金禹良总结，比较赞美时要注意以下几点。

① 如果是拿自己与对方做比较，要适当地抑己褒人。比较的对象可以是他人之间的比较，也可以是自己与他人的比较。如果拿自己与他人比较，切忌过分地夸张和抬高自己，而是要巧妙地将赞美的重心落在他人的身上，自己只是铺垫。例如，韩信就善于用抑己褒人的方法来赞美他人。

有一次，汉高祖刘邦与韩信谈论诸将才能的高下。刘邦问道："你看我能指挥多少兵马？"韩信回答："陛下至多指挥10万兵马。"刘邦又问："那你能指挥多少兵马？"韩信自豪地回答："臣多多益善耳。"刘邦不悦道："既然你带兵的本领比我大，为什么被我控制呢？"韩信坦率地说："陛下不善于指挥兵，但善于驾驭将，这就是我被陛下控制的原因。"刘邦听了，不怒反笑，心情也高兴起来。

这里，韩信的比较赞美巧妙地隐藏在话锋中，随着对话的层层深入才表现出来。韩信先是如实地说出自己带兵能力很强的事实，然后以"指挥士兵"和"指挥大将"的区别来做比较，突出了刘邦的帅才。对于一个君主来说，帅才当然更为重要。所以，刘邦在听后就非常高兴了。

② 尽量用自己熟悉的事物去做比较。人们总是对自己熟悉的事物更了解，也更容易抓住可以比较的特征。如果用自己熟悉的事物去类比自己外行的事物，这样的比较就会更真实和贴切。例如：

有一位农妇本来对绘画一点儿都不懂，但她却很会夸奖别人的画。一次，她见到一位画家画的一幅小鸡闹食的画，不由惊叹道："哎哟！瞧这些画出来的鸡，比俺家养的那些鸡还调皮！"一句话把画家逗得哈哈大笑，高兴之余，把这幅作品赠给农妇留念。

这里，如果农妇不是用比较赞美的方法，而是直接从构图、线条、色彩等方面去赞美，那么很有可能贻笑大方。这个聪明的农妇将这些画中的鸡与现实生活中的鸡做比较，既表达了对画家画技的赞美，又自然贴切。

③ 做比较的时候，可以将个人与整体联系起来比较。例如：

王文勇和赵诚两人的成绩一直都不错，但是在一次考试中，两人的数学成绩却都只得了60分。因为老师出的试题很难，所以全班的分数都不高。两人回家之后，分别用了不同的方法汇报自己的成绩。

王文勇回到家。爸爸问："这次数学考试答多少分？"王文勇脱口而出："60分。""啪！"爸爸一记耳光打了过来，怒吼道："说了平时不准玩游戏，你偏不信，以为自己成绩好就骄傲。这下好了吧，才及格！你这个不争气的！"

赵诚回到家。爸爸问:"这次数学考试得多少分?"赵诚说:"这次数学考试好难哦,大部分的同学都没有及格,班上最高成绩也只有70分。""那你呢?""刚好及格,60分。""那你还得要加油呀,要把基础打扎实,成绩就自然能稳住。"

王文勇和赵诚两个人的数学考分完全相同,为什么两个人的回答却得到双方父亲的不同对待呢?原因就是赵诚用了"比较"的回答方法。赵诚将自己在全班中的位置比较了出来,父亲认为赵诚虽然分数较低,但是却仍然是全班的上等分数,所以就没有责备他。而王文勇却没有运用比较的方法,直接告诉父亲自己的分数,父亲就直接与他平时的学习成绩联系起来,马上想到了他的不努力,于是感到愤怒了。

可见,用比较的方式表达,听者得到的感受会与直接表达不同。

总之,赞美是人的一种心理需要,是对他人尊重的表现,是一剂理想的黏合剂,它给人以舒适感,使我们拥有更多的朋友。但"赞美引起好感"并不是绝对的、无条件的,它要受赞美动机、事实根据、交往环境诸因素的制约和影响。因此在与他人相处时,必须记住:"一味地赞美不足取。"

5.4 说服的语言艺术

1. 说服的基本条件

说服就是改变或者强化态度、信念或行为的过程。说服是以求得对方的理解和行为为目的的谈话活动,是使自己的想法变成他人的行动的过程。说服的过程是思想、观点的交锋,也是沟通的重要方面。说服是以人为对象,进而达到共同的认识。人们常说:"人生,就是从不间断地说服。"尤其是在商务领域,那里聚集着各种性格的人,为了达到共同的目标,大家必须同心协力,因此说服的场面更是俯拾皆是。所以如果说工作就是不间断地说服,也并不过分。只有善于说服的人才能够获得他人的尊重和信赖。要想取得良好的说服效果,必须首先具备如下条件。

(1) 说服者具有较高的信誉。说服进行的基础是取得对方的信任,而信任来自于说服者的信誉。信誉包括两大因素:可信度与吸引力。可信度高、吸引力强的人,说服效果明显超过可信度低、吸引力弱的人。可信度由说服者的权威性、可靠性以及动机的纯正性组成,是说服者内在品格的体现。吸引力主要指说服者外在形象的塑造。说服者的年龄、职业、文化程度、专业技能、社会资历、社会背景等构成的权力、地位、声望就是权威性。俗话说:"人微言轻,人贵言重。"一般来说,一个人的权威性越大,对别人的影响力也就越大。如果说服者在被说服者心目中形成了某种权威性形象,那么他说服别人并使之转变态度的可能性也就越大。要提高说服者信誉,首先要提高说服者自身各方面的素质,使之具有合理的智能结构,具有高尚的道德修养,具备权威性和可靠性,说服才有分量及威信,才能赢得听者的尊重和信赖。此外,还需重视外在形象的整饰,一个外貌、气质、穿着、打扮能给人好感的人才具有吸引力,一个言谈、举止、口音等方面能与对方体现出共性的人才具有吸引力。一个恰当的印象会产生"首因效应",帮助说服者成功说服他人。

（2）对说服对象有相当的了解。"知己知彼，百战不殆"。在说服他人之前，必须了解要说服对象，捕捉对方思想、态度方面流露出的点滴信息，摸清对方思想问题的症结，了解对方的心理需求，根据不同情况区别对待，因人而异，有针对性地开启对方的心扉，才能真正实现感情和心灵的共鸣，避免或减少盲目说服造成的错位反应。

首先，要了解对方的性格。苏洵在《谏论》中举了一个有趣的例子：有三个人，一个勇敢，一个胆量中等，一个胆小。将这三个人带到深沟边，对他们说："跳过去便称得上勇敢，否则就是胆小鬼。"那个勇敢的人必定毫不犹豫地一跃而过，另外两个则不会跳。如果你对没跳的这两个人说跳过去就奖给两千两黄金，这时那个胆量中等的就敢跳了，而那个胆小的人却仍然不跳。假如此时突然来了一头猛虎，咆哮着猛扑过来，那个胆小的人也会腾身而起，就像跨过平地一样一跃而过。从这个例子中我们可以推测出：不同性格的人，接受他人意见的方式和敏感程度是不一样的，因此有针对性地采取不同的方法去说服对方，则更容易达到目的。

其次，要了解对方的优点或爱好。有经验的推销员一进入顾客家中，总会立刻找到客户感兴趣的话题进行交谈。例如，看到地毯马上会说："好漂亮的地毯，我也很喜欢这种样式……"通过各种话题创造进入主题的契机。因为从对方的长处或最感兴趣的事物入手，一方面，能让对方比较容易接受你的观点；另一方面，在对方所擅长的领域里更容易说服他。

最后，要了解对方的看法和态度。例如，有一位歌手特别爱摆架子，一次要参加一个大型义演的现场节目，时间是晚上九点。可是到了晚上七点，这歌手忽然打电话给唱片公司的总监，说她今天身体不舒服，喉咙很痛，要临时取消当天的演出。唱片公司的总监没有破口大骂，而是用惋惜的口吻说："唉！真可惜，这次演出最大牌的歌手才有机会亮相，如果你现在取消，公司里还有很多歌手挤破头在等哩！可是如果换了人，电视台一定会不满。况且有那么多后起之秀想取代你，你这样做恐怕对你不利吧。"歌手听后小声地说："那好吧！要不你晚上八点派人来接我，我想那时我身体应该会好一点。"这位唱片公司的总监很清楚这位歌手应该没什么毛病，只是喜欢摆架子。他找准了对方拒绝的真实原因，进而有针对性地进行了说服。

（3）能够把握住说服的最佳时机。说服还要能够抓住最佳时机。时机把握得好，对方才会愿意听，才会用心听，才能听得进；否则，说服过早，会被对方认为神经过敏或无中生有；说服过迟，已时过境迁，对方认为你是"事后诸葛亮"，即便有再好的口才，再好的建议，你都不可能收到预期的效果。掌握时机，要将说服对象与时间、环境、情理联系起来考虑，并配合起来运用。可利用特定场合进行深入说服；可利用景中道情，情中说理，进行委婉说服；还可借助眼前实物，进行暗示说服等。

（4）必须营造良好的说服氛围。说服总是在一定的语言环境中进行的。环境制约了语言，因此，说服效果的好坏，一定程度上也取决于环境。一个宽松、温和、优雅的环境较之肃穆、压抑、逼人的环境，说服的效果自然会好得多；在一个自己熟悉的地点环境中进行说服，较之于陌生的环境自然也会有利得多。营造一个恰当的说服氛围，不仅是必要的，而且是必需的。如某啤酒厂销售员得罪了一家餐馆的经理，对方开始销售另一品牌。在直接谈判无效的情况下，销售员天天晚上去这家餐馆里帮忙搬运货物，甚至包括竞争对手生产的啤酒。他的诚意终于打动了经理,时机成熟后他又想法说服餐馆经理继续选用他们厂的啤酒,最后还为他们争取到了独家销售权。可见充分体验对方的感受,会营造出融洽的感情,在此基础上再委婉地提出自己的观点,怎么可能不赢得对方的赞许呢?

2.说服的语言技巧

(1)换位思考,晓以利害。要站在对方的立场考虑问题,理解并同情对方的思想感情,从对方的角度说明问题,体验你的思想感情,进而使他改变自己的看法,达到理想的说服效果。例如:

1977年8月,克罗地亚人劫持了美国环球公司从纽约拉瓜得亚机场到芝加哥奥赫本的一架班机,在劫持者与机组人员僵持不下时,飞机兜了一个大圈,越过蒙特利尔、纽芬兰、沙浓、伦敦,最终降落在巴黎市郊的戴高乐机场。在这里,法国警察用枪打瘪了飞机轮胎。

飞机停了3天,劫机者同警方僵持不下,法国警方向劫机者发出最后通牒:"喂,伙计们!你们能够做你们想做的任何事情,但美国警察已到了。如果你们放下武器同他们一块儿回美国去,你们将会被判处仅几年的徒刑。"

法国警察停顿片刻,目的是让劫机者将这些话听进去。接着又喊:"但是,如果我们不得不逮捕你们,按我们的法律,你们将被判死刑。那么你们愿意走哪条路呢?"劫机者被迫投降了。

本例中法国警察在劝说中帮助劫机者冷静地了分析了客观形势,明确地向对方指出了两条道路:投降或者顽抗。投降的结果可能是几年的徒刑,而顽抗的结果只能是死刑。面对这两条迥异的道路,早已心慌意乱的劫机者选择了弃械投降,从而做出了符合自己利益的正确选择。

(2)循循善诱,攻心为上。说服的过程是说服者对被说服者攻心的过程,也是被说服者心理渐变的过程。有步骤地诱导说服是指在总体设计的基础上,实施分步计划,每一步怎样诱导,怎样发问,谈话前都要经过深思熟虑,做到胸有成竹。这样,环环紧扣,步步深入,最后矛盾凸显,诱使对方在无法解决的矛盾面前自我否定。运用循循善诱的说服技巧,从理论上讲符合心理学的基律;从实践中看,只要运用得恰当巧妙,就能取得理想的说服效果。例如:

某饭店服务员小刘捡到顾客遗失在店内的手机,想悄悄据为己有,被领班董大姐发现了,让她上交。可小刘说:"手机是我捡的,又不是偷的,更不是抢的,不上交又怎么样?"董大姐说:"小刘,你知道什么叫作不劳而获吗?""不知道!"小刘嘟着嘴回答。董大姐:"你看,不劳而获是不经过劳动而占有劳动果实。说得确切点是占有别人的劳动果实!""你什么时候学会咬文嚼字了?"小刘有点不耐烦了。董大姐耐心地问:"你说,抢别人的东西是不是不劳而获?""是的。""你说,偷别人的东西是不是不劳而获?""当然是。""那么,捡到别人的东西据为己有是不是不劳而获?""这……"小刘顿时语塞。董大姐顺势教育道:"拾到别人的东西据为己有,和偷、抢得来的东西,在不劳而获这一点上是相通的,除了国家法律,我们还应该有一定的社会公德。再说店里也有工作守则,拾到顾客遗失的物品要交还,你可不能犯糊涂啊!"经过董大姐的教育,小刘终于认识到自己行为上的错误,把手机交了出来。

这里，董大姐避开小刘振振有词的歪理，而是有意和她弄清楚一个看似与论题无关的"不劳而获"的意义，再诱导她由大及小、从面到点步步推进，最后才切入实质性问题：拾到东西据为己有，同偷、抢一样是不劳而获，是同样可耻的行为。一席话循循善诱，攻心为上，使小刘受到了教育。

（3）位置互换，改变角色。让对方改变位置及变化角色进行说服是一种十分有效的方法。例如，有一个国家，频繁的车祸使交通部门很头痛，他们用罚款和其他法律手段来劝肇事者注意安全，但收效甚微。后来，交通部门在专家们的建议下，采纳了一个新的办法，他们让那些违章司机换个"位置"——换上护士服，到医院去照料那些因交通事故住院的受害者，体验他们的痛苦。这种办法收到奇效，那些违章司机从医院出来判若两人，他们不仅成为遵守驾驶规章的模范，而且成了交通法规的积极宣传者。在进行说服性的谈话中，利用这种方法也能收到奇效。

（4）讲究方式，引起关注。在说服时，要选择能够引起对方关注和兴趣的方式表达意见，要运用富有吸引力的内容支撑你的观点，从而引导说服对象关注设定的话题，让对方充分了解说服的内容。

（5）以情动人，以理服人。在表达某种意见时，用诚挚而令人感动的语气说出来，别人的心就容易被征服。要说服别人，有时激起对方的情感比激起对方的理性思考更为有效。有些孩子做错了事，往往任何斥责都听不入耳，但母亲动人肺腑的痛哭，反而会使其泯灭的良心复苏。如果在说服他人的时候，仅仅着眼于主题突出，例证充足，声音动听，姿态优美，而说出的话却冷冰冰，那么肯定不能奏效。要想感动别人，就得先感动自己。要将真诚通过自己的情感、声音输入听者的心底。说服还要通过摆事实及讲道理来使人相信，使人赞同你的观点和主张。唐太宗为了扩大兵源，想把不在征调之列的中年男子都招入军中。丞相魏徵知道后对他说："把水淘干了，不是得不到鱼，但明年恐怕就不会有鱼了；把森林烧光了，不是猎不到野兽，但明年恐怕就无兽可猎了。如果中年男子都招入军中，生产怎么办？赋税哪里征？兵员不在多，关键在于是否训练有素，指挥有方，何必求多呢？"太宗无言以对，只好收回了成命。魏徵借用两件与主要事件相类似的事例作对比，既形象又深刻地阐明了不能把中年男子都调入军中的道理，入情入理的说法让太宗心服口服。

（6）措辞有力，击中实质。三言两语的措辞一旦击中了问题的实质，便能收到良好的说服效果。例如：

有一天，清代著名诗人袁枚设宴请朋友吃饭。席上有羊肉，来客中有人不吃，宴席中袁牧兴味顿减。袁枚正经地说："羊肉是动物中最好吃的东西呀，你们怎么不喜欢呢？古人造字：鱼羊为'鲜'；'美'字从羊；'善'字从羊；'羹'字从羊；吉祥的字都从羊。羊，就是吉祥的东西呀！"顿时，席上羊肉一扫而光。又如，纪晓岚后来做了乾隆皇帝的陪读。一次，他伴驾南行，正走得口干舌燥，路见一棵梨树，摘下一个梨子，自己吃了。乾隆问："孔融四岁能让梨。爱卿得梨为何让也不让，自己便吃了？"纪晓岚说："梨者离也。臣奉命伴驾，不敢让梨。"乾隆又说："那咱俩分吃了也好哇？"纪晓岚说："哪敢与君分梨（离）呀？"又走了一程，见有一棵柿树。纪晓岚拣成熟的摘下一个，切成两半分而食之。乾隆边吃边问："怎么这柿子就可以分吃了呢？"纪说："柿者事也。臣伴君行，有事（柿）共参（餐）嘛！"

说服的语言技巧很多,仅举以上几种。从语言艺术角度看,说服还应注意这些问题:一是要尊重对方,理解对方,切忌以理教训别人,要让被服者留有余地;二是"通情",才能"达理",没有心理上的沟通作基础,即使有理也难起到说服的效果;三是要注意分寸,特别是一些严词厉句,要用得恰到好处,天衣无缝,对固执己见的人要敢于说理、反驳,但切不可出言不逊,恶语伤人。

5.5 拒绝的语言艺术

拒绝是对他人意愿、行为的一种直接或间接的否定。实际上拒绝就是不接受,包括不接受对方希望你接受的观点(意见)、礼物和要(请)求等。工作和生活中人们总是互有所求,而且要求方往往是被要求方的亲朋好友甚至是恩人、领导。俗话说:"上山擒虎易,开口求人难。"应当设身处地尽量地接受别人提出的各种要求。但是,也有许多要求是不能接受的,否则一旦接受一些过分的要求,就一定会给自己(也终将给对方)带来无尽的烦恼。生活反复地证明"当断不断,必受其乱",我们必须学会拒绝。但是面对对方提出的问题,如果很直接地说"这种事情恕难照办""我实在没有钱借给你""我们每天都一样地工作,凭什么要我来帮你的忙"……可以想想对方一定会恼羞成怒。因此,我们必须学会根据不同情况运用不同的拒绝艺术。

1. 拒绝他人的意义

现实生活是非常复杂的,我们总要面对各种各样的人和事,人们会向我们提出各种各样的要求,其中有许多积极的,也有许多消极的,甚至是不道德的、违法的;有符合自己意愿的,也有不符合自己意愿的;有我们赞成的,也有我们反对的;有我们乐意接受的,也有我们需要拒绝的。究竟如何处理这些事情,构成了我们日常生活的主要内容,并影响我们生活的方方面面。因此,如何拒绝他人也显得十分重要。无论别人要你做的事是一件微不足道的小事还是一件至关重要的大事,只要是对你的人生没有意义的或者是你力所不能及的,你都要拒绝。因为一分钟做出勉强接受的决定,你要付出的可能是几十倍、几百倍甚至更长时间的后悔与自责。学会拒绝,它对于我们塑造自身的良好形象,处理好我们同各种不同的人之间的关系等,都有着十分积极的意义。

(1) 拒绝力所不能及的事情,使生活轻松潇洒。社交活动中,要求、请求、恳求、哀求各种各样,不管你有多大能耐,你都不可能什么事都答应别人。想做个有求必应的好好先生或好好小姐并不容易,别人的意见、要求或谈话总有合理与不合理、可行与不可行之别,如果当面你不好意思说"不",轻易承诺了自己无法履行的职责,将会带给自己更大的困扰。"助人为快乐之本"是人人都可朗朗上口的一句格言,但是,当别人前来要求协助时,难免会遇到自己力不从心的时候,如果我们懂得拒绝,就能巧妙地将自己从一些不必要的事物中解脱出来,否则只能是死要面子活受罪。学会拒绝的艺术,既可减少许多心理上的紧张和压力,又可以表现出自己人格的独特性,也不致使自己在人际交往中陷于被动,生活就会变得更加轻松、潇洒。因此,喜剧大师卓别林曾说:学会说"不"吧!那你的生活将会美好得多。

（2）增强自立自律能力,增强自身人格魅力,完善自我。一个心理健康的人,应该比较准确地对周围的人和事作出判断,从而作出恰当的反应。如果别人让你做的事不符合你的兴趣爱好,则不必去勉强自己。比如你根本不能喝酒,有人以朋友的身份用"你要把我还当作朋友的话就把这杯酒干了"来强迫你。千万不要为了取悦别人而一味地硬着头皮答应。还有人讲所谓的"哥们义气",拉拢你做违法犯罪的事,千万不可盲从和冲动,以免上当受骗。面对无理要求,要学会考虑自己的需要,捍卫自己说"不"的权利,增强自立能力。要明辨是非,严格自律。

在人际交往中,面对某些人的无理取闹,特别是面对时弊陋习,势必旗帜鲜明,断然予以拒绝。例如,钱钟书曾针对时下流行的祝寿、纪念会和某些所谓学术讨论会,一概拒之门外,而且毫不客气地一连说出七个"不":"不必花些不明不白的钱找一些不三不四的人,说些不痛不痒的话。"钱钟书绝不媚俗,该拒则拒,十分难得。社交活动中能审时度势,及时根据实际情况作出正确的分析判断,并懂得拒绝的艺术,就能在复杂的社会生活中较好地保全自己,完善自我,增强自身人格魅力。

2. 拒绝的基本要求

（1）认真听。认真倾听对方的请求,并简短地复述对方的要求,以表示确实了解了对方的需求。拒绝的话不要脱口而出,即使当对方说了一半,我们已明白此事非拒绝不可,也必须凝神听完他的话,这样可以让对方了解到我们的拒绝不是草率做出的,是在认真考虑之后才不得已而为之的。尤其要避免在对方刚开口就断然拒绝,不容分辩地拒绝最易引起对方的反感。

（2）看情势。拒绝同其他交际一样,要审时度势,要看是否有拒绝的必要和可能。从必要角度看,自己的道德准则不能接受的,没有能力接受的,接受后会给自己带来不愿承受或无法承受的损失的,接受后可能给对方带来麻烦或损失的,那就应当拒绝;如对对方有利而只是自己有一些很小的损失,则应当接受。从可能的角度看,要考虑自己拒绝的能力,如无理由拒绝,或拒绝后会带来更严重的后果,则只好接受。

（3）下决心。如情势需要拒绝,就应当下定拒绝的决心,并克服三大心理障碍:一是碍于对方的面子,总觉得不好意思拒绝;二是怕对方怪罪,怕影响双方今后的交往,甚至影响自己的利益(如不能得到对方的帮助等);三是怕别人说自己不够朋友等。如果必须拒绝,就不必有太多顾虑。

（4）态度好。不要在他人刚开口时就予以断然地拒绝,不要对他人的请求流露出不快的神色,更不要蔑视和忽略对方,这些都会让对方觉得你的拒绝是对他没有诚意的表现,从而对你的拒绝产生逆反心理。无论是听对方陈述要求和理由,还是拒绝对方并说明缘由,都要始终保持和蔼亲切的态度,让对方了解自己的拒绝实在是在认真考虑后不得已而为之的。

（5）措辞柔。感谢对方在需要帮助时想到你,并略表歉意。对于他人的请求,表现出无能为力,或迫于情势而不得不拒绝时,一定要记得加上"真对不起""实在抱歉""不好意思""请多包涵""请您原谅"等致歉语,这样便能不同程度地减轻对方因遭拒绝而受的打击,并舒缓对方的挫折感和对立情绪。但是不要表现出过分的歉意,这样会造成不诚实的印象,因为如果你真正感到非常抱歉,就应该接受对方的请求。

（6）直言"不"。对于明显不能办到的事，应该直接明白地说出"不"字。"说得多不如说得少"，言简意赅，要言不烦是最有效的方法；模棱两可的说法易使对方抱有幻想，引发误解，而且当最终无法实现时，对方会觉得受了欺骗，由此引起的不满和对立情绪往往更加强烈。"当断不断"，其结果只能是害人又害己。

（7）理由明。不要只用一个"不"就让对方"打道回府"，而应给"不"加上合情合理的注解，让对方明白：自己的拒绝不是毫无来由，更不是找借口搪塞，而是确有无可奈何的原因或难以诉说的苦衷。可以讲明自己的处境，最好具体地说出理由及原委，那么将心比心，对方自然就能体谅你的言行了。说明理由是为了让对方明白拒绝是确有难以说出的苦衷。当你说明理由后，对方试图反驳，你千万不可与之争辩，只要重申拒绝就行了。不过，如果你觉得拒绝的理由不充分，也可以直接拒绝而不说明理由，或者只用一些"哎呀，这可怎么办""真伤脑筋"之类的话给予回答。但是千万不可编造理由，因为谎言终究会被揭穿。

（8）择他途。在拒绝对方某一方面要求的同时，如果能够尽量满足其他方面的合理要求来作为补偿，或是积极地替他出谋划策，建议他选择或寻求更好的途径和办法，这样可减缓对方因我们的拒绝而产生的瞬时不快情绪，缓解对方的被动局面，也可以表明我们的诚意，让对方体会到你的火热心肠、殷切期待，则更易得到他人的谅解、友谊与好感。例如，可以说"要是明天，我大概可以去一趟""真对不起，这件事我实在爱莫能助，不过我可以帮你做另一件事""我只能借给你 1000 元，但我知道小李有一笔不少的活动奖金，也许你可以去找他"等。

3. 拒绝的语言艺术

在社交场合中，同样表达一个拒绝的意思，有不同的说法。陈秀泉在其主编的《实用情境口才——口才与沟通训练》中从语言技巧上说，拒绝有以下方法。

（1）直接拒绝。直接拒绝就是将拒绝之意当场明讲。采取此法时，重要的是应当避免态度生硬，并需要把拒绝的原因讲明白，有时还可以向对方致歉。例如，"对不起，这样做对我不合适""对不起，这次我真的无法帮忙"。

（2）婉言拒绝。婉言拒绝就是运用委婉的语言，暗示对方无法完成请求。例如，有一位朋友不请自到，此时你正忙于工作而无法接待。可以在见面之初，一面真诚地对其表示欢迎，一面婉言相告："我本来要去参加公司的例会，可您这位稀客驾到，我岂敢怠慢。所以专门告假 5 分钟，特来跟您叙一叙。"这句话的"话外音"就是暗示对方"只能谈 5 分钟时间"。

（3）诱导拒绝。诱导拒绝就是采用诱引的方法，让对方自己感悟到或者直接说出拒绝的理由。例如，某国总统得以第四次连任。有家报纸的一位记者采访他，请他谈谈这次连任的感想。这位总统没有回答，而是很客气地请这位记者吃一块"三明治"（夹馅面包）。记者觉得这是殊荣，便十分高兴地吃了下去。总统微笑着又请他吃第二块"三明治"。他觉得是总统的恩赐，盛情难却，又吃了下去。不料总统又请他吃第三块，他简直受宠若惊，虽然肚子里已饱了，但还是勉强吃了下去。哪知道这位总统在他吃完之后又说："请再吃一块吧。"记者听后十分为难，因为他实在吃不下去了。这位总统微笑着说："现在，你不需要再问我对于这四次连任的感想了吧，因为你自己已经感觉到了。"

（4）幽默拒绝。幽默拒绝就是用幽默的语言表达拒绝的意思。例如，有朋友请你帮忙,可以说:"啊,对不起,今天我还有事,只好当逃兵了。"

（5）回避拒绝。回避拒绝就是答非所问,即表面上看在回答问题,但实际上说的都是空话,没有任何实质信息,当遇上他人过分的要求或难答的问题时,可使用这种方法。

例如,有人问你:"在×××问题上,你支持老王还是老李?"你回答:"谁正确我就支持谁。"对方又问,"那谁是正确的一方?"答:"谁坚持真理谁就是正确的一方。"你并没有进行正面地回答到底支持谁。

（6）模糊拒绝。模糊拒绝就是不直接拒绝,而是通过与对方请求相关的话题表明自己的态度。例如,钱钟书先生是我国著名作家,他的作品《围城》享誉海内外。有一位外国女士特别喜欢钱钟书。当这位英国女士来到中国,就给钱钟书先生打电话,说想拜见他。钱钟书先生在电话中说:"假如你吃了一个鸡蛋觉得不错,又何必要亲自去看那只下蛋的母鸡呢?"钱钟书用生动的比喻做了模糊的回答,委婉地拒绝了英国女士见面的要求。

（7）附加条件拒绝。附加条件拒绝就是先顺接对方的意思,然后附加一个事实上不可能的或主观无法达到的条件。例如,有一次,意大利音乐家帕格尼尼为了赶到一家大剧院演出,急急忙忙坐上一辆马车。他一边催车夫快点,一边向车夫问价。"先生,你要付我10法郎。"马车夫知道他是大名鼎鼎的音乐家,便有意讹诈他。"你这是开玩笑吧?"帕格尼尼吃惊地问道。"我想不是。今天人们去听你一根琴弦拉琴,你可是每人收10法郎啊! 我这个价格不算多。""那好吧,我付你10法郎,不过你得用一个轮子把我送到剧院。"音乐家帕格尼尼要求车夫用一个轮子把他送到剧院,这是根本不可能做到的,因此在客观上便起到了拒绝勒索的作用。

（8）沉默拒绝。有些难以言明的拒绝不必用有声语言,可用一些体态语来表示拒绝之意。如用身体欠佳、疲劳、倦怠、上厕所、打哈欠的举止使对方感到不安;或中止"发言"、微笑、心不在焉、目光老向别处看等,暗示对他人的要求不感兴趣;或者用摆手、摇头、耸肩、皱眉、转身等身体语言来表示自己拒绝的态度等。例如:

明朝有一个叫周新的人,官至按察使,权力很大,他上任不久,就有不少人给他送礼,他都一概拒绝了。一天,又有人来看望他,还带来了一只黄澄澄、肥嫩嫩的烤鹅。来人唯恐他不收,一边说"请大人尝个鲜,不成敬意",一边拔腿就走了,对此事,周新确实很犯愁。怎么办呢? 不收吧,东西已经留下来了;收吧,以后那就没法收拾了。他灵机一动,叫手下把烤鹅挂在屋子后。一天,两天,那只鲜嫩的烤鹅变得又干又硬,又沾满了灰尘,再有人来送礼,周新就领他去看那只挂着的烤鹅。那些人看到送礼只能落得如此的结局,也就不再送了。

拒绝对方的方法还有很多,如让步拒绝法、预言拒绝法、提问拒绝法等。其实不论选择什么拒绝方法,关键要表明态度,同时做到不伤害对方感情,保护自身形象就可以了。

 实训项目

1. 交谈演练

学生A扮演××电视机专营商场的营销科长,学生B扮演××电视机厂的推销员。

两人素不相识,两个单位也从未有过业务往来。当电视机市场上供大于求时,B 到 A 处了解情况并推销 B 方的产品,而且希望今后建立长期业务往来关系。

要求:运用所学的社交语言艺术技巧,灵活巧妙地与对方交谈,并尽可能地寻求最佳的社交效益。

2. 问与答互动训练

1) 训练目的

通过训练能认识到提问技巧在口语交流中的作用,提高言语交流中提问的技巧;通过训练培养良好的倾听习惯和分析语言、词汇的功能,提高语言的理解能力。

2) 训练要求

分组进行,不要准备,随意性提问。可以涉及隐私、人身攻击等,但要有所控制,应把握好分寸。问与答角色可以互换,不进行严格规定。

3) 训练实施

学生两人一组,一个扮演提问者,另一个扮演回答者。训练指导老师要求提问者就你想问对方的问题可以随意提问,然后回答者回答,这样一问一答进行,可以反问。训练指导老师要对提问者所提问题进行分析,一方面了解提问者的目的和期望;另一方面分析回答者对所提问题的理解情况,然后辨析所提问题能不能实现提问者的目的。训练指导老师还要分析提问者对回答者的回答是否满意,是否符合自己的要求,确认对方是答非所问还是对问题理解有偏差。

如果有条件,可以进行录音,然后对照录音与训练对象一同分析。

4) 训练考核

训练双方互评,一起解决以下问题:你提这个问题的目的是什么? 对方的回答有没有达到提问的目的? 是问题提得不好还是答非所问?

训练指导老师依据问和答的具体情况给定评价分数。

(资料来源:彭义文. 口才训练教程[M]. 北京:北京师范大学出版社,2011.)

3. 赞美情境演练

请扮演不同角色模拟演练以下赞美情境。

(1) 你的一位同学参加某项大学生竞赛活动获得了好成绩,你如何赞美他(她)?

(2) 你的口才训练老师的课程非常受学生们的欢迎,你将如何赞美他(她)?

(3) 你的同学穿了一套新衣服,你如何赞美他(她)?

4. 说服、拒绝训练

1) 任务目标

(1) 能够了解说服与拒绝在沟通中的重要性。

(2) 能够在沟通中准确把握说服与拒绝的常用方法,提高人际沟通能力。

(3) 能够正确运用说服与拒绝的技巧。

(4) 能够形成良好的说服与拒绝素养,提高人际沟通能力。

2) 建议学时

3 学时。

3）任务实施过程

（1）任务导入。观看小品《卖拐》并进行模拟表演,谈谈小品中的主人公是如何进行游说的。

（2）说服技巧训练。

① 热身准备。分析以下案例中主人公运用了怎样的说服技巧。

卡耐基是美国著名演说家、教育家。他常租用某家大旅馆的礼堂,定期举办社交培训班。

一次,卡耐基突然接到这家旅馆增加租金的通知。更改日期和地点已经不可能了,他决定亲自出面与旅馆经理交涉。下面是两人对话的内容。

卡耐基:"我接到你们的通知时有点震惊。不过,这不怪你,假如我处在你的地位,或许也会做出同样的决定。作为这家旅馆的经理,你的责任是让你的旅馆尽可能多赢利。你不这么做,你的经理职位就难以保住,对吗?"

经理:"是的。"

卡耐基:"假如你坚持要增加租金,那么让我们来合计一下,看这样对你是否有利。先讲有利的一面,大礼堂不租给我们讲课,而出租给别人办舞会、晚会,那么你获利就可以更多,因为举行这类活动时间不会太长。他们能一次付出很高的租金,比我们的租金当然要高很多,租给我们你显然感到吃亏了。现在我们再分析一下不利的一面,你增加我的租金,从长远看其实降低了你的收入,因为你实际上是把我赶跑了,我付不起你要的租金,势必再找别的地方办训练班。另外,这个训练班将要吸引成千的管理人员到你的旅馆来听课,对你来说,这难道不是可以起到免费广告的作用吗? 事实上,你花5000元钱在报纸上做广告,也不可能邀请这么多人到你旅馆来参观,可我的训练课却给你邀请来了,这难道不划算吗?"

经理:"的确如此,不过……"

卡耐基:"请仔细考虑后再回答我好吗?"

结果经理最终同意不加租金。

② 实地大演练。将全班同学分成若干组,每组10人左右。教师出示情境材料,学生根据教师所提供的情境分组进行说服技巧演练。各组在全班进行表演,其他同学进行点评,教师做出小结,针对学生表演的优缺点给予指导。

（3）拒绝技巧训练。

① 热身准备。每人讲一件印象深刻的关于拒绝的典型事例,成功的或失败的均可,然后互相点评。

② 实地大演练。将全班分成若干组,每组10人左右。教师出示情景模拟材料,学生根据教师所提供的情境分组进行拒绝技巧演练。各组在全班进行表演其他同学进行点评,教师做出小结,针对学生表演的优缺点给予指导。

4）任务完成

（1）评出最佳说服者、最佳拒绝者各一名。

（2）针对某些同学上网成瘾的现象进行说服。

（资料来源：赵京立.演讲与沟通实训[M].北京：高等教育出版社,2010.）

 **课后练习**

1. 交谈练习。

（1）假如你的一位同学做错了事，你告诉了老师，这位同学因怨恨而再不搭理你。请你想法和他交谈，恢复你们的友情。

（2）假如你是一个企业的新职工，经常与工人们在一起，了解了企业的许多情况。一天，经理在和你聊天时，突然问："你是新来的，经过这一段时间，你觉得我这个人怎么样？""很好，经理。"但经理却固执地说："你一定要讲真话，我只想听听你的意见，或者从你这里听到别人对我的意见，你不必担心什么。"而这个经理确实也有一些不足和毛病，工人们也有所议论。这时，你怎样与经理继续聊下去？

（3）假如你去拜访一位名人，进屋之后发现主人家养了一只小猫。请以此为话题，设计一段对话。

（4）一天，假如你逛商场时发现一位营销员好像是当年的校友，但在学校时交流很少。她好像也觉得你面熟，这时你主动和她打了招呼。接下来你们会谈些什么？

（5）放暑假了，你坐车回家，周围坐着几位年龄、身份、性别不同的陌生人，为消除路途寂寞，你先和他们寒暄几句，使大家都有谈兴，你会怎样寻找话题呢？

（6）将来，假如你在事业上取得了较高的成就。在老同学聚会上，你怎样谈自己的成功？此时如果别人赞扬你，你怎样表现谦虚的风度？

（7）有位秘书对经理说："经理，今天有个人找您，是位女同志，说有点事要商量。她穿着一件漂亮的淡青色风衣，背着一个棕色的精致小包，30多岁。她说在家等您，说你们事先说好的，您可能忘了。她姓张。"这段话有什么毛病，请指出来。

（8）模仿好的讲话：在生活中找一位口语表达能力强的人，请他讲几段最精彩的话，录下来，供你进行模仿。你也可以把你喜欢的播音员、演员的声音录下来，然后进行模仿。

2. 问答练习。

（1）一位传教士在做祷告时烟瘾犯了，问上司："我祷告时可以吸烟吗？"结果上司狠狠瞪了他一眼。另一个传教士祷告时也犯了烟瘾，问上司是否可以吸烟，结果上司给予肯定的答复。请分析第二个传教士是怎么问的。

（2）将全班学生分为三组，一组学生负责提出问题，另一组负责回答问题，最后一组负责进行观察及评判。问题最好涉及一个主题，比如恋爱、学习、理想、网络等。可依照顺序进行轮转。

3. 赞美练习。

（1）为什么说一味地赞美不足取？应怎样对公众进行赞美？

（2）设想你到了一个新的环境，面对初次见面的一位同事，请找出该同事的三个不同优点加以赞美。

（3）分析下列实例中赞美的失误点。

① 小陈去拜见某教授，一见面就说："久闻您老的大名，您老真是才高八斗、学富五车。"教授笑眯眯地反问："你说说看，我有哪八斗才，哪五车学？"小陈闹了个大红脸。

② 小刘在出席一位青年作家作品研讨会时,对作家妻子甘当"贤内助"由衷佩服,不禁赞美起来:"你俩真像诸葛亮夫妻一样,男的才华横溢,女的相夫教子,真是天生的一对。"作家妻子听了显出一脸的尴尬。

4. 说服练习。

（1）与你的同桌（2人一组）自拟情境进行说服训练。

（2）如果你的班级有一名同学考入大学后,完全放松自己,整天上网玩游戏,吃喝玩乐不学习,你作为他的好朋友,如何说服他抓紧时间好好学习呢?

5. 拒绝练习。

（1）吴经理与王经理是大学的同窗好友,有着十几年的友情,关系非常亲密,经常在一起打球,生意上也有合作。一天,王经理来到吴经理办公室,兴致勃勃地说要好好聊聊,正好吴经理已预约陪同他人去打保龄球,这使吴经理很为难。请模拟演示吴经理拒绝王经理的情景。

（2）与你的同桌（2人一组）自拟情境进行拒绝训练。

（3）试比较分析以下三份不录用通知书。

① 此次本公司招聘职员,承蒙应征,非常感谢! 经慎重审议,结果非常遗憾,最终无法录用你,特此通知。

② 此次本公司招聘考试,你成绩不及格。特此通知。

③ 此次本公司招聘职员,你立即前往应征,非常感谢! 你的考试成绩相当好,不过本次暂不予录用,很可惜! 他日可能还有机会,务请谅解。

（资料来源:屈海英.新编演讲与口才[M].杭州:浙江大学出版社,2011.卢海燕.演讲与口才实训[M].大连:大连理工大学出版社,2009.）

6. 案例分析。

案例1

对 话

一位新校长到任后,发现师生对食堂的意见很大,主要是大家常吃冷饭冷菜。这位校长来到食堂,一边跟班作业,一边和后勤科长商量解决办法:"×科长,你看我们有没有办法再缩短开饭时间,让学生尽可能地吃到热饭热菜?"

"我想再增加一些饭菜的窗口,或者可以提早一些时间。"

"是个办法。可新增的窗口开在什么地方呢?"

"我看食堂西头至少可以开四五个,南面的窗口显得松,如果堵起来重新开窗,还能再增加几个。"

"这办法好。假如我们采取这个办法,你看要多少时间才能把窗口开好?"

"最快也要一天!"

"那这一天学生吃饭将有问题了。有没有两全其美的办法呢?"

"分两批开也可以。先开西边的窗口,此时用南面的窗口开饭。再修南边的窗口,此时用西边的窗口开饭。待两边的窗口都开好了,就两边同时开饭。"

"这个办法很好。你看总共需要多少时间?"

"大约两天就行!"

"这事就委托你办吧。有什么困难吗？"

"没有。"

两天后，窗口修好了。

（资料来源：刘志敏.演讲与口才实用教程[M].北京：人民邮电出版社，2017.）

思考讨论题：这位新校长处理问题的谈话妙在何处？本案例对你有何启示？

案例2

四块糖果

育才小学前校长陶行知在校园看到学生王友用泥块砸自己班上的同学，陶行知当即喝止了他，并令他放学后到校长室去。无疑，陶行知是要好好教育这个"顽皮"的学生。那么他是如何教育的呢？

放学后，陶行知来到校长室，王友已经等在门口准备挨训了。可一见面，陶行知却掏出一块糖果送给王友，并说："这是奖给你的，因为你按时来到这里。"王友惊疑地接过糖果。

随后，陶行知又掏出第二块糖果，放到他手里说："这第二块糖果也是奖给你的，因为当我不让你再打人时，你立即就住手了，这说明你很尊重我，我应该奖你。"王友更惊疑了，他眼睛睁得大大的。

陶行知又掏出第三块糖果塞到王友手里，说："我调查过了，你用泥块砸那些男生，是因为他们不守游戏规则，并欺负女生。你砸他们，说明你很正直善良，且有批评不良行为的勇气，应该奖励你啊！"王友感动极了，他流着眼泪后悔地喊道："陶……陶校长。你打我两下吧，我砸的不是坏人，而是自己班上的同学啊……"

陶行知满意地笑了。他随即掏出第四块糖果递给王友，说："为你正确地认识错误，我再奖给你一块糖果，只可惜我只有这一块糖果了。我的糖果没有了，我看我们的谈话也该结束了吧！"说完，就走出了校长室。

（资料来源：佚名.德育[EB/OL].[2015-06-22]. http://www.91exam.org/jszg/563-352/352211.html.）

思考讨论题：陶行知的对学生的赞美有何独到之处？本案例对你有何启示？

案例3

老班长如何说服心浮气躁的新兵

在电视剧《号手就位》中，夏拙是新入伍的火箭军新兵，他们到长老村接受军事训练，但是那里条件很简陋，连基本的床也没有，训练方式也很古怪。夏拙对几位老班长的训练方式很不满意，表现出心浮气躁，对此，老班长的一番话让夏拙心服口服。

班长侯继东问："哪来的床啊？"夏拙生气地说："我把'导弹'改了。我对训练营不满意。班长，我可以很负责任地代表广大学员告诉你们，我们不喜欢这种方式，你们应该明确告诉我们每天的训练任务，让我们知道需要做哪些准备。"

班长侯继东严肃地说："你是吃了熊心豹子胆了吗？陈班长明天就要教你们导弹基础水平检测，你现在却把做好的'导弹'改成了床，还公然抬到宿舍里，你是想挑衅我们吗？"

夏拙解释说："班长，我没有要挑衅的意思。我只是觉得，有木头就应该有床，没有床也没关系，至少我们应该知道没有床的理由是什么。现在我们不光不知道没有床的理由，更不知道为什么每天吃鸡蛋，不能磕，只能剥，还不能把蛋白弄破！还有，堂堂一个'王牌号手选拔营'，作训的导弹和发射平台的模型都得自己做，这不搞笑吗？"

班长陈浩峰生气地说："夏拙，我告诉你，我有我的打法，你有你的活法，你在不在训练营继续待着，我不管。我还是那几句话，明天早上八点钟我要上课，我上的第一堂课是导弹基础水平检测专业概论，我需要模型，这个事我交给你了。你今天把模型变成了床，没关系。但是如果明天早上八点钟以前这个模型不出现在我课堂上，我跟你没完！"夏拙赌气说："班长，您不用跟我没完，我可以很明确地告诉你，这个导弹我做不了，你想怎么惩罚我，随便。"

班长侯继东耐心地说："看你这个活儿做得还真是挺精细，你小子要是把这点聪明劲儿用在训练上，很快就会超过我俩。你们这些熊孩子啊，干什么事，都喜欢问个'为什么'，哪来那么多'为什么'呢？军人的天职就是'服从命令，听从指挥'。我们这些老兵，能让你们做无用功吗？让你们做模型，就是让你们了解导弹内部各元器件的尺寸和位置；剥鸡蛋是为了让你们练习手指的灵活度。我们做导弹维修和检测，经常会拆卸一些非常细小的零部件，我们大老爷们儿的手这么粗糙，一不小心很容易造成零部件的丢失和损伤。你们不会真的以为导弹发射就是摁个按钮这么简单吧？那就让我告诉你们，那需要强劲的体魄，顽强的意志，灵巧的双手和烂熟于心的数据、参数，这几天你们接受的训练就是这些。"

夏拙疑惑地问："班长，那养鹅也算吗？"班长陈浩峰说："养鹅怎么了？我告诉你们，在这儿没有一件没用的东西，你以为养鹅是为了玩吗？为了吃肉吗？看见鹅棚搭在哪儿了吗？山坡的正下方，路口的正上方，鹅是天然的报警器，见到生人就叫唤，隔一百米就是咱们的哨兵，岗哨和路口之间正好有一个死角，你知道什么呀？"

班长侯继东补充道："还有，一到夏天山上的蛇就往下面爬，之前就有士兵被咬过的经历，你们有没有发现我们的营区周围都撒满了雄黄？可是一到下雨天，雄黄就被冲走了，恰恰大鹅的粪便就能阻挡蛇的前进。"夏拙有些悔过，说："班长，你说得都有道理，可是这些事情你应该提前告诉我们，这样我们就心中有数了呀。"

班长陈浩峰耐心地说："我们当年跟师傅学手艺的时候，从来不问为什么，也不需要问。你们在这儿学习的所有科目都是精心安排的，火箭军所有的号位都是个细致活，都需要磨炼性格。夏拙，你太着急了。"夏拙知道自己错怪了班长，之前的怨气烟消云散了，从此端正了态度，全身心地投入到训练中了。

（资料来源：兰花.《号手就位》：老班长如何说服心浮气躁的新兵[J].演讲与口才，2021(15)：38-39.）

思考讨论题：老班长运用了哪些说服技巧说服了心浮气躁的新兵？本案例对你有何启示？

案例4

小芹的拒绝之道

一天，小芹的好友小芳打电话来求助。

小芳："小芹，有个事儿要拜托你。"

小芹："什么事啊？"

小芳："哎，我男朋友要给日本客户做批东西，但说明书全是日语，正巧你是学日语的，你帮他看看呀。"

小芹："小芳，你想让我给你男朋友翻译日语说明书，是吗？"

小芳："嗯，小芹，你能帮帮他吗？"

小芹很清楚，专业说明书的翻译不是个简单的活儿，更何况这阵子手头工作很多，于是考虑了一会，非常客气地说："并不是我不愿意帮忙。你知道，产品说明书这种东西很专业，我在大学学的不是专业翻译，这些年又没接触过，那点知识早还给老师了，凭现在这水平恐难胜任啊。"

小芳："别谦虚了，你在大学的时候可是我们班最优秀的，我对你很有信心。"

小芹："可我对自己没信心啊。要是搁平时还好点儿，这段时间公司经常加班，为了做一个策划书，我可是奋战了三天三夜啦，忙得一塌糊涂，现在一看文件就头疼。我想你男朋友的文件一定非常重要吧，为了不耽搁事儿，建议他还是找翻译公司比较合适。"

小芳想了想说："嗯，也是，专业翻译的确是件棘手的事，那就让他交给翻译公司做好了。你啊，别太累了，要注意休息，保重身体！"

（资料来源：佚名.日常生活中如何巧言相拒妙说"不"[EB/OL].[2020-06-03].https://wenku.baidu.com/view/512f6b122dc58bd63186bceb19e8b8f67d1cef4f.html.）

思考讨论题：小芹是怎样一步步地拒绝小芳的？本案例对你有何启示？

任务6　面试口才

　　推销自己是一种才华,是一种艺术。有了这种才华,你就能安身立命,使自己处于不败之地。你一旦学会了推销自己,你就可以推销任何值得拥有的东西。

——[美]戴尔·卡耐基

 导入案例

面　　试

　　一个青年人在一家小信息公司颇有成就,因此想进入一家位列世界500强的大公司工作。第一次面试时,面试官问他:"你认为自己最显著的成就是什么? 为什么?"

　　他自信地说:"我从小到大的求学是非常艰难的,在工作中也遇到了很多困难,但我一一努力克服了。"出乎意料的是,他落选了。

　　经过一番反思,他发现了其中的问题:努力学习在今天是很普通的,而且回答里强调的只是一个过程而不是某一具体活动,没有突出独特性。

　　当他第二次面试时,他说:"我在信息科技公司工作的那段时间是我最骄傲的经历,当时我被聘用为营销部经理助理,帮助开发新型计算机并投放市场。在我上任两星期后,经理突然心脏病发作,管理层决定把这个项目拖延6个月。我认真思考了公司领导的这个决定,认为在飞速发展的市场中,拖延就代表失败。于是,我找到了主管我们这个部门的副总裁并谈了自己的看法,然后拟订了一份完善的计划。我承认,的确有一些新东西需要学习,但这些困难我可以克服。副总裁勉强同意我为代理经理。这之后的6个月,我学到了很多东西,我也十分努力,夜以继日地工作,最后我们的产品取得了成功。"

　　最后,他如愿以偿地进入了那家大企业。

　　(资料来源:内尔·依格,等.世界500强选人标准[M].汤永辉,等译.北京:高等教育出版社,2004.)

思考题:

　　(1)案例中的这位青年人两次面试的表现有何不同?

　　(2)他第二次为什么能如愿以偿地被那家大企业录用?

　　(3)在求职面试中如何更好地与面试官沟通?

 课前问题

- 面试口才的原则有哪些?
- 面试中应如何自我介绍?
- 针对面试考官提出的问题应如何作答?

6.1 面试口才的原则与技巧

1. 面试口才的原则

（1）尊重对方。求职面谈时应注意以下几点。首先，要尊重对方，不能因为面试官的学历、职称、年龄或资历不如你就轻视对方。尊重对方，赏识对方，可以使面试官增加对你的好感。其次，要善解人意。无论对方提出什么问题，你都应该从积极的角度去理解，而不是一味地产生对立情绪，认为别人是故意刁难你。

比如，某名博士生毕业时向北京一所高校发出了求职信，并接到了面试的通知书。这位博士生读博士前就已被评为讲师，只是家属工作单位在外地。面谈前，高校的人事干部做了大量的工作，疏通了各种渠道，初步办好了接收工作。可是见面交谈时，这位博士发现坐在自己面前的是一位不足30岁的年轻小伙子，于是他不仅流露出不尊重对方的神情，而且还刨根问底地询问对方，处处显示出自己的优越感，引起了对方的反感，结果毁了一桩好事。这位博士后来又去了十几个单位面试，可是不是因为名额已满，就是因为不能解决夫妻两地分居的问题而告吹，他只好收拾行李回到老家。

其实，那位和他面谈的年轻人正是录用他的关键人物。虽然看上去年轻，却已是博士后，并且是某个国家重点项目的负责人。人事部门有意安排他来负责面试，主要是从将来开展博士后研究的角度着想的。事后，这位年轻人说："这位求职者不仅外语水平不符合要求，而且妄自尊大，目空一切，这种人即使在国外也很难找到合适的工作。"

（2）充满自信。求职时既要自知，更要自信。求职过程中的自信表现，就是在自大与自卑之间选择一个合适的分寸，既不过分张扬，也不过分自卑，应围绕着求职、面试的主题，客观进行自我介绍并回答面试考官的问题。也可在适当的时候借题发挥，进一步展示自己能力与才华。如果对自信方面多加强训练，就一定能够使求职者在真正的面试舞台上超水平发挥。

例如，一次某房地产集团面试有这样的问题："请你给我10个进入本公司的理由。"多数应聘者都硬着头皮搜肠刮肚给理由，有的给了不到10个理由，有的一个理由重复好几遍，有的支支吾吾说不出来。只有一个应聘者回答："不好意思，我实在没有10个理由，我只有一个进入贵公司的理由。我的理由就是我相信自己能够胜任贵公司网站编辑一职。"接着该应聘者从自己的专业及特长方面展开讲述，来支持她这唯一的理由。

她充满自信且十分聪明的"主动"回答，赢得了面试官的"青睐"，获得了想要的职位。

（3）双向交流。富兰克林在其自传中讲道："说话和事业的发展有很大的关系，你出言不慎，将不可能获得别人的同情、别人的合作、别人的帮助。"在求职过程中，正确使用语言进行表达，无论是描述自己的情况、成绩或意向，还是回答面试官的问题，都是非常重要的。同样，通过求职交流，也会使求职者获得招聘公司的相关信息，只会答而不会问的求职者会被淘汰，因为无法进行双向的交流就意味着一名求职者失去了自我思考的能力，也就无法达到面试官的要求。

2. 面试的语言技巧

（1）仔细聆听。在面试过程中，要仔细聆听。为了表示你在耐心倾听，要伴随适当的肢体动作（如微微点头）或简单的附和语（如噢、嗯）。回答问题前必须确认已经听清及听准对方的提问。如果对讲话重点不是十分有把握，建议用复述性提问加以确认，比如，"您的意思是不是说……""如果我没猜错，您是想问我……"

（2）谦虚诚恳。在面谈中，应聘者如果能谦虚诚恳，则可立于不败之地，从而成功地叩响就业之门。因此，在求职过程中，求职者的真实与诚恳是成功应聘的首要条件，在真实诚恳的基础上，还要力求使自己的就业意向与应聘行业的职业要求相一致，在面谈中尽量回避对自己不利的话题。例如，某设计院是一所有实力的设计院，任务多，待遇高，不少应聘者竞相投递简历，希望获得职位。其中一名职业院校的毕业生前来应聘。他先自报学的是机械制造专业，然后非常认真地询问对方有什么样的要求。设计院的一位老工程师告诉他主要是绘图工作。这位青年马上说："这是我最拿手的，我课余就帮人家绘图，三天一份，您可以当场测试。"老工程师露出了笑容，因为绘图这种工作单调、枯燥、乏味，年轻人如果肯干就行。老工程师又问："你搞过设计吗？""搞过四个设计图纸，都被评为优秀，还有一个图纸被实习工厂选中了。"他拿出了证书和获奖图纸。老工程师饶有兴趣地边看边说："搞设计要下现场，有时'连轴转'，你行吗？"小伙子拍着厚实的胸脯说："没问题，让干什么就干什么，只是希望有机会再读个本科。""没问题！"老工程师拍着胸脯说。

这位职业院校的毕业生之所以能顺利进入较好的设计院，关键在于他语言朴实，态度诚恳，表现出诚实稳重的品质，同时也是因为他对自己在绘图方面的经验、成果以及不怕辛苦等优势进行适当的强调。

（3）毛遂自荐。在求职过程中，如何在众多的竞争对手中脱颖而出很重要。当我们在运用求职语言时，"单刀直入、毛遂自荐"也不失为一种方式。我们可以开门见山，对面试官直截了当地表明自己的意向。如果对方对你的能力或学历提出任何异议，则恰好是给了你一个说明和展示的机会。

（4）巧用反问。在面试过程中，有些面试官会针对应聘者的薄弱环节进行发问，其目的有两点：一是确实发现应聘者有不足之处，想得到解释；二是想看看应聘者的应变能力和回答技巧。这时，应聘者一定要沉着冷静，知难而上，用反问的形式巧妙地回答问题。

反问句能比较强烈地表达一个人的心声和感情，面试中恰当运用，也能使语言出彩。例如：

小丁到一家轿车维修中心求职，论学历，该中心要求本科毕业生，而小丁只是名高职院校的毕业生；论技术，该中心要求会维修桑塔纳轿车，而小丁只修过摩托车，并且是业余的，可他却凭着自己出彩的语言，打动了经理，获得了成功。在面试中，经理最后对小丁还有些不放心，又提出了一个问题："那你学会修轿车以后，是不是又要'跳槽'呢？"小丁一听，灵机一动，答道："咱们这个企业效益这么好，我为什么要'跳槽'呢？我去哪里不是为了生活？我没有奢望，只要出师后，能维持一个普通人的生活就行了。当然，如果有一天，咱们的企业也像我原先所在的单位，连每月3000元的工资都发不下来，经理，您到时候会让我永远在这儿待下去吗？我希望咱们的企业能永远兴旺发达，对这一点，您不是也在苦苦追求吗？"一席话，彻底把经理打动了。

在这里，小丁用第一个反问句，变被动为主动，非常巧妙地讲明了自己"跳槽"实属无奈之举，并非"朝秦暮楚"。接着又用第二个反问句，既充分地表达了对经理领导能力的信任，又表明了自己"心系企业"的心情，入情入理，亲切感人。

（5）少用"我"字。由于面试的过程是一个对"我"进行考察的过程，因此，无论是在自我介绍还是在面试谈话过程中，求职者的语言和意识往往会以"我"为中心。例如，"我"的学历、"我"的理想、"我"的才华，以及"我"的要求……殊不知，这样做对方会认为你"以自我为中心""自我标榜""自以为是""自我推销"……尽管事实并非如此。例如，袁女士35岁，要应聘某公司的机械检验员，面试官问她："这个工作经常要出差，到湖南、湖北、四川等地，条件会比较艰苦，你行吗？"袁女士答道："我是不是看上去比较娇气了一点？我从前在矿山做机械工的时候，可是常在管道里面爬上爬下的，而且我还在装配车间做过检查工作，我想工作再苦都没问题。别看我是女的，我在装配车间干过一年，在铆焊车间干过半年，我在试验场还做过现场施工。当时我在甘肃，现在想起来我真的不想回去，因为机械管道里的味儿很难闻，100米长的管道，我就在里面爬上爬下……"

要不是被面试官及时打断，袁女士还不知要说出多少个"我"字来。在这个案例中，袁女士的回答本来就不够简洁，再加上"我"字不离口，有强迫性的自我推销之嫌，使得面试官顿生反感，面试结果自然不理想。

（6）灵活应变。最后一条原则就是"没规则"，不要有那么多的条条框框。应记住：在任何情况下，招聘单位都会垂青那些有较强角色意识和应变能力的人，而这种能力多半是书上没有的，要在实践中不断地锻炼，这就是为何有些招聘单位很看重工作经验的原因。例如：

国外一家旅馆老板测试三名应聘侍者的男子。

问："假如你无意中推开房门，看见女房客正在淋浴，而她也看见你了，这时你该怎么办？"

甲答："说声'对不起'，然后关门退出。"

乙答："说声'对不起，小姐'，然后关门退出。"

丙答："说声'对不起，先生'，然后关门退出。"

结果，丙被录用了，为什么呢？

因为丙的这种故意装糊涂表示没看清的说法维护了女房客的尊严，他用非常得体的语言表现出一名侍者应该具备的职业素质。

6.2　面试中的自我介绍

求职者自我介绍的根本目的，是让面试官对自己有个大概的了解，并且尽可能留下好的印象，以便使面试能够深入进行下去，最终赢得面试的成功。求职面试的自我介绍必须讲究技巧，成功的自我介绍往往会给面试官留下深刻的印象，这样求职就成功了一半。在人的思想意识中，往往存在这样的误区，认为最了解自己的人一定是自己，把介绍自己当成是一件很容易的事。其实不然，有时说他人易，说自己难。在求职面试中，有时介绍自己是较难的部分，要成功地进行自我介绍，要从以下五个方面着手。

1. 礼貌的问候

在进行自我介绍之前，求职者首先要跟面试主考官打个招呼，道声谢，这是最起码的礼貌。比如，"经理，您好，谢谢您给我这个机会。现在，我向您做一下简单的自我介绍……"介绍完毕，要注意向各位面试官致谢。

2. 主题要鲜明

求职面试中的自我介绍包括的基本要素有姓名、年龄、籍贯、学历、学业情况、性格、特长、爱好、工作能力和工作经验等。不必面面俱全，但一定要做到主题鲜明、直截了当，不要拖泥带水。对于材料的组织要合理，详略要得当，重点要突出。一般来说，应按招聘方的要求来组织介绍材料。假如招聘单位对应聘者的工作能力和工作经验很重视，那么求职者就得从自己的工作能力及经验出发做详细的叙述。

例如，下面是某家工艺品总公司招聘业务员的一则对话。

面试官："我公司主要是经营有地方特色或民族特色的工艺品，如北京的景泰蓝、景德镇的陶瓷和湖州的抽纱等。这次招聘的对象主要是能开拓海内外业务的湖州抽纱的业务员。现在，请你介绍一下自己的情况。"

求职者："我叫李伟，今年24岁，是湖州市人。今年毕业于湖州市商业学校，读市场营销专业。我一直生活在湖州，小时候就经常帮妈妈和奶奶做抽纱活，对于传统的抽纱工艺可以说是比较了解的。在商校学习的两年中，我掌握了营销方面的专业知识，这是我将来搞好业务的资本。我的口才较好，曾参加省属中专学校的求职口才竞赛，得了二等奖，并且还具备一定的英语口语能力。我这个人的特点是头脑灵活、反应快，平时喜欢看报纸，对国内外的经济发展动态很感兴趣，喜欢从事具有挑战性的工作。"

应聘的求职者一般应从最高学历讲起，只要面试考官不问，完全没有必要谈及小学、中学甚至是大学。谈所学的专业、课程，不必要说明成绩；谈求职的经历，不要漫无边际，东拉西扯，最好在1~3分钟之内完成自我介绍，要简洁、明快、干脆、有力。

3. 让事实说话

在面试时，有的人为了能给面试官留下深刻的印象，往往喜欢对自己进行过多的夸奖，动辄就"我的业务水平是很高的""我的成绩是全年级最好的"，其实，这样反倒会给面试官留下不好的印象。现在的用人单位往往更注重应聘者的真本事。"事实胜于雄辩"，虽然面试的时间很有限，不可能完全展示求职者的才能，但是，求职者可以通过实际的事例来证明自己的能力，把自己的才华展示给面试官。

例如，某大学中文系学生小刘，毕业后到报社应聘记者，面对着上百个新闻专业出身的应聘者，可以说小刘并没有什么优势。但小刘对此早有准备，她对面试官介绍自己时是这样说的："我叫刘晓明，山西人，毕业于××大学中文系。虽然我学的不是新闻专业，但我对记者这个行业却十分感兴趣。在大学期间我是学校校报的记者，大学4年时间进行了许多次较为重大的校内、外采访，积累了一定的采访经验，再加上我的中文功底，我相信自己可以胜任贵报的工作。这是我在大学期间发表过的报道稿，请各位领导和老师批评指正。"

面试官看过小刘的报到材料后，觉得眼光独到、语言深刻，都很满意。结果小刘击败了众多的竞争者，不久就收到了录用通知。

4. 给自己留条退路

面试中的自我介绍既要坦诚，又要有所保留；既要介绍自己的能力，也不要把自己搞成事事皆能，使自己进退维谷。在自我介绍中，求职者要尽可能客观地显示自己的实力，但同时应尽可能地避免使用保证式或绝对式的语言，如"我非常熟悉这项业务""我保证让部门改变面貌"这类话往往没有具体内容，反倒会引起面试官的反感，如果遇到较为平和、内敛的面试官，也许不会为难你；但是如果遇到个性较强的面试官进行追问时，求职者会因无法回答而张口结舌、尴尬万分。

例如，小赵去面试一家国际旅行社的导游。他自我介绍说："我这个人喜欢旅游，熟悉各处的名胜古迹，全国的风景名胜几乎都去过。"面试官很感兴趣，就问："那你去过云南大理吗？"因为面试官就是大理人，对自己的家乡十分熟悉。可惜小赵根本就没去过大理，心想若说没去过这么有名的地方，刚才的话不就成了吹牛了吗？于是硬着头皮说："去过。"面试官又问："你住的哪家宾馆？"小张再也回答不上来，只好说："那时我是住在一个朋友家的。"面试官又问："你的这位朋友家在大理的什么地方啊？"小赵这下没词了，东拉西扯答非所问，结果自然是可想而知的。

6.3　面试中的问与答

在求职面试的过程中，如何与面试官进行良性双向沟通，是求职者能否求职成功的重要保证。因此，在面试过程中，要注意以答为基础，以问为辅助的沟通技巧。尽管不同的公司面试的程序和模式有所不同，面试官的风格各异，但是有些问题是面试官比较喜欢问的。应聘者一定要对这些问题有所准备，知己知彼才能百战不殆。

一般来说，招聘方提出的问题可分为两类：一类是规定性提问，也就是招聘方事先准备好的，对每一位招聘者都要发问的问题；另一类是自由性提问，即招聘方随意穿插的问题，这些问题往往是千变万化，范围宽泛，招聘方可以从应聘者不经意的对答中发现其闪光点或缺点。无论是哪类问题，应聘者在回答时都应当掌握以下基本技巧：①不要遗漏表现自己才能的重要资料；②保持高度敏锐和技巧灵活的思维状态；③回答既要表现出自己的个性气质，又要表现出对招聘方的尊重与服从；④认真倾听对方的提问，并注意对方的反应，以便及时调整自己不恰当的回答；⑤避免提到"倒霉""晦气""不幸""疾病"之类可能招致对方忌讳的字眼。

王晶在其主编的《口才训练实用教程》一书中归纳了以下各类常见面试问题的回答技巧。

1. 动机类问题的回答技巧

（1）出题原因。这通常是面试官最先问到的问题。求职动机类问题能够考察面试者的求职动机与拟任职位的匹配性，内容会涉及面试者的价值取向和生活态度等多个方面，意在从应聘者的回答来评估新工作是否合适。

（2）常见问法："你为什么选择我们公司？""你为何想离开原工作单位，到我们公司来呢？"

（3）答题思路。建议从行业、企业和岗位三个角度来回答。对于社会新人，由于之前没有工作经验，所以建议可以坦诚地说出自己的动机，不过还是要思考一下用语。求职者必须充分地了解这个部门、这家企业是干什么的，提供的职位应达到的工作目标是什么，这样才能有针对性地回答求职动机和志愿，即把个人的人生追求与用人单位及职位联系起来。多谈积极性的求职动机，比如"我喜欢有挑战性的工作""可以更好地锻炼自己，实现人生进取的目标""我本人不喜欢轻闲的工作，越是带创意的事业我越爱干""我十分看好贵公司所在的行业，我认为贵公司十分重视人才，而且这项工作很适合我，相信自己一定能做好"之类。少谈或不谈消极性的求职动机，比如"我来求职是因为在家里待着没意思""失业了，没事干，让人家瞧不起"等。

2. 个人爱好、特长类问题的回答技巧

（1）出题原因。业余爱好和特长在一定程度上能反映应聘者的性格、观念、心态，这是招聘单位喜欢问该问题的主要原因。

（2）常见问法。例如："你有什么业余爱好？"或"你有什么特长吗？"

（3）答题思路。不要说自己没有业余爱好或特长，不要说自己有庸俗的、令人感觉不好的爱好和特长，也不要说自己仅限于读书、听音乐、上网等爱好，否则可能令面试官怀疑面试者性格孤僻；最好能有一些户外的业余爱好，如爬山、游泳等来"点缀"你的形象。要尽量突出自己的长处，但也要注意适可而止，不要给对方以浮夸、吹嘘的印象。答问的重心仍要放在对申报的新职位有利的特点、长处上，否则面试官不会对你感兴趣，最好以事实为证。

3. 实践经验性问题的回答技巧

（1）出题原因。如果招聘单位对应届毕业生提出这个问题，说明招聘单位并不真正在乎"经验"，关键看应聘者怎样回答。

（2）常见问法。例如："你是应届毕业生，缺乏经验，如何能胜任这项工作？""请谈谈你的工作经验。"

（3）答题思路。对这类问题的回答要体现出应聘者的诚恳、机智、果敢。要注意关于工作经验的问题是不能编造的，必须如实汇报，否则会给对方一种不诚实的印象。语气既要肯定又要谦虚，应尽量强调以前的经验对这份工作如何有利。如："作为应届毕业生，在工作经验方面的确会有所欠缺，因此在学校期间我一直利用各种机会在这个行业里做兼职。我也发现，实际工作远比书本知识丰富、复杂。但我有较强的责任心、适应能力和学习能力，而且比较勤奋，所以在兼职中均能圆满完成各项工作，从中获取的经验也令我受益匪浅。请贵公司放心，学校所学及兼职的工作经验使我一定能胜任这个职位。"

4. 知识性问题的回答技巧

（1）出题原因。知识性问题能考察应聘者对所要从事的工作必须具备的一般性知识和专业性知识的了解和掌握程度。

（2）常见问法。知识性问题包括常识性的知识和专业性的知识。常识性的知识是指从事该工作的人都应具有的一些常识。例如，文秘人员应了解一些必要的秘书实务，人事工作者应了解必要的劳动人事制度和法规。专业知识指专业领域的相关知识，例如，对于网络维护人员的岗位，就可能会提出下列专业问题："什么是计算机病毒？如何更好地预防计算机病毒入侵？"

（3）答题思路。对于此类问题的回答并没有什么窍门，只有靠应聘者自己平时的积累和扎实的基础。

5. 智力性问题的回答技巧

（1）出题原因。智力性问题能够考察应聘者的反应能力、逻辑分析能力和判断能力等。

（2）常见问法。选择一些智力题，考察应聘者的综合分析能力。比如，在微软公司的面试中，有这样一道面试题："假如你在飞机上遇到一位高尔夫球的生产商，向你询问中国每年消耗的高尔夫球的数量，你怎样回答？"

（3）答题思路。这类问题一般不是要应聘者发表专业性的观点，也不是对观点本身正确与否做评价，而主要是看应聘者是否能够言之有理。怎样回答，对于在现实生活中见都没见过高尔夫球的人来说无疑是一头雾水。其实对于这种不可能回答的问题，只要找到它的解决办法就可以了。因为连面试官自己也不知道问题的答案。应聘者可以这样回答："首先，统计中国高尔夫球场的数目；其次，统计平均每天有多少位客人；再次，统计每位客人平均每天消耗的高尔夫球的数量；最后，我们把 3 个数相乘，再乘以一年的营业天数，就可以知道中国每年消耗的高尔夫球的数量。"

6. 情境性问题的回答技巧

（1）出题原因。此类试题能够考察应聘者的应变、协调能力和情绪稳定性，是目前面试中广泛使用的一种提问方式。

（2）常见问题。设计一种假设性的情境，考察应聘者将会怎么做。此类试题的基本假设是，一个人说他会做什么，与他在类似的情境中会做什么是有联系的。如："当你的客户很明显在刁难你的时候，你如何应付？"

（3）答题思路。对于此类试题，应聘者首先要理解自己的角色，把自己放到情境中去，然后提出比较全面的行为对策。如："首先要以公司的利益为重，尽可能让客户明白，公司的宗旨是全心全意地服务于客户。很多时候我相信客户对于我的刁难也是出于对我公司办事能力的一种考验，我一定会竭尽全力使客户相信公司。""相信我，不过，如果客户提出一些很过分甚至违背人性的要求，我不会妥协，我相信公司也一定不会让员工在外受到人格上的侮辱。"

7. 压力性问题的回答技巧

（1）出题原因。这种问题通常是故意给应聘者施加一定压力，看看其在压力下的反应，以此考察应聘者的应变能力和忍耐性。

（2）常见问题。有时候面试官可能提出真真假假的"题外题"。如某电视台招聘记者，小郑前去应聘。面试中，面试官指出："你说你爱好写作，可是我看了你填的报考表，在自我评价栏中居然出现了三处语法错误，现在既没有多余的表格，也不准涂改，你该怎么办？"

（3）答题思路。对于此类问题，应聘者不要简单地就题答题，要想得全面一些，让答案更完整圆满，首尾相顾，不致顾此失彼，留下缝隙，授人以柄。比如对于上面提出的问题，小郑听罢吃了一惊，心想填表时自己是字斟句酌的，怎么会有三处错误呢？但时间不允许他多想，他当机立断回答："为了弥补失误，我可以在表后附一张更正说明，上面写上'某某地方出现了三处语法错误实属填表人粗心，在此更正，并向各位致歉'。不过……"他停顿了一下说，"在发这份更正说明之前，我想知道是哪些错误，因为不能无的放矢，错误地发出一份更正说明，我不愿再犯这种错误。"他的机智应对令考官们笑了，其实他的报表并没有错误，这不过是考官设的一个圈套，用以考察他的自信心和反应能力。从表达角度看，他的得分主要在于后半部分的补充说明。这一段内容的表达十分完满，滴水不漏，印证了他机敏全面、认真仔细、一丝不苟的品格，赢得了好评。

8. 薪酬类问题的回答技巧

（1）出题原因。薪酬问题是敏感问题。面试官在初步接触某位应聘者时才会提出薪酬问题，同时提问的另一个目的是观察应聘者对工资的态度。如果对工资持无所谓的态度，那就试着给你一份低工资，看你能否接受。有的小公司往往在薪酬问题上讨价还价，能少给就不多给，目的是减少人力成本和降低经营成本。

（2）常见问题。"你希望挣多少钱？""如果你被聘用，你有哪些要求？如工资、待遇等。"

（3）答题思路。十分重要的是事先了解这份工作大约应该得到多少薪酬，这个行业的一般薪酬是多少，心里有一个"参照点"。建议应聘者利用网络查询薪资定位的相关资料，配合个人的价值观、经验、能力等条件，得出最基本的薪资底线。建议无工作经验者采取保守的态度，以客观资料为主要考虑重点，如果说得过低，会失去一个本来可以得到较高薪酬的机会，还会让用人单位以为你没有什么真本事。如果说得过高，用人单位会认为你是"狮子大张口"；或者认为你不是来工作的，只为挣大钱，进而把你淘汰。如果真的不知道要多少薪酬，也不能说"您看着给就是了"，因为这似乎是要求对方给赏钱。应聘者可以巧妙地回答："我要回去打听一下，薪酬问题好商量。"或者"我不好一下子说定，贵公司真有意聘我，我再跟各位讲。"在回答薪酬问题时，别忘了问对方的奖金是多少，有没有住房津贴，有没有医疗保险、交通补贴，一年有多少假期等。这就是一个人的"整体价""总收入"。有的单位工资不高但福利特别好，所以要看"整体价"。

 实训项目

1. 职业岗位信息分析

通过各种渠道搜集、分析、整理、汇总职业岗位信息，并针对自己的实际情况进行分析、比照,这是面试前必须做的一项准备工作。应填写表 6-1 和表 6-2。

表 6-1　职业岗位信息汇总表

岗位名称	专业知识要求	专业技能要求	性格素养要求	特别说明

说明：可根据具体需要增加表格的行数。

表 6-2　情况比照表

目标岗位名称	职位能力要求	自身能力比照	职位素养要求	自身素养比照
（首选）		已具备：		已具备：
		尚需努力：		尚需努力：
（次选）		已具备：		已具备：
		尚需努力：		尚需努力：

说明：可根据具体需要增加表格的行数。

（资料来源：张珺. 实用口才[M]. 南京：南京大学出版社,2013.）

2. 面试中问题的应对训练

1）常规问题的应对

（1）训练目标

① 掌握应对常规问题的技巧,并能够从容应对。

② 在面试过程中举止自然得体。

（2）建议学时

1 学时。

（3）实施过程

① 任务导入。请分析如下应聘者的回答哪些地方表达得体,哪些地方措辞欠妥。

问："你最不能容忍的缺点是什么?"

答："明天的饭今天吃,现在的事今天做。"

问："你来美国是什么身份? 现在干什么工作?"

答："我是自费留学的,现为美国某跨国公司的经理助理,主要干的是帮助公司降低成本及提高竞争能力的工作。因为公司只有我一人在做这份工作,因此压力大,责任重。不过,我喜欢富有挑战性的工作,并且是为了照顾妻子的缘故我才来贵公司的。"

问："如果被聘用,你想得到怎样的待遇和好处?"

答："除了应得的报酬以外,公司能否给我更大的发展空间呢? 比如提高自身的修养,挖掘潜在的能力,还有提升的机会等。"

问："在没有天平的情况下,你怎样称出一架飞机的质量?"

答："曹冲在没有天平的情况下还能称出大象哩,不过那办法没有效率,所以,还是让我们先造一架能称这飞机的天平吧。如果您出奖金,我愿竭诚奉献自己的绵薄之力。"

② 常规问题应对的训练。

请学生浏览招聘信息,根据所学专业选择意向单位,根据意向单位的招聘要求,对应聘职位做方案设计。此项训练需提前一周布置。

（4）训练方法

组建一个5～6人招聘组,确定应聘单位的名称、应聘职位、要求等,每位同学轮流做应聘者,准备相应的材料及常规问题的答词。

每位同学都要设计方案,包括准备个人简历,得体的仪容仪表,准备面试时的自我介绍等。常规问题通常有:"你的求职动机和意向是什么?""你的学习成绩如何?""你喜欢什么科目?""你有工作经验吗?""你有什么特点和专长吗?""你的家庭背景怎么样?""你对本行业当前形势有什么看法?""你想得到多少薪酬?"

师生对各组进行点评,评出几个最佳表演者。

（5）任务完成

课下将训练内容整理成书面形式并上交组长。各组推荐一份最佳作业,上交任课老师。任课老师将其放在网上,供学生观摩学习。

2）突发问题的应对

（1）任务目标

① 掌握应对突发问题的技巧,并能够从容应对。

② 在面试过程中举止自然得体。

（2）任务实施过程

① 任务导入。有些人因为害怕面试时出丑,往往出现"面谈恐惧症"。请按照以下问题进行自查,看看自己是否是有此类情况的人。

• 明明沟通效果差,但你还是愿意发短信而不是打电话,是这样吗?

• 发电子邮件与打电话相比,你更愿意写邮件,是这样吗?

• 迷路后你情愿查地图也不愿意问别人吗?

• 有了疑问你更愿意上网查,而不是问肯定知道答案的同事或同学,是这样吗?

• 你更愿意网上购物而不是在商场选购。

• 在比较重要的交谈前,比如面试,你会不会频繁上厕所?

• 和陌生人讲话,会使你浑身不自在吗?

• 你经常因为不说话而遭人误解吗?

提示:你的回答若有6个以上问题是肯定的,那你可能具有"面谈恐惧症"的倾向。

② 放松训练。面试之前,有些人因为情绪紧张而错失良机。下面的一套放松操也许会释放你的压力。

请全体同学起立,把胳膊伸向前方,手腕放松,用力抖动手腕,直到有累了的感觉为止。可反复多次。双手手指交叉,反掌向天举过头顶,尽量伸展,挺腰,然后向前、后、左、右倾斜,直到肩、背肌肉完全放松。头部轻轻按顺时针方向做相同次数的转动,在放松头部肌肉的同时放松心情。回到座位,坐正,两肩尽量向后拉,然后深深地、缓缓地呼吸,反复多次,呼吸越慢越好。

③ 小组讨论。

案例 1 有一家公司招聘管理人员,面试题目是:"用发给你的一支气压计,测出这幢30 层大楼的高度。"应聘者一个个绞尽脑汁想出种种办法:有的人上楼下楼量气压,利用物理知识烦琐地进行计算;有的人爬上屋顶,将气压计系上长长的绳子,忙乱地测量着;有的人在资料堆中忙乱地翻着,希望找到一个更好的方法和公式。但有一位应聘者却拿着气压计来到大楼管理处,对一位老者说:"这支气压计送给您,请您告诉我这座大楼的高度。"这位聪明人入选了,因为他正是一个难得的管理人才。

案例 2 张先生去应聘,一切进行得很顺利,甚至商谈到了什么时候开始正式工作。这时面试官站起来倒水并轻松地问:"你喜欢玩游戏吗?"求职者误以为换了一个轻松的话题,随口答道:"通常工作疲倦后会玩游戏放松。"招聘人员的脸色马上阴沉下来说:"工作时间玩游戏,这样的工作人员我们不能要。"

讨论题目:求职过程中,可能会碰到各种各样的突发性提问,什么样的心理素质才能以不变应万变?

④ 实地大演练。

活动:现场招聘。组织程序及要求:组建招聘团若干,3 组为一团(5~6 人为一组)。第一组为招聘单位人员,任务是发布招聘信息并且准备面试提问;第二组为应聘人员,任务是回答面试问题;第三组为评审团,任务是对现场招聘情况从面试提问、应答及相关礼仪角度进行点评。

3)任务完成

教师对训练情况进行总结,让学生对求职和面试有完整的认识。

(资料来源:赵京立.演讲与沟通实训[M].2 版.北京:高等教育出版社,2014.)

3.合格应聘者自测题

怎样在应聘中战胜对手?根据许多人的实际经验设计的这套自测题,将会帮助你更好地把握求职应聘的一些小"窍门"。

(1)面对面试官你将穿什么衣服?( )

    A.牛仔装   B.职业装   C.西装加领带

(2)面试时你的第一句话是什么?( )

    A.等面试官问你再说

    B."我叫×××,我是来应聘××职位的。"

    C."您好!我是来应聘××职位的,我可以自荐吗?"

(3)你为什么离开你以前的雇主?( )

    A.不能发挥自己的专长

    B.工资太低,不能养活自己及家人

    C.原先老板人格太差

    D.工作环境恶劣

(4)你有信心胜任这个职位吗?( )

  A. 应该有   B. 有信心   C. 绝对有

（5）应聘时，你的手放在哪里？（ ）

  A. 放在桌上   B. 边说边做手势   C. 放在桌下

（6）应聘时，你的眼睛往哪里看？（ ）

  A. 盯着对方的脸   B. 注意对方的表情   C. 盯着对方头顶

（7）你希望什么时候上班？（ ）

  A. 马上   B. 一周以后   C. 一个月以后

（8）如果有上、中、下三等工薪，你申请哪一等？（ ）

  A. 上等   B. 中等   C. 下等

（9）回答问题时，你准备用哪一种话？（ ）

  A. 普通话   B. 当地话   C. 家乡话

（10）如果面试官和你都坐在沙发上谈，你准备怎么坐？（ ）

  A. 跷起二郎腿同他谈

  B. 他怎么坐我就怎么坐

  C. 坐如钟

  D. 放松地坐着谈

各题答案得分如下。

（1）A：+1   B：−1   C：+2

（2）A：−1   B：0   C：+1

（3）A：+1   B：0   C：−1   D：−2

（4）A：0   B：+1   C：−1

（5）A：+1   B：−1   C：0

（6）A：0   B：+1   C：−1

（7）A：+1   B：0   C：−1

（8）A：−1   B：+1   C：−1

（9）A：+1   B：0   C：−1

（10）A：−2   B：−1   C：0   D：+1

  如果你得分在6分以上，那么你极有可能成为竞争中的佼佼者；得3~5分，说明你还要训练应聘素质；得3分以下，说明你不适应应聘。

        （资料来源：屈海英. 新编演讲与口才[M]. 杭州：浙江大学出版社，2011.）

 课后练习

1. 阅读以下面试对话，然后回答问题。

面试官："你带简历了吗？"

应聘者（男生）："之前我在网上投过了，不用再带了吧？"

面试官："你能做什么呢？"

应聘者："我喜欢的我都能做好，我不喜欢的我就不会去做。"

面试官："你以前做过什么工作吗？"

应聘者："什么都没做过，我是应届毕业生，是来找工作的。"

面试官："那你凭什么觉得自己能把工作做好呢？"

应聘者："我觉得只要有信心就能把工作做好。"

面试官："你的信心来自哪里？"

应聘者："来自我的能力，来自我的信念。"

面试官："你的人生目标是什么？"

应聘者："做第二个马化腾。"

面试官："你为什么觉得你能像马化腾那样成功呢？"

应聘者："因为他可以成功，我觉得我也能成功。"

面试官："你对工资待遇有什么要求？"

应聘者："试用期你们可以随便给，如果正式录用我后，要求每月工资为 4000 元以上。"

面试官："我们公司的薪酬达不到这个要求，你为什么要求这么高呢？"

应聘者："因为到时候你们会看到我的能力，你们会觉得物超所值。"

面试官："你对工作还有什么要求？"

应聘者："我要求自由的上班时间，每天只要我完成了公司布置的任务就可以下班了。我还要求用 QQ 与外界联系，方便我调用各方资源。我还希望不要让我与外面的客户面对面打交道，因为我不喜欢。"

面试官："你之前去其他公司应聘也是这样吗？"

应聘者："是的，我这个人就是这样的。"

问题：

(1) 看完这个案例，你的第一感觉怎么样？

(2) 案例中这位男生应答的语言有什么特点？体现了这位男生什么样的性格？

(3) 如果你是面试官，你对这位男生有何评价？你会给他工作机会吗？为什么？

（资料来源：屈海英. 新编演讲与口才[M]. 杭州：浙江大学出版社,2011.）

2. 设想你对做一位宾馆公关部经理向往已久，现在有了这样的一个机会，但你的竞争对手十分多，在面试时你如何推销自己？

3. 日本的一些大公司在招聘人才进行面试时，专门就说话能力规定了若干不予录用的条文。有以下几条：

(1) 应聘者声若蚊子，不予录用；

(2) 应聘者说话没有抑扬顿挫，不予录用；

(3) 应聘者交谈时不得要领者，不予录用；

(4) 应聘者交谈时不能干脆利落回答问题，不予录用；

(5) 应聘者说话无生气，不予录用；

(6) 应聘者说话颠三倒四，不予录用。

对于日本大公司招聘人才的以上规定，你有何看法？

4. 面试官问："关于工资，你的期望值是多少？"应聘者反问："你们打算给多少？"如果是你，会这样反问面试官吗？为什么？

5. 根据应聘者的提问，分析哪一种应答更能获得赞许。

（1）没有工作经验，你认为自己适合我们的要求吗？

应聘者1："可是你们就是来招聘应届大学生的呀。"

应聘者2："听说有一只幼虎因为没有狩猎经验而被拒绝在狩猎圈之外，你认为它还有成长的可能吗？"

（2）为什么你读哲学，却来申请做审计？

应聘者1："你们已经说明不限专业，所以我想来试试。"

应聘者2："据说外行的灵感往往超过内行，因为他们没有思维定式，没有条条框框。"

应聘者3："我之所以跨专业谋职，是为了给自己提供这样一种动力，终身学习才不会被社会淘汰。"

（3）你穿的西装好像质地不怎么样啊！

应聘者1："穿着并不影响我的表现，何况我还没工作，买不起更好的。"

应聘者2："昨天我怀揣买西装的钱路过书店，发现两套对我来说至关重要的书，可能会为今天的面试提供帮助，我于是花掉了凑来买西装的钱。"

（4）你不认为你做这项工作太年轻了吗？

应聘者1："我虽然年轻，但我有干劲，敢于接受挑战，相信我一定能做得很好。"

应聘者2："事实上下个月我就满23周岁了，尽管我没有相关的工作经历，但我有整整两年领导学校学生会工作的经验。您可以想象，负责管理全校3000多名学生并非易事，没有一定的管理才能和领导艺术是无法胜任的。所以，我认为年龄固然能说明一定的问题，但个人素质和能力更为重要，因为这是一个部门经理所不可缺少的。"

（资料来源：屈海英.新编演讲与口才[M].杭州：浙江大学出版社,2011.）

6. 案例分析。

案例1

巧 答 难 题

临近毕业，一家地市级日报招聘采编人员。在入围面试的10个人中，无论是从学历还是从所学专业来看，我都处于下风，唯一的一点优势就是我有从业经验——在学校主办过校报。

接到面试通知后，我把收集到的该日报社的厚厚一摞报纸重新翻了一遍，琢磨它办报的风格、特色、定位及其主要的专栏等，做到心中有数。我记下了一串常在报纸上出现的编辑、记者的名字。

参加面试时，评委竟然有8个。第一个问题是常规性的自我介绍。第二个问题是："你经常看我们的报纸吗？你对我们的报纸有多少了解？"我于是把自己对这个报社的认识，包括其办报的风格、特色、定位等全部都说了出来。最后我说："我还了解咱们报社许多编辑、记者的行文风格。例如，某某老师写得简洁明了，某某老师文风清新自然。虽然我与他们并不相识，但文如其人，我经常读他们的文章，也算是与他们相识了。"我当时注意到，许多评委露出了会心的微笑。后来我才了解到，我提到的许多老师就是当时现场的评委。

第三个问题是："谈谈你应聘的优势与不足。"我说："我的优势是有两年办校报经验，并且深爱着报业这一行。我的缺点是拿起一张报纸，总是情不自禁地给人家挑错，甚至有时上厕所，也忍不住捡起地上的烂报纸看。"听到这里，评委们不约而同地笑了。

面试结束的时候，我把自己主办的校报挑出了几份分给各位评委，请他们翻一翻，提出宝贵意见，并说："就当给我们学校做个广告。"评委们又笑了。

最终，我幸运地被录用了。

（资料来源：佚名. 采编人员面试［EB/OL］.［2013-06-26］. https://zhidao.baidu.com/question/562192492.html.）

思考题：此实例中的"我"回答面试问题的语言艺术如何？请予以分析。本实例对你有何启发？

案例 2

老总的故事

一家公司的老总要招聘一名副手，这一天老总亲自来面试。但奇怪的是，老总并不是对应聘者逐个地进行面试，而是把所有人都集中到大会议室，讲起了故事："唐朝有个大将军，名叫张飞。有一天，张飞带领军队追击敌人。那天是一年中最热的一天，士兵们带的水早就喝干了，沿途中没有可饮用水，士兵们又累又渴，连前进的力气都没有了。张飞焦急万分，后来灵机一动，指着前面对士兵说，转过这个山口前面就是一片梅林，梅子已经成熟了，大家加把劲，很快就能吃到可口的梅子了。士兵们在条件反射的作用下，顿时口舌生津，又有力气前进了。"

讲完之后，老总望着大家仿佛有所期待，应聘者则莫名其妙。终于有个人鼓足勇气站起来说："老总，您今天的故事讲得很好，但我们是来参加面试的，不是来听讲故事的。请问老总，面试什么时候开始？"老总没有回答。

过了几分钟，他不易察觉地笑了一下，转身要离开。这时一个人站起来："老总，请等一等！我想指出您的错误。您刚才所讲的故事中，至少犯了两个错误。第一，那个将军不是张飞，是曹操；第二，故事发生的时代也不是唐朝，而是三国。尽管我不明白您讲这个故事跟今天的面试有何关系，但我还是指出来，希望您别介意。"老总听完，脸上露出了微笑。

在这个故事中，老总就是通过讲一个家喻户晓的故事，并故意犯了两个错误，把他的真实意图隐蔽起来：他想寻求一个善于发现他的错误并有勇气大胆指出来的副手。

（资料来源：郭鹏. 浅议结构化面试和非结构化面试的利与弊［EB/OL］.［2020-08-11］. https://wenku.baidu.com/view/dee63131ac51f01dc281e53a580216fc710a5339.html.）

思考题：请结合本实例谈谈面试中如何准确判断对方的意图。本实例对你有何启发？

任务7 行业口才

发生在成功人物身上的奇迹,至少有一半是由口才创造的。

——[美]约翰·汤姆森

 导入案例

戴尔·卡耐基与他的《语言的突破》

美国著名的成人教育家、人际关系专家戴尔·卡耐基所著的第一本书,是一本关于演讲的《语言的突破》。

卡耐基早在大学时代便将演讲作为出人头地的捷径而潜心钻研过。后来,他于1922年开始为纽约基督教青年会夜校开班时,他开的就是"公开演讲"课。卡耐基开设演讲课积累了丰富的知识,加上他评判过十五万篇学院的公开演讲,他建立了一套实用的演讲模式。为了便于各行各业的人学习演讲,1926年他根据自己的心得体会和学院学习经验,写了一本题为《公开演讲:企业人士的使用课程》的关于演讲的教材。后来,这本教材又经过几年的试用和修订,于1931年以《语言的突破》为名正式出版了。该书出版后,在人类出版史上创造了一个奇迹:10年之内就发行了2000多万册,远远超过同期《圣经》的发行量,而且被译成了几十种文字,成为世界上最受推崇的"语言教科书"。它详细地介绍了克服恐惧及建立自信的方法,阐述了演讲口才方面的方法和技巧等内容,促使人们努力向前,并挑战自我,激发了人们追求人生理想及实现自我价值的坚定信念。无论从事何种工作的人,如果能按照这本书介绍的基本方法去做,都能得到意想不到的收获。

20世纪卡耐基的演讲口才艺术曾风靡世界,掀起了一股经久不衰的卡耐基口才热,全世界50多个国家的近2000所培训机构已经使千百万人受益。参加训练的人来自各行各业,其中有著名作家、政治家、商界大亨、学者、大学生、职员,甚至还有几位国家元首,可见其影响之大。

(资料来源:戴尔·卡耐基.语言的突破[M].张珺,译.武汉:武汉大学出版社,2012.)

思考题:

(1) 各行各业都离不开口才吗?请举例说明。

(2) 请阅读戴尔·卡耐基的《语言的突破》一书,并谈谈读后的感受。

 课前问题

• 导游工作中应怎样运用语言艺术?

• 推销工作中应怎样运用语言艺术?

• 主持人应怎样运用语言艺术?

7.1 导游口才

导游口才是指导游与游客交流思想感情、指导游览、进行讲解和传播文化时使用的一种具有丰富表达力的、生动形象的口头用语。旅游从业人员要取得良好的工作成效，必须注重导游口才的修炼。

1. 导游语言艺术的特征

导游语言从某种层次上来说是一门艺术，因为它能够渲染气氛，增强效果，充分调动游客的积极性，激发人们的兴趣。导游语言艺术的特征归纳起来主要有以下几点。

（1）生动性。生动形象的导游语言能够引起游客的观赏兴致和想象，这也在无形中提高了景点的欣赏价值和欣赏意义。俗话说"风景美不美，全靠导游一张嘴"，虽然略有夸张，但也说明了导游生动讲解的重要性。比如，导游介绍云南的概况时，如果按照书本上或平时我们说话的方式，平铺直叙："云南省的总面积 39.4 万平方千米，拥有多种气候带和地貌类型"。这样的介绍会让游客感到枯燥和抽象，又不容易理解。如果换一种生动性的语言进行介绍，则较容易被接受。如："云南省的总面积位列全国第八，比日本的总面积还要大，有除了沙漠和海洋以外所有的地貌和气候类型。"这样游客就有了比较直观的概念，可谓真实可感。

（2）美感性。旅游活动是一种综合的审美实践活动。在旅游活动中，导游是游客与景观的中介，导游语言是景观与游客的信息传递的纽带，优美的导游语言能够使旅游者全面准确地收获旅游景观所蕴含的美学信息，感受旅游景观的审美价值。这也是为什么人们常说："没有导游的旅游，是没有灵魂的旅游。"有这样一个例子：有两个导游分别带领旅游团到日本伊豆半岛旅行，当时的路况条件很差，马路上到处都是坑坑洼洼的洞。其中一位导游连声向游客道歉，说由于路面不平整，因而我们不得不忍受颠簸。而另一位导游恰恰相反，他充满诗意地对游客介绍："在座的女士们、先生们，我们现在走的这条道路，正是赫赫有名的伊豆迷人酒窝大道。"如此一来，游客的注意力便不再是颠簸的汽车，而是能充分感受眼前的特殊景致，本来因颠簸而难以忍受的游客，在听了导游颇有意境的介绍后，恐怕也不会再抱怨。可见，艺术性的导游语言能够提升整个旅游过程的质量。

（3）情感性。"登山则情满于山，观海则意溢于海"。导游的语言应与风光胜景相互碰撞，激发游客的情感。试想，如果一位导游只是干巴巴地背台词，毫无表情地进行讲解，是很难打动游客的。现在之所以有越来越多的人喜欢旅游，很重要的一个原因就是希望能够从旅游活动中寻求精神的慰藉，导游对景观对象的描述只有动之以情、晓之以理，才会唤起游客的共鸣。比如，杭州的岳王庙是一个到杭州来旅游的人都想去的景点。在人们心里，这个景点与民族英雄岳飞息息相关，人们对此都有钦佩之情。如果这时导游在讲解时，能够在语言和表达上流露出对这位家喻户晓的民族英雄的崇敬之情，不仅会与游客产生共鸣，拉近导游与游客的心理距离，更会使游客肃然起敬，唤起游客的民族心和爱国情。

（4）幽默性。游客出门旅行，大多是为了放松身心，拓宽视野，寻找快乐。如果导游把幽默运用到语言当中，就会成为一门很好的语言艺术。导游在讲解中适当运用幽默的语言

技巧,可以缩短与游客的心理差距,当游客行为出现问题时,幽默的语言又不会伤害游客的自尊。例如:

曾有一个旅行团,在前往敦煌"唐城"旅游参观的途中,有一位游客随手将垃圾扔到车窗外,这一幕恰巧被随团的导游看到。为了不伤害游客的自尊以致影响游客的兴致,同时也为了能让游客意识到自己刚才的行为是不文明的,导游站起身来并对大家说:"今天我们要去参观的目的地是'唐城','唐城'从何而来,想必大家都很好奇。前几年,一个外国电影制片厂要在敦煌合拍一部影片,于是出资在这戈壁滩上修了一座仿古城堡。但是影片拍完后,对如何处置这座城堡产生了分歧。资方准备把它拆了,就地销毁。但是敦煌人说,仿古城堡是拆是烧,你们花钱建,你们说的算,不过处理后所有的垃圾都得拉走,放我们这儿可不行。外方经过反复权衡利弊,最终决定将城堡无偿送给当地人民。从此就有了这个'唐城'。当然,你们可能会觉得这座城堡是敦煌人'讹'来的,可是这'讹'的道理总没错吧?在座的每位游客都有自己的家乡,我们都希望自己的家乡越来越好,这戈壁滩再贫瘠,也毕竟是我的家乡啊!"说完,呵呵地笑起来。那位乱扔垃圾的游客却坐不住了,连忙叫了起来:"师傅,您等一下,我得把那个垃圾捡回来。"车厢里顿时响起了一片掌声。

幽默的语言能够使团队的气氛其乐融融,也提高了导游为大家讲解的趣味性。当然,幽默的时候也需要注意,这里我们所提倡的幽默是正常的幽默,应该是文明、健康的,而不是那些以低级趣味挖苦他人的"黑色幽默"。

2. 致欢迎词

在导游的导游服务工作开始前,首先必须向游客致欢迎词。一般来说,无论是领队、全陪、地陪还是定点讲解员,在工作开始前与游客都是陌生人。在从陌生人到伴游朋友的过程中,导游必须想方设法让游客从认知和情感上理解自己和接受自己,才能顺利地开展导游工作。游客在认知上对导游的认同可以通过导游的生活、引导等方面的工作实现,而在情感上的认同则需要导游全方位地展示自己。在导游语言方面,这种情感认同首先是通过导游的热情洋溢、亲切友好的欢迎词来实现的。因此,欢迎词是导游在客人面前成功亮相的重要一环。

(1)欢迎词的特点。欢迎词是指导游在迎接游客到来时的致辞。欢迎词虽然不是导游讲解的重点,但由于这是导游第一次直接面对游客说话,是第一次的语言服务,往往会给游客留下很深的第一印象,甚至会左右游客对导游讲解服务的最终评价。欢迎词不同于一般的导游词,要具有自己的特点。

① 内容简洁,时间不长。在导游的工作程序中,一般是在游客已经在旅游车上入座,并且即将出发前往下榻地或旅游景点时向游客致欢迎词。此时游客可能会出现两种状态:一是游客刚刚抵达旅游地,精神上比较亢奋,希望马上了解旅游地的情况;二是游客经过长途旅行,身体比较疲惫,希望能够在车行途中稍事休息。无论是哪一种情况,游客虽然对导游存在一定的新鲜感,但都不会将导游作为主要的欣赏对象。因此,导游致欢迎词时间不能太长,以免让游客生厌。鉴于上述原因,欢迎词往往内容比较简洁,话不多说,点到为止,只要能够让游客体会到自己的欢迎之情就可以了。一般来说,欢迎词的时间要控制在5分钟左右。

② 热情亲切，拉近距离。在致欢迎词前，导游的身份尚未得到游客的认同时，双方还是一种陌生人之间的关系。为便于以后工作的开展，导游必须尽快与游客互相熟络起来，让游客将导游视为自己的一个伴游朋友。在欢迎词中，要达到这样的效果，导游必须热情亲切，以"好客的主人"的形象对游客的光临表示欢迎，要以自然的语言、和缓的语调、随意的口吻来消除游客的突兀感觉，迅速拉近导游与游客之间的情感距离。

③ 结合环境，针对性强。很多欢迎词中，经常会结合游客的特征或者旅游地的具体情况来展开，巧妙突出导游、游客双方所处的具体环境或各自背景，使欢迎词具有很强的针对性。这样的欢迎词更易于让游客接受，而且使旅游者间接地获取了旅游地的有关信息，缓解了其可能存在的不满心理。

（2）欢迎词的类型。从语言艺术的角度，欢迎词可以分为三种主要类型：风趣式、闲谈式和感慨式。无论是哪种类型的欢迎词，都需体现出以上所提及的 3 个主要特点，才能产生很好的表达效果。

① 风趣式欢迎词。例如：

"各位上午好！我叫×××，是××旅行社的导游，十分荣幸能为各位服务！各位都是医生吧？医生是人间最美好的职业，我一出生就对医生有特别的情感——因为我是难产儿，多亏了医生我才得以'死里逃生'（游客笑）。长大以后，虽然没有考上医学院，但我每年都要去好几次医院。我这人特别容易感冒，当不了医生，当病人却十分合格，真没有办法（游客笑）……我们这次在岳阳的旅游行程非常充实，如果有时间，我还想请大家参观一个特别节目，就是看看我为什么容易患感冒（游客大笑）。谢谢！"

② 闲谈式欢迎词。例如：

"各位早上好！昨天晚上大家坐了七八个小时的夜车，一定很累吧？的确，我们现在所在的地区的交通目前还不十分发达。众所周知，我国地域辽阔，交通建设需要一定的时间。在此我真诚地希望各位今后能为我国旅游的方便作出贡献。说到贡献，其实大家已经付诸行动了。诸位这次来这里旅游不正是对我们地区旅游业的支持与贡献吗？对此，我代表××市 120 万人民和××旅行社全体员工，对各位的到来表示衷心的感谢！我叫×××，有句古话：'有朋自远方来，不亦乐乎。'此次能为大家导游，我感到由衷的高兴……（游客鼓掌）"

③ 感慨式欢迎词。例如：

"各位来自宝岛台湾的朋友们，晚上好！我是××旅行社的导游×××，非常高兴能够作为各位此次旅游的导游。中国有句成语叫'好事多磨'，各位昼思夜想地盼了 50 年，临到家门口却还要等好几个钟头才能够通过海关。历史的原因我们不过多地回首，只希望能够尽快实现两岸'三通'，改变这种局面。宋代诗人陈师道说：'去远即相忘，归近不可忍。'前半句我不同意，大家离别大陆 50 年，难道忘得了自己的故乡吗？忘得了家乡的亲人吗？台湾有一首民歌，叫《我的家乡在大陆上》，各位唱了 50 年，今天终于唱回家了。在自己家里，想唱就唱，想笑就笑吧！我谨以家乡亲人的名义，祝贺大家终于回——家——了……（游客集体哼唱《我的家乡在大陆上》）"

以上这三篇欢迎词，都是较有代表性的。它们内容并非十分复杂，但都是紧紧围绕着一个鲜明的主题，以通俗易懂的语言，亲切自然地表达了对游客的欢迎之情，让游客获得了情感上的满足。

（3）欢迎词的基本要素。欢迎词的作用主要是让游客了解导游，体会到导游的欢迎之情。能够达到这一效果的方式和内容有很多，但在各种条件限制之下，导游只能选择其中最恰当的内容来表达。这些内容就是欢迎词的基本要素。欢迎词的基本要素主要包括以下五个方面。

① 欢迎光临。导游是接受旅行社的委派来接待旅游者的，因此导游必须以旅行社代表的身份来欢迎游客。在欢迎词的开头部分，导游必须问候游客，并对游客的光临表示欢迎。在欢迎游客时要注意对游客的称呼。一般来说，"各位朋友（团友）"这样的称呼是内宾游客们比较乐于接受的，而来自欧美和东南亚地区的游客们比较喜欢导游称呼他们为"女士们、先生们"，对于来自东亚地区的游客则可以用"先生、小姐们"的称呼。在欢迎词中，导游必须说明聘用自己的旅行社名称，代表旅行社表示热烈欢迎之意。

② 自我介绍。自我介绍是欢迎词的重点内容之一，也是导游可以在欢迎词中发挥主观能动性的一个部分。导游要根据自己的姓名含义、性格特征和游客背景，合理地设计自我介绍内容。自我介绍通常要向游客说明自己的姓名、身份和单位。一篇优秀的欢迎词即使做不到让游客津津乐道，至少能够使客人记住如何称呼导游，因此在自我介绍中还必须告诉游客如何称呼自己，如"我的名字叫×××，大家可以叫我小×""我姓×，各位就叫我×导吧"等。为了便于游客记忆，很多导游都会在自己的姓名上大做文章。湖北荆州的一位导游将自己的姓名巧妙地融合成了一道菜名"香葱蛋花汤"（汤香花），使游客们过耳不忘；江苏南京的一位导游给自己取了个英文名字Spring，游客们在回国后写来的感谢信中仍然念念不忘她给游客们带来的"如坐春风的感觉"；湖南长沙一位导游在接待古汉语学者团时引用东汉许慎《说文解字》的解释来介绍自己的姓名，让游客们频频称道。这些都是成功的自我介绍的例子。但要注意，不可介绍自己过多过长，否则会喧宾夺主，扭曲了欢迎词的本义，游客产生的记忆效果也不佳。

③ 介绍工作伙伴。介绍了自己后，欢迎词中必须紧接着介绍自己的工作伙伴。通常需要向游客介绍的工作伙伴有全陪（或地陪）、司机和旅行社领导。在不同情况下，欢迎词中对这些工作伙伴的介绍有固定的次序。

海外来华团首站地的全陪介绍次序：组团旅行社领导—请领导致辞—首站地的地陪—请地陪致欢迎词。

海外来华团首站地的地陪介绍次序：全陪—司机—地接旅行社领导—请领导致辞。

非首站地的地陪介绍次序：司机—地接旅行社领导—请领导致辞。

④ 表达服务意愿。导游在欢迎词中要向游客表明自己的工作态度，也就是表达服务意愿。这也是欢迎词的一个重要内容，能够让游客感受到导游的热情。欢迎词的这一部分主要包括三个内容：非常乐意为游客导游，保证努力工作和希望游客合作。在这一部分，导游不妨先给游客打打"预防针"。许多旅游地由于基础设施较为落后，其中难免会出现一些不足之处。导游在欢迎词中先给游客提个醒，可以避免游客产生太大的失望情绪。

⑤ 祝福。在欢迎词的最后,导游应该预祝游客们此次旅游顺利、愉快。

以上这五个方面就是欢迎词的基本要素,但并不是所有的欢迎词内容仅限于此。欢迎词的内容应该根据游客国籍、团体、时间、地点、成员身份的不同而有所区别,切忌千篇一律。导游可以在以上五个基本要素的基础之上做进一步的发挥。如果能够在欢迎词中加上一些中国好客的谚语和格言,比如,"有朋自远方来,不亦乐乎""有缘千里来相会""百年修得同船渡"等,将会为欢迎词增色不少。总而言之,欢迎词既要使客人感受到导游真挚的情感,又要符合自己的身份,起到迅速融洽客导之间关系的作用。

3. 致欢送词

当游客结束在本国(地)的旅游活动,即将返程时,导游的工作也接近了尾声。从导游语言的角度来说,这时要提供的一项重要导游语言服务就是向游客致欢送词。欢送词是导游最后一次直接面向游客说话,它会影响到导游语言服务在游客心中留下的整体效果,也会影响到游客的重游兴趣。与欢迎词和讲解词一样,欢送词也是导游工作中不可忽视的一个组成部分。

(1) 欢送词的特点。欢送词是导游送别游客时的致辞。不同类型的导游致欢送词的时间与地点不尽相同。定点导游(讲解员)通常在游客参观完纪念馆或博物馆后,在大门口向游客致欢送词;全陪和地陪通常在游客结束了本国(地)的旅游后,送游客前往机场(车站、码头)时向游客致欢送词;领队通常在陪同游客返回本国后,即将散团时再向游客致欢送词。欢送词具有如下特点。

① 真挚自然,动之以情。无论旅游过程长短,旅游者与导游之间或多或少都会进行一些交流,因而也或深或浅地建立了感情基础。俗话说"人心都是肉长的",除非本次旅游过程中和所接受的旅游服务非常糟糕,否则游客总会对即将结束的旅游活动有一些留恋之情。在导游的欢送词中不能忽视游客这种心理,要注意在欢送词中带有一定的感情色彩来迎合游客的情绪,以浓厚的感情氛围打动游客。

欢送词中所具备的感情应该是真挚的、自然的,切不可"为赋新词强说愁"。过于矫揉造作的欢送词非但不会让游客感动,反而会对游客产生负面影响,效果并不如意甚至适得其反。为做到这一点,导游要调整自己的心态,不要过多地考虑游客在旅游过程中带来的麻烦,而要多想想游客对自己的理解与关心,这样才能激发出自己诚恳的惜别之情。

强调欢送词应该赋予感情色彩,并不意味着导游就要致一篇过于悲情的欢送词,毕竟旅游活动是让人身心愉快的活动,不应该让客人带着满面愁容离开。尤其对于地陪来说,游客离开本地后还要继续开展旅游活动,如果游客情绪低落地展开下一站的旅游活动,会给以后的旅游服务和游客的旅游享受产生消极的阻碍。因而欢送词中在表示不舍的同时,也要表达对再次相会的殷殷期待之情。

② 简洁干练,认真对待。与欢迎词一样,欢送词并不是导游语言工作的主体,因而无须过于烦琐复杂,要以简洁干练为语言特征。导游在送别时如果过于啰唆,会给游客留下拖泥带水的感觉,可能会损害游客已形成的良好印象。在致欢送词时,导游要充分估计致辞的时间长短,不要到了机场(车站、码头)后还在喋喋不休。这时游客的注意力已经分散,或观察机场(车站、码头),或整理行装,或检查证件票据,没有心思来细听导游的欢送词了。同时也要注意,欢送词不能太过于随便,否则会让游客以为导游巴不得自己马上走。画蛇

添足当然不好，但虎头蛇尾同样是在欢送词中要尽量避免的。

③ 饶有趣味，耐人回味。欢送词并不是简单地向游客说再见，它也包含了对旅游活动的回顾和思考。如果导游的整个导游服务都非常成功，那么在最后时刻更要做到尽善尽美，既要干净利落，又要饶有趣味，给游客一种美的享受。在整个旅游过程中，游客是凭自己亲身体验来评价导游的工作好坏的。为此，导游在欢送词中就有必要对全部旅游活动和导游服务做一次归纳和总结。在欢送词的内容选择上，导游应当适当回顾旅游过程，弥补前期工作不足。经过一段时间的接触之后，游客对旅游地的风景、社会、文化等方面也会形成自己的评价。这些评价有可能恰如其分，也有可能有一定的偏差。为防止游客产生误解，导游在欢送词中要进一步帮助游客加深对本国（地）的理解和认识。以一些能够让游客更好地了解本国（地）的知识或者民谚来总结旅游过程无疑是非常好的方法，这样也可以让游客在离开以后还能够有一些值得回味的东西。

（2）欢送词的基本要素。在欢送游客时，导游首先要做到三个"不可"，即寒暄不可少，热情不可减，总结不可忘。除此之外，根据上文中所提到的欢送词的主要目的，在欢送词中还必须包含一些内容，这就是欢送词的基本要素。

① 回顾总结，加深印象。由于旅游活动时间相对比较短暂和旅游活动项目排列得比较密集，虽然游客在刚游览完一个旅游景点时会津津乐道，但是过了一段时间可能就会逐渐淡忘。因此在欢送词中，就有必要加深游客已经有所淡忘的印象。但回顾整个旅游活动并不是简单地将所有旅游活动的内容罗列出来，而是围绕一定的中心思想，穿插结合旅游过程中的各种情况进行总结。很多导游在回顾旅游活动时经常会提及一些游客本人在旅游时的表现和遇到的一些突发事件，这样游客的印象会更深，也能更好地达到欢送词的目的。还有的导游在此时会将旅游过程中拍摄的一些照片展示给游客，或者将录像带通过车载电视播放出来，这样效果会更好。如果有的游客对旅游目的国（地）仍然存在一些疑问或者还想多了解一些，导游也可以在欢送词中对此再进行一些介绍。

② 表达谢意，加深情谊。致欢送词是导游向游客传播友谊和表达惜别之情的绝佳时机。导游在欢送词中可以引用一些格言民谚来渲染气氛，唤起游客的情感共鸣。要感谢游客的合作。在欢送词中，无论实际过程如何，导游都要感谢游客对于自己和旅行社等部门工作的配合与支持。如果在这其中确实出现了令游客不快的服务失误，那么还应该在欢送词中就这些失误之处向游客致歉。目前在我国，征求游客意见主要是采用发放书面调查表的形式（如《海外游客意见反馈表》），导游也可以直接同游客进行语言交流来了解游客的反馈。

③ 期待重逢，美好祝福。在欢送词中，导游还要表达期待与游客重逢的心情。只要导游在旅游过程中与游客相处十分融洽，这一项内容是很容易让游客产生同感的。同时，这也是旅游目的国（地）吸引游客重游的一项重要的因素。出于礼貌，在欢送词的最后通常也会向游客致以美好的祝愿。

（3）欢送词的主要类型。在实践工作中，欢送词具有以下一些主要类型。

① 一般类型欢送词。导游使用得最多的是一般类型欢送词，也就是以前文所述的三个基本要素为全部内容的欢送词。这种欢送词规范、得体，对经过长时间疲惫工作的导游来说也比较容易掌握。例如：

"尊敬的朋友们,我们就要分开了! 这些天来,我们一起愉快地游览了……正是由于各位的积极配合和大力支持,我们此次旅途才能在欢声笑语中结束。在此,请允许我代表××旅行社、司机和我本人,向各位表示我们最诚挚的感谢! 在这难忘的时刻,我衷心祝愿你们一路平安,同时我也希望你们与我经常通信,愿我们的友谊像兄弟,愿我们的感情像亲人! '海内存知己,天涯若比邻。'相信我们一定能再次相聚的。再见了,我亲爱的朋友们!"

这种类型的欢送词并没有太大的不足,只是多少会让游客感到有些平淡,缺少吸引人的地方。当然,在时间仓促的情况下,这种欢送词是完全合格的。导游都必须对此熟练掌握。

② 自责类型欢送词。诚恳谦虚是中华民族的一种美德,也是导游的一种美德。在用心为游客服务的最后一刻,向游客表示自己诚恳的态度,是导游高层次、高素质的体现,也是导游具有良好职业道德的反映。因此,许多优秀的导游往往采用带有一定自责色彩的欢送词。例如:

"就要和在座的各位说再见了! 此刻,我的心情既激动又难过! 这次陪同大家一起前往……在这次旅游过程中,我有许多应该做好而没有做好的工作。那我现在能向大家说些什么呢? 只有一句话,那就是——谢谢各位对我们工作的配合! 是你们的支持使我增强了信心,是你们的帮助使我增加了力量,是你们的理解使我战胜了困难,请允许我再一次向你们表示感谢! 我要努力工作,或许来年我们有缘再次相会,我将提供更好的服务! 愿我们的友谊天长地久! 最后,祝愿大家一路顺风,万事如意!"

这种自责类型的欢送词比较符合内宾游客和东方国家游客的思维习惯,很受他们的欢迎。不过由于西方文化中比较看重自我价值的肯定,因此这种类型的欢送词不适合西方国家的游客。

③ 歌唱类型欢送词。有一些导游会在致欢送词时加入一段歌曲或者戏曲的演唱,将游客的情绪调动起来,形成了导游工作中的最后一个亮点。例如:

"朋友们,只有在离别的时候,才深深地感到我们相处的时间太短。……在此期间,大家亲如兄弟、胜过亲人! 得到大家的关照,我们才能顺利完成工作任务。说实话,我真有点舍不得离开你们,我会想念大家的! 接下来我就改编一下大家非常熟悉的歌手邓丽君小姐的一曲《路边的野花不要采》来向大家告别吧——'送朋友送到飞机场,有句话儿要交代:虽然旅游已结束,但我们的友谊永存在! 记住我的情,记住我的爱,记住我们有缘还会来相会,我呀衷心期待着这一天,千万不要把我来忘怀。'欢迎大家再来玩! 再见!"

这篇欢送词中虽然对歌曲的改编有些细微地方不太合拍,但游客听来耳目一新,其内容表达也十分真挚,不失为欢送词中的一篇佳作。

4. 导游讲解的语言艺术

导游讲解是导游口才的集中体现。在旅游界都有这样的看法:"没有导游的旅行是不完美的旅行,甚至是没有灵魂的旅行。"导游之所以重要,关键在于其导游讲解,而导游讲解的灵魂和核心所在,便是导游技能和语言艺术。都说"祖国江山美不美,全凭导游一张嘴",它充分说明了导游讲解艺术在旅游中的重要性。

（1）声音优美，把握节奏。导游讲解要控制好声音、语速，选择好讲解的地点。在导游过程中，导游要熟悉业务，知识面广。讲解内容健康、规范，热情介绍，答复游客的提问或咨询耐心细致；对游客的提问，尽量做到有问必答；对回答不了的问题，致以歉意，表示下次再来时给予满意回答；与游客进行沟通时，说话态度要诚恳谦逊，表达得体，例如，"请您随我参观""闭馆时间到了，请您抓紧时间""欢迎您下次再来"等。同时，导游讲解时声量过高会成为噪声，音量过大令人讨厌，音量过小，游客又听不清楚。所以，导游在讲解时音量不可过高或过低，要以游客听清为准。因此，导游讲解的时间、位置选择都要注意。一般来说，导游要站在游客围成的扇面的中心，这样有利于声音的传播，使客人都能听到导游的讲解，导游也能听清客人的议论和问题。导游讲解如果语速过快，游客听不清楚，精神可能会高度紧张，容易引起疲劳；如果讲得过慢，又会耽误时间，影响游客观赏景物，让人感到不舒服。一般来说，需要特别强调的事情、容易招致疑惑误解的事情、重要的地名人名数字等应放慢语速；众所周知的事情、不太重要的事情、故事进入高潮时要加快语速。当然，导游语言要讲究变化。要根据讲解内容，做到宜徐则徐，宜疾则疾，徐疾有致、快慢相宜。

（2）语言表达，准确流畅。准确流畅是导游语言艺术的核心。导游是民间外交大使，是祖国山水的代言人，导游的一言一行都应符合实事求是的精神，讲解应注意准确性。首先应注意语法、语音、语调的正确。导游语言表达主要在口头，一般要求在使用某种语言时避免出现明显的语法错误，符合规范，达到基本正确。语言是语音和语义的结合体，是通过声音来表意的，起伏多变的声调和语调可以表达不同的意思和情感，使用得当会收到很好的效果。一般情况下，导游应使用柔性语言，即声音强弱适度，不高不低。为了打动游客的心弦，随着环境的不同，语调既要正确，又要富于变化。为了强调集合的时间，提醒游客注意，可以将关键词语加大音量，放慢速度，如"我们于十一点在公园大门集合。"准确的另一层含义是要言之有物，用词准确，做到就事论事，言之有理，不能把死的说成活的，把丑的说成美的，把假的说成真的，达到哗众取宠的目的。比如，有的导游在没有根据的前提下信口开河，用一串最高级形容词来描述事物"世界上""全国最""天下无双"，结果使游客期望值过高，与实际形成反差。

根据语言学的研究，导游语言是一种线性语言，讲解一定要流畅。一旦中断，就会影响意思表达，游客无法领会你想要表达的意思和感情，会产生诸如你准备不充分等其他不好的想法，伴随而来的是对导游的怀疑及不信任心理。因此，导游语言表达得是否准确流畅，对导游来说至关重要。同一导游词，不同的导游去讲解，收到的效果会有所差别，甚至有天壤之别。我们在讲解之前，一定要把有关景点材料准备得滚瓜烂熟，并反复加以练习。同时，还要避免使用不良的习惯语，也就是我们平常所说的口头禅，诸如"这个……这个……这个……""嗯……嗯……嗯……"之类，最影响讲解内容的连贯性。只有这样，才能达到"黄河之水天上来，奔流到海不复回"的境界，取得庐山瀑布"飞流直下三千尺"的效果。

（3）通俗易懂，大众口味。讲解语言做到大众化，浅显易懂，适合一般人的水平和需要是不容忽视的一个问题。在导游讲解中，特别要注意将书面化的导游词转化成口头语表达出来，而不是"背书"。要做到通俗，主要应注意以下几个方面。

① 音节、音步和谐匀称。导游词要有口语灵活的音步和轻快的节奏，才有利于导游口

语讲解,以及游客临场接受和理解。因此,导游词要善于利用音节的恰当搭配和音步的灵活调整,以求音步、节奏的和谐匀称。例如:

林尔嘉先生把临海的坡面、海湾里的礁石、涨落的海水全部利用起来,围地砌阶,造桥建亭,使原本十分狭窄的一个小海湾,借四周自然美景为铺垫,变成涵纳大海、视野宽广、颇有层次的海上花园。(《鼓浪屿·菽庄花园》)

这里,压缩"台阶"为"阶",压缩"亭子"为"亭",以与"地"与"桥"相对应,求得音节音步的和谐匀称,讲解起来比较顺口。

又如:

太姥山以花岗岩峰林岩洞为特色:融山、海、川、岛和人文景观为一体,包容了太姥山岳、滨海晴川、福瑶列岛、杨家溪漂流、东狮山剪纸等几大块景区和宗教、文化、艺术等旅游项目,观赏面积 92.02 平方千米,保护面积 200 平方千米。山岳拥有峰险、石奇、洞幽、瀑急、云谲等特点。海上更有礁岩奇特、岛屿秀丽、沙滩洁净等众多自然景观和古刹、石刻等丰富的人文景观,以及水上漂流、高山民间剪纸艺术等旅游内容,在国内名山中实属罕见。(《福鼎太姥山》)

这里,讲究音节的和谐搭配,"山、海、川、岛"单音节对应单音节,"峰险、石奇、洞幽、瀑急、云谲"双音节对应双音节,"太姥山岳、滨海晴川、福瑶列岛""杨家溪漂流、东狮山剪纸""礁岩奇特、岛屿秀丽、沙滩洁净"则是多音节对应多音节。音节整齐匀称,朗朗上口,易说易记。

② 遣词用语通俗易懂。导游语言是以口头传播为主的语言,在词语方面,要求大量使用浅显易懂的基本词汇、常用词汇、口语词汇以及一些为人们所喜闻乐见的成语、惯用语、歇后语、谚语、格言、警句等,而不使用生僻艰涩、专业性太强的词语,这样才能使游客更易于接受和理解导游的讲解,使导游活动变得轻松愉快。例如:

看到这一幕奇景,林道怔住了,揉揉双眼,定睛再看,一切都已恢复了原状。林道顿时傻了眼,想不出所以然来,拍拍脑袋,自以为是酒喝多了看花了眼,便收拾了返回洞内睡觉去了。(《清源山·瑞像岩》)

又如:

"松树精"被雷神制服后终于老实了。从那以后,树再长,叶再茂,主干始终不敢遮住庙门。而且,弓着身,伸出双臂,好像在迎接上山的客人。人们见它终于改邪归正,便送给它一个好听的名字——迎客松。(《清源山·千手岩》)

这两个例子在遣词造句方面都是选择使用口语化的词语,凸显导游讲解口语化的风格特点,不仅通俗易懂,而且轻松活泼。

③ 句法修辞灵活多变。在导游语言的运用中,句法格式表现出极大的灵活性和变通性,选用不拘一格、灵活多变的句式,才能使讲解通俗生动、轻松宜人。因此,导游词应多选择使用短句、散句,还应从修辞的角度注意讲求整句和散句、长句和短句巧妙结合,使导游讲解整齐中有变化,匀称中有参差。例如:

这件事被天上的雷神知道后，大发雷霆，只见雷鸣电闪，霹雳一声，便把松树劈成两叉。霎时，千手观音眼界顿开。但她天性善良慈悲，忙举起拂尘一挥，松树才没有劈成两半，活了下来。（《清源山·老君岩》）

这里用短句叙述传说故事，灵活生动，亲切自然，通俗轻松，体现口语化的特点。

又如：

鼓浪屿——万石山风景名胜区以海岛环抱、山岩奇特、沙滩广阔为景观特色，具有海、岛、礁、山、岩、寺、花、木诸神秀，兼具民族风格、侨乡风情、闽南特色，并蓄西洋异国情调，自然风光独特，历史文化悠久，是供游览和开展科学文化活动的国家级滨海风景名胜区。（《鼓浪屿·万石植物园》）

这里长句与短句、整句与散句交错使用，使叙述错落有致、灵活灵动、富于变化。

（4）生动自然，回味无穷。导游在讲解内容准确的前提下，应以生动、有趣且具感染力的语言活跃气氛，增添游客的游兴，以趣逗人。如果讲解时过度使用书面语言，照本宣科、死板老套则不可取，"黄色幽默"和低级趣味的笑话更应杜绝。例如，在介绍千佛山公园概况时有位导游是这样讲的："千佛山山脉来自岱麓，它翠峰连绵，树木蓊郁，松柏满谷，楼台高耸，殿宇错落，为济南天然屏障。"这段讲解由于玩弄美丽辞藻，过多使用书面语言而让人感到不自然，不能给游客以生动易懂、赏心悦目的感觉，无法实现导游讲解的目的。正确的办法是将其修改为通俗、生动的口头语言。我们可以尝试着将上面一段文字修改如下：

"千佛山属于泰山的余脉，海拔 258 米。你看它东西横列，翠峰连绵，盘亘于济南市区的南面，被人形象地称为泉城的南部屏风。清朝著名文学家刘鹗在他的小说《老残游记》中，就有一段描述千佛山的话，他说从大明湖向南望千佛山，'仿佛宋人赵千里的一幅大画，做了一架数十千米长的屏风'，形容得是非常贴切。"

导游这样的讲解让游客如身临其境、回味无穷。

要做到讲解生动，导游仅具备丰富的景观知识和语言词汇是远远不够的，还必须善用精彩描写，使语言生动形象，耐人寻味，如《迪庆香格里拉导游词》：

"在雪山环绕之间，分布着许多大大小小的草甸和坝子，这是迪庆各族人民生息繁衍的地方。这里土地肥沃，水草丰美，牛羊骏马成群，特别是香格里拉市的大小中甸，真有天苍苍，野茫茫，风吹草低见牛羊的风光。五月的中甸草原，碧绿的草地和山坡上的杜鹃花、格桑花和数不尽的各种小花争相怒放，姹紫嫣红，争奇斗艳，宛如一块块色彩斑斓的大地毯，骏马奔驰，牛羊滚滚，雄鹰翔翔，牧人在白云蓝天下唱起牧歌，挥动长鞭，这就是人间仙境的生活，一幅活生生的美丽图画。"

这段讲解把人带入了诗画般的意境，获得了一种远离尘世的超脱之感。

（5）条理清楚，灵活多变。这是导游语言艺术的基本要求。条理清楚，是导游与游客沟通的根本。特别是对于内容丰富、复杂的景点，讲解必须有条理。先讲什么，后讲什么，中间穿插什么，都要事先组织好，否则会让人不知所云。导游要克服一些不良的口语习惯。有的导游用语暧昧、含糊不清，有的解说反复啰唆、拖泥带水，这些不良习惯都会影响导游的表达能力，是应当想方设法克服的。导游言语运用要妥当，有分寸，以做到真正体现对游客的尊重为前提。

导游讲解的灵活多变是指在景点基本内容的基础上,用多种不同表达方式因人、因地、因时制宜,力求讲解生动、风趣、幽默。导游在讲解时必须充分考虑游客的文化背景、认知水平、兴趣爱好及职业特点等,并据此有针对性地决定内容的取舍和表达方式的选择,以加强游客的接受和理解。如在讲解中穿插一些"边角料"——历史典故、神话传说、逸事野史,就是灵活多变语言艺术手法的集中反映。如当某导游带领游客来到故宫九龙壁前时,游客们自然会被这面瑰丽的工艺品上那龙腾云的图案吸引。导游对游客说:

"大家的鉴赏力都值得钦佩,但视力不一定都好。请你们仔细找个破绽:这里龙身上的某一块瓦不是玻璃,而是木头仿制的。乾隆年间,一次皇帝巡视园内看到墙壁上脱落一块瓦,命工匠补上。而炼制这种瓦需要数天时间,工匠急不择料,用木头雕制成一块瓦样,漆上逼真的色彩镶嵌上去以假乱真,骗过了皇帝的眼睛。今天谁能最先找到,谁的眼力一定第一!"

游客听完,兴趣高涨。当他们找到这块传奇的木瓦时,雀跃之余,相信这个传说真实可信。

(6) 幽默风趣,轻松愉快。导游在讲解的过程中,适当运用幽默,会令游客感到趣味盎然,轻松愉快。值得注意的是幽默要适度,内容要健康,安排要有间隔。如果总是为了幽默而不注意知识性、科学性,也就收不到良好的效果。如果弄成了贫嘴笑料,搬出来哗众取宠,就必然适得其反。在运用幽默方法的时候要注意超出人们正常思维范围,这样会使人觉得既在意料外,又在情理中,做到语言艺术上的"柳暗花明又一村",让游客在乐趣中得到精神享受。例如,苏州西园的五百罗汉堂里,导游指着那尊"疯僧"塑像逗趣说:

"朋友们,这个疯和尚有个雅号叫'九不全',就是说,有九样毛病:歪嘴、驼背、斗鸡眼、烧脚、鸡胸、瘸瘤头、斜肩脚、招风耳朵,外加一个歪鼻头。大家别看他相貌不完美,但残而不丑,从正面、左面、右面看,你会找到喜、怒、哀、乐等多种感觉。另外,那边还有五百罗汉,大家不妨去找找看,也许能发现酷似自己的'光辉形象'。"

又例如,导游为了让游客注意集合时间,避免游客走散,没有简单地反复提醒,而是"幽他一默",她说:

"故宫南北长一千米,面积为京都皇宫的七倍,参观的人很多,诸位都是来自五湖四海,千万不可走散,淹没在人流里,到了晚上被关在这里。据说西太后有夜游紫禁城之说,一旦撞上了西太后,语言不通大家都着急。所以请在某时某分于某地集合。拜托了!"

这样的表述以新颖的刺激使时间和地点的概念得到强化,又显得导游说话风趣,游客也轻松愉快,不感到压力,自然收到了较为理想的效果。

在导游实践中可以运用如下修辞手法,达到幽默的讲解效果。

① 比喻。比喻就是用相似的事物来打比方。导游用旅游者熟悉的事物,来介绍比喻参观的事物,能够很快使旅游者对陌生的事物产生理解和亲切感。如《中国茶叶博物馆导游词》对绿茶的介绍:

"一般说来,绿茶芽叶越嫩越佳,一芽为莲蕊,如含蕊未放;二芽为骑枪,如矛端又增一缨；三芽称雀舌，如鸟儿初启嘴巴。冲泡后，呈青翠欲滴的绿色。"

通过贴切的比喻，绿茶芽叶优美的姿态具体可感，给人以视觉的美感。

② 排比。排比是将几个内容相关、结构相同或相似、语气连贯的词语或句子组合在一起，以增加语势的一种辞格。导游讲解中运用得当，可产生朗朗上口，一气呵成的效果，增添感人力量。如上海南浦大桥的一段导游词：

"大桥的建成已成为上海又一重要的标志，它仿佛是一把钥匙，打开上海与世界的大门；它仿佛一面镜子，反映着中国最先进生产力水平的大都市的现代文明；它仿佛一部史册，叙述着中国的未来；它仿佛一部资质证书，充分证明中国完全可以参与和完成世界上的任何工程项目；它仿佛一曲优美的交响乐，奏出时代的最强音。"

③ 拟人。拟人是导游语言艺术中常用的把物当成人的一种手法，本体与拟体的交融，有助于渲染气氛，将感情与形象融为一体，使讲解变得更为生动和幽默。例如：

"雁荡三绝中的灵峰，月色下，那些变幻多姿的石头，人们通过拟人化的想象赋予了它生命，'牛眠灵峰静，情侣月下恋，牧童偷偷看，婆婆羞转脸。'这是一幅多么神奇浪漫的爱情造像啊！"

④ 夸张。夸张就是"言过其实"，是指在客观真实的基础上，对事物进行夸大或缩小的描述。在导游语言艺术中，夸张可以强调事物的特征，表达情感，引起共鸣。如上海国旅的刘明在讲解青岛时说：

"你们即将离开青岛，青岛留给你们一样难忘的东西，它不在你的拎包里和口袋中，而在你们身上。它就是你们被青岛的阳光晒黑了的皮肤，你们留下了友情，而把青岛的夏天带走了！"

导游故意强调"被阳光晒黑了的皮肤"，并把这一事物特征夸张为"把夏天带走了"，生动而幽默。

⑤ 类比。类比是指导游用旅游者熟悉的事物与眼前景物比较，以达到触类旁通的目的，这能使来自不同社会、历史、文化背景下的游客较好地领悟景观内容。关于王府井，导游对日本人讲可把它与东京银座比，对美国人讲可把它与纽约第五大街比，对法国人讲可把它与巴黎的香榭丽舍大街比；称苏州为"东方威尼斯"，称上海为"中国的悉尼"。向外国人介绍康熙，可说康熙与法国的路易十四、俄国的彼得大帝同时代。恰当的类比，不仅使旅游者易于理解，而且还能使其产生一种虽在异国他乡却又犹如置身故里的感受，满足其自豪感。

⑥ 移时。讲解时故意把现代的事物用于古代，把古代的事物加以现代化，有意造成事物的时空错位，以期获得幽默风趣的修辞效果。

⑦ 仿拟。导游语言中运用"仿拟"的修辞策略，是指导游词的创作者或导游根据旅游交际的需要，在表达时模仿前人的名句名言甚至全篇的结构形式，使得原作与仿作在内容上形成强烈的反差，从而获得一种幽默诙谐、妙趣横生的交际效果。一般说来，导游语言中"仿拟"修辞格从形式上也可以分为"仿词""仿句"等类。

所谓"仿词"，是指在特定语境下有意模仿特定既存的语词而临时造出一个新词的现

象。王连义主编的《幽默导游词》(中国旅游出版社,2003 年)中有一例:

"传说清朝军机大臣李鸿章出访法国,大热天法国人给他一支冰棒解渴,李鸿章见冰棒直冒气,以为很烫,吹了半天才小心吃了一口,结果冷得他直搊牙,法国人哈哈大笑。李鸿章出了洋相,寻机报复。不久该法国人来到中国,李鸿章请他吃一种独特的食物——蒙自过桥米线。先上来一碗汤,看上去平平静静,热气全无,法国人以为是一种冷饮,端起碗来就猛喝一口,立即被烫得七窍出烟,李鸿章则哈哈大笑。终于雪了'吃耻'。"

汉语中有"国耻"的说法,而没有"吃耻"这个词语。在特定的语言环境中作者有意模仿现有的词语"国耻",临时造出一个新词"吃耻"与现存词对应,把李鸿章的精心设局与"复仇"后的快感淋漓尽致地勾勒出来,这样在表达上显得新颖生动,幽默的效果油然而生。

所谓"仿句",就是指在特定语境下有意模仿特定既存的名句结构形式而临时造出一个新句子的修辞现象。王连义主编的《幽默导游词》(中国旅游出版社,2003 年)中有一例:

"大家都知道荔枝的最大的特点就是不耐存放,白居易说它是'一日而色变,二日而香变,三日而味变,四五日外色香味尽去矣',所以才有杨贵妃'一骑红尘妃子笑'的故事。而现在有了现代化交通工具,就变成'一架飞机大家笑'了。各位是不是也曾在家乡笑过一回了? 不过运出去的再怎么新鲜还是不如来到咱东莞的荔枝树下,亲手从荔枝树上摘下那最大最红的一颗,啪的一声掐开皮,一口咬下去那么鲜香噢! 那才是真的笑得开怀啊!"

导游由东莞盛产荔枝,由荔枝不耐存放的特点,联想到杨贵妃"一骑红尘妃子笑"的故事,再联系到今日交通发达,而仿其句创造出"一架飞机大家笑"的语句来。当游客把"一架飞机大家笑"与"一骑红尘妃子笑"联系起来,就不禁会哑然失笑,其幽默诙谐的效果也就凸现出来了。

⑧ 造境。造境是导游在讲解时勾勒和渲染艺术境界,让游客畅游于现实与历史、画里和画外的方法。如导游在苏州城外带游客游览时说:

"苏州城内园林美,城外青山更有趣。那一座座山头活脱脱像一头头猛兽,灵岩山像伏地的大象;天平山像金钱豹;金山像卧龙;虎丘山犹如蹲伏在地的猛虎;狮子山的模样活似回头望着虎丘的狮子,那是苏州一景,名叫狮子回望看虎丘。"

这里运用生动形象的比喻把苏州城外的青山讲得活灵活现,产生了一种美感,引发了一种情趣,以强烈的艺术魅力吸引游客去体验他所营造的优美意境。

境界的推出,要靠体味。好的导游不会边走边讲、喋喋不休,把游客的耳朵灌得满满。而是审时度势,留有空白,此所谓:于无声处听惊雷。九寨沟到黄龙,汽车在海拔三四千米的群山峻岭中穿行。导游来一个惊叹号:"瞧那雪山!"留给游客一个惊叹号,在常人眼里,雪山无非是遥远的天际那淡淡的一抹。而此刻的雪山却千姿百态,令人拍案叫绝。有的是用青松和白雪织成一屏素雅的锦织,有的是土色的近岭与银白的远山参差错落。有时远山被落日的余晖嵌上边框,璀璨而瑰丽。有时雪山退隐群峰之后,只见远方低洼处光闪闪一片。

⑨ 变换。变换是指把难懂的或需要特别强调的数字加以形象化的描述,或将外国

（族）游客难以理解的词或句子意译或变换成他们所熟悉易懂的词或句子的方法。比如，为了使游客形象地感知当时封建帝王为修故宫搜刮民脂民膏所耗费的财力，导游讲解起来："明万历三十七年（1609年）重修二大殿，仅采木一项，就花费白银九百三十余万两，约合当时八百多万'半年糠菜半年粮'的贫苦农民一年的口粮。"又如，"故宫规模宏大。假如安排一个刚出生的孩子在每个宫室里各住一夜，当他（她）把所有宫室都住一遍后，他（她）就成了一位二十七岁的青年。"这里变换的修辞手法既形象又生动，使人感到故宫规模之宏大。

（7）精心安排，制造悬念。俗话说："让人惊不如让人喜，让人喜不如让人思。"游客一旦置身于景物之中，就会有一种探究景观特征、故事结局、文物来历和风俗习惯的迫切心理，有经验的导游会借机制造悬念，巧妙安排讲解内容，提出话题，引出审美注意点，这种"吊胃口""卖关子"的手法，能吸引游客注意，活跃气氛，使游客从"旁观型"转化为"参与型"。一位导游在介绍虎丘塔的建造年代时说："虎丘塔究竟有多少年呢，几百年还是几千年？说法一直不一致。这事直到20世纪50年代初才弄清楚。"他停了下来，"大家再想，是怎样搞清楚的呢？有一次，建筑工人在加固塔基的时候，他们在塔内的一个窟窿里，发现了一个石头箱子。"他随即又停下，然后说："工人们把它搬出来打开一看，里面还有一个木头小箱子，大概有这么大……"导游比画着，"再把小木箱打开，里面有包东西，是用刺绣的丝织品包着的，打开一看，是一包佛经，取出这包东西，只见箱底写着年代。呵呵，你们猜是什么年代？"游客纷纷猜测，过了一会儿，导游说："这年代是中国北宋建隆二年，也就是公元961年。由此可见，虎丘塔距今已有一千多年的历史，而苏州的丝绸刺绣工艺至少也有上千年的历史。"

好的导游总是通过悬疑，循循善诱，使游客有所疑，有所思，进而达到审美情趣的满足。例如，南京一位导游一开始在介绍南京古、大、重、绿四大特点时便发第一问："所谓六朝古都是哪六朝？"在介绍孙中山经历后发第二问："孙中山生于广东，逝世于北京，毕生为革命事业奔波，何以选南京为长眠之地？"在引导大家观览规模恢宏、气势磅礴的陵墓建筑时，提出第三问："这样的建筑是谁承建的？"然后提出吕彦直的名字，并介绍他全身心投入工程，以致积劳成疾，身患肝癌，为这不朽的工程贡献了自己36岁的年轻生命。过陵门，出碑亭，面对气势威严及层层拔高的汉白玉石阶，导游发出第四问："要抵达最高处灵堂，共有多少级台阶？"让游客边走边数。返回时再问："为什么不多不少只有392级？原来当时中国人口正是三亿九千二百万。"行至顶端平台，见一对奉天大典时上海市赠送的铜鼎。导游引导大家观察大鼎下部的两个孔洞，随即发问："这是为什么？"随即解释说："这是1937年日军占领南京时，发炮射击所致。它提醒国民勿忘国耻。"跟随导游，拾级而上。全梯共分10段，每段有一平台。抵达顶台，导游忽然发问："我们自下而上时，但见眼前石阶步步升高，接连不断；此刻由上而下看，却只见平台不见石阶，这是为什么？"进入以黑、黄、白三种孝色为基调的祭堂、墓室，导游引大家瞻仰波兰雕刻家所雕的孙中山坐像和捷克人高琪所雕的卧像，并提出第七问："为什么祭堂里孙中山坐像着长袍马褂，而墓室中孙中山卧像却穿中山装呢？"引导大家体会当时新旧两派分歧的政治背景。瞻仰孙中山陵墓，导游最后发问："此刻，大家一定心存疑惑。这陵墓下面是否真有孙中山的遗体呢？"边游边问，边答边想，一路观赏，一路沉思，于形游之中达到神游。

（8）现场引人，身临其境。导游讲解要使游客有身临其境的感觉才能吸引人，因此，导游词要具备现场感的特征。现场感受是要依靠一系列的表达手段来实现的，据谢新暎总结，主要手法有以下几种。

① 常用现场感鲜明的词语。在导游词中应经常使用一些时间名词、时间副词和近指指示代词，以增强游客现场游览的心理感觉。常用的时间名词主要有"现在、今天、刚才、此时此刻"等，时间副词主要有"刚、刚刚、正在、立刻、马上、将要"等，而近指指示代词主要有"这、这里、此、此处、这会儿、这么、这样、这么样"等。例如：

很多名山都有"一线天"这类景点，可是，各位是否领略过"水天一线"的独特风光？现在，我们马上就可以欣赏到水天一线的秀丽景色了。（《泰宁世界地质公园·金湖》）

这里用近指指示代词"这（类）"、时间名词"现在"、时间副词"马上"等强调现场感的词语，增强了游客游览时"此时此地""正在进行""我中有你，你中有我"的心理感受。

② 善用现场提示导引语。在导游讲解中，善于使用引导或提示游客的一些用语，既可以使游客融入旅游活动中，清楚明白导游在导游活动中的各种安排，更深刻地理解导游讲解的内容，又可以通过这种现场感强的导引语，使游客与游览客体产生亲近感。现场感鲜明的提示导引语十分丰富，常用的主要有"请继续往下（上、前、里、外、左、右）走；我们现在所在的就是；请大家随我来；请大家注意看；大家请猜猜看；大家请走过来看看；请大家再往前（后、里、外、上、下、左、右）走；请大家往左（右、前、后、上、下、里、外）边看；请大家看；请大家随我……我们现在来到的是；现在大家所站的位置；有兴趣大家可以看一看（试一试）；现在大家行走的这个地点……"等。例如：

前面有"迎仙峰"恭候我们多时了，大家继续往上走吧。现在，我们所处的景点是迎仙峰，亦称迎仙台……大家把视线向这边移去，是不是有两个老于世故的老翁正安然自如地盘坐在岩头上下棋呢！这便是"仙翁对弈"。大家再向左边方向望去，瞧那块欲滑而下的石头，像不像一只嬉闹的猴子？这就是"蹲猴观海"的景观。往东瞧去，会发现"小鼠归洞""海狮望月""仙人晒靴"等众多小景。（《福鼎太姥山·母子峰》）

又如：

请大家再往前走。请看左壁上这两幅摩崖石刻，左边一幅是宋代理学家朱熹所题，右边一幅是赵汝愚手迹。（《福州鼓山·灵源洞》）

以上两例中的"大家继续往上走""我们所处的景点""大家把视线向这边移去""大家再向左边方向望去""往东方向瞧去"，"请大家再往前走""请看"等都是导游讲解的导引语，游客在游览时，在导游的讲解引导下能够产生极强的现场参与的感受，同时也更容易把握导游讲解的内容。

③ 选用现场操作提示语。现场操作提示语就是附着在导游词中的具有提示作用或指导导游现场操作的说明用语。这些提示游览地点的说明或指导导游现场操作的提示、建议等，既丰富了导游讲解的内容，增强了导游操作的现场感，又使导游词具有一定的灵活性，导游可以根据导游现场的具体情况灵活选择使用。例如：

任务7 行业口才

（引导游客从后厅拱门进入隔壁院落，即林日耕住处）这是一个典型的院落，也是一个独立的单元，我们可以看到：每个院落前后均有一扇拱门，门开着，全楼成一通廊；门关自成院落，就像现代住房的一个单元。（《永定土楼》）

又如：

（引导游客进入楼内）请大家感觉一下，是不是觉得特别的暖和？是了，土楼因墙体厚实，隔热保温，因而具有冬暖夏凉的功能。（《永定土楼》）

这里的"（引导游客从后厅拱门进入隔壁院落，即林日耕住处）""（引导游客进入楼内）"都是现场操作提示语，这些说明用语附着在导游词中指向性十分明确，既起到对导游现场操作的提示作用，又可以使游客在旅游中产生真实感、现场感。

④ 妙用面对面设问。面对面设问能够在特定导游口语讲解中营造气氛，使讲解内容、讲解要点得到突出强调，能够集中游客注意力，引导游客进行思考，使叙述跌宕起伏，使讲解变得生动别致、情趣盎然。面对面设问主要包括引导游客注意和思考问题的自问自答、直接提问游客的设问和根据游客思路引发的设问等。其中顺着游客的思路进行发问的主要表达方式有："来到（讲到）这里大家可能会问；大家一定会产生这样的疑问；也许大家会问；刚才有位朋友问；这位朋友问；常有许多来宾提问；可能有人会问；可能有些人有疑问。"等。例如：

大家先随我看门柱上的这副对联，上联为十个"齐"字加一个"戒"字，下联为十个"朝"字加个"音"字。这究竟是什么意思呢？原来，这是巧妙地运用古汉语通假字的特点，即"齐"与"斋"、"朝"与"潮"均可通假而作。可读作"齐斋，齐斋，齐齐斋，齐齐斋戒；朝潮，朝潮，朝朝潮，朝朝潮音"。（《湄洲妈祖文化·妈祖祖庙》）

这里是引导游客注意和思考问题的自问自答式的设问，在讲解"太子殿"门柱上的对联时，导游顺着既定的讲解思路巧妙地自行发问，既提醒游客将注意力放在将要讲解的内容上，又使讲解充满了情趣。

又如：

穿过小石门，大家回头向东望去，注意观察一下，这块岩石像什么？对，石兔，有的称之为"玉兔听潮"。瞧它两只长耳，静静地，仿佛在留神倾听远处东海上阵阵的惊涛拍岸之声。（《福鼎太姥山·母子峰》）

这里是在讲解中直接将问题"这块岩石像什么"转给游客，强调了所要讲解的内容，提醒游客进行积极主动的思考，引导游客参与到讲解中来。

（9）层次清晰有逻辑性。层次清晰的逻辑结构是高水平导游讲解评判的重要标准之一，即使讲解的内容很复杂，游客也会明白通晓、一目了然。但现实工作中很多导游虽然讲解起来滔滔不绝、热情洋溢、内容全面，但游客却一头雾水，无章法可循，犹如物品散落一地。究其原因，主要是缺乏逻辑性，层次混乱所致。因此，建立导游讲解的逻辑结构体系至关重要。导游讲解逻辑是指导游按照游客共同的思维规律，安排讲解内容结构或表达的先后顺序。据王朋军、姚雪莹总结，导游讲解的逻辑主要有时间逻辑、空间逻辑和事理逻辑等形式。

① 时间逻辑。时间逻辑是导游讲解常见的逻辑形式。主要由景观形成的历程和事间发生过程为序，即按照事间发展过程的先后顺序介绍某一景观、人物、事物的讲解方式。时间逻辑顺序可以长至纵贯千年，中至一年春夏秋冬，也可短至晨曦、午后和傍晚。按照时间演变的自然顺序展开讲解，符合事物发生发展的规律，方便记忆，易于理解。如讲解雪花啤酒生产技术、产品制作方法、沈阳历史沿革、满族文字文化习俗演变、人物成长历程、东北虎、油松等动植物生长过程等，都可以按时间顺序进行讲解。

② 空间逻辑。空间逻辑顺序以事物的方位为序进行讲解，包括按景观空间结构和游览空间位移过程顺序来组织讲解，景观空间结构的顺序或从远到近，或从外到内，或从上到下，或从前到后，或从整体到局部加以介绍，一般讲解某一静态旅游景观实体（如建筑物等）构造，常用此种顺序。按照一定空间顺序展开讲解合乎游客观察观赏事物的习惯。以空间位移式转换进行解说，以景区空间游览顺序为依据进行讲解。如讲解沈阳故宫中路景观按照大清门、崇正殿、凤凰楼、台上五宫的空间布局进行逐一讲解，由于位置变换，要注意过渡。空间逻辑讲解有利于全面说明景观事物各方面的特征。

③ 事理逻辑。事理逻辑是按照人们的共同思维逻辑安排讲解段落或语句顺序。如从重点到一般、由浅入深、并列关系、递进关系、因果关系、点面关系、虚实关系、定性与定量、现象本质、具体到抽象、问题—原因—方法等，都属于事理逻辑结构。

④ 其他结构。导游讲解中较常用的结构还有 SCQA 结构（即情境、冲突、疑问、答案）、PREP 结构（即观点、理由、案例、观点升华）、5W2H 结构（即何人、何事、何地、何时、何因、如何、多少）等。

沈阳故宫讲解逻辑结构范例及赏析如表 7-1 所示，仅供参考。

表 7-1　沈阳故宫讲解逻辑结构范例

沈阳故宫讲解词（创作节选）	逻辑结构范例赏析
游客朋友们，大家好！欢迎您来到沈阳故宫参观游览，沈阳故宫占地面积 6 万平方米，是清太祖努尔哈赤和清太宗皇太极营造和使用的宫殿，整体分为中、东、西三路建筑，首先我们参观中路建筑……刚刚我们饱览了清朝的雄伟建筑，接下来我们去后妃的生活区看一看	空间逻辑：从整体到局部；移步转景、注意过渡，适当加入呈现现场感的时间、方位口语词
现在呈现在我们面前的就是后宫，俗称台上五宫，分别为正宫清宁宫、东配宫关雎宫和衍庆宫；西配宫麟趾宫和永福宫。其中，位置居中、建筑等级最高的当属正宫清宁宫，是皇后博尔济吉特氏的寝宫，是五间硬山前后廊式建筑，西四间为帝后日常饮食起居、会见、宴请的厅堂，东一间为寝宫	事理逻辑：先重点后一般；空间逻辑：中、东、西

沈阳故宫讲解词（创作节选）	逻辑结构范例赏析
清宁宫是最具满族传统特色的建筑，从外看门不是在中央，而开在东边第二间，酷似口袋一般，这是满族建筑特色之一的口袋房。如此构造布局的目的是便于聚暖。外部我们就欣赏到这里，下面各位游客抬起您尊贵的脚步，我们走进宫内去一饱眼福[1]。大家看到这南西北相连的环炕，称为"万字炕"，满族民居第二大特色，南面放置炕桌供日常起居生活使用；西炕为窄炕，不住人，不能随意坐，是最尊贵的，是供神龛的地方。此幅画像为关公，满族八旗非常崇拜武神关羽。在神像的两侧分别挂有"万福之原"和"合撰延祺"匾额，分别是乾隆、嘉庆皇帝的御笔所题[2]。下面提一个小问题，有知道北侧这两口大锅的用途的吗？我来解释一下：用于烧水加热取暖，烟从炕下烟道流出，兼具排烟和加热功能，一举两得[3]。除了煮水供暖作用外，还煮肉，用于祭祀，满族人信奉萨满教。主持祭祀的萨满法师头上戴着高高的神帽，脸戴面具，身上系着腰铃，手中拿着单面鼓，在地中央边唱边跳[4]。我们现代所说的"跳大神"就是从萨满法师中演变过来的[5]。祭品是自家养的黑色雏公猪，人们先将热酒灌进猪的耳朵，如果猪耳朵有晃动，即表示神灵已经接收该祭品。猪由于受到刺激就会摇头，称为"领牲"，满族人认为此时的猪已经通神，成为连接天地的使者。然后将猪宰杀，切成大块肉，放入这两口大锅里清水煮熟。先放入木槽内供奉给神灵享用，然后再分给参加祭祀的人们。每年正月初一祭祀活动最为隆重，皇帝会将清水煮好的福肉赏赐给王公大臣吃，不蘸任何调料，哪位能吃到最大的那一块，则他今年的福气会最好[6]	[1]由外到内，从现象到本质 [2]空间方位逻辑：南、西、北 [3]事理逻辑：提出问题、解释原因 [4]空间逻辑：由上到下描述萨满法师 [5]时间纵向比较 [6]描述事件发生、发展先后时间顺序
东一间是皇太极和皇后博尔济吉特氏寝宫，分为南北两室，这位女主人名叫哲哲。1614年，她年仅十五岁时嫁给皇太极，后生有三个女儿。她是清代历史上第一位行大礼、正式册封的皇后。1643年顺治帝即位后，哲哲被尊为皇太后，并随清廷迁都到北京，在北京皇宫紫禁城过着轻松悠闲的生活。1649年哲哲病逝，享年51岁。次年梓棺被运回沈阳，与清太宗皇太极一起长眠，合葬在昭陵。男主人就是清太宗皇太极，被称为马上皇帝，生于1592年，1643年秋天在这暖阁南炕上溘然长逝，走完了他南征北战的戎马一生，结束17年的政治统治	时间逻辑：按年代介绍人物生平
时光如白驹过隙，四百年弹指一挥间。昔日的皇家紫禁城，如今成为你我休闲之地，我想这是当年皇帝意想不到的。我们要珍惜今天的幸福生活，话说俱往矣，数风流人物还看今朝，如今伟大的社会主义祖国在党中央的坚强领导下，努力建设人民满意的和谐幸福生活。相信在全国人民共同努力下，定能实现美好的中国梦	触景生情，引用诗词增加文学品味。按时间逻辑进行纵向比较

总之，缺乏逻辑性的讲解犹如散落的珍珠，杂乱无序。逻辑性是串起这些珍珠的金丝线，金丝线让一颗颗珍珠形成价值连城的珍珠首饰。因此一线导游要从逻辑的角度改造升华导游讲解，使讲解有趣精彩。

5. 导游沟通协调的语言艺术

导游工作的性质与任务，不仅仅是景点介绍、讲解，还包括许多其他的工作，涵盖了旅游六大要素中吃、住、行、游、购、娱的方方面面。而游客的兴趣、爱好、要求又各不相同，素质也参差不齐，要使每个游客满意确实相当不易。但对于导游来说，仍需要努力做好以下沟通协调工作。

（1）善于回答疑难问题。游客会向导游提出各种问题，如何应对确实不是一件容易的事。

① 原则问题是非分明。游客提出的某些问题涉及一定的原则立场，一定要给予明确的回答。这些问题有些涉及民族尊严，有些涉及中国的国际形象，要是非分明、毫不隐讳，并力求用正确的回答澄清对方的误解和模糊认识。

② 诱导否定。游客的性格各异，要求五花八门，有些合理要求，作为导游应当尽量予以满足；而有些要求却不尽合理，按照礼貌服务的要求，导游不要轻易对客人说"不"。对方提出问题以后，不要马上回答，而是先讲一点理由，提出一些条件或反问一个问题，诱使对方自我否定，并自我放弃原来提出的问题。

③ 曲语回避。有些游客提出的问题很刁钻，使导游在回答问题时肯定和否定都有漏洞，左右为难，还不如以静制动，或以曲折含蓄的语言予以回避。有一位美国游客问一位导游："你认为是毛泽东好，还是邓小平好？"导游巧妙地避开其话锋，反问道："您能先告诉我是华盛顿好还是林肯好吗？"客人哑然。

④ 微笑不语。遭人拒绝是最令人尴尬难堪的事，为了避免遭遇这种难堪，一般人通常选择不轻易求人。所以不论是何种情况，导游都不应直截了当地拒绝游客的要求。但有时游客提出的一些要求我们又不得不拒绝，此时，微笑不语可谓是最佳选择。满怀歉意地微笑不语，本身就向游客表达了一种"我真的想帮你，但是我无能为力"的信号。微笑不语有时含有不置可否的意味。

⑤ 先是后非。在必须就某个问题向游客表示拒绝时，可采取先肯定对方的动机，或表明自己与对方主观一致的愿望，然后再以无可奈何的客观理由为借口予以回绝。例如，在故宫博物院，一批外国游客看到中国皇宫建筑的雄伟壮观，纷纷要求摄影拍照，而故宫的有些景点是不允许拍照的，此时导游诚恳地对客人说："从感情上讲，我真想帮助大家，但这里有规定不许拍照，所以我无能为力。"这种先"是"后"非"的拒绝法，可以缓解对方的紧张情绪，使对方感到你并没有从情感上拒绝他的愿望，而是出于无奈，这样在心理上他们容易接受。

⑥ 婉言谢绝。婉言谢绝是指以诚恳的态度、委婉的方式，来回避他人所提出的要求或问题的一种交往技巧。即运用模糊语言暗示游客，或从侧面提示客人，其要求虽然可以理解，但却由于某些客观原因不便答复。为此只能表示遗憾和歉意，感谢大家的理解和支持。拒绝游客还有不少的方法，如顺水推舟法。即拒绝对方时，以对方言语中的某一点作为拒绝的理由，顺其逻辑得出拒绝的结果。顺水推舟式的拒绝，显得极有涵养，既能达到断然拒

绝的目的，又不至于伤害对方的面子。

（2）善于激发游客兴趣。游客游兴如何是导游工作成败的关键。游客的游兴可以激发导游的灵感，使导游在整个游程中和游客心灵相融，一路欢声笑语；相反，如果游客兴味索然，表情冷漠，尽管导游竭尽所能，也会毫无成效。激发游客游兴的礼仪包括两个方面：一是利用景观本身的吸引力；二是导游借助语言功能加以调动和引导的礼仪。

导游的景点介绍，一定要注意讲解的针对性、科学性和语言表达主动性的完美结合，应根据不同的景点（人文景观如故宫、颐和园；自然景观如桂林山水）进行详略不同介绍的礼仪；有的具体详尽，有的活泼流畅，有的构思严谨，有的通俗易懂。总之，景点介绍的风格特点和内容取舍，始终应以游客的兴趣为前提。

另外，在游览过程中，要善于变换游客感兴趣的话题，可根据不同游客的心理特点来加以选择。如满足求知欲的话题，刺激好奇心理的话题，决定行动的话题，满足优越感的话题，娱乐性话题等。

（3）善于调节游客情绪。情绪是人对于客观事物是否符合本身需要而产生的一种态度和体验。旅游活动中，由于有相当多的不确定因素和不可控制因素，随时都会导致计划的改变。例如，有时由于客观原因游览景点要减少，游客感兴趣的景点停留时间要缩短；预订好的中餐因为某些不可控制的因素，临时改吃西餐；订好的机票因大风、大雾停飞，只得临时改乘火车。类似情况在接团和陪团时会经常发生，这些都会直接或间接影响到游客的情绪。例如，一个旅游团因订不到火车卧铺票而改乘轮船，游客十分不满，在情绪上与导游形成了强烈的对立。导游面带微笑，一方面向游客道歉，请大家谅解由于旅游旺季火车的紧张状况导致了计划的临时改变；另一方面耐心开导游客：乘轮船虽然速度慢一些，但提前一天上船，并不会影响整个的游程，并且在船上能够欣赏两岸的风光，相当于增加了一个旅游项目。导游成功地运用不同的分析方法，以诚恳、冷静的态度，幽默、风趣的语言，很快化解了游客的不满情绪。调节游客情绪要注意以下几点。

① 避免以自我为话题中心。调解游客情绪时，最忌讳一方自以为是、夸夸其谈、炫耀自己，完全忽视他人。如果听者始终找不到机会参与谈话，心理上就会产生抵触情绪。为了促进双方情绪的沟通，在谈话中应尽量使对方多开口，借以了解对方，挖掘双方的共同点，找出双方共同的话题，不能一个人垄断话题，也不要放弃调节情绪的机会。

② 谈论游客感兴趣的内容。在交谈中，应随时注意游客的反应，观察游客的表情、体姿、判断其对谈话的关注程度，并经常征询游客的意见，给予对方谈话的机会。如果一旦发现游客对话题不感兴趣，应立即停住并转移话题，调整谈话的内容和方式。交谈中不要涉及个人隐私、敏感问题，否则谈话会陷入难堪的局面。

③ 谈话内容应以友好为原则。在调节游客的情绪中，双方可能会因对问题的不同看法而发生争论。有时争论是有益的，但争论也容易导致友谊破裂及关系中断，因此，应防止或避免无意义的争论，尤其是不冷静的争论。一旦争执起来，如果对方无礼，不要以牙还牙、出言不逊、恶语伤人，也不要旁敲侧击、冷嘲热讽，应宽容克制，尽可能地好言相劝，再寻找新的话题。

7.2　推销口才

由于推销的根本目的在于说服推销对象接受推销客体,所以推销语言必须满足推销对象的需求,从而更准确有效地传递推销信息,唤起其注意,激发其兴趣,促成交易的实现,达到推销的目的。推销的语言艺术包括如下几个方面。

1. 引起注意

无数的事实证明:在面对面的推销过程中,能否吸引客户的注意力,第一句话是十分重要的,它的重要性并不亚于宣传广告。客户在听我们第一句话的时候比听第二句话乃至以下的话要认真得多。当听完我们第一句话时,很多客户,不论是有心还是无意,都会马上决定是尽快地把我们打发走,还是准备继续谈下去。如果第一句话不能有效地引起顾客的兴趣,那么随后即使谈下去,成果也不会太乐观。

(1) 急人所需。抓住对方的急需提出问题是引起注意的常用方法。美国一位食品搅拌器推销员,当一住户的男主人为其开门后,第一句话就发问道:"家里有高级搅拌器吗?"男主人被这突如其来的发问给难住了,他转过脸来与太太商量,太太有点窘迫又有点好奇地说:"搅拌器我家里倒有一个,但不是最高级的。"推销员马上说:"我这里有一个高级的。"说着,从提袋中拿出搅拌器,一边讲解,一边演示。

假如第一句不是这样说,而是换一种方式,一开口就说:"我想来问一下,你们是否愿意购买一个新型的食品搅拌器?"或者说:"你需要一个高级食品搅拌器吗?"会有什么结果呢?第一种问法,要对方回答的是"有"还是"没有"。这个问题提得好,有两个好处:一是没有使客户立刻觉得你是向他们推销东西的。我们已经说过,人们讨厌别人卖给他们什么,而喜欢自己去买什么。二是只说我们有一台高级搅拌器,并没有问客户买不买,因此客户会产生兴趣:看看高级搅拌器的与我们家里的有什么不同,演示并说明就成为顺理成章的事情了。至于最后的购买,不是乞求的结果,也不是高压的结果,而是客户一种满意的选择。

(2) 设身处地。如果一开口,便说出一句替客户设身处地着想的话,同样也能赢得对方的注意。因为人们对与自己有关的事特别注意,而对那些与自己无关或关系不大的事往往不太关心。有一个家庭用品的推销员,总能够成功地运用第一句来吸引顾客的注意。"我能向您介绍一下怎样才能减轻家务劳动吗?"这句话一下子抓住了对方的心理,对方正被烦琐的家务劳动搞得无计可施,这时听说有方法可减轻家务劳动,当然会引起兴趣了。试想一下,如果这位推销员朋友一开口就问人家:"我能向你们推销一台洗衣机吗?""我能给你们介绍一下我厂的新产品吸尘器吗?"就没有第一种的说法效果好,因为后面的说法没有把产品对客户的效用一下子明确地提出来,而且也没有设身处地为对方着想,强调的是"我",而不是"你"。

例如,有这样一个案例:

一天,总经理让吉尔拉去乡村推销电器,当他来到一所富有而整洁的房舍前敲门时,对方只将门打开一条小缝，房主太太将头伸出门外。当她看见来人是一位推销员时，猛然把门关闭了。吉尔拉再次敲门，敲了很久，她才又将门打开，这次只是勉强地开了条小缝，而且，不等吉尔拉说话，她就拒绝了他的推销。

虽然进展很不顺利，但吉尔拉并没有放弃，决心转换话题碰碰运气。他改变口气说："很抱歉，夫人，我只是想向你买点鸡蛋，并不是来推销产品的。"

听到这里，房主太太的态度稍稍温和了一些，门也开大了一点。吉尔拉接着说："您家的鸡长得真好，看它们的羽毛长得多漂亮。这些鸡大概是多明尼克种吧？我想向您买一些鸡蛋，可以吗？"

这时，门开得更大了。"你怎么知道这是多明尼克种鸡？"房主太太问吉尔拉，吉尔拉知道自己的话已经打动了房主太太，便接着说："我家也养了一些鸡，可是像您养的这些鸡，我还从未见过呢！我养的那些鸡，只会生白蛋。您知道吧，夫人，做蛋糕时，用黄色的蛋比白色的蛋好。我家今天要做蛋糕，所以我便跑到您这里来了……"

房主太太一听这话，显得很高兴，到屋里去给他取鸡蛋。

吉尔拉利用这短暂的时间，随便看了一下周围的环境，发现她家拥有整套务农设备，于是他继续对房主太太说道："夫人，我敢肯定，您养鸡赚的钱一定比您先生养奶牛赚的钱多。"

这句话让房主太太感到很兴奋，因为一直以来，她丈夫根本就不承认这件事，而她总想把自己的得意之处告诉别人。

于是她便带吉尔拉参观鸡舍，把他当作知己。参观时，吉尔拉不时发出感叹，他们还交流着养鸡方面的常识和经验。

这样，两人越来越亲近，可以畅所欲言。最后，太太谈到孵化小鸡的一些麻烦和保存鸡蛋的一些困难，吉尔拉设身处地为房主太太着想，不失时机地向房主太太成功推销了一台孵化器和一台大冰柜。

（3）正话反说。有时推销人员为了引起对方的注意，故意正话反说，这也是一种出其不意的妙法，一个高压锅厂的推销员找到一个批发部经理进行访问、推销，他一开始就说了这么一句："你愿意卖1000只高压锅吗？"推销员在推销的时候，往往不说"买"而说"卖"。这句话一说，经理感到这个人很有意思，便高兴地请他谈下去。推销员抓住机会向经理详细地介绍他们工厂正在准备通过宣传广告大量推销高压锅的计划，并说明这样做的目的是给零售商提高销售量。这个经理听完便愉快地向他订下一批货。因此，说话方式很重要，同样一个意思，不同的说法，效果竟相差甚远，真是值得我们研究一辈子。

（4）形象演示。关于产品的戏剧性形象演示效果明显，可以极好地引起公众注意。一个纺织品推销员脸朝着太阳的方向，双手举起一块真丝产品，这时从挂在墙上的玻璃镜中可以看到这块真丝产品。他对顾客说："你从来没有见过这样有光泽的图案、这样清晰的丝织品吧？"再比如，一个录音机的推销员走进一个潜在客户的办公室，客户正在打电话，他马上将录音机打开，把对方的说话录了下来。等客户打完电话后，马上放录音，同时对客户说："你可能还没有听过自己的雄浑悦耳的男低音吧？"这两个故事中的推销员，都善于因地制宜地利用自己所推销的商品制造戏剧性的情节。实践表明：人们对于戏剧性的情节会产生很强的注意力和好奇心。假如不是采用以上方法，而是直截了当地问对方："你要录音机吗?""你要丝织品吗?"效果肯定就差得很远。

（5）顺水推舟。"在上个月的展销会上,我看到你们生产的橱窗很漂亮,那是你们的产品吗?"这句话马上引起了对方的注意,并使对方十分高兴,然后推销员紧接着对这位客户说:"我想,如果在你们生产的橱窗上再配上我厂的这种新产品,那就会锦上添花了。"他顺手递上了自己所要推销的产品。这个推销员顺着他人"产品之水",推动自己"产品之舟",可谓巧妙。这种借向客户提出新的构想来推销自己产品的方法,也是一种吸引对方注意的有效途径。

（6）从众效应法。从众是一种有趣的社会心理现象,它指的是人们往往不自觉地以周围人的行为动作来作为自己的行动指导,特别是当自己难以选择的时候,更会以他人的行动作为自己行动的借鉴。例如,如果你的亲朋好友,邻居同事购买"飞鸽牌"自行车,当你打算买自行车的时候,就很可能也买"飞鸽牌"。这个道理用于推销,则要求推销员在说明产品时,同时举出已购买本产品的公司或知名人士或顾客的熟人。

（7）主动发问。推销人员在与人交谈时,常常会遇到客户因先入为主的成见或因为不了解情况,而武断地产生抵触或刁难情绪,这时用常规的说服技巧一般很难打动对方,不妨先用主动发问的形式来吸引对方的注意,继而用问话的深度来打动对方,最终达到说服的目的。如果和别人沟通的时候,注意适当地放进疑问句,用主动发问掌控话语权,谈话会取得良好的效果,推销也会事半功倍。例如:

前段时间小李帮朋友选择装修公司,开始找的几家装修公司的态度都是这样的:他们强调自己的服务好,如何认真、负责,如何具备高超的专业能力等,基本上千篇一律地强化优势,最后有家装修公司让小李心动了。初一交谈,接待人员就问:"装修可是件大事,你们知道装修的陷阱是什么吗?"一句话,完全控制住了场面,小李想听听他说的"装修陷阱"是什么。接待人员接着说:"装修的陷阱是很多装修公司都会采用的方法——给客户一个很低的报价,让客户非常满意,感觉预算非常合理。可是,后期操作就完全不是这么回事了。他们会在施工中,以种种借口抬高价格或增加项目,而此时已经签约的客户就骑虎难下了。"他这么说,小李觉得果然很有道理。接待人员接着说:"我们是一家品牌家装公司,不会发生这样的情况。也许您走过很多家,会发现我们的报价是高的。这看似使我们缺乏竞争力,实际上我们觉得这样做,是对自己负责。我们公司就是要求材料有品质,有长期的售后保障,让客户没有后顾之忧。而且我们的施工非常规范,每个阶段的施工客户都要到场,还要签字确认。"一番话下来。小李等人很满意,大家一致决定选择这家公司。

在这里,客户似乎看不到刻意,感觉接待人员是靠坦诚赢得了客户的信任。其实,其中的话术很精妙:接待人员一句问话引发客户的好奇,以保证沟通进行,而后就彻底地展现了他们公司的优势。另外,他们没有指责其他任何一家竞争对手,靠着对客观现象的批判,把自己的利益和客户的利益连接起来,让小李感觉踏实、放心。

当然,推销时所碰到的场面多种多样。下面列举几种方法供大家借鉴。到底要怎样说才能最有效地吸引对方的注意,并引起对方的兴趣,还要我们在实践中不断摸索。

"这种国产车很受欢迎,深圳、广州、珠海几家旅游公司都各订了10部。"

"李先生,你是否注意到红光印刷厂王经理采用了我们的印刷机后,营业状况大为改善？"

"这种综合电疗器特别受知识分子的欢迎，工学院的老师一买就是几十台，你们师范学院的教师也买了不少，比如，你们都认识的中文系王天教授，数学系刘明教授，都使用这种电疗器，效果不错。喏，这是他们写来的信。"

2. 介绍商品

介绍商品是推销过程的一个重要环节，推销就是通过商品的介绍，达到满足顾客真正需求和销售商品的双重目的。介绍应注意以下四点。

（1）因情制宜。因情制宜是指介绍商品时应根据商品的特点和推销对象的具体情况加以介绍，做到有的放矢。比如，对高档商品要强调其质优物美的一面；对廉价商品则要偏重其价廉的特点；对试销商品要突出其"新颖独特"的一面，着力介绍其新功能、新结构，体现新的审美观和价值观；对畅销商品，因其功能、质量已广为人知，因此对商品本身不必详细介绍，而应着重说明其畅销的行情和原因，使顾客不但感到畅销合情合理，而且产生一种"如不从速购买，可能失去机会"的心理；对滞销商品，则应强调其价格低廉、经济实惠的特点，同时适当地对照说明其滞销的某些原因和可取的优点。比如，对老年人介绍说："这种羽绒服是名牌产品，保暖性强，结实耐穿，式样大方。就是款式不够新颖，没有皮衣那么时髦，所以年轻人不太欣赏。"这正切合了老年人追求经济实用，重内在质量的心理。

从推销对象来看，不同的顾客有不同的心理和需求，介绍商品时更应抓住不同顾客的心理特点，介绍方法应因人而异，获得顾客的认同。如年轻人喜欢新颖奇特，而老年人则注重价格；女士往往偏重款式，男士则更讲究品牌。向女士推销服装，应强调款式的新颖、风格的独特，而对男士，则应着重介绍品牌的知名、质料的考究。又如，对老成持重的顾客，介绍时应力求周全，讲话可以慢一点，要留有余地；对自我意识很强的顾客，不妨先听其言，然后因势利导。对性情急躁的顾客，介绍商品时应保持平静，设身处地为之权衡利弊，促其当机立断；而对优柔寡断的顾客，则应察言观色，晓之以利，促发其购买冲动。

（2）充满热情。推销人员在推销中要充满信心和热情。推销人员的热情往往会感染顾客，使顾客产生信任感，构成情感上的共鸣，进而引发购买欲。如有位妈妈给孩子买马蹄衫上用的扣子，营业员见到她的小孩，说："这是你的小孩吧？真漂亮。"这位妈妈高兴地说："你不知道，淘气着哪！"营业员说："小子玩玩是好，女儿玩玩是巧，将来一定有出息！"又问："您想看点啥？""我想买五颗扣子。"营业员说："市面上卖的马蹄衫胸前钉的是五颗扣子，衫上还应钉两颗。小孩好动，常掉扣子，加上一颗备用。您买八颗吧。"这位顾客很高兴："您比我想得还周到，听您的，买八颗。"推销人员热情待人，可以增强顾客的购买欲望。总的来说，情能动人亦能感人，从而产生好的效果。

（3）实事求是。实事求是即指介绍商品应尊重事实，恰如其分，切忌虚假吹嘘，蒙骗顾客。应当看到，任何商品都有其长处和短处，顾客所关注的是商品的长处在多大程度上大于短处，在于商品的长处和价值要与其价格相称。所以，对商品成功的介绍并不在于过分渲染和夸大商品的优点，这样做只能引起顾客的怀疑和反感。而应当实事求是地介绍，使顾客全面了解商品情况，消除疑虑和犹豫心理，增强对商品和企业的信任度，买得放心并且称心。推销人员应当铭记的是：商品介绍中最重要的不在于推销员说了些什么；而在于顾客相信什么;不在于告诉顾客商品如何完美无缺,而在于顾客了解此种商品有什么适应其需求的好处。所以实事求是地介绍商品是颇有说服力的。

例如,有这样一个实例:

曾经有一个平凡的售货员,干了十几年的推销工作后,突然对长期以来的强颜欢笑、编造假话、吹嘘商品等招揽顾客的做法感到十分厌恶,他觉得这是生活上的一种压力,为了摆脱这种压力,他决定要对人无所欺。因此,他下定决心今后要向顾客"讲真话",即使被解雇也在所不惜。有了这个念头之后,他觉得心情轻松多了。这天开始,当第一个顾客进店光顾时,顾客问他店中有没有一种可自由折叠,调节高度的桌子。于是,他搬来了桌子,如实地向顾客介绍。他说:"老实说,这种桌子不怎么好,我们得常常接受退货。"

"啊! 是吗? 可是到处都看得到这种桌子,我看它挺实用的。""也许是。不过据我看,这种桌子不见得能升降自如。没错,它款式新,但结构有毛病,如我向您隐瞒它的缺点,就等于是在欺骗您。"

"结构有毛病?"顾客追问了一句。

"是的。它的结构过于复杂,过于精巧,结果反倒不够简便。"

这时,他走近桌子,用脚去蹬脚板,本来,这要像踩离合器踏板,得轻轻地踩,他却一脚狠狠踏上去,桌面突然往上撑起,撞到那位顾客的下巴。

"对不起,我不是故意的。"

这时,顾客反而笑了起来,脸上甚至露出喜悦的神色。

"很好。不过,我还得仔细看看。"

"没关系,买东西不精心挑选是会吃亏的。您看看这桌子用的木料,它的品质并非上乘,贴面胶合很差,坦白说,我劝您还是别买这种桌子,您到别家家具店看看,那边的东西要好得多了。"

"好极了!"

顾客听完解说十分开心,也出乎意料地表示他想要买下这张桌子,并且要马上取货。

顾客一走,这位售货员就受到了主管的训斥,并被告知他被"炒鱿鱼"了,马上要他到人事部办理离职手续。

过了一小时这位售货员便动手整理东西,准备打包回家。这时,突然来了一群人,走到他面前,争着要看多用桌,一下就买走几十张桌子,说他们是刚才那位买桌子的顾客介绍来的。

就这样店里成交了一笔很大的买卖。这件事也惊动了经理,售货员不仅没被辞退,经理还主动提出与他再续约。而且,将他的工资提高三倍,休假时间增加一倍,还把他如实介绍商品的做法称为新型的售货风格,并要他继续保持下去。

(4) 突出重点。通常一种商品或服务,本身具有众多的优点和特征,如果我们不看对象,一股脑儿将这些特点和特征加以罗列,不但会白白浪费许多时间,顾客也会由于我们的"狂轰滥炸"而弄得不得要领。在介绍时,我们应根据商品或服务的特点,依客户的不同而进行不同的说明,这便是合理介绍最重要的一点。

以电冰箱为例,同样的一个电冰箱,会随时间、地点、人物的不同而发挥不同的效用。

介绍电冰箱的时候，只要抓住这一条，就会事半功倍。

例如，美国的一位推销员曾经向住在北极圈内居民推销电冰箱，他是这样介绍的："这个电冰箱最大效用是'保温'，不致使我们食物的结构被冻坏而丧失它的营养价值"。对北极圈的居民而言，这位聪明的推销员以温度的差距对食物的营养价值的影响作为说明的重点是非常恰当的。试想，如果告诉当地人由于冰箱里的温度低，所以可使食物保鲜，对方听了只会置之一笑，因为这里太冷了，根本不存在食物腐败的问题。

商品品类虽然有成千上万种，但是对商品特性进行说明的重点可以概括为以下10个方面：①适合性——是否适合对方的需要；②通融性——是否也可用于其他的目的；③耐久性——是否能长期使用；④安全性——是否具有某种潜在的危险；⑤舒适性——是否能给人们带来愉快的感觉；⑥简便性——是否可以很快掌握它的使用方法，不需要反复阅读说明书；⑦流行性——是否是新产品，而不是过时货；⑧身价性——是否能使顾客提高身价，自夸于人；⑨美观性——外观是否美观；⑩便宜性——价格是否合理，是否可以被对方所接受。这10个方面因人而异、因物而异、因时而异，要求我们在做说明的时候要有较强的针对性。

3. 诱导购买

美国推销大师贺伊拉说："如果您想勾起对方吃牛排的欲望，将牛排放在他的面前固然有效，但最令人无法抗拒诱惑的是煎牛排的'吱吱'声，对方会想到牛排正放在黑色铁板上吱吱作响，上下冒油，香味四溢，不由得让人咽下口水。"此处"吱吱"的响声使人们产生了联想，刺激了欲望。我们在推销说明中，就是针对顾客的欲望，利用商品的某种效用，为顾客描述商品，使之产生联想，甚至产生"梦幻般的感觉"，以达到刺激欲望的目的。

（1）描绘购买后的美景。为了使顾客产生购买的欲望，只让顾客看商品或进行演示是不够的，我们必须同时加以适当的劝诱，以便在顾客心理上呈现出一幅美景。我们首先要将有魅力的形象在我们的脑海中描绘出来，并将形象转换成丰富动人的言辞，然后再在对方脑海中映现出来，借以打动对方的心。

凡是成功的推销员都明白，在进行商品说明的时候，不能仅以商品的各种物理性能为限，因为这样做，还难以使顾客动心。要使顾客产生购买的念头，必须在此基础上勾画出一幅梦幻般的图景，才会使商品增加魅力。

使用这种描述说明方式有几点必须注意。

① 不要描述没有事实根据的虚幻形象。我们描述的目的是使商品或服务锦上添花。要做到这一点，首先必须有"锦"，而不是"破布"。如果我们所描述的是没有事实根据的虚幻形象，日后必招来顾客的怨恨。例如，我国某城市的报纸上曾为该市新建的一座森林公园大做广告，称如何如何壮丽。森林公园开放的那天，不少人慕名而来，结果大呼上当，森林公园中根本见不到几棵树木，反倒见到不少的建筑工地。顾客纷纷投诉，使该公园声誉扫地。

② 以具体的措辞描绘。例如，如果我们只说"太爷鸡"（这是广州市一家著名的个体户的绝活），人们的脑海中只会浮现一只鸡的形象，至于什么颜色、什么香味，软硬如何、人们就不得而知，很难产生美味的形象。

③ 以传达感觉的措辞来描述。例如，如果我们只说"痛"，便不能令人了解到痛的轻

重,以及是怎样的痛法。如果说"隐隐作痛""针刺般的痛"或"火烧火燎一样的痛",人们就能更深刻地理解,因为后者的描述中用了传达感觉的词汇。

④ 活用比较和对照的方法来描述。例如,"空调机比电风扇好用多了。""电饭锅比烧煤烧柴省事多了,且没有污染。"这样进行比较,人们的印象就会特别深刻。

⑤ 活用实例来描述。例如,一位卖相机的推销员对欲购相机的另一位女士说:"如果您出差、旅游,背上这么一部相机,不但使您更加具有现代青年的特色,而且会给您带来永久的回忆。请您想一想,如果因为没有相机而失去许多宝贵的一刹那,岂不是终生的憾事?"

如果把合理的说明与描述性的说话技巧结合起来,将起到画龙点睛的作用,使说明更能激发顾客的购买欲望。

(2) 提供有价值的情报。向顾客提供有价值的情报,也是刺激顾客购买欲望的一种说话方法,这也是很多不喜欢谈吐的推销员能得以成功的秘诀。什么是有价值的情报呢?顾客的利益、消费的时尚、顾客的需要都是有价值的情报。

所谓推销,已演变成不单是推销商品,而且还推销情报。例如,小汽车的销售重点已从便宜的经济性等因素,移向了外观、乘坐的感觉等方面;纺织品从耐久性方面,转移到色泽、花纹、设计、流行性等方面;住宅卖的不是孤立的建筑物,而是环绕建筑物的环境或有气氛的生活;即使是领带,卖的也不是单纯领带本身,而是与西装、衬衫、手帕等组合成一个整体的有个性的一组商品。这些销售特点比起商品本身的价值和附加价值,更容易使顾客产生购买动机。要当好推销员这个消费顾问,在关键时刻要会说话。即不但推销员本人要明了消费趋势的变化,而且要善于把这些变化传达给那些不知情的顾客。

例如,有这样一个案例:

有一位犹太人叫布拉德利,最初向客户推销保险时,他一见到客户便向他们介绍保险的好处,同时还向对方大讲现代人不懂保险会带来什么不利。最后他就会说:"最好你也买份保险。"可是,却很少有人向他买保险,一个月下来。他没有谈成一份保险单。后来经过仔细思考,他改变了策略,不再对客户夸夸其谈,而是换了以下这种交谈的方式。

"您好! 我是国民第一保险公司的推销员。"布拉德利说。

"哦,推销保险的。"客户应道。

"您误会了,我的任务是宣传保险。如果您有兴趣,我可以义务为您介绍一些保险知识。"布拉德利。

"是这样,请进。"客户说。

布拉德利初战告捷。在接下来的谈话中,他像是叙说家常一样,向客户详细介绍了有关保险的全部知识,并将参加保险的益处以及买保险的手续有机地穿插在介绍中。

最后,布拉德利说:"希望通过我的介绍能让您对保险有所了解,如果您还有什么不明白的地方,请随时与我联系。"说着布拉德利就递上了自己的名片,直到告辞也只字未提动员客户买他的保险的话。但是到了第二天,客户却主动给布拉德利打电话,请他帮忙买一份保险。

布拉德利成功了,一个月卖出的保险单最多时达 150 份。

布拉德利以向客户提供有用的保险知识为推销保险出发点，这是其保险取得辉煌业绩的秘诀。

4. 消除疑虑

推销过程中顾客会产生各种疑虑，如何消除这些疑虑是推销成功的关键。

（1）正面击退法。有时顾客由于对产品质量、厂家信誉存在着疑虑，则因此拒绝相应的产品或服务。面对这种情况，为了完成销售任务，有必要正面回应顾客的批评，并要消除顾客内心的疑虑。例如：

有一对正准备结婚的恋人，来到××电器集团公司的展销部购买电冰箱。他们围着××牌电冰箱转了好久，男方正准备掏钱付款的时候，女方突然改变了主意。

"我看，我们还是去买日本东芝冰箱吧！"

"怎么你又变卦了，原来不是说好的吗？"

"我觉得这种国产的冰箱质量不保险，不如日本的好。不过多花千把块钱就是了。"

这时候，站在一旁接待他们的售货员，眼看到手的生意没了，悔恨自己刚才那么耐心地给他们解说。他心里一急，便脱口而出：

"得了，得了，你早说不买，就别问这问那。日本的好，你们又有钱，去日本买好了，干吗上这儿来？"

这两口子被这么正面一击，转身就想走，这时候门市部主任微笑着走了过来。

"两位请留步，我有几句话要对两位讲。"两口子不由自主地又转过身来，一副气鼓鼓的样子。

"真对不起，方才我们的售货员说话没有礼貌，冲撞了二位，这都怪我这个主任，平时教育不严，我向二位赔礼道歉。"

这两口子听他这么说，才平息了怒火。

"至于买不买我们的冰箱都没问题，只是有一件事要讨教一下二位。"

听到"讨教"二字，小两口认真起来了。

"方才这位女士说，我们的冰箱质量有问题，是否可以具体说明一下，也便于我们改进工作。"

女士冷不防给主任这么一问，一时不知如何作答。她迟疑了一会儿，才吞吞吐吐地说："我也是听别人说东芝的冰箱好。"她指着冰箱背后的散热管，继续说："这些弯弯曲曲的管子都露在外面，也不好看。"

主任听她这么说，心中明白了几分。

"这完全是误会。尽管东芝电器历史长、牌子老，有许多优点，但是，我们国产的冰箱近些年来也有很大进步，你们方才看到的这种冰箱，正走向国际市场。"

小两口将信将疑，主任接着说："我们的冰箱经过周密的计算，将散热管暴露在空气中，散热的速度可提高一倍。由于热量散得快，所以冰箱内部制冷的速度快，达到提高效率及节约电能的目的。实验结果表明，与同等容积的密封式电冰箱相比，这台电冰箱的耗电量仅是它们的1/3。如果一天省半度电，请你们算一下，一年省多少电费？"

主任换了口气继续正面介绍："至于说到美观，这是不必要的顾虑。因为散热管在冰箱背后，紧靠墙壁或在墙角之间，对于正面观看毫无影响，请二位放心。"

两个人竟无话可说。这时主任发动"连攻"："我看这样好了，你们若信得过我，下午我派车把这台电冰箱给你们送去。这是单据，请到那边取发票和保修单。"

就这样，主任巧妙地挽回了败局，促成了生意。主任正面击退的不是顾客，而是顾客由于疑虑产生的责难。但我们注意到，主任正面反击时，没有用"这是胡说""谣言""诬蔑"字眼，而是用了一句"这完全是误会"来反驳对方的错误意见。因此，当使用这种方法与顾客讨论时，一定要注意语气的柔和、用词的恰当，千万不能使用刺激性强的贬义词。否则，一旦激怒顾客，就会形成难以扭转的局面。

（2）间接讨论法。日本一个木屋推销员与顾客之间进行了这样的一场讨论。

顾客："我们喜欢×××公司的产品。"

推销员："您能详细地指点一下吗？"

顾客："他们的广告似乎很有气魄……"

推销员："先生，我们是应该以广告的大小来做出判断呢，还是应该以房屋的质量来判断？"

顾客："你们房屋里的各种木质家具，不是很容易扭曲变形吗？"

推销员："您说得完全正确，如果比起钢铁制品来说，木质家具的确容易发生扭曲变形的现象。但是，请您注意，我们制作房屋及家具的木板不是普通的木板，而是经过完全干燥处理过的，扭曲、变形的系数降低到最小的程度，也就是说，降低到人们肉眼无法发现，而只有精密仪器才能够检测出的地步，所以，在这点上您完全可以放心。"

这是一则推销员使用间接法与顾客进行讨论，从而达到消除顾客内心疑虑的例子。

间接法的表达方式通常为"是的……不过……"。这个方法的最终目的在于破解对方的拒绝，消除对方的疑虑，但比起正面反击法又婉转得多。

从上面的例子我们可以得到三点重要的启发。

其一，当对方明确告诉我们说"不喜欢你们的商品，而喜欢别的厂家的商品"的时候，应该冷静地加以分析，诚恳地加以讨教。因为，事出有因，只有先弄清顾客心中的缘由，才能有的放矢，并使对方心服口服。

其二，当对方提出某家产品更好的时候，不可盲目抨击对方所提出的厂家或产品，而应在笼统地附和顾客的同时，在"但是"或"不过"后面做文章，正面阐明或介绍自己要推销的产品的优势。即使是前边已经进行过说明，在这里仍不妨耐心而巧妙地再来一遍。

其三，采用间接法时，说话的程序大致是这样的：

"嗯！这很有道理，依您的看法是不是这样……我这个想法可能有错误，先生，我是这样想的……"（同调）

"曾经有人这么说……不过不知道可不可以这样说……"（讲出自己的观点）

"喔！这倒很有趣，先生，您能给我讲讲您这样认识的原因吗？"（询问）

"我也是这么想过的……但是……"（间接法。间接法如运用自如，效果颇佳）

（3）问答讨论法。问答讨论法又称苏格拉底讨论法。苏格拉底是两千多年前的古希腊著名哲学家。可以毫不夸张地说，苏格拉底是在和形形色色的人们讨论各种各样的问题中他的一生。他所创立的问答讨论法，至今还是被世人所公认为"十分聪明的反驳法"。

苏格拉底讨论法的原则是：当与观点不同的对手讨论或辩论问题时，开始时不要讨论有分歧的问题，而是强调彼此相一致的共同点。当所有观点都取得一致后，对方原来的主张便不攻自破，自然而然地转向我们的观点。苏格拉底讨论法的具体做法是：我们向对方提一连串的问题，而且对于这些问题对方都只能点头同意。在对方回答了一连串的"是"之后，就只有放弃自己原有的主张，转而无条件地拥护我们的主张了。

例如，美国一名电机推销员哈里森讲了一件他亲身经历的趣事。一家企业的总工程师斯宾基前一天到车间去检查，用手摸了一下不久前哈里森推销给他们的电机，感到很烫手，便断定哈里森推销的电机质量太差，因而拒绝哈里森第二天的拜访，推销更是没有希望。哈里森冷静考虑了一下，认为如果硬碰硬与对方辩论电机的质量肯定效果不好，因此采用"苏格拉底讨论法"来攻克对方的堡垒。于是发生了以下的讨论对话。

斯宾基："哈里森，你又来推销你那些破烂了！你不要做梦了，我们再也不会买你那些玩意儿了！"

哈里森："好吧，斯宾斯先生！就是已经买了的也得退货，你说是吗？"

斯宾基："是的。"

哈里森："当然，任何电机工作时都会有一定程度的发热，只是发热不应超过全国电工协会所规定的标准，你说是吗？"

斯宾基："是的。"

哈里森："按国家技术标准，电机的温度可比室内温度高出 72°F，是这样的吧！"

斯宾基："是的！但是你们的电机温升比这高出许多。喏，昨天差点把我的手都烫伤了！"

哈里森："请稍等一下。请问你们车间里的温度是多少？"

斯宾基："大约 75°F"

哈里森："好极了！车间大约是 75°F，加上应有的 72°F 的升温，共计是 140°F 左右。请问，如果你把手放进 140°F 的水里会不会被烫伤呢？"

斯宾基："那——是完全可能的。"

哈里森："那么，请你以后千万不要去用手摸电机了。不过，我们的产品质量，你们完全可以放心，绝对没有问题。"

结果，哈里森又做成了一笔买卖。

（资料来源：吴绿星. 推销与口才[M]. 福州：福建科学技术出版社，1991.）

哈里森的成功，除了因为他的电机质量的确不错以外，他还利用了人们心理上微妙的变化。当一个人在说话时，如果一开始就说出一连串的"是"字来，就会使整个身心趋向肯定的一面。这时全身呈放松状态，容易造成一种和谐的谈话气氛，也容易放弃自己原来的偏见，转而同意对方的意见。

使用"苏格拉底讨论法"来说服对方，有几点要特别引起我们注意。

第一，一定要创造出对方说"是"的气氛，要千方百计避免对方说"不"的气氛。因此，提的问题应精心考虑，不可信口开河。例如，一名推销员与顾客之间发生了这么一场对话。

推销员："今天还是和昨天一样热，是吗？"

顾客："是的!"

推销员："最近通货膨胀,治安混乱,是吗?"

顾客："是的!"

推销员："现在这么不景气,真叫人不知如何是好!"

这类问题虽然很正常,不论推销员如何说,对方都会回答"是的",好像已经创造出肯定的气氛。可是推销员说话的内容却制造出一种否定悲观的气氛,这样顾客在听到他的询问后会变得心情沉闷,当然什么东西也不想购买了。

第二,要使对方回答"是",提问的方式是非常重要的。什么样的发问方式比较容易得到肯定的回答呢?最好的方式应是暗示你所要想得到的答案。

所以在推销商品时,不应问顾客喜不喜欢,想不想买,因为他可能回答"不"。此时应该说:"你一定很喜欢,是吧!"

第三,当你发问后,在对方还没回答之前,自己要先点头,你一边问一边点头,可诱使对方做出肯定回答。

5. 积极应变

推销员面对的推销对象是复杂的,他们的心理、性格、教养、行为方式可能是不相同的。推销中,推销员与推销对象产生矛盾有时也是难免的,这时,推销员处理、化解矛盾的语言艺术非常重要。总的来讲,推销员既要给推销对象以充分的尊重,同时又要维护自己的形象及自己所代表组织的声誉。处理矛盾及应对危机的语言艺术取决于推销对象的实际情况和具体语境,没有一成不变的方式。推销员只有仔细观察,灵活应用相应的技巧,才能走出困境。

例如,一位非洲客人到某友谊商场退货,站在针织品柜台前大声说:"你们不讲友谊。"原来,他买了6条三角裤,回去试了觉得腰部较紧,要求退货。售货员一再向他解释内衣是卫生品,试穿后一律不能退货。这位非洲客人则认为不退货是一种借口,是搞种族歧视。正当双方争执不下时,商场经理过来了。她耐心听取了双方的陈述,立即以客人为目标"转"起脑筋来。她拿起皮尺量了量三角裤的尺寸,又征得客人的同意,替他量了量腰围,然后婉转地说:"看,您所选的内裤尺寸正合您的需要呀,您为什么觉得紧呢?是不是套在其他内裤外面试穿的?"这位非洲客人立即点了点头。商场经理用两手拉了拉三角裤的松紧带,进一步解释说:"螺纹纱针织品的特点是洗了后不但不缩水变小,而且时间长了还会变松。您如果买更大一点的,很快就没法穿了。"几句热情中肯的劝告把客人说动心了,客人感受到了对方对自己的充分尊重,也意识到自己的行为的确失当,便连声道歉:"谢谢,我不退换了。"所以,高超的语言艺术对处理矛盾及化解危机具有重要的作用。

7.3　主持口才

主持人是指那些用语言作为主要工具,在台上统领、推动、引导活动进程的人。他们在社会生活中扮演着传递信息,引发议论,交流情感,组织娱乐,渲染气氛的重要角色。

主持人一般分为节目主持人和现场主持人两类。两类主持人的特点如表7-2所示。

表7-2　两类主持人的特点

类别	节目主持特点	现场主持特点
性质	节目多数为事先录播好，一旦出现问题可以立即剪接更改，甚至重录	通常是一次性的活动。事先可能做了许多准备性的工作，但现场的突发情况是难以预计的
对象	面对的是全国甚至全世界的观众，语言具有广泛性和普遍性的特点	有特定的场合和观众，对象的范围也是事先预知的，主持人可以选用相应的语用技巧，包括称呼、谈话方式和语言风格等
过程	广播电视节目业有一定的固定程序，但是可以为了迎合观众而出新、出奇，适当加以改变和调整	常规性的庆祝、哀悼或纪念活动都有固定程序，其形式是大家认可的，如程序改变太多，反而不能让人接受

1. 主持的语言规则

说到底，主持人就是依托有声语言这个媒介来实现其主持功能的，可以说主持人语言能力的强弱直接影响和决定着主持活动质量的高低和成败，因此，对于主持人来说，以下语言规则是必须要把握的。

（1）流畅。语言是线性的，有声语言要一个音节接着一个音节地有序表达语义。语流是指行进过程。有声语言与书面语言表达的不同之处就在于内部语言和外部语言转换时间的长短上。由于面对听众，因此这种转换有一定的时限性，它需要表达者的思维与表达能够同步，口语表达应像行云流水一样顺畅无阻并且完整、规范，给听众以舒畅的感觉。"流畅"并非靠背稿，真正意义上的"流畅"应靠敏锐的思维、机智的应变和伶俐的口齿来实现与听众的顺利交流。

（2）悦耳。主持语言不仅要规范流畅，普通话标准，而且要声音圆润，悦耳动听，富有美感，能给听众一种心理上的愉悦感。由于主持口语稍纵即逝，一说出来就是"最终"形式，没有反复推敲的机会，所以主持人必须"出口成章"，并要苦练发音技巧，口语表达要做到快而不乱，连而不黏，低而不虚，沉而不浊。主持人应能将人人"听惯的话"说得像音乐一样动听，像诗歌一样美妙，像散文一样流畅，令听众赏心悦"耳"并给其以高品位的艺术指导。

（3）平易。主持人面对的是不计其数的观众和听众，且在有限的时间里要传播尽可能多的信息，这就要求主持人使用生活用语，努力体现平易性，使自己的语言大众化、平民化。诚如老舍先生所言："假如我们的语言不通俗、不平易，它就不可能成为具有民族风格并为人们喜爱的作品。"实践证明，主持人以平和、平等的心态，使用平易性的语言，更能快捷地把思想传达给受众，容易为受众所理解和接受。例如，广西电视台主持人张英杰在主持"新闻在线"时，用语就非常自然、亲切和通俗。一次他在报道某地"楼顶变成垃圾场"的新闻后，是这样评论的："……看来要搞好城乡清洁工程，必须提高全民的文明素质。你想想，楼顶满是垃圾，风吹灰尘，废塑料袋到处飞，下雨淤泥到处流，能卫生吗？我们希望那些把垃圾倒在楼顶的人不能图自己省事，要知道大家好才是真的好。"

（4）鲜明。色彩鲜明的语气、语调，独到的表达方式，加上强烈的节奏感，可以充分调动现场气氛，同时也能在观众脑海中留下深刻的印象。抽象的语言显得空泛，模糊不清的语言令人"丈二和尚摸不着头脑"。而鲜明的主持语言才会打动人,吸引人,并取得心灵沟通和审美体验的效果。

（5）准确。这要求主持人语言表达确切无误,符合客观实际,大到思想内容、表达形式,小到语法、逻辑、修辞、字音。一方面,要做到对事物有准确的认识,通过准确到位的语言来表达自己的思想,语意表达准确,避免误解的发生;另一方面,因为听众主要是从语音中接收主持人发出的信息,信息传递是否有误,与主持人能否读准每个词的音节关系相当密切,主持人一定要做到发音准确无误。

（6）逻辑。主持语言需要敏捷地表达思维,但又不可出差错,要做到这一点,主持人必须语言逻辑清晰,使主持语言有主次感,给听众明显的主要和次要的感觉;有次序感,给听众分明的先与后的次序感觉;有递进感,给听众清晰的推进和发展的感觉;有转折感,给听众一种逆势而行的感觉;有总分感,给听众清楚的分述和综合的感觉;有因果感,给听众明晰的起始和结果有必然的内在联系的感觉等,使听众感受到主持人语言的严谨周密。

（7）简练。主持人应做到简约凝练,惜墨如金。说话讲求效率,要去除累赘与堆砌的辞藻,用最少的语言来表达最丰富的意思。句子修饰过多,反而显得拖泥带水、不干净利落。要注意推敲用词,不粉饰、不做作、不卖弄。

例如,在电视节目主持人"金话筒"颁奖晚会上,赵忠祥问:"目前综艺晚会的通病是什么?"叶惠贤答道:"节目老一套,掌声挺热闹。不看舍不得,看后全忘掉（台下爆发热烈的掌声）。刚才我说的这些通病,今天的晚会上一点也没有（台下一片会心的笑声,更热烈的掌声）。"叶慧贤所言的其实都是大家的心里话,也是对客观现实的描述。只不过将众人的看法做了归纳性"化简",而且言简意赅,合辙押韵。

（8）精彩。主持人语言要充满活力,出语迅捷、出口成趣、美妙生动,能感染和打动受众。在富于变化的节目语境中,往往需要主持人敏锐快捷地相时而动,应该具备短、平、快的特色。

例如,在《实话实说》节目中,一位普通女工作为嘉宾,说到自己曾在家具城打工却分不清家具的材质,脸上现出尴尬表情。崔永元立刻插话说:"是挺不好分的,一次我爱人让我买家具,我在店里问好了,是全木的,拉回家我爱人一看,说'你是全木的'。"全场哄堂大笑。崔永元的精彩话语在随意里露出善意和真诚,对弱势群体并不歧视,善解人意地解除了嘉宾的难堪,因而也赢得了广大观众的赞赏和青睐。

（9）幽默。这在轻松、非正式的主持活动中用得较多,它是思想、才学和灵感的结晶。幽默的语言,可以有效地融洽气氛,使活动达到轻松有趣、感悟哲理的效果。

例如,外国一位较胖的女主持人曾夸张地说:"我不敢穿上白色的游泳衣去海边游泳,否则游泳场安全员一定会十分紧张,以为他们发现了鲨鱼。"这话是主持人拿自己的肥胖逗乐,发挥想象力进行了夸大渲染,使人听了这种生动而主观的夸张后,能从其充满调侃的自信中感受到她乐观的生活态度。夸张产生了幽默效果。

（10）机智。主持人在主持时,口才再好,也难免会出现口误。口误的原因当然很多,但知道自己说错之后,最重要的就是自己学会找补一下。找补就是说了错话后,赶快找一句好话,把不足补上,给自己圆场。其中关键要做到机智。

以下主持人出现口误的"补救"令我们不得不佩服主持人的机智。

倪萍在主持央视公益节目《等着我》时，说到节目的影响力，有点激动地说："我们微博的阅读量是5500万，同志们。这是什么，将近1个亿呀。"如此"四舍五入"的计算方式，惊得观众都瞠目结舌。随即，意识到错误的倪萍连忙找补道："我把5500万说成了将近1个亿，这是典型的数学不好啊！对不起，同志们。原谅我这般岁数的老太太吧！可不敢工资5500元，管人家老板要1万块啊，没有会计这么算账的！"

有一次，戴军担任《蒙面歌王》节目评委。他在评价"铁扇奥特曼"演唱的《女孩四重奏》时，不慎口误说成了《女孩五重奏》，一旁的另一个评委立刻提醒他"错了"。戴军不慌不忙，立马找补说："女孩把自己的声音当成另外一种乐器，等于是五重奏。"一下子挽回局面，全场掌声热烈。

一次，汪涵在调侃电视台员工的辛酸生活时语出惊人："电视台的女生当作男生用，男生当作畜生用，而畜生都去当领导了！"此言一出，在场所有人都大惊失色。汪涵也意识到自己的口误，他随即补充说："领导们其实是如狼似虎的一群人，但也正是他们的'狼子野心'和魄力，才能带领好整个电视台往更好的方向发展。"

2. 节目主持的语言艺术

（1）说普通话，语言尽量口语化。作为一名主持人，有推广普通话的义务。目前，一些节目主持人本来有一口流利、纯正的普通话，可主持节目时却硬要模仿我国香港一些影视名人的味道，让人听了浑身起鸡皮疙瘩。节目主持人的语言要符合现代汉语规范化、标准化的要求，用词要准确，避免用方言土语。另外，现在的观众越来越习惯用一种轻松的方式来欣赏节目，所以主持人应该注意与观众的这种口头交流，串词当然应该精彩，但要尽量口语化，褪掉"书卷气"，使主持像是在谈话，而不是在背书或者朗诵。

（2）语言通俗易懂。主持人的语言需要加工提炼，力求准确、清楚，使各类受众一听就懂，易于接受。

（3）调动观众参与。节目主持人要责无旁贷地用语言在节目表演者和观众之间架起一座桥梁，产生互动效应，使现场气氛更加浓郁。余姚广播电台主持人李小萍在主持第六届中国塑料博览会"中东八国论坛"招待晚会中的一段串词就充分地说明了这点。主持人手拿河姆渡出土的骨哨的复制品来到观众席开始主持。

观众朋友，你们知道这是什么吗？（观众马上参与，"是骨头""是哨子"）

这个呀是距今有七千多年历史的河姆渡遗址挖掘出来的——骨哨——的复制品（故意拖长音，引起兴趣），它是河姆渡先民用来诱捕猎物或娱乐时所用。

知道它用什么制作而成的吗？（让观众传看，递上话筒让他们七嘴八舌地猜）

骨哨一般是用动物的肢骨制作的，而这只是用公鸡大腿骨做成的。刚才大家看到的这只小哨子，上面只有三个小孔，能吹吗？（前排观众踊跃试吹）

哈，马上请出哨子的主人，国家一级演奏员倪乐辉，为我们带来《河姆渡随想》。

在上面这段串词中，主持人巧妙运用演出道具，在与观众提问交流中介绍骨哨的来历、河姆渡文化，最后引出演奏者，为观众与节目架起了一座沟通的桥梁。并与观众热烈互动，现场气氛非常活跃。

（4）拥有个性化的主持风格。有个性，才有特色和风格，因为不同的主持人，年龄不同,性别不同,主持节目的内容也不同,这就要求主持人要说"自己"的话。主持人的语言表达要与其身份相符,每一位主持人都应有体现自己个性的语言。例如,中央电视台的著名节目主持人的主持风格就各不相同,语言风格也各具特色,倪萍亲切得体;刘纯燕活泼清纯;敬一丹稳重严谨;水均益大气儒雅;白岩松严肃尖锐……实际上,每个主持人都有自己的优势和局限性,都有自己的个性,而且主持的节目也都有其自身的特点和类型。

3. 典礼仪式主持的语言艺术

典礼仪式是指在人际交往中,特别是在一些比较重大、比较庄严、比较隆重、比较热烈的正式场合,为了激发出席者的某种情感,或者为了引起其重视,而郑重其事地参照合乎规范与管理的程序举行某种活动的具体形式。在现实生活里,我们接触到的仪式很多,诸如签字仪式、剪彩仪式、交接仪式、庆典仪式、开幕式、闭幕式等。

从根本上讲,典礼仪式是现代社会发展的产物。因为礼仪与仪式作为人们生活中的行为模式、行为规范,是属于社会的上层建筑,由社会经济基础决定的,并随着经济基础的变化而变化,随着社会实践的发展而不断地丰富发展。而社会生产力水平决定了一个社会的经济基础,所以礼仪及仪式的产生和发展最终是由社会生产力水平所制约和决定的,随着现代社会生产力水平提高而提高,社会所固有的仪式也在不断地发展和臻于完善。

当今社会,对组织而言,仪式有着重要的作用,它有利于提高组织的知名度和美誉度,塑造组织形象;有利于鼓舞员工的士气,激发员工对本组织的热爱,培育组织员工的价值观念,增强组织的凝聚力;有利于传递组织的信息,使组织赢得更多的成功机会和合作伙伴;有利于沟通情感,传达意愿,增进友情。成功的典礼仪式对组织而言意义重大,而典礼仪式的成功,主持人的主持尤为关键。

(1)庄重的语言风格。典礼仪式的主持人的语言风格一般都是比较正式庄重的,从宣布会议开始,到介绍来宾,介绍会议的性质、意义,直到宣布休会,对于会议步骤的进行、宗旨的阐述、希望的表达等,要把握得恰到好处。

(2)规范的语言表达。庆典仪式主持人应做到用语规范、礼貌、庄重,符合大型场合的用语特点。首先要语音标准,吐字清晰,不发生读音错误或者读音不准的现象;其次要词语规范,不生造词语,不错用成语,不滥用方言词汇、外来词汇,不使用粗俗词汇或滥用简称等,还要注意语法规范。

(3)非语言配合表达。在具体主持中,主持人应同时做到语速较慢,声音洪亮,全神贯注,表情庄重严肃,这样才能吸引广大听众,共同营造安静、庄重的会场氛围。如果仪式中安排了升国旗、奏国歌的程序,一定要依礼行事:起立、脱帽、立正、面向国旗或主席台行注目礼,还应注意坐姿和站姿,切不可在起立或坐下时,把椅子搞得乱响,一边脱帽一边梳头,或是在此期间走动和与人交头接耳,这些都被认为是有损形象的。

主持人还要注意在主持前做好充分的准备,了解仪式的性质及程序,明确串词的内容等。这些问题都要提前梳理好,不可漏掉一个环节,否则整个活动会因为主持人的疏忽而留下遗憾。

4. 婚礼主持的语言艺术

结婚典礼是人们生活中最常见、最引人关注、最能激发人们兴致的一种庆典形式。结婚典礼成功与否,婚礼主持人起着至关重要的作用。一个好的婚礼主持人对整个婚礼现场效果起着组织、控制的作用,整个婚礼过程是主持人语言表达、临场发挥、随机应变、机智幽默、拾遗补阙等综合能力的反映。

（1）突出个性。现在越来越多结婚的新人开始注重个性的展示,希望真正办一个属于自己的婚礼。这就要求婚礼主持人根据新人的要求和特点,有针对性地设计个性鲜明的婚礼主持词,使婚礼在形式及内容上突出特色,使新人在举行婚礼的同时,不仅能体会到婚礼的喜庆和隆重,还能通过婚礼体味人生的意义,领悟爱情、婚姻、家庭的诸多感受。这就要求婚礼主持人放开视野,去挖掘、思索、拓展自己的创作空间。

为了突出个性,可以据"名"发挥。一个人的名字具有丰富的内涵和引申意义,在婚礼主持中借名释义,不仅会令人赏心悦目,给人带来欢悦,而且也会表现出主持人独到的语言魅力。例如,某一场婚礼中,新郎叫王勇,是一位大学教师;新娘名叫周敏,是一名护士。主持人巧妙地借他们的名字做了一番发挥:"王勇,就是勇敢;周敏,就是聪明伶俐。我们不论在工作上还是在生活中都不能缺少这两方面的能力:一要有勇气,不怕任何艰难险阻;二要聪明伶俐。新郎新娘的名字告诉我们:他们正是这两方面的完美结合,因此,我敢肯定,在未来的日子里,他们不但是一对幸福美满的夫妻,而且也会在'教书育人'的过程中取得非凡的成就。"主持人的这段"姓名分析"寓意深刻,令人耳目一新。

为了突出个性,还可以借职业发挥。如有一对新郎新娘都任职于通信公司,他们的婚礼主持词中就设计了一连串以手机品牌为"托儿"的甜言蜜语:"新郎一定会一生'首信'爱的承诺,两人也会彼此'爱立信',一同踏上幸福的'康佳'大道……"这样的主持词切合新人的身份,融爱情与事业于一体,令人耳目一新。

（2）巧借天时。特定的时间,是婚礼的一个重要构成因素,这一特定的时间必定具有某种特殊意义。婚礼主持人可以将此作为语言切入点,激发参加婚礼的各位宾朋的兴致,营造一种热烈、喜庆的氛围。

① 借时间切入。婚礼主持人要根据新人结婚在年份、日期、节日的不同组织语言,但基调却是相同的:好时代,好日子,好时候。例如,在马年伊始举行婚礼可以这样说:

"今天是一个特殊的日子,今年是农历马年。新年伊始,我们的新郎、新娘就一马当先,给未婚的朋友们做出了表率,它昭示着这对新人在今后的岁月里一定会发扬龙马精神,快马加鞭到达理想彼岸。我们一起祝福他们马到成功!"

如果在中秋节前后举行婚礼,可以说:

"大家好!人间好句题红叶,天上良缘系彩绳,百荷香车迎淑女,中秋朗月照宾朋。沉浸在幸福的节日中的我们,又迎来了一对新人结婚庆典……"

如果是在国庆节期间举行婚礼,可以这样说:

"大家好!金风送爽,丹桂飘香,欢声笑语,天赐吉祥。在这喜迎国庆佳节的美好日子里,我们迎来一对情侣××先生和××女士幸福的结合……"

如果是在2月14日举行的婚礼,可以这样说:

"各位好!春寒尚料峭,我们每一个人心里却暖意融融,因为今天,××××年×月×

日,我们即将见证一对有情人终于成为眷属……"

如果新人的结婚日并非特殊的日子,则可以说:

"今天是公元××××年×月×日,据夜观天象的人说,这是百年一遇的好日子。吉日逢喜事,今天我们迎来了一对新人的结合……"

当然,在介绍时间时,主持人还可以将当天天气情况做一些简单的描述。但是,一个优秀的主持人现场主持时绝不能照本宣科,死记硬背,必须根据天气的变化做出及时的调整,做到应情应景。

② 借助时令切入。有时候还可以借助如雨季等特殊的时令,来营造喜庆、温馨、祥和的婚礼氛围。例如:

"请各位朋友记住 2020 年 6 月 6 日这个特殊的日子。在源远流长的五千年的华夏文明中,'6'历来是个幸福吉祥的数字,六六大顺嘛!因而今天的天公十分作美,和风吹拂,细雨润心,为新郎新娘洗去爱情征途上的仆仆风尘,好让他们精神焕发、神采奕奕地投入新的旅程。在这风调雨顺的雨季中孕育的爱情、缔结的婚姻何愁不能茁壮成长呢?让我们一起为他们祝福吧!"

此外,主持人还可以借助特定的地点切入。例如:

"各位嘉宾,今天我们在福星酒楼为林先生和刘小姐举行新婚大典,福星酒楼是一块风水宝地,这预示着我们的新郎、新娘在今后的岁月里,一定会福星高照,幸福吉祥!"

婚礼主持人借助特定的时间、地点和时令营造了一种喜庆、温馨、祥和的婚礼氛围,不仅可以博得来宾的掌声,而且也会令新郎新娘眉开眼笑、喜不胜收。

(3) 运用"包袱"。"包袱"是相声里引人发笑的艺术语言。相声的四种基本功是说、学、逗、唱,而相声里说、学、逗、唱的内容关键就在于"包袱"。"包袱"是语言艺术的"包袱",是相声艺术特有的,在相声艺术中处于最重要的地位。婚礼是主持人最能把相声的说、学、逗、唱发挥出来的场合。婚礼主持人在主持婚礼中恰当巧妙地运用相声"包袱",以说为主,通过连贯、华丽的辞藻把整个结婚典礼串联起来,可让婚礼始终洋溢着喜庆欢乐的气氛。黄丹总结了在婚礼主持中如下运用"包袱"的技巧。

① 贯口。贯口,又名趟子,是曲艺行当的表演术语,为"说"功的一种。婚礼主持人将篇幅较长的一段祝福排比句一口气说出就是贯口。贯口要求语言流畅清晰,节奏明快,需事先背诵,以达到渲染情节,展示技巧,产生笑料的作用。下面是一些运用到婚礼主持中的贯口。

贯口1:祝大家身体好,工作好,穿得好,住得好,用得好,吃得好,乐得好,睡得好,心情好,老人好,孩子好,一切都好,好上加好,好得不能再好!说了这么多,来点掌声好不好!

贯口2:今天喜,明天喜,时时喜,刻刻喜,时时刻刻都是喜,花开吉祥天天喜。祝愿大家日日喜,月月喜,年年喜,岁岁喜,年年岁岁都是喜,春满人间处处喜。公公喜,婆婆喜,邻里喜,乡亲喜,男女老少跟着喜!新郎喜,新娘喜,喜日喜事喜上喜!

贯口3:朋友们,爱情是灯,越多越亮;爱情是河,越流越长;爱情是花,越开越美;爱情是酒,越陈越香。有请两位新人共同为水晶杯注满香槟酒。这晶莹剔透的香槟酒塔,象征着一对新人纯洁无瑕的爱情,那层层塔尖象征着一对新人的爱情阶梯,今天他们终于携手走到了爱的最高境界中,他们洒下了香甜的美酒,这是旺盛的生命的流动,这是合二为一的爱的温柔。

贯口4:新郎胸配鲜艳的红花,身穿笔挺的西装,彬彬有礼,高雅大方,精神焕发,神采飞扬。长得浓眉大眼,英俊倜傥,为人豁达,淳朴善良,身高体健,威武阳刚,玉树临风,气宇轩昂,满面红光,斗志昂扬,神采奕奕,刀山敢上,火海敢闯。还没掌声吗? 再不鼓掌就要没词了!

② 倒口。普通话变成方言就叫倒口。在婚礼主持中,婚礼主持人在适当时候恰当运用几句当地方言主持,可起到调节现场气氛的作用,这就是倒口"包袱"。例如:

新娘长得真是美,就像奔腾的黄河水! (用武汉话说)

③ 气口。在相声艺术表演中,有时为了把"包袱"使好,可以在"包袱"面前故意喘口气,目的是把情绪调动一下,再把"包袱"甩出来。

④ 喷口。喷口就是在说话时把带有 P 的音加重,达到"包袱"的效果。运用到婚礼主持中,例如:

新娘长得真是太"漂"亮了!

⑤ 一高一低。这是指在主持说人或事情的时候,恰当地运用先褒后贬,以达到"包袱"的效果。例如:

真是天喜地喜你喜我喜大家喜,欢欢喜喜,喜上加喜,喜气洋洋,喜事连连,喜从天降,喜上眉梢,喜笑颜开。可新郎决不能喜新厌旧,新娘更不能喜怒无常。

⑥ 三翻四抖。这也可以叫"三顶四撞",可以说是包袱中的"八股文章"。它有比较固定的模式,采取的方法是先通过前面的三翻话语引导观众的听觉惯性,把一个看法或意图反复强调三遍,到第四遍的时候反戈一击,以突变的效果改变本来的意图,例如:

- 主持人问上台的新郎:
  新郎你今天高兴吗? ——高兴!(一翻)
  激动吗? ——激动!(二翻)
  兴奋吗? ——兴奋!(三翻)
  后悔吗? ——×××。(四抖)
- 主持人问新郎母亲:
  媳妇叫妈叫得高兴吧? ——高兴!(一翻)
  开心吧? ——开心!(二翻)
  叫得甜不甜? ——甜啊!(三翻)
  甜,拿钱!(四抖)

⑦ 一语双关。这是指主持时说一句话有两层意思。在婚礼主持中,一语双关的"包袱"的例子如下:

新郎,这枚戒指珍贵吗? ——珍贵。

珍（真）贵（跪）？——珍（真）贵（跪）？

那就快跪了求婚哈！

⑧ 柳活。柳活是指相声中学唱类习惯的段子，具体属于相声说、学、逗、唱中"学"的范畴。例如在婚礼主持中，有的婚礼主持人在拜来宾的时候用唱《北国之春》的调来进行。例如：

亲爱的朋友啊，谢谢你百忙之中来到了这里，台下的观众都是你家的亲戚，啊哈哈哈来点掌声来点鼓励，谢谢你们红包相送，感谢你们的大力支持。更不能够忘记你们为建设家乡立下了新功绩。朋友啊朋友，祝愿你们合理合法多赚人民币！

"包袱"是由语句、现场事件、现场情节的不协调而产生的，构成"包袱"的手法又是各种各样的。这就要求婚礼主持人需要熟悉以上各种类型"包袱"的特点，掌握各种"包袱"的构成规律和特点，取得较好的主持效果。特别要注意两点：一是"包袱"要干净。在婚礼上可以使用"包袱"，但一定要干净，不能有粗俗的内容。不能为了获得现场效果，故意找"噱头"，出洋相，甚至用低级、庸俗的"包袱"去换取观众的笑声。二是包袱要合情合理。"包袱"要寓于故事情节当中，要出乎意料，合情合理，耐人寻味，这才叫真正的"包袱"。

（4）善于"救场"。婚礼上有时容易出现意外状况，现场秩序混乱，使新人难堪，此时婚礼主持人一定要审时度势，找准语言的切入点，借景应变，灵活处理。比如天气不好、新郎给新娘戴戒指时掉在了地上，酒杯打碎了等，这时主持人要有应变能力，能根据现场情况即兴发挥主持词，化解尴尬，使主持正常进行。一个好的主持人在任何场景下都会把婚礼主持得有滋有味，将任何一种不良状况转换成婚礼好的陪衬。以下是主持人"救场"的范例。

① 婚礼主持人忘记了新人的姓名。例如：

主持人：咱们的新郎潇洒大方，娶了这位美丽的新娘，看他高兴得合不拢嘴了，是否连姓啥叫啥都忘记了？请问新郎您贵姓？叫什么名字？请告诉大家！

② 主持人语言失误。例如：

在一名警察新郎的婚礼上，主持人说了一番话，大意是说新郎得听新娘子的，新娘子是财政大臣。这时，代表男方发言的新郎领导接过话来，半开玩笑地对主持人说："小伙子，你说得不对啊，干我们这行的很辛苦，警员在单位听领导的，回家听媳妇的，难道一点自由都没有了吗？"大家的眼睛齐刷刷地转向了主持人，场面气氛顿时凝固了。这时，主持人一眼瞥见庆典条幅上新郎新娘的名字，马上急中生智地说："新郎姓马，新娘姓冯，新娘的能耐比新郎多两下子（冯字的两点水），所以必须服从！"现场掌声雷动，那位领导也一直微笑着点头称是。

③ 婚礼进行中突降雨。例如：

主持人：今天的美满姻缘也感动了上苍，听，雷公为他们喝彩。我们与天公一道祝新人幸福、美满。

主持人："今天这场雨下得好，下得妙，是场及时雨。"大家都惊讶地看着他。他继续说："正是这对有情人圣洁、纯真、炽热的爱情感动了上苍，老天爷才在今天撒下了丝丝甘露，滋润他们爱的土壤，让他们爱的种子早日生根发芽，开花结果。正如一首诗中说的那样：奈何奈何真奈何，奈何今日雨滂沱。滂沱雨是缠绵爱，缠绵爱比雨更多……"主持人念完这首诗时，台下响起热烈的掌声。其实，那哪是什么诗啊，是聪明的婚礼主持人顺口编出来的。

④ 音响突然不响。例如：

主持人：刚才音响虽然短路了一会儿，但这不就正和我们人生之路一样吗？虽然插曲经常有，但更重要的是夫妻双方能够一条心地走下去，大家说是不是？

⑤ 新人在入场时，路引被新娘的裙子带倒。例如：

主持人：花儿再美也有凋谢的时候，而永恒不变的是永远美丽的真情。新娘走过的时候，花儿也不禁羞涩地低了头。

⑥ 当戒指掉在了地上时。例如：

主持人说："这枚戒指实在是太沉重了，因为它也含着太多的情太多的爱，像山一样沉重，像海一样深沉，怪不得新娘有点承受不住了。好，新郎鼓起勇气，给你的新娘再戴一次。"

⑦ 新郎新娘刚喝完交杯酒时酒杯"咔嚓"一声碎了。例如：

主持人："破旧立新，移风易俗，新郎新娘给我们带了一个好头！"

⑧ 礼仪小姐端的交杯酒洒了。例如，一次婚礼上，礼仪小姐端着交杯酒上台时，脚下不慎被绊了一下，手一斜，杯子里的酒洒出了一点。来宾和双方的父母都看到了，脸上的表情很不自然（出殡时才洒酒）。见此情景，主持人连忙说：

大家刚才看到了，礼仪小姐将杯中的美酒洒出了一点，这个场面正是今天喜宴的画龙点睛之处。这杯甘甜美酒洒在鲜红的地毯上，我和亲爱的来宾一样，我们共同分享到了新郎新娘此时此刻的那份欢乐、幸福和甜蜜，这应了我们常说的那句话'酒向人间都是情'。

说完，他手一挥，还做了一个夸张姿势。这时，现场爆发出了长时间的掌声——他们还以为是婚礼主持人特别安排的呢！

⑨ 婚礼现场突然停电了。例如，有一次，在婚礼现场，当主持人刚宣布完"让我们以最热烈的掌声欢迎英俊潇洒的男主角和美丽大方的女主角闪亮登场"时，灯突然熄了，《婚礼进行曲》也戛然停止，席间一片嘈杂，停电了！新郎新娘及其家人朋友都非常焦急。主持人却不慌不忙地高声对大家说："各位来宾，大家知道为什么停电吗？"此时席间的嘈杂声已安静了许多，主持人接着说：

"我们英俊潇洒的男主角和美丽大方的女主角闪亮登场，他们已是光彩照人，使电灯感到黯然失色，所以害羞地熄灭了。我们知道，在我国古代有闭月羞花的传说，而今天我们有了'闭电羞灯'的现实。婚礼继续进行！"

主持人话音刚落，四座爆发出了一阵热烈的掌声和喝彩声，新郎新娘及其家人也投来赞许和感激的目光。在这里，主持人巧妙地利用了婚礼中的突变，成功地化尴尬为从容，制造了一个小高潮,既活跃了气氛,又淋漓尽致地展示了自己的语言表达功力和临场应变能力。

5. 会议主持的语言艺术

(1) 要有精彩的开场白。精彩的开场白往往能像磁铁一样紧紧地吸引住听众,增强与会者参与会议的兴趣。开场白就像人们看一部电影一样,如果开始就兴味盎然,那么人们自然急于了解接下来的情节。所以,有经验的主持人都非常注重会议的开场白,内容一定是经过反复推敲、认真琢磨的,力求给参会者一个好印象。开场白陈述的内容包括会议的背景、主题、目的、意义、议程等,会议主持人要根据这些内容和要求设计开场白。

首先要欢迎并介绍参会者。应该用洪亮的声音对每个到来的人表示热烈欢迎并且进行介绍。然后说明会议的目的和议程,说明会议的目的要注意使用团队口吻,而非领导或者上级的口吻,要拉近与大家的距离,让人们尽快进入会议的状态中去。还要说明一下会议的规则,如"请所有的人把手机关掉,不准吸烟,不要随便走动,每人发言时间不能超过5分钟"等。

具体地,可运用以下几种形式的会议主持开场白的。

① 开门见山式。这类开场白单刀直入,让听众立即知道开会的主要内容和任务,快速进入主题。例如,"今天召开党组扩大会议,主要内容就是总结回顾上半年工作,研究并查找工作中存在的问题,以及谋划部署下半年工作安排。"这篇会议主持词开场白就是开门见山式的,让参会者快速进入角色,明白是什么性质、什么内容的会议。

② 背景嵌入式。运用背景嵌入式开场白就是为会议的主题作铺垫,结合国内国际大背景,把会议的召开放置在一个较为宏观的背景下阐述,进而说明会议的重要性和必要性。例如:

"当今,国际产业合作一体化进程进一步加快,产业'走出去'交流和'请进来'合作逐渐成为一种经济发展的新常态,尤其在"一带一路"倡议实施的背景下,企业与企业强强联合,加大力度开拓国际市场,推进企业转型升级,实施产业技术深度合作,是我们应有的抉择。因此,我们今天在此召开×××市产业合作推介会。"

此篇会议主持词开场白在点出会议主旨之前,从国际大环境下产业合作方向做了一个背景陈述,为会议主旨的提出进行了很好的铺垫。

③ 摆出问题式。会议主持词是为解决某件事情,推动某项工作,达到某个目的应时而作的文书,摆出问题式开场白体现得非常明显。针对工作中存在的一些问题、出现的一些不利现象而召开的会议,会议主持词开场白常使用这种方式。例如:

"长期以来,我市新闻队伍建设虽然实现了较好的发展,但离上级领导的要求和人民群众期望还有一定的差距,在新闻从业人员的职业道德、职业精神、职业素质方面还存在许多需要改进的地方。我们这次召开全市新闻宣传系统'深化三项学习教育促进新闻工作开展'会议,就是结合我市新闻队伍思想和工作实际,经过研究而决定召开的。"

该会议主持词开场白先指出目前新闻工作存在的问题,说明召开此次会议的原因,明显的是应时而作,进而凸显了召开此次会议的针对性和严峻性。

④ 气氛烘托式。一般在一个地方举办规模较大、层次较高且邀请的嘉宾来源广泛等

重要性会议,譬如国际性的物流博览会、精英对话合作论坛、产业招商说明会及国际体育赛事盛会等,会议主持词开场白就会经常用到气氛烘托式。气氛烘托式就是巧妙地结合会议举办地的地域文化特色、季节时令开讲,既能潜移默化宣传举办所在地,又能体现主持词撰写者的文采。例如,一篇主持词开场白这样写道:

"6月××嘉宾云集,群贤毕至,在这耕耘希望及收获未来的美好季节,我们相聚在山海相拥、景色宜人的浪漫之都——×××,共同见证2015××(×××)国际生物医药创新创业交流合作洽谈会的成功举办。"

这是国际性医药合作交流会议,主持词的开场白就采用了气氛烘托式,通过介绍会议举办地的地域文化特色,再结合季节因素,较好地烘托了大会的气氛,起到了"宣传推介本地、巧妙进入主题"的双重效果。

总之,会议开场白要遵循"能稳定公众情绪,恰当介绍会议内容,形式新颖"的原则,要因地制宜,精心构思,尽量避免陈旧死板、千篇一律。

(2)让参会人员广泛参与。作为会议主持人,除了要注意会前沟通,使大家明白开会的用意外,还要注意在主持中尽量少说话,把说话的机会让给大家。主持人少说话,参会人士才能多说话。对废话多的人要有办法加以控制和制止;对有宝贵意见而未发言的人要请他发言,以提升会议的品质;听到相同或不同的意见不能喜形于色,不可以立即加以反驳,以免影响大家的发言。主持人不要亲自提出议案,免得大家碍于情面,做出不合理的决定。主持人也不要以裁决者自居,任何人的意见都不必急于由自己来解答,应该隐藏自己的意见,让其他的人有机会表达相同或不同的看法,以便集思广益。

遇到无人发言或某一部分人毫无反应的现象,会议主持人要分别对待,针对不习惯或害怕在人数众多的会议上发言的参会者,要鼓励他们发言,可以进行主动提问,并告诉他们说错也没关系;针对阅历较深,处事比较严谨的参会者,主持人要善于点拨,多给他们一些尊重。在对某个问题进行讨论时,参会者往往各持己见,据理力争。但在观点已趋向集中、明确时,主持人就应及时终止论辩。如果争议双方都已偏离议题,主持人就应伺机加以阻止,或说时间有限,暂不深入讨论或先谈到这里而加以间接地制止。

(3)善于控制发言时间。当有人发言超出规定时间,越谈越离谱可能影响别人的有效发言时,主持人可以直接告诉他"我们的时间有限"或者"我们还有其他的事有待解决"。有时为了避免尴尬,也可以采取委婉的方式,如当长谈者略作停顿时,可以向另一个人提起话题:"老王,我觉得这个问题与你有关,你怎样看?"这样,不但保全了对方的面子,而且把发言权交给了另一个人,推动了会议进程。

(4)做好会议总结。会议达成决议之后,主持人还要在散会前做出总结,这才算是圆满地主持了一次会议。召开会议,最终目的就是要鼓舞干劲,提振士气,推动各项事业更好更快发展,而能否有一个好的结尾,是能否实现这一目标的关键。会议主持词的结尾部分的内容要有号召性,语言要有鼓动性,力求营造良好的会场气氛。要能够充分展现出主持人的自信和魄力,既正视前进中的困难,又坚信事业能够成功,勇往直前,引起听众强烈的共鸣,最大限度地赢得听众,从而使会议的效果化作听众的自主意愿和自觉行动,成为促进工作目标实现的强大动力。

虽然会议结尾的方式有多种,但都离不开以下几个要素。

一是通过"同志们,本次会议的各项议程已经全部完成"等语言,告诉参会人员议程已结束,马上就要散会。

二是通过"这次会议开得很好,达到了预期目的"等语言,对会议作简要的评价,主要是肯定会议效果。

三是通过概括会议解决了什么问题,明确了什么方向,提出了哪些举措等,对会议的主要内容进行提炼,对会议的精神实质进行升华,使参会人员对整个会议的主要内容和精神实质有一个更为清晰的了解和把握。

四是通过简洁的语言,就如何落实会议精神提出明确、具体的要求,体现会议要求的严肃性、强制性、权威性。最后要感谢参会者对会议的贡献。

 实训项目

1. 导游口才训练

1) 模拟导游讲解活动训练

(1) 实训目标:通过定点导游讲解的训练,使学生在接老年团和学生团后,能灵活并有针对性地进行礼仪服务。

(2) 讲解景点:大连星海广场(可以结合当地著名景点)。

情景模拟包括以下两部分。

一是模拟一个老年旅游团队,让学生练习讲解针对老年团的星海广场的导游词。注意提醒学生在训练时,第一,语速、语调要适合老年人的特点;第二,在内容的选取上,要以历史沿革为主要线索,能够引起老年人的回忆、共鸣。

二是模拟一个学生团队,让学生结合自身的特点,讲解星海广场的导游词。注意提醒学生,讲解时要有时尚、超前和各种刺激性的游乐项目,以引起学生的广泛兴趣。

(3) 实训学时:2学时。

(4) 实训地点:多媒体教室。

(5) 实训方法:播放星海广场的影像资料,让学生对照影像进行训练讲解。

(6) 内容与时间:包括星海广场景点内容、特色、周边的交通环境。每位学生3~5分钟。用数码摄像机(或数码照相机)记录整个过程,然后大屏幕回放。学生自我评价,授课教师总结点评学生存在的个性和共性问题。最后评选"最佳讲解员"。

(7) 训练手记:通过训练,我的收获是_____。

2) 案例分析

幽默的导游欢迎词

各位尊敬的游客朋友们(停顿)——吃了吗?

啊?没吃啊,没吃就让刘导我带您吃去吧!我就知道您几位刚下火车(飞机),一路上奔波劳碌的,肯定没吃。其实早给你们安排好了,我们这就去沈阳最有名的特色餐馆——老边饺子让您先大快朵颐,让您先从味觉上感受一下我们沈阳人的热情!

光顾着说吃了，还没自我介绍一下呢，我呢，叫刘峰，沈阳××旅行社的导游，正宗的东北爷们儿。也许有的人觉得我们东北男人比较粗犷，不太适合做导游这种细致的工作，其实不然，经过联合国教科文组织36名专家147天的科学论证，得出结论——俺们东北这圪垯出导游！

您看您别着急鼓掌啊，您得让我给您说出个一二三来。为什么说我们东北汉子最适合当导游呢？原因如下：第一，我们东北人实在、热情，没有坏心眼，这是全国公认的。所以说我们东北导游的服务肯定是一流的，因为我们热心肠啊！第二，导游工作是个重体力活，起早贪黑不说，每天这东跑西颠的，没有个好身体可不行。不说别的，您几位游客光玩还累呢，何况是我们导游了，对吧！所以说这就是我们东北人适合做导游的第二个原因。我们牙好，嘿，胃口就好，身体倍儿棒，吃嘛嘛香，您瞅准了——东北男导游！（众人笑）

您可能会说，小刘你这说得都对，你们东北男导游是有这些优点，不过别的地方的导游就不热情了吗？他们身体也不错啊。而且南方的一些漂亮的导游妹妹不用说话就光看着，就能让人十分养眼——你行吗？要说这个我真不行，不过我们东北导游还有她们比不了的一点好处呢——我们东北导游个个都是兼职保镖！您看您又不信了，哦，说我长得这么瘦弱，还当保镖呐。这您就有所不知了！有句话叫"人不可貌相，海水不可斗量"，不瞒您说，我还真是个练家子！

这外练筋骨皮，内练一口气，您就没发现，我这印堂放光，双目如电！真不是和各位吹，什么刀枪剑戟，斧钺钩叉，鞭锏锤抓，镋棍槊棒，拐子流星；带钩儿的，带尖儿的，带刃儿的，带刺儿的，带峨眉针儿的，带锁链儿的，十八般兵刃我是样样——稀松！您看您别乐啊。我这是谦虚，我说我十八般兵刃我样样精通——那是不知道天高地厚。这人外有人，天外有天，自大一点叫个臭字。人嘛，得谦虚，练得好的让别人说，你自己说那就没意思了。您看我这么多兵刃我全会，我和谁说了。是不是？您看您又乐了，您是不信是怎么着？您不信，您和我这说道说道！我不是说您，我是说您怀里抱着的那个小朋友。敢与我大战三百回合否？

把式把式，全凭架势！没有架势，不算把式！光说不练，那叫假把式；光练不说，那叫傻把式！连说带练，才叫真把式！连盒带药，连工带料，你吃了我的大力丸，甭管你是让刀砍着、斧剁着、车轧着、马蹚着、牛顶着、狗咬着、鹰抓着、鸭子踢着……行了，您也甭吃我这大力丸了，我们的饭店到了，您跟我下车去吃饭吧！

（资料来源：http://hi.baidu.com/only1327/blog/item/1e77ae0afaf57b1e94ca6b64.html.）

思考题：

（1）总结本导游词的特点。

（2）在全班实际演练一下这篇导游欢迎词。

2. 推销口才训练

1）净化水器销售模拟训练

实训目的：通过同学间相互售卖净化水器的游戏，从中体会销售的技巧。

实训学时：2学时。

实训地点：教室。

实训准备：净化水器等。

实训方法：

（1）学生分别扮演不同情况的客户，可以分为如下情况：①客户家装修精美，房屋面积大，家里很干净，还有一个保姆；②客户家装修普通，房屋又小，地面又不干净，几个子女与其住在一起；③客户房屋装饰以古代文化装饰的，有浓郁的传统特色……

（2）邀请3组同学上台演练，请其余的同学仔细观察细节，表演结束后请参与者谈谈角色感受。最后教师总结。

2）案例分析

口才拔高了"推销之神"

在日本有个叫原一平的人，身高只有145厘米，是个标准的"矮冬瓜"。他的工作业绩却是相当惊人，曾连续数年占据日本全国寿险销售业绩之冠，被人誉为"推销之神"。

原来，原一平的身材虽然低人一等，但他的口才却高人一筹。在推销寿险产品时，他经常以独特的矮身材，配上刻意制造的表情和诙谐幽默的言辞，逗得客户哈哈大笑。他面见客户时通常是这样开始的。

原一平："您好！我是明治保险的原一平。"

客户："噢！是明治保险公司。你们公司的推销员昨天才来过的，我最讨厌保险了，所以被我拒绝啦！"

原一平："是吗？不过我比昨天那位同事英俊潇洒吧？"原一平一脸正经地说。

客户："什么？昨天那个仁兄啊！长得瘦瘦高高的，哈哈，比你好看多了。"

原一平："可是矮个儿没坏人啊。再说辣椒是愈小愈辣哟！俗话不也说'人愈矮俏姑娘愈爱嘛！'这句话可不是我发明的啊。"

客户："可也有人说'十个矮子九个怪'哩！矮子太狡猾。"

原一平："我更愿意把它看成是一句表扬我们聪明机灵的话。因为我们的脑袋离大地近，营养充分嘛。"

客户："哈哈，你这个人真有意思。"

凭着出色的口才，原一平就是这样与客户坦诚面谈，在轻松愉快的气氛中不知不觉拉近了自己与客户之间的距离，很快一笔业务就搞定了。

看来，一个人身材矮小用不着怨天尤人，只要他能用后天的努力来弥补先天的不足甚至缺陷，吃苦耐劳，时刻进取，有所作为，在别人的眼里形象照样很高大。

思考题：

（1）原一平的推销有什么特色？他为什么能够拉近自己与客户之间的距离？

（2）从本案例中你还得到了哪些启发？

3）优秀营销员素质测评

你具备成为优秀营销员的基本条件吗？请完成以下测试题。

（1）当你叩开一家客户的大门时，客户告诉你他不需要这种产品，这时你会（　　　）。

    A. 无奈地告辞　　　　　　　　　B. 问清楚他为什么不需要

    C. 赖着不走　　　　　　　　　　D. 弄清原因，下次再来

（2）通常你是如何看待你所推销的产品的？（　　　）

    A. 一种普通的产品　　　　　　　　B. 比其他同类产品有更多优点

    C. 没有人会对这种产品感兴趣　　　D. 一种还不错的产品

（3）你的一位客户突然向你大发脾气，遇到这种情况你会（　　　）。

    A. 不去理会他　　　　　　　　　　B. 弄清原因，然后恰当解决

    C. 尽快平息他的愤怒　　　　　　　D. 同他大吵一架

（4）你通常如何处理在去拜访客户路上的时间？（　　　）

    A. 欣赏路边的风景　　　　　　　　B. 唱首歌放松自己

    C. 思考如何才能说服客户　　　　　D. 脑子很乱，什么也不想

（5）当你设定一个工作计划时，你希望这个计划能够（　　　）。

    A. 有趣，并要和其他人一块儿实施　B. 取得预期成果就行

    C. 计划性强　　　　　　　　　　　D. 能产生有价值的新成果

（6）在参加较为盛大的宴会时，你一般是（　　　）。

    A. 只与熟悉的人说话　　　　　　　B. 找个僻静的地方独自坐着

    C. 与许多人甚至陌生人交流　　　　D. 和大多数人打招呼

（7）你对自己的哪种品格比较满意？（　　　）

    A. 埋头苦干　　　　　　　　　　　B. 热情张扬

    C. 机智沉稳　　　　　　　　　　　D. 幽默风趣

（8）在会议室，你对一些问题迷惑不解时，你会（　　　）。

    A. 站起来提出　　　　　　　　　　B. 等一会儿看有没有人提出

    C. 会后私下提出　　　　　　　　　D. 默不作声

（9）你在拜访客户时通常如何装扮自己？（　　　）

    A. 穿运动装　　　　　　　　　　　B. 穿西装打领带

    C. 用大手镯装扮自己　　　　　　　D. 视时令及需求而定

（10）你对自己的人际交往能力的评价是（　　　）。

    A. 非常强　　　　　　　　　　　　B. 比较强

    C. 一般　　　　　　　　　　　　　D. 很差

评分标准表见表7-3。

表7-3　评分标准表　　　　　　　　　　　　　单位：分

题号	选项				题号	选项			
	A	B	C	D		A	B	C	D
（1）	1	3	2	4	（6）	2	1	4	3
（2）	2	4	1	3	（7）	1	2	4	3
（3）	2	4	3	1	（8）	4	3	2	1
（4）	2	3	4	1	（9）	2	3	1	4
（5）	1	3	2	4	（10）	4	3	2	1

点评：本套题共计40分，如果你的得分在33分以上，你完全具备了优秀营销员的基本

条件,能够从容地应付营销中的各种问题;得分 27～32 分,你的基本素质同样很出色,能够解决多种突发性问题,再多多磨炼,就可以成为一名优秀的营销员了;得分 21～26 分,你的测试结果差强人意,平时要多注意提高自身的素质;得分在 20 分以下,你距优秀营销员的要求还有一定差距,建议多磨炼一段时间。

(资料来源:屈海英. 新编演讲与口才[M]. 杭州:浙江大学出版社,2011.)

3. 主持口才训练

1) 文艺节目主持设计训练

训练目标:你所在的系拟举行迎新文艺晚会,请为之设计主持框架。

训练方法:确定演出主题、演出情境(时间、地点、场合、受众),确定节目单(演出者用真名),确定主持方式,设计出场语、连缀语和结束语。

训练要求:

(1) 每 15 人一组,分组拿出主持设计方案;

(2) 学生互评,教师及时点评;

(3) 选出一组较好的方案,大家共同完善,并付诸实施。

2) 主题班会主持设计训练

训练目标:你所在的班级拟举行一次主题班会,请为之设计主持框架。

训练方法:设定班会的主题、目的、情境,再为其设计开场白和结束语。

训练要求:

(1) 每 15 人一组,分组拿出主持设计方案;

(2) 学生互评,教师及时点评;

(3) 选出一组较好的方案,大家共同完善,并付诸实施。

3) 阅读材料讨论

请上"中国播音主持网"(http://www.byzc.com/)浏览各类主持文稿,分析各主持词的特点及成功之处。体会各类主持词的语言特点。

课后练习

1. 导游口才练习。

(1) 以下导游讲解中是否存在问题? 若有问题,请具体指出。

① 作为导游,我的愿望是让游客满意。

② 当有游客抱怨时,使我想起了老导游老黄,他招待游客时很热心。

③ 杭州是我国经济最发达的城市。

④ 雷峰塔曾是世界上最早的一座塔。

⑤ "那是灵岩山,那是天平山,那是金山,那是虎丘山,那是狮子山"。

(2) 请你以家乡的某一自然风景或名胜古迹为介绍对象,运用有关导游讲解技巧,编写一则 1000 字左右的导游词。

(3) 一个旅行团在某名胜古迹参观的途中,一位游客随手将一个空易拉罐扔出窗外,请设计一段话对游客进行善意批评。

（4）在网上搜集泰山的资料，向即将上泰山的游客做一番游前讲解，以激发游客的游览热情。

2. 推销口才练习。

（1）一位推销员向公司经理汇报："对顾客的每一点异议我都进行了反驳，并且将实施与数据都告诉了他。我还义正词严地对他说，他的那些反对意见都是毫无根据的。我们大概谈了一个多小时，最后顾客被我驳得哑口无言，但他最后还是没有买我的产品就走了"，请根据这份材料说说这位推销员错在哪里，应该怎样说才对。

（2）假设你是苹果手机销售员，请对该品牌的某款手机做5分钟的模拟现场促销，要求介绍手机的基本情况、特色，并辅以肢体语言。

（3）一位对推销品性能非常熟悉的推销员向推销经理汇报时说："对顾客的每一点异议，我都进行了反驳，并且把事实和数据都告诉了他。我还对他说，这些反对意见是毫无根据的。我们大概谈了三小时，可以说所有的问题都涉及了。直到最后阶段，顾客还是认为他是正确的。我们几乎花了整整一小时讨论防震问题，而这又偏偏是个次要问题。然后我就告辞了，再拖延下去也是白白浪费时间。"推销经理听完了他的申述，生气地说："你早就该告辞了，在业务洽谈进行到15分钟时，你就该离开那儿了。"推销员对经理的话感到迷惑不解："我不能认输啊！"你认为他们两个人的话谁的对？为什么对？

（4）一位女性推销员从容不迫、平心静气地向顾客提出3个问题："如果我送给您一套有关个人效率的书籍，您打开书会发现十分有趣，您会读一读吗？""如果您读了之后非常喜欢这些书，您会买下吗？""如果您没有发现其中的乐趣，您可以把书重新塞进这个包里给我寄回，行吗？"后来这三个问题被该公司全体推销人员所采用，成为标准的接近顾客的方法。请说明这种接近顾客方法的语言技巧好在哪里。

（5）推销员小王去张先生家推销。张先生一看见他推销的产品，便对他说："哦，是这种产品啊。上次也有一位先生来推销过了，我没有买。"面对这种情况，你准备用什么办法来打动顾客？

（6）推销时，遇到以下棘手的情况，你分别采取什么办法来争取顾客？

顾客1："我们一直用××公司的产品，别的我们不放心，也不想要。"

顾客2："对不起，你们的产品我们领教过了，效果不好，算了吧！"

顾客3："对不起，我们是××公司的长期客户，从不向别的公司订货！"

（7）推销口才案例分析。

案例1

推销员："早上好，张厂长，很高兴见到您。"

张厂长："你好，有什么事吗？"

推销员："张厂长，我今天来拜访您的主要目的，是给您带来了我们最新研制的高智能BB2005型号的设备，我知道您一定很希望您的企业降低生产成本，提升收益。"

张厂长："是啊，但你们公司的产品能管用吗？"

推销员："那当然，这项设备引进的是德国BAC技术，它的制造效率是普通设备的2倍，而且比一般设备的单位能耗要降低20%。另外，这款产品的操作平台非常人性化，操控性能很稳定,安全性能非常好。另外还安装了自检系统,这样就不需要经常耗费大量人工来检查,节省了大量的人力成本。您觉得怎么样?"

张厂长:"不错,那这款产品已经应用在哪些行业了呢?"

推销员:"主要是挖掘机制造、油田开发等领域。"

张厂长:"一套系统大概需要多少钱?"

推销员:"仅需要20万元。"

张厂长:"是吗?我知道了。这样吧,你把资料放下,我先了解一下,回头给你电话。"

推销员:"张厂长,我们的设备荣获了国家设备制造金熊猫奖,每天销售量达到5000万元呢。"

张厂长:"我知道了,我们领导班子需要研究一下才能给你电话,就这样吧。再见。"

推销员:……

案例2

推销员:"早上好,张厂长,很高兴见到您。"

张厂长:"你好,有什么事吗?"

推销员:"张厂长,我是益胜公司的刘洋,我今天特意来拜访您的主要原因,是我看到了《中国机械工业杂志》上有一篇关于您公司所在行业的报道。"

张厂长:"是吗?说的是什么?"

推销员:"这篇文章谈到您所在的挖掘机行业将会有巨大的市场增长,预计全年增长幅度为30%,总市场规模将达到350亿元,这对您这样的领头羊企业可是一个好消息吧?"

张厂长:"是啊,前几年市场一直不太好,这两年由于西部大开发,国家加强基础设施建设,加大固定资产投资,前景应该还不错。"

推销员:"张厂长,在这样的市场增长下,公司内部研发生产的压力应该不小吧?"

张厂长:"是啊,我们研发部、生产部都忙得不可开交。"

推销员:"是吗?那真是不容易啊!我注意到贵厂打出了招聘生产人员的广告,是不是就是为了解决生产紧张的问题呢?"

张厂长:"是啊。不招人忙不过来啊。"

推销员:"确实是这样,那相对于行业平均水平的制造效率5台/人而言,您厂目前的人均制造效率是高一些还是低一些?"

张厂长:"差不多,大概也就每人生产5~6台。"

推销员:"那目前使用的制造设备的生产潜力有没有提升的空间呢?"

张厂长:"比较难,而且耗油率还高呢。"

推销员:"那您使用的是什么品牌的设备呢?国产的还是进口的?"

张厂长:"我们用的是国产的……"

推销员:"我想向您推荐我们公司生产的……"

思考题:

(1)案例1中推销员的推销语言有什么特点?体现了这名推销员什么样的性格?

(2)如果你是顾客,对这位推销员有何评价?你会和他合作吗?为什么?

（3）案例2中这名推销员的推销语言有什么特点？给人留下什么样的第一印象？

（4）案例2中这名推销员运用了哪些推销技巧？

（5）如果你是顾客，对案例2中这名推销员有何评价？你会和他合作吗？为什么？

（6）看完这两个案例，你有什么收获和体会？

（资料来源：屈海英. 新编演讲与口才[M]. 杭州：浙江大学出版社，2011.）

3. 主持口才练习。

（1）观看或点评高水平主持的演出、谈话、综艺类电视节目或视频。

（2）某市民健身中心举行剪彩典礼时，主持人在宣布了嘉宾剪彩的时候，发现嘉宾的胸花脱落了。如果你是这位主持人，会怎样处理？

（3）轮流主持学校、系、班级的各项活动和会议，锻炼自己的主持能力。

参考文献

[1] 刘晓燕. 大学生演讲与口才[M]. 北京：清华大学出版社,2021.

[2] 周莹. 论演讲的语言表达技巧[J]. 今古文创,2020(31)：53-54.

[3] 王朋军,姚雪莹. 论导游讲解的逻辑结构[J]. 辽宁经济,2020(9)：68-69.

[4] 郑晓春. 非语言交际在演讲中的运用研究[J]. 辽宁经济管理干部学院学报,2019(2)：52-54.

[5] 周福雄,粟凤华. 论演讲的核心四要素[J]. 应用写作,2019(1)：36-39.

[6] 王琳. 演讲与口才教程[M]. 3 版. 大连：东北财经大学出版社,2018.

[7] 黄丹. "包袱"在婚礼主持中的研究与运用[J]. 戏剧之家,2018(6)：188-189.

[8] 贺嘉. 商务主持与婚礼主持实用教程[M]. 武汉：湖北科学技术出版社,2017.

[9] 李增源. 善于间接抒情　演讲更加动人[J]. 应用写作,2017(11)：38-39.

[10] 蒋红梅,张晶,罗纯. 演讲与口才实训教程[M]. 3 版. 北京：清华大学出版社,2016.

[11] 刘淑娥. 演讲与口才[M]. 北京：首都经济贸易大学出版社,2016.

[12] 汪念明. 实用口才教程[M]. 2 版. 北京：电子工业出版社,2016.

[13] 薛念文. 演讲艺术[M]. 北京：科学出版社,2016.

[14] 黄风初. 演讲中的闲话艺术[J]. 应用写作,2016(1)：37-39.

[15] 李超. 论旅游服务中导游的语言艺术[J]. 旅游纵览,2016(6)：36-37.

[16] 史为恒. 婚礼司仪主持词写作刍议[J]. 应用写作,2016(4)：35-37.

[17] 徐桂成,林超. 写好会议主持词应做到"四个清"[J]. 应用写作,2016(10)：34-36.

[18] 张良. 例谈会议主持词开场白的写作方法[J]. 办公室业务,2016(4)：9-10.

[19] 史钟锋,张传洲. 演讲与口才实训[M]. 南京：东南大学出版社,2015.

[20] 陶莉. 职场口才技能实训[M]. 北京：中国人民大学出版社,2015.

[21] 王子蕲. 公共关系口才[M]. 上海：华东师范大学出版社,2015.

[22] 张波. 口才与交际[M]. 2 版. 北京：机械工业出版社,2015.

[23] 张波. 口才训练教程[M]. 3 版. 北京：机械工业出版社,2015.

[24] 周璇璇. 人际沟通[M]. 厦门：厦门大学出版社,2015.

[25] 张喜春,刘康声,盛暑寒. 人际交流艺术[M]. 2 版. 北京：北京交通大学出版社,2014.

[26] 李元授. 演讲与口才[M]. 3 版. 武汉：华中科技大学出版社,2014.

[27] 程霞. 成大事必备的演讲之道[M]. 北京：中国宇航出版社,2014.

[28] 李元授. 人际沟通训练[M]. 武汉：华中科技大学出版社,2014.

[29] 徐静,陶莉. 有效沟通技能实训[M]. 北京：中国人民大学出版社,2014.

[30] 袁红兰. 演讲与口才[M]. 北京：航空工业出版社,2014.

[31] 王晶. 口才训练实用教程[M]. 北京：清华大学出版社,2014.

[32] 王宏. 每天一堂销售口才课[M]. 北京：机械工业出版社,2014.

[33] 梁辉. 有效沟通实务[M]. 北京：中国人民大学出版社,2014.

[34] 赵京立. 演讲与沟通实训[M]. 2 版. 北京：高等教育出版社,2014.

[35] 金常德. 大学生社交口才实践教程[M]. 北京：北京大学出版社,2013.

[36] 卢海燕. 演讲与口才实训[M]. 2 版. 大连：大连理工大学出版社,2013.

[37] 宇琦. 最讨人喜欢的说话方式[M]. 北京：北京联合出版公司,2013.

[38] 杨利平,艾艳红. 实用口才训练教程[M]. 长沙：湖南人民出版社,2013.

［39］张珺. 实用口才［M］. 南京：南京大学出版社，2013.

［40］杨群祥. 商务谈判［M］. 大连：东北财经大学出版社，2013.

［41］王书恒，万俊杰. 婚礼主持教程［M］. 北京：中国铁道出版社，2013.

［42］胡伟，胡军，张琳杰. 沟通交流与口才［M］. 北京：清华大学出版社，2013.

［43］姜燕. 即兴口语表达［M］. 济南：山东人民出版社，2013.

［44］赵立涛. 微演讲［M］. 北京：人民邮电出版社，2013.

［45］李增源. 巧说自己，让演讲更有亲和力［J］. 应用写作，2013(3)：33-34.

［46］姚小玲，张凤，陈萌. 演讲与口才［M］. 北京：电子工业出版社，2012.

［47］杨丽彬. 沟通技巧［M］. 北京：机械工业出版社，2012.

［48］曹丽萍. 演讲气氛的驾驭技巧［J］. 文学教育，2012(10)：132-133.

［49］周曼. 说服的语言艺术［J］. 中国大学生就业，2012(15)：46-47.

［50］傅春丹. 演讲与口才案例教程［M］. 北京：中国水利电力出版社，2011.

［51］彭义文. 口才训练教程［M］. 北京：北京师范大学出版社，2011.

［52］屈海英. 新编演讲与口才［M］. 杭州：浙江大学出版社，2011.

［53］赵湘军. 导游语言技巧与实践［M］. 长沙：湖南师范大学出版社，2011.

［54］林盛禹. 演讲要善于缩短与听众的距离［J］. 职业，2011(6)：119-120.

［55］刘伯奎. 口才交际能力训练［M］. 北京：中国人民大学出版社，2011.

［56］陈丛耕. 口语交际与人际沟通［M］. 重庆：重庆大学出版社，2010.

［57］朱彩虹. 大学生实用口才训练教程［M］. 北京：清华大学出版社，2010.

［58］谭满益. 沟通与演讲［M］. 上海：上海大学出版社，2010.

［59］齐悦. 准确把握演讲中的情感语调［J］. 现代交际，2010(4)：38.

［60］谢新映. 浅谈导游词的语言艺术［J］. 长春理工大学学报(高教版)，2010(4)：56-58.

［61］杨凯. 浅谈婚礼主持的语言技巧［J］. 高等函授学报(哲学社会科学版)，2009(6)：36-37.

［62］黄琳. 有效沟通：王牌沟通大师的制胜秘诀［M］. 北京：中国华侨出版社，2008.

［63］吴燕，贺湘辉. 商务礼仪与口才实训［M］. 广州：广东经济出版社，2008.

［64］周璇璇. 实用社交口才［M］. 北京：北京大学出版社，2008.

［65］高雅杰. 实用口才训练教程［M］. 北京：北京交通大学出版社，2008.

［66］彭红. 交际口才与礼仪［M］. 上海：华东师范大学出版社，2007.

［67］杨姜，王刚. 礼仪师培训教程［M］. 北京：人民交通出版社，2007.

［68］黄雄杰. 口才训练教程［M］. 广州：广东高等教育出版社，2006.

［69］刘伯奎. 口才与演讲——技能训练［M］. 北京：中国人民大学出版社，2006.

［70］潘桂云. 口才艺术［M］. 北京：旅游教育出版社，2006.

［71］周彬琳. 实用口才艺术［M］. 大连：东北财经大学出版社，2006.

［72］王连义. 幽默导游词［M］. 北京：中国旅游出版社，2003.

［73］刘伯奎. 教师口语——表达与训练［M］. 上海：华东师大出版社，2002.

［74］欧阳友权，朱秀丽. 实用口才训练［M］. 长沙：中南大学出版社，2002.